中華古籍保護計劃

ZHONG HUA GU JI BAO HU JI HUA CHENG GUO

·成果·

華南師範大學圖書館古籍普查登記目録

全國古籍普查登記目録

國家圖書館出版社
National Library of China Publishing House

圖書在版編目(CIP)數據

華南師範大學圖書館古籍普查登記目録/華南師範大學圖書館編. —北京:國家圖書館出版社,2023.6
(全國古籍普查登記目録)
ISBN 978-7-5013-7419-9

Ⅰ.①華… Ⅱ.①華… Ⅲ.①院校圖書館—古籍—圖書館目録—廣州 Ⅳ.①Z838

中國版本圖書館 CIP 數據核字(2022)第 003651 號

書　　名 華南師範大學圖書館古籍普查登記目録
著　　者 華南師範大學圖書館 編
責任編輯 喬 爽

出版發行 國家圖書館出版社(北京市西城區文津街 7 號 100034)
(原書目文獻出版社 北京圖書館出版社)
010-66114536 63802249 nlcpress@nlc.cn(郵購)
網　　址 http://www.nlcpress.com
排　　版 京荷(北京)科技有限公司
印　　裝 河北三河弘翰印務有限公司
版次印次 2023 年 6 月第 1 版 2023 年 6 月第 1 次印刷

開　　本 787×1092 1/16
印　　張 23.25
字　　數 330 千字
書　　號 ISBN 978-7-5013-7419-9
定　　價 220.00 圓

《全國古籍普查登記目録》

工作委員會

主　任： 周和平

副主任： 張永新　詹福瑞　劉小琴　李致忠　張志清

委　員（按姓氏筆畫排序）：

于立仁　王水喬　王　沛　王紅蕾　王筱雯
方自今　尹壽松　包菊香　任　競　全　勤
李西寧　李　彤　李忠昊　李春來　李　培
李曉秋　吴建中　宋志英　努　木　林世田
易向軍　周建文　洪　琰　倪曉建　徐欣禄
徐　蜀　高文華　郭向東　陳荔京　陳紅彦
張　勇　湯旭岩　楊　揚　賈貴榮　趙　嫄
鄭智明　劉洪輝　歷　力　鮑盛華　韓　彬
魏存慶　鍾海珍　謝冬榮　謝　林　應長興

《全國古籍普查登記目録》

序　言

全國古籍普查登記工作是“中華古籍保護計劃”的首要任務，是全面開展古籍搶救、保護和利用工作的基礎，也是有史以來第一次由政府組織、參加收藏單位最多的全國性古籍普查登記工作。

2007年國務院辦公廳發布《關於進一步加强古籍保護工作的意見》（國辦發［2007］6號），明確了古籍保護工作的首要任務是對全國公共圖書館、博物館和教育、宗教、民族、文物等系統的古籍收藏和保護狀況進行全面普查，建立中華古籍聯合目録和古籍數字資源庫。2011年12月，文化部下發《文化部辦公廳關於加快推進全國古籍普查登記工作的通知》（文辦發［2011］518號），進一步落實了全國古籍普查登記工作。根據文化部2011年518號文件精神，國家古籍保護中心擬訂了《全國古籍普查登記工作方案》，進一步規範了古籍普查登記工作的範圍、内容、原則、步驟、辦法、成果和經費。目前進行的全國古籍普查登記工作的中心任務是通過每部古籍的身份證——“古籍普查登記編號”和相關信息，建立古籍總臺賬，全面瞭解全國古籍存藏情況，開展全國古籍保護的基礎性工作，加强各級政府對古籍的管理、保護和利用。

《全國古籍普查登記工作方案》規定了全國古籍普查登記工作的三個主要步驟：一、開展古籍普查登記工作；二、在古籍普查登記基礎上，編纂出版館藏古籍普查登記目録，形成《全國古籍普查登記目録》；三、在古籍普查登記工作基本完成的前提下，由省級古籍保護中心負責編纂出版本省古籍分類聯合目録《中華古籍總目》分省卷，由國家古籍保護中心負責編纂出版《中華古籍總目》統編卷。

在黨和政府領導下，在各地區、各有關部門和全社會共同努力下，古籍普查登記工作得以扎實推進。古籍普查已在除臺、港、澳之外的全國各省級行政區域開展，普查内容除漢文古籍外，還包括各少數民族文字古籍，特別是於2010年分別啓動了新疆古籍保護和西藏古籍保護專項，因地制宜，開展古籍普查登記工作；國家古籍保護中心研製的“全國古籍普查登記平臺”已覆蓋到全國各省級古籍保護中心，并進一步研發了“中華古籍索引庫”，爲及時展現古籍普查成果提供有力支持；截至目前，已有11375部古籍進入《國家珍貴古籍名録》，浙江、江蘇、山東、河北等省公布了省級《珍貴古籍名録》，古籍分級保護機制初步形成。

《全國古籍普查登記目録》是古籍普查工作的階段性成果，旨在摸清家底，揭示館藏，反映古籍的基本信息。原則上每申報單位獨立成册，館藏量少不能獨立成册者，則在本省範圍内幾個館目合并成册。無論獨立成册還是合并成册，均編製獨立的書名筆畫索引附於書後。著録的必填基本項目有：古籍普查登記編號、索書號、題名卷數、著者（含著作方式）、版本、册數及存缺卷數。其他擴展項目有：分類、批校題跋、版式、裝幀形式、叢書子目、書影、破損狀况等。有條件的收藏單位多著録的一些擴展項目，也反映在《全國古籍普查登記目録》上。目録編排按古籍普查登記編號排序，内在順序給予各古籍收藏單位較大自由度，可按分類排列古籍普查登記編號，也可按排架號、按同書名等排列古籍普查登記編號，以反映各館特色。

此次全國古籍普查登記工作，克服了古籍數量多、普查人員少、普查難度大等各種困難，也得到了全國古籍保護工作者的極大支持。在古籍普查登記過程中，國家古籍保護中心、各省古籍保護中心爲此舉辦了多期古籍普查、古籍鑒定、古籍普查目録審校等培訓班，全國共1600餘家單位參加了培訓，爲古籍普查登記工作培養了大量人才。同時在古籍普查登記工作中，也鍛煉了普查員的實踐能力，爲將來古籍保護事業發展奠定了良好的基礎。

《全國古籍普查登記目録》的出版，將摸清我國古籍家底，爲古籍保護和利用工作提供依據，也將是古籍保護長期工作的一個里程碑。

國家古籍保護中心
2013年10月

《全國古籍普查登記目録》

編纂凡例

一、收録範圍爲我國境内各收藏機構或個人所藏，産生於 1912 年以前，具有文物價值、學術價值和藝術價值的文獻典籍，包括漢文古籍和少數民族文字古籍以及甲骨、簡帛、敦煌遺書、碑帖拓本、古地圖等文獻。其中，部分文獻的收録年限適當延伸。

二、以各收藏機構爲分册依據，篇幅較小者，適當合并出版。

三、一部古籍一條款目，複本亦單獨著録。

四、著録基本要求爲客觀登記、規範描述。

五、著録款目包括古籍普查登記編號、索書號、題名卷數、著者、版本、册數、存缺卷等。古籍普查登記編號的組成方式是：省級行政區劃代碼—單位代碼—古籍普查登記順序號。

六、以古籍普查登記編號順序排序。

《廣東省古籍普查登記目録》

工作委員會

顧　　問： 王惠君　劉洪輝

主　　任： 倪俊明

副主任： 林　鋭　肖　玲　蔣志華

委　　員： 張淑瓊　榮子菡　郭祥文　羅焕好　李　媚
陳曉玉　陳静敏

《華南師範大學圖書館古籍普查登記目録》

編委會

《華南師範大學圖書館古籍普查登記目録》

前　言

華南師範大學圖書館由建立於 1933 年 8 月的廣東省立勷勤大學師範學院圖書館演變而來。在 2023 年九十周年校慶之際，我們圓滿完成了我館古籍普查登記工作。早期館藏圖書中，綫裝古籍占比很大。從藏書印來看，後來有少量他館藏書因戰亂和院系調整轉入我館。後南州書樓藏書散出，我館又購藏了一批，形成今日館藏古籍規模。我館藏書較爲全面，經史子集叢五部皆備，其中史、集、叢部尤爲豐富。

2009 年 6 月，我館被國務院批准爲第二批“全國古籍重點保護單位”，館藏 19 部古籍入選第二批、第三批《國家珍貴古籍名録》。2011 年 10 月，我館被廣東省人民政府批准爲第一批“廣東省古籍重點保護單位”，館藏 105 部古籍入選第一批、第二批《廣東省珍貴古籍名録》。

2010 年 9 月，我館古籍普查登記工作全面展開。按照全國古籍普查登記工作的要求，結合我館實際，經核查清點、著録登記、修訂排序，現編製完成《華南師範大學圖書館古籍普查登記目録》（以下簡稱《目録》），基本摸清了家底，揭示了館藏。《目録》將館藏古籍按部登記在册，著録項目有：古籍普查登記編號（由省級行政區劃代碼—單位代碼—古籍普查登記順序號組成）、索書號、題名卷數、著者（含著作方式）、版本、册數、存（缺）卷數。著録基本要求爲客觀登記、規範描述，如實反映古籍的基本信息。《目録》全篇按古籍普查登記編號排序。

《目録》共收入館藏古籍數據 5393 條。所收古籍時間跨度從明代至清末，版本形式以刻本爲主，尚有稿本、抄本、套印本、石印本、活字印本等多種形式。其中不乏珍稀善本古籍，如明成化元年（1465）内府刻本《貞觀政要》十卷，錢大昕、黄丕烈校跋清抄本《安南志略》十九卷等。

在全體同人的精誠團結、長期努力下，我們終於完成了這項工作。限於歷史條件，原來的目録錯誤極多，版本著録和古籍普查規範差距很大。前修未密，後出轉精。我們審核了每部書的版本，修訂了大量錯誤。如藏書中大量的武英殿聚珍版書零種，幾乎全部是外省翻刻，而不是真正的武英殿本。在没有整套武英殿原本以及外間翻刻本比對的情況下，我們費盡心思，查找各種資料，辨析疑難，解決了部分版本問題，剩下實在無法斷定何地翻刻的書，版本項衹好模糊著録爲清刻武英殿聚珍版書本。

在我館古籍普查登記工作完成之際,感謝國家古籍保護中心和廣東省古籍保護中心的指導和幫助,尤其要感謝校領導對圖書館古籍工作一貫的支持和幫助。

此次古籍普查登記工作由於古籍數量多、時間緊、專業人員不足、普查人員學養有限等因素,雖然經過反復校對,仍難免有舛誤錯漏,懇請專家學者與業界同人不吝賜教,以匡不逮。

華南師範大學圖書館
2023 年 2 月

目　録

440000－2543－0000001　O/018.16/316－2
古今僞書考不分卷　(清)姚際恆著　清光緒三年(1877)蘇州賓華山房刻本　一册

440000－2543－0000002　O/018.21/775
玉簡齋叢書二集八種　羅振玉輯　清宣統元年(1909)刻本　十二册

440000－2543－0000003　O/018.28/791
彙刻書目十卷　(清)顧修編　清嘉慶四年(1799)刻本　十册

440000－2543－0000004　O/018.28/973
彙刻書目二十卷　(清)顧修編　(清)朱學勤增訂　(清)王懿榮重編　清光緒十五年(1889)上海福瀛書局刻本　二十册

440000－2543－0000005　O/018.28/973(2)
彙刻書目二十卷　(清)顧修編　(清)朱學勤增訂　(清)王懿榮重編　清光緒十五年(1889)上海福瀛書局刻本　二十册

440000－2543－0000006　O/018.28/973(3)
彙刻書目二十卷　(清)顧修編　(清)朱學勤增訂　(清)王懿榮重編　清光緒十五年(1889)上海福瀛書局刻本　二十册

440000－2543－0000007　O/018.5/242
文瑞樓藏書目錄十二卷　(清)金檀撰　清嘉慶十六年(1811)刻本　二册

440000－2543－0000008　O/018.5/431
愛日精廬藏書志三十六卷續志四卷　(清)張金吾撰　清道光六年(1826)愛日精廬刻本　八册

440000－2543－0000009　O/018.5/434
皕宋樓藏書志一百二十卷　(清)陸心源編　清光緒八年(1882)歸安陸氏十萬卷樓刻本　二十册

440000－2543－0000010　O/018.5/434(2)
皕宋樓藏書志一百二十卷　(清)陸心源編　清光緒八年(1882)歸安陸氏十萬卷樓刻本　三十二册

440000－2543－0000011　O/018.5/434(3)
皕宋樓藏書志一百二十卷　(清)陸心源編　清光緒八年(1882)歸安陸氏十萬卷樓刻本　十三册

440000－2543－0000012　O/018.5/740
藝風藏書記八卷續記八卷　繆荃孫撰　清光緒二十六年至民國二年(1900－1913)刻本　四册

440000－2543－0000013　O/018.61/389－2
昭德先生郡齋讀書志二十卷　(宋)晁公武撰　(宋)姚應績編　**二本四卷攷異一卷附志一卷**　(宋)趙希弁撰　**校補一卷**　王先謙撰　清光緒十年(1884)長沙王氏刻本　八册

440000－2543－0000014　O/018.61/389－2(2)
昭德先生郡齋讀書志二十卷　(宋)晁公武撰　(宋)姚應績編　**二本四卷攷異一卷附志一卷**　(宋)趙希弁撰　**校補一卷**　王先謙撰　清光緒十年(1884)長沙王氏刻本　十二册

440000－2543－0000015　O/018.61/442
直齋書錄解題二十二卷　(宋)陳振孫撰　清光緒九年(1883)江蘇書局刻本　八册

440000－2543－0000016　O/018.61/442(2)
直齋書錄解題二十二卷　(宋)陳振孫撰　清光緒九年(1883)江蘇書局刻本　六册

440000－2543－0000017　VO/018.61/442－2
直齋書錄解題二十二卷　(宋)陳振孫撰　清光緒二十五年(1899)廣雅書局刻武英殿聚珍版書本　八册

440000－2543－0000018　VO/018.61/442－3
直齋書錄解題二十二卷　(宋)陳振孫撰　清乾隆江蘇刻武英殿聚珍版書本　十二册

440000－2543－0000019　O/018.61/492
士禮居藏書題跋記六卷續二卷　(清)黄丕烈撰　清光緒十年(1884)滂喜齋刻本　八册

440000－2543－0000020　O/018.61/492(2)
士禮居藏書題跋記六卷續二卷　(清)黄丕烈撰　清光緒十年(1884)滂喜齋刻本　十二册

440000－2543－0000021　O/018.61/700

群書拾補初編三十七卷　(清)盧文弨校補　清乾隆五十五年(1790)抱經堂刻本　二十冊

440000－2543－0000022　O/018.61/700－2
群書拾補初編三十七卷　(清)盧文弨校補　清光緒十三年(1887)上海蜚英館石印本　八冊

440000－2543－0000023　O/018.61/700－2(2)
群書拾補初編三十七卷　(清)盧文弨校補　清光緒十三年(1887)上海蜚英館石印本　八冊

440000－2543－0000024　O/018.61/700－2(4)
群書拾補初編三十七卷　(清)盧文弨校補　清光緒十三年(1887)上海蜚英館石印本　八冊

440000－2543－0000025　O/018.66/428－2
書目答問四卷　(清)張之洞編　清光緒十四年(1888)上海蜚英館石印本　二冊

440000－2543－0000026　O/018.66/428－3
書目答問四卷　(清)張之洞編　清光緒元年(1875)刻本　二冊

440000－2543－0000027　O/018.68/162
揅經室經進書錄四卷　(清)阮元撰　(清)阮福編　(清)傅以禮重編　清光緒八年(1882)大興傅以禮刻本　二冊

440000－2543－0000028　O/018.68/976
呈送書目十六卷　(清)□□輯　清聞妙香室抄本　十六冊

440000－2543－0000029　O/018.7/2
善本書室藏書志四十卷附錄一卷　(清)丁丙撰　清光緒二十七年(1901)錢塘丁丙刻本　八冊

440000－2543－0000030　O/018.7/9
欽定天祿琳琅書目十卷　(清)于敏中等編　**後編二十卷**　(清)彭元瑞等編　清光緒十年(1884)長沙王氏刻本　五冊

440000－2543－0000031　O/018.7/9(2)
欽定天祿琳琅書目十卷　(清)于敏中等編　**後編二十卷**　(清)彭元瑞等編　清光緒十年(1884)長沙王氏刻本　十冊

440000－2543－0000032　VO/018.7/9－2
欽定天祿琳琅書目十卷　(清)于敏中等編　清抄本　五冊

440000－2543－0000033　O/018.7/451
宋元舊本書經眼錄三卷附錄二卷　(清)莫友芝撰　清同治十二年(1873)刻本　二冊

440000－2543－0000034　O/018.922/311
補三國藝文志四卷　(清)侯康撰　清光緒十三年(1887)廣雅書局刻本　一冊

440000－2543－0000035　O/018.922/406
隋經籍志考證十三卷　(清)章宗源撰　清光緒三年(1877)湖北崇文書局刻本　四冊

440000－2543－0000036　O/018.924/22
崇文總目五卷　(宋)王堯臣等編　(清)錢東垣輯釋　**補遺一卷附錄一卷**　(清)錢侗輯　清光緒八年(1882)常熟後知不足齋刻本　三冊

440000－2543－0000037　O/018.924/390
補遼金元藝文志一卷　(清)倪燦撰　清光緒十七年(1891)廣雅書局刻本　一冊

440000－2543－0000038　O/018.925/705－2
元史藝文志四卷　(清)錢大昕補　清同治十三年(1874)江蘇書局刻本　一冊

440000－2543－0000039　O/018.925/705－2(2)
元史藝文志四卷　(清)錢大昕補　清同治十三年(1874)江蘇書局刻本　一冊

440000－2543－0000040　O/018.926/316
永樂大典目錄六十卷　(明)姚廣孝等編　清道光靈石楊尚文刻連筠簃叢書本　二十冊

440000－2543－0000041　O/018.927/9
欽定四庫全書簡明目錄二十卷　(清)紀昀等編　清道光至咸豐刻本　十冊

440000－2543－0000042　O/018.927/9(2)
欽定四庫全書簡明目錄二十卷　(清)紀昀等編　清同治至光緒刻本　八冊

440000－2543－0000043　O/018.927/53
欽定四庫全書總目二百卷　(清)紀昀等編　清同治七年(1868)廣東書局刻本　六十册

440000－2543－0000044　O/018.927/53(2)
欽定四庫全書總目二百卷　(清)紀昀等編　清同治七年(1868)廣東書局刻本　一百二十八册

440000－2543－0000045　O/018.927/53(3)
欽定四庫全書總目二百卷　(清)紀昀等編　清同治七年(1868)廣東書局刻本　一百十册

440000－2543－0000046　O/018.927/53－3
欽定四庫全書總目二百卷　(清)紀昀等編　清刻本　九十册

440000－2543－0000047　O/018.927/53－4
欽定四庫全書總目二百卷首四卷　(清)紀昀等編　清刻本　一百四十四册

440000－2543－0000048　O/018.927/503
四庫書目略二十卷　(清)費莫文良輯　清同治九年(1870)刻本　十二册

440000－2543－0000049　O/018.929/23
浙江採集遺書總錄十卷　(清)沈初等編　清乾隆三十九年(1774)刻本　二册　存三卷(辛集、壬集、癸集)

440000－2543－0000050　O/018.96/556(2)
日本訪書志十七卷　楊守敬撰　清光緒二十三年(1897)鄰蘇園刻本　六册

440000－2543－0000051　O/018.96/556－2
日本訪書志十六卷　楊守敬撰　清光緒二十七年(1901)宜都楊氏刻本　四册

440000－2543－0000052　VO/019.02/98－2
經義考三百卷目錄二卷　(清)朱彝尊撰　清乾隆四十二年(1777)刻本　四十八册

440000－2543－0000053　VO/019.02/98－2(2)
經義考三百卷目錄二卷　(清)朱彝尊撰　清乾隆四十二年(1777)刻本　六十册

440000－2543－0000054　VO/019.02/98－2(3)
經義考三百卷目錄二卷　(清)朱彝尊撰　清乾隆四十二年(1777)刻本　三十二册

440000－2543－0000055　VO/019.02/98－2(4)
經義考三百卷目錄二卷　(清)朱彝尊撰　清乾隆四十二年(1777)刻本　四十八册

440000－2543－0000056　VO/019.02/98－2(5)
經義考三百卷目錄二卷　(清)朱彝尊撰　清乾隆四十二年(1777)刻本　四十二册

440000－2543－0000057　VO/019.02/98－2(6)
經義考三百卷目錄二卷　(清)朱彝尊撰　清乾隆四十二年(1777)刻本　三十八册

440000－2543－0000058　O/019.02/98－3
經義考三百卷目錄二卷　(清)朱彝尊撰　清光緒二十三年(1897)浙江書局刻本　二十六册

440000－2543－0000059　O/019.02/98－3(2)
經義考三百卷目錄二卷　(清)朱彝尊撰　清光緒二十三年(1897)浙江書局刻本　五十册

440000－2543－0000060　O/020/78－2
經學通論五卷　(清)皮錫瑞撰　清光緒三十三年(1907)思賢書局刻本　五册

440000－2543－0000061　O/020/78－2(2)
經學通論五卷　(清)皮錫瑞撰　清光緒三十三年(1907)思賢書局刻本　十四册

440000－2543－0000062　O/020/442
歸雲別集五種二十一卷　(明)陳士元撰　清道光十三年(1833)實善堂刻本　十册

440000－2543－0000063　O/020.23/162
經籍籑詁一百六卷首一卷　(清)阮元撰　清光緒十四年(1888)鴻文書局石印本　十六册

440000－2543－0000064　O/020.23/162(2)
經籍籑詁一百六卷首一卷　(清)阮元撰　清光緒十四年(1888)鴻文書局石印本　九册

440000－2543－0000065　O/020.23/162－2
經籍籑詁一百六卷首一卷　(清)阮元撰　清嘉慶十七年(1812)揚州阮氏琅嬛仙館刻光緒六年(1880)淮南書局補刻本　二十六册

440000－2543－0000066　O/020.23/162－3
經籍籑詁一百六卷首一卷　(清)阮元撰　清嘉慶十七年(1812)刻本　六十冊

440000－2543－0000067　O/020.23/162－4
經籍籑詁一百六卷首一卷　(清)阮元撰　清嘉慶儀徵阮氏琅嬛仙館刻本　四十七冊　存一百二卷(一至三十九、四十四至一百六)

440000－2543－0000068　O/020.23/162－5
經籍籑詁一百六卷首一卷　(清)阮元撰　清光緒二十年(1894)上海點石齋石印本　十二冊

440000－2543－0000069　O/020.23/322
群經字詁七十二卷　(清)段諤廷撰　清道光二十九年(1849)黔陽楊氏刻本　十冊

440000－2543－0000070　O/020.23/322(2)
群經字詁七十二卷　(清)段諤廷撰　清道光二十九年(1849)黔陽楊氏刻本　十六冊

440000－2543－0000071　O/020.23/322(3)
群經字詁七十二卷　(清)段諤廷撰　清道光二十九年(1849)黔陽楊氏刻本　十六冊

440000－2543－0000072　VO/020.23/434－2
經典釋文三十卷　(唐)陸德明撰　**經典釋文考證不分卷**　(清)盧文弨撰　清乾隆五十六年(1791)抱經堂刻本　十二冊

440000－2543－0000073　O/020.23/434－3
經典釋文三十卷　(唐)陸德明撰　(清)盧文弨考證　清同治十年(1871)刻本　十二冊

440000－2543－0000074　O/020.23/441
經傳繹義五十卷　(清)陳煒撰　清嘉慶九年(1804)校字齋刻本　十四冊

440000－2543－0000075　O/020.3/98
經傳考證八卷　(清)朱彬撰　清道光十六年(1836)宜祿堂刻本　二冊

440000－2543－0000076　O/020.3/375
古微書三十六卷　(明)孫瑴輯　清光緒十四年(1888)刻本　四冊

440000－2543－0000077　O/020.3/375(2)
古微書三十六卷　(明)孫瑴輯　清光緒十四年(1888)刻本　六冊

440000－2543－0000078　O/020.3/636
點勘記二卷省堂筆記一卷　(清)歐陽泉撰　清光緒四年(1878)江蘇書局刻本　二冊

440000－2543－0000079　O/020.32/22
十三經拾遺十六卷　(清)王朝璩撰　清嘉慶五年(1800)刻本　二冊

440000－2543－0000080　O/020.33/98
十三經札記十二種二十二卷　(清)朱亦棟撰　清光緒四年(1878)竹簡齋刻本　四冊

440000－2543－0000081　O/020.33/98(2)
十三經札記十二種二十二卷　(清)朱亦棟撰　清光緒四年(1878)竹簡齋刻本　四冊

440000－2543－0000082　O/020.33/98(3)
十三經札記十二種二十二卷　(清)朱亦棟撰　清光緒四年(1878)竹簡齋刻本　五冊

440000－2543－0000083　O/020.37/415
新學偽經考十四卷　康有為撰　清光緒十七年(1891)廣州康氏萬木草堂刻本　六冊

440000－2543－0000084　O/020.37/415－3
新學偽經考十四卷　康有為撰　清光緒十七年(1891)武林望雲樓石印本　八冊

440000－2543－0000085　O/020.37/415－4
新學偽經考十四卷　康有為撰　清光緒十七年(1891)廣州康氏萬木草堂刻本　六冊

440000－2543－0000086　O/020.4/393
通介堂經說十二卷　(清)徐灝撰　清咸豐四年(1854)廣東省城學院前藝芳齋刻本　三冊

440000－2543－0000087　O/020.4/500
項氏家說十卷附錄二卷　(宋)項安世撰　清光緒二十五年(1899)廣雅書局刻武英殿聚珍版書本　二冊

440000－2543－0000088　O/020.4/661
六經奧論六卷總文一卷　(宋)鄭樵撰　清嘉慶十二年(1807)刻本　四冊

440000－2543－0000089　O/020.42/661
鄭志三卷附水經注目録　（三國魏）鄭小同撰　清刻武英殿聚珍版書本　一冊

440000－2543－0000090　O/020.42/661－2
鄭志疏證八卷鄭記考證一卷答臨孝存周禮難一卷　（清）皮錫瑞撰　清光緒二十五年（1899）刻本　二冊

440000－2543－0000091　O/020.42/795
十三經客難十二種五十五卷附三種七卷　（清）龔元玠撰　清道光二十六年（1846）西城龔氏刻本　十八冊

440000－2543－0000092　O/020.47/2
六藝堂詩禮七編八種十八卷　（清）丁晏輯　清咸豐二年（1852）聊城楊以增海源閣刻七年（1857）增刻本　十冊

440000－2543－0000093　O/020.48/165
璜川吴氏經學叢書十四種七十八卷　（清）吴志忠等輯　清刻本　二十八冊

440000－2543－0000094　O/020.48/364
南海桂氏經學叢書八種　（清）桂文燦撰　清咸豐七年至光緒二十二年（1857－1896）刻本　五冊

440000－2543－0000095　O/020.48/454
味經齋遺書十五種四十一卷　（清）莊存與撰　清光緒八年（1882）陽湖莊氏刻本　八冊

440000－2543－0000096　O/020.48/454（2）
味經齋遺書十五種四十一卷　（清）莊存與撰　清光緒八年（1882）陽湖莊氏刻本　八冊

440000－2543－0000097　O/020.5/442
五經異義疏證三卷　（漢）許慎撰　（漢）鄭玄駁　（清）陳壽祺疏證　清嘉慶十八年（1813）王捷南刻本　三冊

440000－2543－0000098　O/020.5/962
十三經注疏　（□）□□編　清光緒袖海山房石印本　七冊　存四種五十九卷（周易注疏一至九、附校勘記，尚書注疏一至二十、附校勘記，毛詩注疏一至二十、附校勘記，爾雅注疏一至十、附校勘記）

440000－2543－0000099　O/020.5/962－2
宋本十三經注疏附校勘記十三種四百十六卷　（清）阮元撰校勘記　（清）盧宣旬摘録校勘記　清光緒十三年（1887）脈望仙館石印本　三十二冊

440000－2543－0000100　O/020.5/962－2（3）
宋本十三經注疏附校勘記十三種四百十六卷　（清）阮元撰校勘記　（清）盧宣旬摘録校勘記　清光緒十三年（1887）脈望仙館石印本　三十二冊

440000－2543－0000101　O/020.52/21
十三經註十五種　（三國魏）王弼等註　（清）萬青銓重校　清咸豐二年（1852）稽古樓刻本　八十三冊

440000－2543－0000102　O/020.56/242
十三經古注十三種二百八十九卷　（明）金蟠等訂　明永懷堂刻清同治八年（1869）浙江書局校修印本　三十二冊

440000－2543－0000103　O/020.56/491
石齋先生經傳九種五十三卷　（明）黄道周輯　（清）鄭開極重訂　清道光二十八年（1848）長洲彭蘊章刻本　二十冊

440000－2543－0000104　O/020.57/22
經義述聞三十二卷　（清）王引之撰　清道光七年（1827）京師壽藤書屋刻本　十六冊

440000－2543－0000105　O/020.57/153
御纂七經七種二百八十七卷　（清）李光地等輯　清同治六年（1867）刻本　八十四冊

440000－2543－0000106　O/020.57/153－2
欽定七經七種二百九十四卷　（清）李光地等纂　清同治六年（1867）馬新貽刻本　一百四十二冊

440000－2543－0000107　O/020.57/165
吴氏遺箸三種五卷附録一卷　（清）吴夌雲撰　清光緒十七年（1891）廣雅書局刻本　二冊

440000－2543－0000108　O/020.57/196

古經解鈎沉三十卷　(清)余蕭客撰　清刻本　八冊

440000－2543－0000109　O/020.57/268
九經補注九種八十七卷　(清)姜兆錫撰　清雍正至乾隆寅清樓刻本　三十二冊

440000－2543－0000110　O/020.57/312
茶香室經説十六卷　(清)俞樾撰　清光緒十四年(1888)刻本　四冊

440000－2543－0000111　O/020.57/312－2
茶香室經説十六卷　(清)俞樾撰　清光緒十八年(1892)廣東學院刻本　六冊

440000－2543－0000112　O/020.57/359
鄭氏佚書二十三種七十九卷　(清)袁鈞輯　清光緒十四年(1888)浙江書局刻本　八冊

440000－2543－0000113　O/020.57/400
通志堂經解一百三十八種一千七百八十一卷　(清)納蘭成德輯　清同治十二年(1873)粵東書局刻本　四百八十冊

440000－2543－0000114　O/020.57/400(2)
通志堂經解一百三十八種一千七百八十一卷　(清)納蘭成德輯　清同治十二年(1873)粵東書局刻本　四百八十冊

440000－2543－0000115　O/020.57/489
九經古義十六卷　(清)惠棟撰　清潮陽縣署刻本　二冊

440000－2543－0000116　VO/020.57/489－2
九經古義十六卷　(清)惠棟撰　清常熟蔣氏省吾堂刻本　二冊

440000－2543－0000117　O/020.57/557
十三經注疏十三種二百九十卷　(清)瑞麟等校　清同治十年(1871)廣東書局刻本　一百二十冊

440000－2543－0000118　O/020.57/557(2)
十三經注疏十三種二百九十卷　(清)瑞麟等校　清同治十年(1871)廣東書局刻本　一百二十冊

440000－2543－0000119　O/020.57/557(3)
十三經注疏十三種二百九十卷　(清)瑞麟等校　清同治十年(1871)廣東書局刻本　一百二十冊

440000－2543－0000120　O/020.57/557(4)
十三經注疏十三種二百九十卷　(清)瑞麟等校　清同治十年(1871)廣東書局刻本　一百二十冊

440000－2543－0000121　O/020.57/565
經學五書五種十八卷附録一卷　(清)萬斯大撰　清嘉慶元年(1796)刻本　三冊

440000－2543－0000122　O/020.57/705
經苑二十五種二百五十四卷　(清)錢儀吉輯　清同治七年(1868)刻本　七十八冊

440000－2543－0000123　O/020.57/705(2)
經苑二十五種二百五十四卷　(清)錢儀吉輯　清同治七年(1868)刻本　六十二冊

440000－2543－0000124　O/020.57/735
古經解彙函十六種一百二十六卷小學彙函十四種一百二十四卷　(清)鍾謙鈞輯　清同治十三年(1874)粵東書局刻本　六十七冊

440000－2543－0000125　O/020.57/735(2)
古經解彙函十六種一百二十六卷小學彙函十四種一百二十四卷　(清)鍾謙鈞輯　清同治十三年(1874)粵東書局刻本　六十八冊

440000－2543－0000126　O/020.57/735(3)
古經解彙函十六種一百二十六卷小學彙函十四種一百二十四卷　(清)鍾謙鈞輯　清同治十三年(1874)粵東書局刻本　六十六冊

440000－2543－0000127　O/020.57/787
皇清經解一千四百卷續八卷　(清)阮元輯　清道光九年(1829)廣東學海堂刻咸豐十一年(1861)補刻本　三百六十冊

440000－2543－0000128　O/020.57/787(2)
皇清經解一千四百卷續八卷　(清)阮元輯　清道光九年(1829)廣東學海堂刻咸豐十一年(1861)補刻本　三百六十冊

440000－2543－0000129　O/020.57/787(3)

皇清經解一千四百卷續八卷　(清)阮元輯　清道光九年(1829)廣東學海堂刻咸豐十一年(1861)補刻本　三百六十冊

440000－2543－0000130　O/020.57/787－2
皇清經解分經合纂十六卷　(清)□□編　清光緒二十一年(1895)上洋鴻寶齋石印本　三十二冊

440000－2543－0000131　O/020.57/787－6
皇清經解續編一千四百三十卷　王先謙編　清光緒十四年(1888)刻本　三百二十冊

440000－2543－0000132　O/020.57/787－6(2)
皇清經解續編一千四百三十卷　王先謙編　清光緒十四年(1888)刻本　二百二十冊　缺一百六十六卷(六百九十四至七百五十六、九百九十四至一千九十六)

440000－2543－0000133　O/020.57/787－7
皇清經解續編二百九卷　王先謙編　清光緒十五年(1889)上海蜚英館石印本　三十冊　缺八卷(一百四十八至一百五十四、一百六十六下)

440000－2543－0000134　O/020.57/787－8
皇清經解檢目八卷通用表一卷　(清)蔡啟盛編　清光緒十二年(1886)武林刻本　二冊

440000－2543－0000135　O/020.9/565
石經考一卷　(清)萬斯同撰　清省吾堂刻本　一冊

440000－2543－0000136　O/020.9/756
漢石經考異補正二卷　(清)瞿中溶撰　清道光五年(1825)刻本　一冊

440000－2543－0000137　O/020.9/791
石經彙函十種四十五卷　王秉恩輯　清光緒十六年(1890)四川尊經書局刻本　十二冊

440000－2543－0000138　O/020.9/791(2)
石經彙函十種四十五卷　王秉恩輯　清光緒十六年(1890)四川尊經書局刻本　十六冊

440000－2543－0000139　O/021.54/255
相臺五經五種九十三卷　(宋)岳珂輯　清同治三年(1864)南海鄺九我堂刻本　三十二冊

440000－2543－0000140　O/021.57/964
監本五經五種二十五卷　(□)□□撰　清同治十年(1871)刻本　二十二冊

440000－2543－0000141　O/021.57/967
皇朝五經彙解二百七十卷　(清)抉經心室主人輯　清光緒二十年(1894)鴻文書局石印本　三十二冊

440000－2543－0000142　O/021.62/24
六經圖不分卷　(清)王皜編　清乾隆五年(1740)向山堂刻本　六冊

440000－2543－0000143　O/021.62/661
六經圖二十四卷　(清)鄭之僑編　清乾隆九年(1744)刻本　十二冊

440000－2543－0000144　O/022.1/98－2
周易讀本四卷　(宋)朱熹撰　清刻本　四冊

440000－2543－0000145　O/022.4/22
易翼述信十二卷　(清)王又樸撰　清乾隆十五年(1750)刻本　十二冊

440000－2543－0000146　O/022.4/240
鑑史注易不分卷　(清)明離照撰　清道光十八年(1838)刻本　二冊

440000－2543－0000147　O/022.4/271
易研八卷首一卷　(清)胡翹元撰　清嘉慶二十四年(1819)文英堂刻本　八冊

440000－2543－0000148　O/022.4/654
易象意言一卷　(宋)蔡淵撰　**易緯八種十二卷**　(漢)鄭玄注　清刻武英殿聚珍版書本　三冊

440000－2543－0000149　O/022.4/717
心易溯原二十四卷　(清)謝若潮撰　清光緒二十年(1894)夢蕉堂刻本　八冊

440000－2543－0000150　O/022.44/654
重訂蔡虛齋先生易經蒙引十二卷　(明)蔡清撰　(明)宋兆禴重訂　明末刻本　十二冊

440000－2543－0000151　O/022.49/393

敦艮齋遺書十七卷　(清)徐潤第撰　清道光二十八年(1848)五臺徐繼畬刻本　五冊

440000－2543－0000152　O/022.52/22
周易十卷　(三國魏)王弼注　清光緒二年(1876)述古堂刻本　三冊

440000－2543－0000153　O/022.52/22－2
周易十卷　(三國魏)王弼注　清光緒二十九年(1903)刻本　三冊

440000－2543－0000154　VO/022.53/23
易傳十卷易解附録一卷　(漢)鄭玄注　(明)胡震亨輯　明萬曆三十一年(1603)刻本　五冊

440000－2543－0000155　O/022.54/98
周易本義十二卷首一卷末一卷　(宋)朱熹注　(宋)呂祖謙音訓　清刻本　二冊

440000－2543－0000156　O/022.54/98－3
周易義傳合訂十五卷　(宋)朱熹本義　(宋)程頤傳文　清嘉慶十六年(1811)人境軒刻本　八冊

440000－2543－0000157　O/022.54/154
周易義海撮要十二卷　(宋)李衡編　清同治十二年(1873)巴陵鍾謙鈞粵東書局刻通志堂經解本　四冊

440000－2543－0000158　VO/022.54/271
周易不分卷　(宋)胡方平通釋　清抄本　八冊

440000－2543－0000159　O/022.54/412
郭氏傳家易說十一卷首一卷　(宋)郭雍撰　清同治十三年(1874)江西書局刻本　八冊

440000－2543－0000160　O/022.54/412(2)
郭氏傳家易說十一卷首一卷　(宋)郭雍撰　清同治十三年(1874)江西書局刻本　八冊

440000－2543－0000161　O/022.54/412－2(2)
郭氏傳家易說十一卷首一卷　(宋)郭雍撰　清乾隆武英殿木活字印武英殿聚珍版書本　八冊

440000－2543－0000162　O/022.54/535
周易程傳八卷　(宋)程頤撰　清光緒九年(1883)江南書局刻本　三冊

440000－2543－0000163　O/022.54/535－2
周易傳義音訓八卷首一卷末一卷　(宋)程頤傳　(宋)朱熹本義　(宋)呂祖謙音訓　清光緒六年(1880)刻本　四冊

440000－2543－0000164　VO/022.54/556－2
誠齋先生易傳二十卷　(宋)楊萬里撰　明嘉靖二十一年(1542)尹耕療鶴亭刻本　八冊

440000－2543－0000165　VO/022.54/565
誠齋易傳二十卷　(宋)楊萬里撰　清光緒二十五年(1899)廣雅書局刻武英殿聚珍版書本　四冊

440000－2543－0000166　O/022.54/761
周易要義十卷　(宋)魏了翁撰　清光緒十二年(1886)江蘇書局刻本　四冊

440000－2543－0000167　O/022.55/683
周易集傳八卷　(元)龍仁夫撰　清同治十年(1871)刻本　四冊

440000－2543－0000168　O/022.56/128
易憲四卷卦歌一卷圖說一卷　(明)沈泓疏　清補堂刻本　三冊

440000－2543－0000169　O/022.56/260
易說醒四卷　(明)洪守美撰　清同治十一年(1872)新豐刻本　二冊

440000－2543－0000170　O/022.57/2
周易述傳十卷　(清)丁裕彥撰　清道光二十二年(1842)刻本　八冊

440000－2543－0000171　O/022.57/2(2)
周易述傳十卷　(清)丁裕彥撰　清道光二十二年(1842)刻本　十冊

440000－2543－0000172　O/022.57/128
周易孔義集說二十卷　(清)沈起元撰　清光緒八年(1882)江蘇書局刻本　七冊

440000－2543－0000173　O/022.57/135
周易詮義十四卷首一卷　(清)汪烜撰　清同治十二年(1873)安徽敷文書局刻本　十五冊

440000－2543－0000174　O/022.57/153
御纂周易折中二十二卷首一卷　(清)李光地等撰　清光緒十四年(1888)江南書局刻本　六冊

440000－2543－0000175　O/022.57/153－2
周易折中二十二卷　(清)李光地等纂　清同治六年(1867)浙江書局刻本　十冊

440000－2543－0000176　O/022.57/271
周易函書約注十八卷別集十六卷　(清)胡煦撰　清雍正七年(1729)葆璞堂刻本　十二冊

440000－2543－0000177　O/022.57/375
漢魏二十一家易注二十一種　(清)孫堂輯　清嘉慶四年(1799)刻本　八冊

440000－2543－0000178　O/022.57/429
周易說略四卷　(清)張爾岐撰　清宣統元年(1909)善成堂刻本　四冊

440000－2543－0000179　O/022.57/431
易經增注十卷　(清)張鏡心撰　清雲隱堂刻本　四冊

440000－2543－0000180　O/022.57/462
易註十二卷洪範傳一卷　(清)崔致遠撰　清乾隆八年(1743)刻本　九冊

440000－2543－0000181　O/022.57/477
周易略解五卷　(清)馮經撰　清道光二十九年(1849)粵雅堂刻本　三冊

440000－2543－0000182　O/022.57/486
易經解注傳義辨正四十四卷首二卷易經圖說辨正二卷　(清)彭申甫撰　清光緒十二年(1886)刻本　十六冊　缺二卷(二十一至二十二)

440000－2543－0000183　O/022.57/515
周易介五卷　(清)單維輯　清嘉慶二十一年(1816)刻本　五冊

440000－2543－0000184　O/022.57/645
問心錄周易解二十二卷大學古本解一卷　(清)鄧子賓輯　清同治十三年(1874)刻本　十冊

440000－2543－0000185　O/022.57/645.1
周易詳說十二卷　(清)鄧尚譓輯著　清鄧正鋒刻本　十二冊

440000－2543－0000186　O/022.57/971
御纂周易述義十卷　(清)傅恒等撰　清道光十八年(1838)刻本　六冊

440000－2543－0000187　O/022.8/52
推易始末四卷　(清)毛奇齡撰　清刻西河合集本　四冊

440000－2543－0000188　O/022.8/135
易經如話十二卷首一卷　(清)汪紱撰　清光緒二十二年(1896)刻本　六冊

440000－2543－0000189　O/022.8/135－2
易經如話十二卷首一卷　(清)汪紱撰　清常郡曲水書局木活字印汪子遺書本　六冊

440000－2543－0000190　O/022.8/164
易纂言十二卷首一卷　(元)吳澄撰　清光緒九年(1883)巴陵鍾謙鈞刻本　二冊

440000－2543－0000191　O/022.8/271
大易觀玩錄四卷　(清)胡澤順撰　清道光二十二年(1842)刻本　二冊

440000－2543－0000192　O/022.8/283
湘薌漫錄二卷易經集說一卷　(清)查彬撰　清道光十九年(1839)刻本　五冊

440000－2543－0000193　VO/022.8/434
易鏡二卷　(清)陸曾禹撰　清稿本　二十冊

440000－2543－0000194　O/022.8/586
周易指三十八卷圖五卷斷辭一卷　(清)端木國瑚撰　清道光刻本　二十四冊

440000－2543－0000195　O/023.1/761
尚書要義二十卷　(宋)魏了翁撰　清光緒十年(1884)江蘇書局刻本　六冊

440000－2543－0000196　O/023.13/970
監本書經四卷　(□)□□輯　清末民國刻本　二冊

440000－2543－0000197　O/023.2/375

欽定書經圖說五十卷 （清）孫家鼐等纂 清光緒三十一年（1905）石印本 十六册

440000－2543－0000198 O/023.2/375（2）
欽定書經圖說五十卷 （清）孫家鼐等纂 清光緒三十一年（1905）石印本 十六册

440000－2543－0000199 O/023.3/423
尚書考異六卷 （明）梅鷟撰 清光緒吳縣朱氏槐廬家塾刻平津館叢書本 三册

440000－2543－0000200 VO/023.3/489
古文尚書考二卷 （清）惠棟撰 清乾隆五十七年（1792）讀經樓刻本 一册

440000－2543－0000201 O/023.3/698
尚書古文疏證八卷 （清）閻若璩撰 **朱子古文書疑一卷** （清）閻詠輯 清乾隆十年（1745）閻氏眷西堂刻同治六年（1867）錢塘汪氏振綺堂補刻本 六册

440000－2543－0000202 O/023.4/749
書傳補商十七卷 （清）戴鈞衡撰 清刻本 四册

440000－2543－0000203 O/023.4/761
書古微十二卷 （清）魏源撰 清光緒四年（1878）淮南書局刻本 四册

440000－2543－0000204 O/023.4/761（2）
書古微十二卷 （清）魏源撰 清光緒四年（1878）淮南書局刻本 四册

440000－2543－0000205 O/023.4/791
尚書質疑三卷 （清）顧棟高撰 清道光六年（1826）眉壽堂刻本 二册

440000－2543－0000206 O/023.47/109
尚書大傳四卷補遺一卷 （漢）伏勝撰 （漢）鄭玄注 清嘉慶五年（1800）刻本 一册

440000－2543－0000207 O/023.47/109－2
尚書大傳五卷 （漢）伏勝撰 （漢）鄭玄注 （清）陳壽祺輯 清道光十年（1830）廣州刻本 二册

440000－2543－0000208 O/023.54/21
古文尚書十卷逸文二卷篇目表一卷 （漢）馬融 （漢）鄭玄注 （宋）王應麟撰集 （清）孫星衍補集 清光緒六年（1880）綿竹墨池書舍刻本 一册

440000－2543－0000209 O/023.54/654
書經六卷 （宋）蔡沈注 （清）姜兆錫參義 清雍正十二年（1734）刻本 二册

440000－2543－0000210 O/023.54/654－3
書經六卷 （宋）蔡沈注 清光緒十四年（1888）天津文美齋刻本 四册

440000－2543－0000211 O/023.54/654－4
書經六卷 （宋）蔡沈注 清刻本 六册

440000－2543－0000212 O/023.54/654－5
書蔡傳附釋一卷 （清）丁晏撰 清光緒二十年（1894）廣雅書局刻本 一册

440000－2543－0000213 O/023.54/705
融堂書解二十卷 （宋）錢時撰 清刻武英殿聚珍版書本 四册

440000－2543－0000214 O/023.56/71
書經講義會編十二卷 （明）申時行編 明萬曆二十六年（1598）刻本 六册

440000－2543－0000215 VO/023.56/271
書傳大全十卷綱領一卷圖一卷 （明）胡廣等纂 明內府刻本 十一册

440000－2543－0000216 O/023.57/22
欽定書經傳說匯纂二十一卷首二卷書序一卷 （清）王頊齡等撰 清雍正八年（1730）刻本 十四册

440000－2543－0000217 O/023.57/22－2
欽定書經傳說匯纂二十一卷首二卷書序一卷 （清）王頊齡等撰 清同治七年（1868）刻本 十二册

440000－2543－0000218 O/023.57/22－3
欽定書經傳說匯纂二十一卷首二卷書序一卷 （清）王頊齡等撰 清光緒十四年（1888）江南書局刻本 六册

440000－2543－0000219 VO/023.57/23
尚書後案三十卷尚書後辨不分卷 （清）王鳴

盛撰　清乾隆四十五年(1780)禮堂刻本　十二冊

440000－2543－0000220　O/023.57/135
書經詮義十二卷首二卷　(清)汪紱撰　清光緒七年(1881)紫陽書院刻本　十三冊

440000－2543－0000221　O/023.57/152
尚書七篇解義二卷　(清)李光地撰　清刻本　一冊

440000－2543－0000222　VO/023.57/338
日講書經解義十三卷　(清)庫勒納等編　清康熙十九年(1680)刻本　六冊

440000－2543－0000223　O/023.57/492
尚書啟幪五卷　(清)黃式三撰　清光緒十四年(1888)黃氏家塾刻儆居遺書本　二冊

440000－2543－0000224　O/023.58/758
尚書集注述疏三十五卷首一卷　簡朝亮撰　清光緒三十三年(1907)刻本　十八冊

440000－2543－0000225　O/023.58/758(2)
尚書集注述疏三十五卷首一卷　簡朝亮撰　清光緒三十三年(1907)刻本　二十四冊

440000－2543－0000226　O/023.6/52
禹貢指南四卷　(宋)毛晃撰　清刻武英殿聚珍版書本　一冊

440000－2543－0000227　VO/023.6/271
禹貢錐指二十卷禹貢圖一卷　(清)胡渭撰　清康熙四十四年(1705)漱六軒刻本　六冊

440000－2543－0000228　O/023.6/765
禹貢章句四卷末一卷　(清)譚澐撰　清同治九年(1870)刻本　二冊

440000－2543－0000229　O/023.7/2
洪範宗經三卷　(清)丁裕彥纂注　清道光十五年(1835)北京琉璃廠文德齋刻本　三冊

440000－2543－0000230　O/023.8/393
尚書逸湯誓考六卷書後一卷　(清)徐時棟著　清同治十一年(1872)城西草堂刻本　二冊

440000－2543－0000231　O/024.1/761
毛詩要義二十卷　(宋)魏了翁撰　清光緒十二年(1886)江蘇書局刻本　十冊

440000－2543－0000232　O/024.1/761－2
毛詩要義二十卷　(宋)魏了翁撰　清光緒八年(1882)上海刻本　十六冊

440000－2543－0000233　O/024.2/407－2
詩集傳名物鈔八卷　(元)許謙撰　清通志堂刻本　十二冊

440000－2543－0000234　O/024.2/441
毛詩稽古編三十卷　(清)陳啟源撰　清嘉慶十八年(1813)刻本　十二冊

440000－2543－0000235　O/024.23/332
詩音十五卷　(清)高澍然撰　清嘉慶十七年(1812)刻本　四冊

440000－2543－0000236　O/024.27/556
詩序韻語一卷　(清)楊恩壽撰　清光緒元年(1875)刻本　一冊

440000－2543－0000237　O/024.3/165
毛詩復古錄十二卷首一卷　(清)吳懋清撰　清光緒二十年(1894)廣州學使者署刻本　六冊

440000－2543－0000238　O/024.33/370
讀詩劄記八卷　(清)夏炘撰　清咸豐三年(1853)景紫堂刻本　三冊

440000－2543－0000239　O/024.4/21
毛詩讀三十卷尚書後案駁正二卷　(清)王劼撰　清咸豐四年(1854)刻本　六冊

440000－2543－0000240　VO/024.4/128
毛詩明辨錄十卷　(清)沈青崖撰　清乾隆十三年至十四年(1748－1749)古吳毛德基刻本　三冊

440000－2543－0000241　O/024.4/179
詩經世本古義二十八卷首一卷末一卷　(明)何楷撰　清嘉慶二十四年(1819)刻本　二十四冊

440000－2543－0000242　O/024.4/179－2
詩經世本古義二十八卷首一卷末一卷　(明)

何楷撰　清光緒十九年(1893)上海鴻寶齋石印本　十六册

440000－2543－0000243　O/024.4/359
絜齋毛詩經筵講義四卷　(宋)袁燮撰　清同治十三年(1874)江西書局刻武英殿聚珍版書本　一册

440000－2543－0000244　O/024.4/431
詩學緒餘二卷　(清)張廷儀著　清乾隆四十年(1775)刻本　二册

440000－2543－0000245　VO/024.4/735
詩經四卷　(明)鍾惺批點　明凌杜若刻三色套印本　五册

440000－2543－0000246　VO/024.4/749
續呂氏家塾讀詩記三卷　(宋)戴溪撰　清刻武英殿聚珍版書本　二册

440000－2543－0000247　VO/024.4/749.1
讀風臆評一卷　(明)戴君恩撰　明萬曆四十八年(1620)烏程閔齊伋刻朱墨套印本　二册

440000－2543－0000248　VO/024.4/791
虞東學詩十二卷詩說一卷　(清)顧鎮撰　清乾隆三十三年(1768)刻本　六册

440000－2543－0000249　O/024.4/795
邶風說二卷　(清)龔景瀚撰　清乾隆五十九年(1794)龔氏澹靜齋刻本　一册

440000－2543－0000250　O/024.52/661－3
毛詩二十卷　(漢)鄭玄箋　清同治三年(1864)南海鄺九我堂刻本　六册

440000－2543－0000251　O/024.52/661－3(2)
毛詩二十卷　(漢)鄭玄箋　清同治三年(1864)南海鄺九我堂刻本　六册

440000－2543－0000252　O/024.54/98
詩經集傳八卷詩序辨說一卷　(宋)朱熹集傳　清光緒七年(1881)金陵書局刻本　五册

440000－2543－0000253　VO/024.54/98－3
詩經八卷　(宋)朱熹集解　清八旂官學刻本　四册

440000－2543－0000254　VO/024.54/98－3(2)
詩經八卷　(宋)朱熹集解　清八旂官學刻本　四册

440000－2543－0000255　O/024.54/787
詩緝三十六卷　(宋)嚴粲輯　清刻本　十二册

440000－2543－0000256　O/024.54/787－2
嚴氏詩緝補義八卷　(清)劉燦撰　清刻本　八册

440000－2543－0000257　O/024.56/271
詩傳大全二十卷首一卷考異一卷　(明)胡廣等纂修　清刻本　八册

440000－2543－0000258　O/024.56/271－2
詩傳大全二十卷　(明)胡廣等纂修　清刻本　十册

440000－2543－0000259　O/024.57/2
詩集傳附釋一卷　(清)丁晏撰　清光緒二十年(1894)廣雅書局刻本　一册

440000－2543－0000260　O/024.57/21
詩經傳說匯纂二十一卷首二卷詩序二卷　(清)王鴻緒等纂　清光緒十四年(1888)江南書局刻本　十册

440000－2543－0000261　O/024.57/21－2
欽定詩經傳說彙纂二十一卷首二卷詩序二卷　(清)王鴻緒等纂　清雍正五年(1727)刻本　十八册

440000－2543－0000262　O/024.57/268
詩序廣義二十四卷　(清)姜炳璋輯　清嘉慶二十年(1815)刻本　八册

440000－2543－0000263　O/024.57/352－2
毛詩傳箋通釋三十二卷　(清)馬瑞辰撰　清光緒十四年(1888)廣雅書局刻本　十二册

440000－2543－0000264　O/024.57/352－2(2)
毛詩傳箋通釋三十二卷　(清)馬瑞辰撰　清光緒十四年(1888)廣雅書局刻本　十二册

440000－2543－0000265　O/024.57/375
御纂詩義折中二十卷　(清)傅恆等撰　清道

光十八年(1838)刻本　十冊

440000－2543－0000266　O/024.57/444
詩毛氏傳疏三十卷釋毛詩音四卷毛詩說一卷毛詩傳義類十九篇鄭氏箋攷徵一卷　(清)陳奐撰　清光緒十年(1884)刻本　十二冊

440000－2543－0000267　O/024.57/444(2)
詩毛氏傳疏三十卷　(清)陳奐撰　清光緒十年(1884)刻本　十冊

440000－2543－0000268　O/024.57/645
詩經繹參四卷　(清)鄧翔撰　清同治六年(1867)孔氏刻朱墨套印本　四冊

440000－2543－0000269　O/024.57/645(2)
詩經繹參四卷　(清)鄧翔撰　清同治六年(1867)孔氏刻朱墨套印本　四冊

440000－2543－0000270　O/024.57/761
詩古微十五卷　(清)魏源撰　清光緒十一年(1885)楊氏飛青閣刻本　六冊

440000－2543－0000271　O/024.58/441
詩經集解二十卷　(清)陳宗舜集解　清光緒三十四年(1908)洗心堂鉛印本　六冊

440000－2543－0000272　O/024.64/722－2
韓詩外傳十卷　(漢)韓嬰撰　清嘉慶四年(1799)刻本　四冊

440000－2543－0000273　O/024.64/722－2(2)
韓詩外傳十卷　(漢)韓嬰撰　清嘉慶四年(1799)刻本　二冊

440000－2543－0000274　O/024.64/722－3
韓詩外傳十卷　(漢)韓嬰撰　(清)周廷寀校注　(清)趙懷玉校勘　**韓詩外傳補逸一卷**　(清)趙懷玉輯　**韓詩外傳校注拾遺一卷**　(清)周宗杬校注　清光緒元年(1875)盱眙吳氏望三益齋刻本　二冊

440000－2543－0000275　VO/025/350
白虎通四卷闕文一卷補遺一卷　(漢)班固撰　清乾隆四十九年(1784)抱經堂刻本　四冊

440000－2543－0000276　VO/025/350(2)
白虎通四卷闕文一卷補遺一卷　(漢)班固撰　清乾隆四十九年(1784)抱經堂刻本　四冊

440000－2543－0000277　VO/025/350(3)
白虎通四卷闕文一卷補遺一卷　(漢)班固撰　清乾隆四十九年(1784)抱經堂刻本　二冊

440000－2543－0000278　VO/025/417
儀禮集說十七卷　(元)敖繼公撰　**儀禮圖十七卷**　(宋)楊復撰　**禮記集說一百六十卷**　(宋)衛湜撰　**新定三禮圖二十卷**　(宋)聶崇義集注　清同治十二年(1873)粵東書局刻鎔經鑄史齋印本　四十二冊

440000－2543－0000279　O/025.4/343
禮經釋例十三卷　(清)淩廷堪撰　清嘉慶十四年(1809)刻本　四冊

440000－2543－0000280　O/025.47/420
禮經校釋二十二卷纂疏序一卷　曹元弼釋　清光緒十八年(1892)刻本　十二冊

440000－2543－0000281　O/025.52/441
白虎通疏證十二卷　(清)陳立撰　清光緒元年(1875)淮南書局刻本　四冊

440000－2543－0000282　O/025.52/661
禮經箋十七卷　(漢)鄭玄注　王闓運箋　清光緒十一年(1885)成都尊經書局刻本　四冊

440000－2543－0000283　O/025.57/211
三禮陳數求義三十卷　(清)林喬蔭撰　清嘉慶八年(1803)誦芬堂刻本　十冊

440000－2543－0000284　O/025.57/213
三禮通釋二百八十卷首一卷　(清)林昌彝撰　清同治三年(1864)廣州刻本　四十八冊

440000－2543－0000285　O/025.57/213(2)
三禮通釋二百八十卷首一卷　(清)林昌彝撰　清同治三年(1864)廣州刻本　四十八冊

440000－2543－0000286　O/025.57/370
學禮管釋十八卷　(清)夏炘撰　清咸豐十年(1860)刻本　四冊

440000－2543－0000287　VO/025.612/268
周禮提綱六卷　(清)姜炳璋原著　(清)林組輯註　清乾隆四十三年(1778)刻本　一冊

440000－2543－0000288　VO/025.626/412
考工記二卷　(明)郭正域批點　明萬曆四十四年(1616)閔齊伋刻朱墨套印本　一冊

440000－2543－0000289　VO/025.63/489
禮說十四卷　(清)惠士奇撰　清惠氏紅豆齋刻本　四冊

440000－2543－0000290　VO/025.64/562
禮經會元四卷　(宋)葉時撰　明嘉靖五年(1526)蕭梅林刻本　四冊

440000－2543－0000291　O/025.64/661
太平經國之書十一卷　(宋)鄭伯謙撰　清刻本　二冊

440000－2543－0000292　O/025.652/661－2
周禮六卷　(漢)鄭玄注　(唐)陸德明音義　清光緒八年(1882)錦江書局刻本　六冊

440000－2543－0000293　VO/025.652/661－3
周禮注疏四十二卷　(漢)鄭玄注　(唐)賈公彥疏　明萬曆二十一年(1593)北京國子監刻本　二十冊

440000－2543－0000294　VO/025.656/277
周禮全經釋原十二卷通論一卷傳敘論一卷　(明)柯尚遷撰　明隆慶四年(1570)秀水張大忠刻本　十四冊

440000－2543－0000295　O/025.657/153
周禮述注二十四卷　(清)李光坡撰　清光緒三年(1877)刻本　四冊

440000－2543－0000296　O/025.657/361
周官精義十二卷　(清)連斗山撰　清同治十年(1871)粵東臬署刻本　六冊

440000－2543－0000297　O/025.657/375
周禮正義八十六卷　(清)孫詒讓撰　清光緒三十一年(1905)鉛印本　十八冊

440000－2543－0000298　O/025.657/375(2)
周禮正義八十六卷　(清)孫詒讓撰　清光緒三十一年(1905)鉛印本　十二冊

440000－2543－0000299　O/025.657/513
欽定周官義疏四十八卷首一卷　(清)鄂爾泰等撰　清道光十八年(1838)刻本　三十冊

440000－2543－0000300　O/025.657/513－2
欽定周官義疏四十八卷首一卷　(清)鄂爾泰等撰　清光緒十四年(1888)江南書局刻本　十五冊

440000－2543－0000301　O/025.72/429
儀禮圖六卷　(清)張惠言撰　清嘉慶十年(1805)刻本　三冊

440000－2543－0000302　O/025.73/428
儀禮識誤三卷　(宋)張淳撰　清刻武英殿聚珍版書本　一冊

440000－2543－0000303　O/025.747/115
任釣臺先生遺書四卷　(清)任啟運撰　清嘉慶十五年(1810)刻本　二冊

440000－2543－0000304　O/025.752/661－2
儀禮注疏十七卷　(漢)鄭玄注　(唐)賈公彥疏　清刻本　十四冊

440000－2543－0000305　O/025.753/551
儀禮疏五十卷　(唐)賈公彥等撰　清道光十年(1830)刻本　六冊　缺六卷(三十二至三十七)

440000－2543－0000306　O/025.754/98
儀禮經傳通解三十七卷　(宋)朱熹撰　清上海樂善堂刻本　十冊

440000－2543－0000307　O/025.754/98－2
儀禮經傳通解三十七卷　(宋)朱熹撰　**儀禮經傳通解續二十九卷**　(宋)黃榦撰　清刻本　十八冊

440000－2543－0000308　VO/025.754/154
儀禮釋宮一卷　(宋)李如圭撰　**春秋傳說例一卷**　(宋)劉敞撰　清刻武英殿聚珍版書本　一冊

440000－2543－0000309　O/025.754/761
儀禮要義五十卷　(宋)魏了翁撰　清光緒十年(1884)江蘇書局刻本　十二冊

440000－2543－0000310　O/025.754/761(2)
儀禮要義五十卷　(宋)魏了翁撰　清光緒十

年(1884)江蘇書局刻本　十二册

440000－2543－0000311　O/025.757/271
儀禮正義四十卷　(清)胡培翬著　**儀禮釋官九卷首一卷**　(清)胡匡衷著　清同治七年至八年(1868－1869)刻本　十六册

440000－2543－0000312　O/025.757/271.1
儀禮古今文疏義十七卷　(清)胡承珙撰　清光緒三年(1877)湖北崇文書局刻本　二册

440000－2543－0000313　O/025.757/271.2
儀禮釋官九卷首一卷　(清)胡匡衷撰　清同治八年(1869)刻本　四册

440000－2543－0000314　VO/025.757/429
儀禮鄭注句讀十七卷監本正誤一卷　(清)張爾岐句讀　清乾隆八年(1743)刻本　四册

440000－2543－0000315　O/025.757/971
欽定儀禮義疏四十八卷首二卷　(清)朱軾等撰　清光緒十四年(1888)江南書局刻本　十八册

440000－2543－0000316　O/025.757/971－2
欽定儀禮義疏四十八卷首二卷　(清)朱軾等撰　清刻本　三十六册

440000－2543－0000317　O/025.81/428
撫本禮記鄭注攷異二卷　(清)張敦仁撰　清嘉慶十一年(1806)刻本　一册

440000－2543－0000318　O/025.826/135
禮記章句十卷　(清)汪紱撰　清光緒二十一年(1895)刻本　十册

440000－2543－0000319　VO/025.826/717
檀弓二卷　(宋)謝枋得批點　(明)楊慎注　明萬曆四十四年(1616)吳興閔齊伋刻朱墨套印本　一册

440000－2543－0000320　O/025.847/37
禮記天算釋一卷　(清)孔廣牧撰　清光緒十五年(1889)廣雅書局刻本　一册

440000－2543－0000321　O/025.847/37(2)
禮記天算釋一卷　(清)孔廣牧撰　清光緒十五年(1889)廣雅書局刻本　一册

440000－2543－0000322　O/025.852/661
撫本禮記鄭注攷異二卷　(清)張敦仁撰　**禮記二十卷**　(漢)鄭玄注　**釋文四卷**　(唐)陸德明撰　清嘉慶十一年(1806)陽城張氏刻本　十册

440000－2543－0000323　O/025.852/661－2
禮記二十卷　(漢)鄭玄注　清刻本　七册

440000－2543－0000324　O/025.852/661－3
禮記箋四十六卷　(漢)鄭玄注　王闓運箋　清光緒十一年(1885)成都尊經書局刻本　八册

440000－2543－0000325　O/025.854/712
禮記集說一百六十卷　(宋)衛湜撰　清康熙十六年(1677)通志堂刻本　四十册　缺四卷(八十六至八十九)

440000－2543－0000326　O/025.854/717
謝疊山先生批點檀弓一卷附注解選唐詩五卷　(宋)謝枋得批點　清光緒八年至九年(1882－1883)京都豫章別業刻本　一册

440000－2543－0000327　O/025.854/761
禮記要義三十三卷　(宋)魏了翁撰　清光緒十二年(1886)江蘇書局刻本(原缺卷一至二)　八册

440000－2543－0000328　O/025.854/761(2)
禮記要義三十三卷　(宋)魏了翁撰　清光緒十二年(1886)江蘇書局刻本(原缺卷一至二)　八册

440000－2543－0000329　O/025.855/441
禮記集說十卷　(元)陳澔撰　清光緒十二年(1886)湖北官書處刻本　十册

440000－2543－0000330　O/025.855/441(2)
禮記集說十卷　(元)陳澔撰　清光緒十二年(1886)湖北官書處刻本　十册

440000－2543－0000331　O/025.855/441－3
禮記集說十卷　(元)陳澔撰　清同治十年(1871)教忠堂刻本　十册

440000－2543－0000332　O/025.857/37

大戴禮記補注十三卷　(清)孔廣森撰　清同治十三年(1874)淮南書局刻本　二冊

440000－2543－0000333　O/025.857/98－2
禮記訓纂四十九卷　(清)朱彬輯　清咸豐六年(1856)刻本　六冊

440000－2543－0000334　VO/025.857/128
禮記類編三十卷　(清)沈元滄輯　清乾隆二十三年(1758)刻本　八冊

440000－2543－0000335　O/025.857/152
禮記述注二十八卷　(清)李光坡撰　清光緒八年(1882)刻本　六冊

440000－2543－0000336　O/025.857/375
禮記集解六十一卷尚書顧命解一卷　(清)孫希旦撰　清同治三年(1864)瑞安孫氏盤古草堂刻本　十二冊

440000－2543－0000337　O/025.857/393
讀禮通考一百二十卷　(清)徐乾學輯　清光緒七年(1881)江蘇書局刻本　二十冊

440000－2543－0000338　O/025.857/971
欽定禮記義疏八十二卷　(清)鄂爾泰等撰　清刻本　四十冊

440000－2543－0000339　O/025.857/971－2
欽定禮記義疏八十二卷首一卷　(清)鄂爾泰等撰　清道光十八年(1838)刻本　五十冊

440000－2543－0000340　O/027.1/148
春秋會義二十六卷　(宋)杜諤撰　清光緒十八年(1892)古不夜城孫氏山淵閣刻本　十二冊

440000－2543－0000341　O/027.1/148(2)
春秋會義二十六卷　(宋)杜諤撰　清光緒十八年(1892)古不夜城孫氏山淵閣刻本　十冊

440000－2543－0000342　O/027.1/202
春秋取義測十二卷　(清)法坤宏撰　清刻本　四冊

440000－2543－0000343　O/027.1/556
春秋律身錄二十二卷　(清)楊長年撰　清光緒十九年(1893)刻本　八冊

440000－2543－0000344　O/027.2/21
春秋例表二十八篇　(清)王代豐撰　清光緒七年(1881)四川尊經書院刻本　二冊

440000－2543－0000345　VO/027.2/791
春秋大事表五十卷輿圖一卷附錄一卷　(清)顧棟高輯　清乾隆十三年(1748)錫山顧氏萬卷樓刻本　十二冊

440000－2543－0000346　O/027.2/791－2
春秋大事表五十卷輿圖一卷附錄一卷　(清)顧棟高輯　清光緒十四年(1888)陝西求友齋刻本　二十四冊

440000－2543－0000347　VO/027.3/271
春秋胡傳三十卷　(宋)胡安國撰　明刻本　四冊

440000－2543－0000348　VO/027.3/271－3
春秋胡傳三十卷　(宋)胡安國撰　明汲古閣刻本　十二冊

440000－2543－0000349　O/027.3/765
春秋日月考四卷　(清)譚澐撰　清光緒三年(1877)郴州學署刻本　二冊

440000－2543－0000350　VO/027.4/22
春秋詞命三卷　(明)王鏊輯　(明)王徹注　明刻本　二冊

440000－2543－0000351　O/027.4/391
春秋或問六卷　(清)郜坦撰　清光緒二年(1876)淮南書局刻本　一冊

440000－2543－0000352　O/027.4/428
春秋屬辭辨例編六十卷首二卷　(清)張應昌撰　清同治十二年(1873)江蘇書局刻本　二十冊

440000－2543－0000353　O/027.4/428－4
春秋屬辭辨例編六十卷首二卷　(清)張應昌撰　清咸豐五年(1855)泉唐張氏彝壽堂刻本　三十二冊

440000－2543－0000354　VO/027.47/661
春秋經傳闕疑四十五卷　(元)鄭玉撰　清康熙五十年(1711)歙縣鄭肇新天游堂刻本　十

冊

440000－2543－0000355　O/027.47/727
春秋辨疑四卷　(宋)蕭楚撰　清刻武英殿聚珍版書本　二冊

440000－2543－0000356　O/027.48/98
春秋鈔十卷首一卷　(清)朱軾輯　(清)鄂彌達校　清刻本　四冊

440000－2543－0000357　O/027.52/148－2
春秋經傳集解三十卷春秋年表一卷春秋名號歸一圖二卷　(晉)杜預撰　清刻本　十四冊

440000－2543－0000358　O/027.52/148－2(2)
春秋經傳集解三十卷春秋年表一卷春秋名號歸一圖二卷　(晉)杜預撰　清刻本　三十二冊

440000－2543－0000359　O/027.52/148－4
春秋經傳集解三十卷　(晉)杜預撰　清刻本　二十八冊

440000－2543－0000360　O/027.52/148－4(2)
春秋經傳集解三十卷　(晉)杜預撰　清刻本　十四冊

440000－2543－0000361　O/027.52/148－5
春秋經傳集解三十卷　(晉)杜預撰　(唐)陸德明音釋　(宋)林堯叟附注　清宣統三年(1911)上海會文堂石印本　五冊

440000－2543－0000362　O/027.56/470
春秋正傳三十七卷末一卷　(明)湛若水撰　清同治五年(1866)刻本　十冊

440000－2543－0000363　O/027.56/470(2)
春秋正傳三十七卷末一卷　(明)湛若水撰　清同治五年(1866)刻本　十冊

440000－2543－0000364　O/027.57/135
春秋集傳十六卷首一卷末一卷　(清)汪紱撰　清光緒二十一年(1895)刻本　四冊

440000－2543－0000365　O/027.57/391
春秋集古傳注二十六卷首一卷　(清)郜坦撰　清光緒二年(1876)淮南書局刻本　四冊

440000－2543－0000366　VO/027.57/489
半農先生春秋說十五卷附一卷　(清)惠士奇撰　清乾隆十四年(1749)吳氏璜川書屋刻本　四冊

440000－2543－0000367　O/027.57/971
欽定春秋傳說彙纂三十八卷首二卷　(清)王掞等撰　清道光十八年(1838)刻本　二十四冊

440000－2543－0000368　O/027.6/332
左傳紀事本末五十三卷　(清)高士奇撰　清同治十二年(1873)江西書局刻本　八冊

440000－2543－0000369　O/027.6/332(2)
左傳紀事本末五十三卷　(清)高士奇撰　清同治十二年(1873)江西書局刻本　十二冊

440000－2543－0000370　O/027.6/332－2
左傳紀事本末五十三卷　(清)高士奇撰　清光緒二十六年(1900)廣雅書局刻本　十二冊

440000－2543－0000371　O/027.61/166
左傳文法讀本十二卷　劉培極　吳闓生撰　清宣統元年(1909)鉛印本　六冊

440000－2543－0000372　O/027.61/322
春秋左氏古經十二卷　(清)段玉裁撰　清光緒九年(1883)後知不足齋刻本　一冊

440000－2543－0000373　O/027.61/494
欽定春秋左傳讀本三十卷　(清)黄鉞等編
春秋三傳異文考一卷　(清)張之萬撰　清同治八年至九年(1869－1870)武英殿刻本　十冊

440000－2543－0000374　O/027.61/494－2
欽定春秋左傳讀本三十卷　(清)英和等輯　清道光二年至三年(1822－1823)武英殿刻本　十六冊

440000－2543－0000375　O/027.63/352
左傳事緯十二卷　(清)馬驌撰　清光緒四年(1878)吳縣潘氏敏德堂刻本　六冊

440000－2543－0000376　O/027.63/352(2)
左傳事緯十二卷　(清)馬驌撰　清光緒四年

(1878)吳縣潘氏敏德堂刻本　六冊

440000－2543－0000377　O/027.63/674
左傳舊疏考證八卷　(清)劉文淇撰　清光緒三年(1877)湖北崇文書局刻本　二冊

440000－2543－0000378　O/027.64/170
東萊先生左氏博議二十五卷　(宋)呂祖謙撰　清同治七年(1868)退補齋刻本　六冊

440000－2543－0000379　O/027.64/364
春秋左傳類纂六卷首一卷末一卷　(清)桂含章編　清光緒七年(1881)刻本　二冊

440000－2543－0000380　O/027.652/148－2
春秋左傳杜注三十卷首一卷　(清)姚培謙學　清道光五年(1825)刻朱墨套印本　十冊

440000－2543－0000381　O/027.655/98
音點春秋左傳詳節句解三十五卷　(元)朱申撰　清刻本　十二冊

440000－2543－0000382　VO/027.656/523
春秋左傳注解辨誤二卷補遺一卷音釋一卷　(明)傅遜撰　明萬曆十三年(1585)日殖齋刻二十五年(1597)增刻本　二冊

440000－2543－0000383　O/027.657/128
春秋左傳服注存二卷續一卷補遺一卷　(清)沈豫輯　清道光二十六年(1846)藏修書屋刻本　二冊

440000－2543－0000384　O/027.657/153
春秋左氏傳賈服注輯述二十卷　(清)李貽德撰　清光緒八年(1882)江蘇書局刻本　六冊

440000－2543－0000385　O/027.657/153－2
春秋左氏傳賈服注輯述二十卷　(清)李貽德撰　清同治五年(1866)刻本　六冊

440000－2543－0000386　O/027.657/248
左傳翼三十八卷　(清)周大璋撰　清遂初堂刻本　十六冊

440000－2543－0000387　O/027.657/402
左通補釋三十二卷後案一卷　(清)梁履繩撰　清道光九年(1829)錢塘汪氏振綺堂刻光緒元年(1875)補刻本　十二冊

440000－2543－0000388　O/027.657/402(2)
左通補釋三十二卷後案一卷　(清)梁履繩撰　清道光九年(1829)錢塘汪氏振綺堂刻光緒元年(1875)補刻本　十冊

440000－2543－0000389　O/027.71/568
春秋繁露十七卷附二卷　(漢)董仲舒撰　清光緒八年(1882)淮南書局刻本　二冊

440000－2543－0000390　O/027.71/568－3
董子春秋繁露十七卷　(漢)董仲舒撰　清光緒二年(1876)浙江書局刻本　二冊

440000－2543－0000391　O/027.71/568－5
春秋繁露十七卷　(漢)董仲舒撰　清嘉慶二十年(1815)刻本　四冊

440000－2543－0000392　O/027.74/428
公羊臆三卷　(清)張憲和撰　清光緒刻本　二冊

440000－2543－0000393　O/027.74/428(2)
公羊臆三卷　(清)張憲和撰　清光緒刻本　二冊

440000－2543－0000394　O/027.74/428－2
讀公羊注記疑三卷　(清)張憲和撰　清光緒刻本　二冊

440000－2543－0000395　O/027.74/428－2(2)
讀公羊注記疑三卷　(清)張憲和撰　清光緒刻本　二冊

440000－2543－0000396　O/027.752/181
春秋公羊傳十一卷　(漢)何休解詁　(唐)陸德明音義　清光緒十二年(1886)星沙文昌書局刻本　四冊

440000－2543－0000397　O/027.752/181－2
公羊箋十一卷　(漢)何休解詁　王闓運箋　清光緒十一年(1885)成都尊經書局刻本　六冊

440000－2543－0000398　O/027.81/281
穀梁大義述不分卷　(清)柳興恩撰　清光緒八年(1882)李氏木犀軒刻本　一冊

440000－2543－0000399　O/027.852/300－3

春秋穀梁傳十二卷 （晉）范甯集解 （唐）陸德明音義 清光緒十二年（1886）星沙文昌書局刻本 四冊

440000－2543－0000400 O/027.852/300－4
穀梁傳十二卷 （晉）范甯集解 （唐）陸德明音義 清光緒八年（1882）錦江書局刻本 四冊

440000－2543－0000401 O/027.857/735－2
春秋穀梁經傳補注二十卷首一卷末一卷 （清）鍾文烝撰 清光緒二年（1876）鍾氏信美室刻本 八冊

440000－2543－0000402 O/028.4/420
孝經學七卷 曹元弼撰 清宣統元年（1909）刻本 一冊

440000－2543－0000403 O/028.5/24
今古文孝經彙刻 （清）王德瑛輯 清道光十六年（1836）日省吾齋刻本 九冊

440000－2543－0000404 VO/029.1/23
四書朱子本義匯參四十七卷 （清）王步青輯 清乾隆十年（1745）敦復堂刻本 三十二冊

440000－2543－0000405 VO/029.1/23(2)
四書朱子本義匯參四十七卷 （清）王步青輯 清乾隆十年（1745）敦復堂刻本 三十二冊

440000－2543－0000406 O/029.1/98
四書正本十九卷 （宋）朱熹章句 清同治四年（1865）董氏忠恕堂刻本 十二冊

440000－2543－0000407 O/029.1/153
四書反身錄八卷 （清）李顒撰 清末浙江書局刻本 二冊

440000－2543－0000408 O/029.1/170
天蓋樓四書語錄四十六卷 （清）呂留良撰 （清）周在延編 清康熙二十三年（1684）刻本 六冊

440000－2543－0000409 O/029.2/343
四書典故覈八卷 （清）淩曙撰 清嘉慶十三年（1808）刻本 四冊

440000－2543－0000410 VO/029.2/444
增補四書人物備考十二卷圖一卷 （明）陳仁錫增補 清乾隆五十一年（1786）刻本 八冊

440000－2543－0000411 O/029.26/165
四書章句附考四卷集注定本辨一卷家塾讀本句讀一卷 （清）吳志忠輯 清嘉慶十六年（1811）刻本 一冊

440000－2543－0000412 O/029.3/52
四書改錯二十二卷附錄一卷 （清）毛奇齡撰 清刻本 四冊

440000－2543－0000413 O/029.3/420
四書摭餘說七卷 （清）曹之升撰 清刻本 六冊

440000－2543－0000414 O/029.3/450
四書緯四卷 （清）常增撰 清光緒十二年（1886）刻本 二冊

440000－2543－0000415 O/029.3/450(2)
四書緯四卷 （清）常增撰 清光緒十二年（1886）刻本 四冊

440000－2543－0000416 O/029.3/607
四書考異七十二卷 （清）翟灝撰 清乾隆三十四年（1769）無不宜齋刻本 六冊

440000－2543－0000417 O/029.3/654
四書圖史合考二十四卷 （明）蔡清撰 明末刻本 八冊

440000－2543－0000418 O/029.4/562
四書徵引錄一卷 （清）葉秉純撰 清光緒七年（1881）刻本 二冊

440000－2543－0000419 O/029.41/152
四書講義日孜錄十二卷 （清）李求齡撰 清刻本 十二冊

440000－2543－0000420 O/029.42/98
四書或問四十卷 （宋）朱熹撰 清同治十二年（1873）霍山劉氏五忠堂刻本 六冊

440000－2543－0000421 O/029.43/151
四書朱子異同條辨四十卷 （清）李沛霖 （清）李禎輯 清康熙四十四年（1705）近譬堂刻本 三十四冊

440000－2543－0000422　VO/029.5/941
日講四書解義二十六卷　(清)喇沙里等撰　清康熙十六年(1677)刻本　十二册

440000－2543－0000423　O/029.54/98(2)
四書集注十九卷　(宋)朱熹注　清光緒二十四年(1898)廣雅書局刻本　六册

440000－2543－0000424　O/029.54/98(3)
四書集注十九卷　(宋)朱熹注　清光緒二十四年(1898)廣雅書局刻本　六册

440000－2543－0000425　O/029.57/122
四書纂言三十七卷　(清)宋翔鳳撰　清道光二十六年(1846)刻本　十六册

440000－2543－0000426　VO/029.57/170
四書講義四十三卷　(清)吕留良撰　清康熙二十五年(1686)刻本　十六册

440000－2543－0000427　VO/029.57/170(2)
四書講義四十三卷　(清)吕留良撰　清康熙二十五年(1686)刻本　四册

440000－2543－0000428　O/029.57/375
四書説苑十一卷首一卷補遺一卷　(清)孫應科輯　清道光五年(1825)刻本　二册

440000－2543－0000429　O/029.57/375(2)
四書説苑十一卷首一卷補遺一卷　(清)孫應科輯　清道光五年(1825)刻本　四册

440000－2543－0000430　O/029.57/428
四書訓解參證十二卷　(清)張定鋆撰　清咸豐二年(1852)琴川翟文翰齋刻本　二册

440000－2543－0000431　O/029.57/698
四書釋地補一卷續補一卷又續補一卷三續補一卷　(清)閻若璩原本　(清)樊廷枚校補　清嘉慶二十一年(1816)梅陽海涵堂刻本　四册

440000－2543－0000432　VO/029.6/153
學庸説文十二卷　(清)李凱編纂　清乾隆十八年(1753)寒香亭刻本　四册

440000－2543－0000433　O/029.632/406
大學補遺一卷　(清)章鈞撰　清宣統二年(1910)石印本　一册

440000－2543－0000434　O/029.64/775
古本大學註辨三卷　羅仲藩註辨　清廣州酌雅齋刻本　一册

440000－2543－0000435　O/029.646/215
大學古本一卷　(明)來知德撰　清同治十二年(1873)刻本　一册

440000－2543－0000436　O/029.83/21
鄉黨圖考補證六卷札記一卷　(清)王漸鴻撰　清光緒三十四年(1908)黄縣丁氏海隅山館刻朱印本　六册

440000－2543－0000437　O/029.84/24
論語經正録二十卷年譜一卷　(清)王肇晉撰　(清)王用誥述　清光緒二十年(1894)刻本　十一册

440000－2543－0000438　O/029.84/41
論語隨筆二十卷孟子論文七卷　(清)牛運震撰　清嘉慶四年(1799)空山堂刻本　六册　缺三卷(十、十八、二十)

440000－2543－0000439　VO/029.84/248
論語商二卷　(明)周宗建撰　清南海孔氏岳雪樓抄本　二册

440000－2543－0000440　O/029.84/492
論語後案二十卷　(清)黄式三撰　清光緒九年(1883)浙江書局刻本　六册

440000－2543－0000441　O/029.84/492－2
論語後案二十卷　(清)黄式三學　清道光二十四年(1844)魯岐峯木活字印本　六册

440000－2543－0000442　O/029.852/180－4
論語註疏解經十卷札記一卷　(三國魏)何晏集解　(宋)邢昺疏　清光緒三十年至三十三年(1904－1907)貴池劉氏玉海堂刻本　二册

440000－2543－0000443　O/029.857/444
論語古訓十卷附一卷　(清)陳鱣撰　清光緒九年(1883)浙江書局刻本　二册

440000－2543－0000444　O/029.857/444(2)
論語古訓十卷附一卷　(清)陳鱣撰　清光緒

九年(1883)浙江書局刻本　二册

440000－2543－0000445　O/029.857/444－2
論語古訓十卷　(清)陳鱣撰　清嘉慶元年(1796)簡莊刻本　二册

440000－2543－0000446　O/029.857/622
論語古注集箋十卷考一卷　(清)潘維城撰　清光緒七年(1881)江蘇書局刻本　四册

440000－2543－0000447　O/029.857/674－2
論語正義二十四卷　(清)劉寶楠撰　清同治五年(1866)刻本　六册

440000－2543－0000448　O/029.857/674－2(2)
論語正義二十四卷　(清)劉寶楠撰　清同治五年(1866)刻本　六册

440000－2543－0000449　VO/029.926/784
孟子二卷　(宋)蘇洵批點　明萬曆四十五年(1617)閔齊伋刻三色套印本　二册

440000－2543－0000450　O/029.93/248
孟子四考四卷　(清)周廣業撰　清乾隆六十年(1795)刻本　四册

440000－2543－0000451　O/029.952/598－4
孟子趙注補正六卷　(清)宋翔鳳撰　清光緒十七年(1891)廣雅書局刻本　二册

440000－2543－0000452　VO/029.952/598－5
孟子十四卷音義二卷　(漢)趙岐注　(宋)孫奭音義　清乾隆四十六年(1781)刻本　四册

440000－2543－0000453　O/029.956/645
新訂四書補註備旨十卷　(明)鄧林撰　(清)杜定基增訂　清順邑馮繼善刻本　一册　存一卷(下孟三)

440000－2543－0000454　VO/032.1/15
物理小識十二卷　(清)方以智撰　清康熙三年(1664)于藻刻本　四册

440000－2543－0000455　VO/032.1/15(2)
物理小識十二卷　(清)方以智撰　清康熙三年(1664)于藻刻本　六册

440000－2543－0000456　VO/032.1/15(3)
物理小識十二卷　(清)方以智撰　清康熙三年(1664)于藻刻本　六册

440000－2543－0000457　O/032.1/21－2
玉海二百卷辭學指南四卷附刻十三種校補瑣記二卷　(宋)王應麟輯　清光緒九年(1883)浙江書局刻本　一百二十二册

440000－2543－0000458　O/032.1/21－2(2)
玉海二百卷辭學指南四卷附刻十三種校補瑣記二卷　(宋)王應麟輯　清光緒九年(1883)浙江書局刻本　六十四册

440000－2543－0000459　O/032.1/21－3
玉海二百四卷附十三種　(宋)王應麟輯　清末成都王氏刻本　一百册

440000－2543－0000460　O/032.1/21－4
小學紺珠十卷　(宋)王應麟撰　(清)范清洪校　清乾隆八年(1743)刻本　五册

440000－2543－0000461　O/032.1/21－5
玉海二百四卷附十三種　(宋)王應麟輯　清嘉慶十一年(1806)合河康基田江寧藩署刻本　六十四册

440000－2543－0000462　VO/032.1/21－6
玉海二百四卷附八種　(宋)王應麟輯　元至正十一年(1351)刻明正德二年(1507)修補本(間有抄補)　一百七十八册

440000－2543－0000463　VO/032.1/24
册府元龜一千卷目錄十卷　(宋)王欽若等撰　明崇禎十五年(1642)黄國琦刻本　二百册

440000－2543－0000464　VO/032.1/79
唐宋白孔六帖一百卷目錄二卷　(唐)白居易　(宋)孔傳輯　明刻本　五十册

440000－2543－0000465　O/032.1/115
書敘指南二十卷　(宋)任廣編　清惜陰軒刻本　四册

440000－2543－0000466　VO/032.1/135
古今記林二十九卷　(清)汪士漢編　清乾隆五年(1740)居仁堂刻本　六册

440000－2543－0000467　O/032.1/153

太平御覽一千卷　(宋)李昉等撰　清嘉慶二十三年(1818)刻本　一百冊

440000－2543－0000468　O/032.1/164
子史精華一百六十卷　(清)吳襄等纂　清雍正五年(1727)武英殿刻本　二十八冊

440000－2543－0000469　VO/032.1/164－2
子史精華一百六十卷　(清)吳襄等纂　清乾隆五十五年(1790)江寧王景桓刻本　三十二冊

440000－2543－0000470　O/032.1/164－3
子史精華一百六十卷　(清)吳襄等纂　清光緒十二年(1886)上海同文書局石印本　八冊

440000－2543－0000471　O/032.1/164－5
子史精華一百六十卷　(清)吳襄等纂　清光緒十五年(1889)上海蜚英館石印本　八冊

440000－2543－0000472　O/032.1/164.1
重訂事類賦三十卷　(宋)吳淑撰註　(明)華麟祥校　**事類賦補遺十四卷**　(清)張均編撰　清刻本　十二冊

440000－2543－0000473　O/032.1/164.2
廣廣事類賦三十二卷　(清)吳世旃撰　清經元堂刻本　八冊

440000－2543－0000474　O/032.1/164.2－2
廣廣事類賦三十二卷　(清)吳世旃撰　清咸豐元年(1851)刻本　六冊

440000－2543－0000475　O/032.1/210
杭氏七種十五卷　(清)杭世駿撰　清咸豐元年(1851)長沙小嫏嬛山館刻本　四冊

440000－2543－0000476　VO/032.1/312
唐類函二百卷　(明)俞安期彙纂　(明)徐顯卿等校訂　明萬曆三十一年(1603)刻本　五十二冊

440000－2543－0000477　O/032.1/316
類腋五十五卷　(清)姚培謙集　**補遺一卷**　(清)張隆孫輯　清寶寧堂刻本　二十冊

440000－2543－0000478　O/032.1/316－3
角山樓增補類腋六十七卷　(清)姚培謙撰　(清)趙克宜增補　清光緒十二年(1886)上海同文書局石印本　六冊

440000－2543－0000479　O/032.1/328
讀書紀數略五十四卷　(清)宮夢仁輯　清康熙四十六年(1707)刻本　十冊

440000－2543－0000480　O/032.1/328－2
讀書紀數略五十四卷　(清)宮夢仁輯　清康熙五十年(1711)刻本　十二冊

440000－2543－0000481　VO/032.1/329
修辭指南二十卷　(明)浦南金編　明嘉靖三十六年(1557)浦氏五樂堂刻本　四冊

440000－2543－0000482　O/032.1/342
七修類稿五十一卷續稿七卷　(明)郎瑛撰　清光緒六年(1880)廣州翰墨園刻本　十二冊

440000－2543－0000483　O/032.1/342(2)
七修類稿五十一卷續稿七卷　(明)郎瑛撰　清光緒六年(1880)廣州翰墨園刻本　十冊

440000－2543－0000484　VO/032.1/346
新編古今事文類聚前集六十卷後集五十卷續集二十八卷別集三十二卷　(宋)祝穆編　**新集三十六卷外集十五卷**　(元)富大用編　**遺集十五卷**　(元)祝淵編　明萬曆三十二年(1604)金谿唐富春刻本　四十八冊

440000－2543－0000485　O/032.1/393
初學記三十卷校勘記補遺一卷　(唐)徐堅等撰　清刻本　十六冊

440000－2543－0000486　VO/032.1/393.1
喻林一葉二十四卷　(明)徐元太撰　(清)王蘇刪纂　清乾隆五十九年(1794)刻本　十二冊

440000－2543－0000487　VO/032.1/430
淵鑒類函四百五十卷　(清)張英等撰　清康熙四十九年(1710)刻本　一百四十冊

440000－2543－0000488　O/032.1/430－2
淵鑒類函四百五十卷　(清)張英等撰　清光緒十三年(1887)上海同文書局石印本　四十八冊

440000－2543－0000489　O/032.1/430－3
淵鑒類函四百五十卷目錄四卷　(清)張英等撰　清光緒二十一年(1895)上海點石齋石印本　十冊

440000－2543－0000490　O/032.1/430－3(2)
淵鑒類函四百五十卷目錄四卷　(清)張英等撰　清光緒二十一年(1895)上海點石齋石印本　十冊

440000－2543－0000491　O/032.1/430－3(3)
淵鑒類函四百五十卷目錄四卷　(清)張英等撰　清光緒二十一年(1895)上海點石齋石印本　十冊

440000－2543－0000492　VO/032.1/430.2
琅邪代醉編四十卷目錄一卷　(明)張鼎思輯　明萬曆二十五年(1597)刻本　二十一冊　缺一卷(目錄一卷)

440000－2543－0000493　VO/032.1/442
格致鏡原三十種一百卷　(清)陳元龍撰　清雍正十三年(1735)刻本　十六冊

440000－2543－0000494　VO/032.1/442(2)
格致鏡原三十種一百卷　(清)陳元龍撰　清雍正十三年(1735)刻本　三十二冊

440000－2543－0000495　O/032.1/442－2
格致鏡原一百卷　(清)陳元龍撰　清光緒二十二年(1896)積山書局石印本　十六冊

440000－2543－0000496　O/032.1/443
天中記六十卷　(明)陳耀文撰　清光緒四年(1878)聽雨山房刻本　三十冊

440000－2543－0000497　VO/032.1/444
潛確居類書一百二十卷　(明)陳仁錫纂輯　明崇禎五年(1632)徐觀我刻本　四十八冊

440000－2543－0000498　O/032.1/470
聖學格物通一百卷　(明)湛若水撰　清同治五年(1866)資政堂刻本　二十二冊

440000－2543－0000499　O/032.1/470(2)
聖學格物通一百卷　(明)湛若水撰　清同治五年(1866)資政堂刻本　二十冊

440000－2543－0000500　VO/032.1/486
山堂肆考二百四十卷　(明)彭大翼纂著　(明)張幼學編輯　明萬曆四十七年(1619)刻本　二十四冊

440000－2543－0000501　VO/032.1/486.1
鐫五侯鯖十二卷　(明)彭儼著　明萬曆三十一年(1603)刻本　四冊

440000－2543－0000502　O/032.1/494
類書纂要三十三卷　(清)周魯輯　清刻本　十六冊

440000－2543－0000503　O/032.1/509
重訂廣事類賦四十卷　(清)華希閔撰　**續廣事類賦三十卷**　(清)王鳳喈撰　清光緒二年(1876)刻本　二十冊

440000－2543－0000504　O/032.1/556
升庵外集一百卷　(明)楊慎撰　清道光二十四年(1844)新都刻本　二十冊

440000－2543－0000505　O/032.1/568
廣博物志五十卷　(明)董斯張纂　清光緒五年(1879)學海堂刻本　十八冊

440000－2543－0000506　O/032.1/568(2)
廣博物志五十卷　(明)董斯張纂　清光緒五年(1879)學海堂刻本　二十四冊

440000－2543－0000507　VO/032.1/568－2
廣博物志五十卷　(明)董斯張纂　明萬曆高暉堂刻清乾隆二十六年(1761)補刻本　三十冊

440000－2543－0000508　O/032.1/570
北堂書鈔一百六十卷　(唐)虞世南撰　(清)孔廣陶校註　清光緒十四年(1888)南海孔氏三十有三萬卷堂刻本　二十冊

440000－2543－0000509　O/032.1/570(3)
北堂書鈔一百六十卷　(唐)虞世南撰　(清)孔廣陶校註　清光緒十四年(1888)南海孔氏三十有三萬卷堂刻本　二十冊

440000－2543－0000510　VO/032.1/607
通俗編三十八卷　(清)翟灝撰　清乾隆十六

年(1751)無不宜齋刻武林竹簡齋印本　六冊

440000－2543－0000511　O/032.1/616－2
四書人物類典串珠四十卷首一卷　(清)臧志仁輯　清嘉慶十八年(1813)刻本　十二冊

440000－2543－0000512　VO/032.1/636
藝文類聚一百卷　(唐)歐陽詢等輯　明嘉靖六年至七年(1527－1528)胡瓚宗、陸采刻本　二十冊

440000－2543－0000513　O/032.1/636－2
藝文類聚一百卷　(唐)歐陽詢等輯　清光緒五年(1879)華陽宏達堂刻本　三十二冊

440000－2543－0000514　VO/032.1/645
蘭雪堂古事苑十二卷　(明)鄧志謨編　清乾隆十四年(1749)刻本　四冊

440000－2543－0000515　O/032.1/650
古今圖書集成一萬卷　(清)陳夢雷　(清)蔣廷錫等輯　清光緒十年(1884)上海圖書集成鉛版印書局鉛印本　一千五百三十三冊

440000－2543－0000516　O/032.1/650(2)
古今圖書集成一萬卷　(清)陳夢雷　(清)蔣廷錫等輯　清光緒十年(1884)上海圖書集成鉛版印書局鉛印本　一千六百二十冊

440000－2543－0000517　O/032.1/675
逸雅八卷　(漢)劉熙撰　(明)石九鼎重訂　明天啓六年(1626)郎氏堂策檻刻本　一冊

440000－2543－0000518　O/032.1/717
五雜組十六卷　(明)謝肇淛撰　清刻本　八冊

440000－2543－0000519　O/032.1/761
壹是紀始二十二卷補遺一卷　(清)魏崧撰　清道光二十二年(1842)刻本　十冊

440000－2543－0000520　VO/032.1/791
重刊古雋考略六卷　(明)顧充著　清康熙四十三年至四十八年(1704－1709)興麟堂刻本　三冊

440000－2543－0000521　O/032.1/968
典林瑯環二十四卷續三十卷　(清)□□輯　清光緒二年(1876)武林湛蘭書屋刻本　十二冊

440000－2543－0000522　O/032.1/971
駢字類編二百四十卷　(清)張廷玉等編　清刻本　一百二十冊

440000－2543－0000523　O/032.1/971－2
駢字類編二百四十卷　(清)張廷玉等編　清光緒十三年(1887)上海同文書局石印本　四十八冊

440000－2543－0000524　O/032.1/971－2(2)
駢字類編二百四十卷　(清)張廷玉等編　清光緒十三年(1887)上海同文書局石印本　四十八冊

440000－2543－0000525　O/032.1/971－2(3)
駢字類編二百四十卷　(清)張廷玉等編　清光緒十三年(1887)上海同文書局石印本　四十八冊

440000－2543－0000526　O/032.1/974
漁古山房彙刊類書十二種二十三卷　(清)□□輯　清咸豐元年(1851)小瑯嬛山館彙刻本　十冊

440000－2543－0000527　O/032.2/343
五車韻瑞一百六十卷附洪武正韻一卷　(明)淩稚隆編　明文茂堂刻本　三十二冊　缺二卷(七至八)

440000－2543－0000528　VO/032.2/436
新增說文韻府群玉二十卷　(元)陰時夫編輯　(元)陰中夫編注　明萬曆十八年(1590)王元貞刻本　十冊

440000－2543－0000529　VO/032.2/436－2
新增直音說文韻府羣玉二十卷　(元)陰時夫撰　(元)陰中夫注　明嘉靖刻本　二十冊

440000－2543－0000530　O/032.2/436－3
新增說文韻府群玉二十卷　(元)陰時夫編輯　(元)陰中夫編注　(明)王元貞校正　清大文堂刻本　二十冊

440000－2543－0000531　O/032.2/973

佩文韻府一百六卷 （清）蔡升元等纂修 **韻府拾遺一百六卷** （清）汪灝等纂修 清嶺南潘氏海山仙館刻本 一百八十冊

440000－2543－0000532 O/032.2/973(2)
佩文韻府一百六卷 （清）蔡升元等纂修 **韻府拾遺一百六卷** （清）汪灝等纂修 清嶺南潘氏海山仙館刻本 一百七十冊 缺七十二卷(韻府拾遺三十五至一百六)

440000－2543－0000533 O/032.2/973(3)
佩文韻府一百六卷 （清）蔡升元等纂修 **韻府拾遺一百六卷** （清）汪灝等纂修 清嶺南潘氏海山仙館刻本 一百六十冊

440000－2543－0000534 O/032.2/973－3
佩文韻府一百六卷拾遺一百六卷 （清）張玉書等編 （清）張廷玉等拾遺 清光緒十二年(1886)上海同文書局石印本 六十冊

440000－2543－0000535 O/032.2/973－3(2)
佩文韻府一百六卷拾遺一百六卷 （清）張玉書等編 （清）張廷玉等拾遺 清光緒十二年(1886)上海同文書局石印本 六十冊

440000－2543－0000536 O/032.2/973－4
佩文韻府一百六卷拾遺一百六卷 （清）張玉書等編 （清）張廷玉等拾遺 清光緒十八年(1892)上海同文書局石印本 六十冊

440000－2543－0000537 O/032.2/973－4(2)
佩文韻府一百六卷拾遺一百六卷 （清）張玉書等編 （清）張廷玉等拾遺 清光緒十八年(1892)上海同文書局石印本 六十冊

440000－2543－0000538 O/032.4/654
策學備纂三十二卷首一卷 （清）蔡啟盛 （清）吳潁炎輯 清光緒十四年(1888)上海點石齋石印本 四十八冊

440000－2543－0000539 O/032.4/654－2
經學輯要二十四卷策學備纂三十二卷首一卷 （清）蔡啟盛 （清）吳潁炎輯 清光緒十四年(1888)上海點石齋石印本 八十冊

440000－2543－0000540 O/032.5/167
月令輯要二十四卷首一卷 （清）吳廷楨等纂修 清康熙五十四年(1715)刻本 十六冊

440000－2543－0000541 O/041/954(2)
西學啟蒙十六種 （英國）赫德編 （英國）艾約瑟譯 清光緒二十四年(1898)石印本 十六冊

440000－2543－0000542 O/041.4/225－2
洋務經濟通考十六卷 （清）邵友濂撰 清光緒二十四年(1898)上海鴻寶齋石印本 十二冊

440000－2543－0000543 O/041.4/434
切問齋文鈔三十卷 （清）陸燿輯 清同治八年(1869)刻本 十冊

440000－2543－0000544 O/041.4/441
權制八卷 陳澹然撰 清光緒二十八年(1902)長沙刻本 六冊

440000－2543－0000545 O/041.4/443(2)
皇朝經世文三編八十卷 （清）陳忠倚輯 清光緒二十四年(1898)寶文書局石印本 十六冊

440000－2543－0000546 O/041.4/443.1
分類時務通纂三百卷 （清）陳昌紳輯 清光緒二十八年(1902)上海文瀾書局石印本 四十八冊

440000－2543－0000547 O/041.4/471
浮邱子十二卷 （清）湯鵬撰 清刻本 四冊

440000－2543－0000548 O/041.4/506
皇朝經世文編一百二十卷 （清）賀長齡輯 **皇朝經世文續編一百二十卷** （清）饒玉成輯 清光緒八年(1882)刻本 六十四冊

440000－2543－0000549 O/041.4/506－2(2)
皇朝經世文編一百二十卷 （清）賀長齡輯 清光緒二十五年(1899)上海中西書局石印本 十二冊

440000－2543－0000550 O/041.4/506－4
皇朝經世文編一百二十卷 （清）賀長齡輯 清光緒十三年(1887)上海點石齋石印本 十

二册

440000－2543－0000551　O/041.4/566
經世文續編一百二十卷　(清)葛士濬輯　清光緒十四年(1888)上海圖書集成局鉛印本　二十册

440000－2543－0000552　O/041.4/566(2)
經世文續編一百二十卷　(清)葛士濬輯　清光緒十四年(1888)上海圖書集成局鉛印本　三十二册

440000－2543－0000553　O/041.4/566(3)
經世文續編一百二十卷　(清)葛士濬輯　清光緒十四年(1888)上海圖書集成局鉛印本　三十二册

440000－2543－0000554　O/041.4/566－3
皇朝經世文續編一百二十卷　(清)葛士濬輯　清光緒十七年(1891)鉛印本　三十二册

440000－2543－0000555　O/041.4/661－2
盛世危言正續十四卷　鄭觀應撰　清光緒二十四年(1898)上海同文正記書局石印本　六册

440000－2543－0000556　VO/041.4/674
十科策略箋釋十卷　(明)劉定之撰　清雍正七年(1729)積秀堂刻本　六册

440000－2543－0000557　O/042.04/22
尊經書院初集十二卷　王闓運輯　清光緒十四年(1888)刻本　十二册

440000－2543－0000558　O/042.04/22－2
尊經書院初集十二卷　王闓運輯　清光緒十六年(1890)刻本　十二册

440000－2543－0000559　O/042.04/22－3
尊經書院二集八卷　伍肇齡輯　清光緒十七年(1891)刻本　六册

440000－2543－0000560　O/042.04/135
策略六卷　(清)汪紱撰　清光緒二十三年(1897)刻本　四册

440000－2543－0000561　O/042.04/135(2)
策略六卷　(清)汪紱撰　清光緒二十三年(1897)刻本　四册

440000－2543－0000562　O/042.05/98
無邪堂答問五卷　(清)朱一新撰　清光緒二十一年(1895)廣雅書局刻本　五册

440000－2543－0000563　O/042.2/761
群書治要五十卷　(唐)魏徵等撰　清刻本　十二册　缺三卷(四、十三、二十)

440000－2543－0000564　O/042.22/402
讀書分月課程一卷　梁啟超撰　清刻本　一册

440000－2543－0000565　O/042.22/535－2
程氏家塾讀書分年日程三卷　(元)程端禮編　清同治七年(1868)湖北崇文書局刻本　二册

440000－2543－0000566　O/042.3/24－2
讀書雜志八十二卷餘編二卷　(清)王念孫撰　清同治九年(1870)金陵書局刻本　二十四册

440000－2543－0000567　O/042.3/24－2(2)
讀書雜志八十二卷餘編二卷　(清)王念孫撰　清同治九年(1870)金陵書局刻本　二十四册

440000－2543－0000568　O/042.3/24－4
讀書雜志八十二卷餘編二卷　(清)王念孫撰　清光緒二十一年(1895)上海鴻文書局石印本　八册　缺一卷(淮南内篇補遺一卷)

440000－2543－0000569　O/042.3/178
義門讀書記五十八卷　(清)何焯撰　清乾隆三十四年(1769)刻本　十六册

440000－2543－0000570　O/042.3/178－2
義門讀書記五十八卷　(清)何焯撰　清光緒六年(1880)刻本　十二册

440000－2543－0000571　O/042.3/260
讀書叢録二十四卷　(清)洪頤煊撰　清道光元年(1821)刻本　六册

440000－2543－0000572　O/042.3/260－2
讀書叢録二十四卷　(清)洪頤煊撰　清光緒

十三年(1887)吳氏醉六堂刻本　四冊

440000－2543－0000573　O/042.3/260－2(2)
讀書叢錄二十四卷　(清)洪頤煊撰　清光緒十三年(1887)吳氏醉六堂刻本　四冊

440000－2543－0000574　O/042.3/260－2(3)
讀書叢錄二十四卷　(清)洪頤煊撰　清光緒十三年(1887)吳氏醉六堂刻本　六冊

440000－2543－0000575　O/042.3/271
讀書說四卷年譜一卷　(清)胡承諾撰　清道光二十五年(1845)胡氏刻本　六冊

440000－2543－0000576　O/042.3/316
惜抱軒筆記八卷附左傳補注公羊補注穀梁補注國語補注　(清)姚鼐撰　清道光元年(1821)刻本　二冊

440000－2543－0000577　O/042.3/393.1
經史辨體不分卷　(清)徐與喬輯　清康熙十七年(1678)敦化堂刻本　十四冊

440000－2543－0000578　O/042.3/441
東塾讀書記十五卷　(清)陳澧撰　清光緒八年(1882)刻本　四冊

440000－2543－0000579　O/042.3/441－2
東塾讀書記十五卷　(清)陳澧撰　清刻本　五冊

440000－2543－0000580　O/042.3/441－2(2)
東塾讀書記十五卷　(清)陳澧撰　清刻本　六冊

440000－2543－0000581　O/042.3/441－2(3)
東塾讀書記十五卷　(清)陳澧撰　清刻本　五冊

440000－2543－0000582　O/042.3/441－2(4)
東塾讀書記十五卷　(清)陳澧撰　清刻本　五冊

440000－2543－0000583　O/042.3/441－2(5)
東塾讀書記十五卷　(清)陳澧撰　清刻本　五冊

440000－2543－0000584　O/042.3/441－4
東塾讀書記十五卷　(清)陳澧撰　清光緒二十九年(1903)刻本　五冊

440000－2543－0000585　O/042.3/550
學古堂日記四十四種　(清)雷浚等輯　清光緒二十二年(1896)刻本　二十冊

440000－2543－0000586　O/042.3/550(2)
學古堂日記四十四種　(清)雷浚等輯　清光緒二十二年(1896)刻本　二十六冊

440000－2543－0000587　VO/042.3/705
黽記四卷　(明)錢一本撰　明萬曆四十一年(1613)刻本　二冊　存二卷(一、三)

440000－2543－0000588　VO/042.4/151(2)
敬齋古今黈八卷　(元)李冶撰　清江西書局刻武英殿聚珍版書本　二冊

440000－2543－0000589　VO/042.4/210
道古堂外集二十六卷　(清)杭世駿撰　清乾隆五十三年(1788)刻本　六冊

440000－2543－0000590　O/042.4/248
山門新語五種四卷首一卷　(清)周贇撰　清光緒三十三年(1907)刻本　四冊

440000－2543－0000591　O/042.4/316
邃雅堂學古錄七卷　(清)姚文田撰　清道光七年(1827)刻蘇州振新書社印本　六冊

440000－2543－0000592　O/042.4/316(2)
邃雅堂學古錄七卷　(清)姚文田撰　清道光七年(1827)刻本　五冊

440000－2543－0000593　O/042.4/329
釀蜜集四卷　(清)浦起龍撰　清光緒二十七年(1901)刻本　四冊

440000－2543－0000594　O/042.4/359
甕牖閒評八卷　(宋)袁文撰　清同治十三年(1874)江西書局刻武英殿聚珍版書本　二冊

440000－2543－0000595　O/042.4/359(2)
甕牖閒評八卷　(宋)袁文撰　清乾隆武英殿木活字印武英殿聚珍版書本　四冊

440000－2543－0000596　O/042.4/359(3)

甕牖閒評八卷 （宋）袁文撰　清光緒二十五年（1899）廣雅書局刻武英殿聚珍版書本　一冊

440000－2543－0000597　O/042.4/402
退庵隨筆二十卷 （清）梁章鉅撰　清刻本　八冊

440000－2543－0000598　O/042.4/402－2
退庵隨筆二十二卷 （清）梁章鉅撰　清同治十一年（1872）孫氏刻本　八冊

440000－2543－0000599　O/042.4/420
曹月川先生遺書十種十一卷 （明）曹端等撰　清咸豐刻本　六冊

440000－2543－0000600　O/042.4/441
句溪雜著六卷 （清）陳立撰　清光緒十四年（1888）廣雅書局刻本　一冊

440000－2543－0000601　O/042.4/441（2）
句溪雜著六卷 （清）陳立撰　清光緒十四年（1888）廣雅書局刻本　二冊

440000－2543－0000602　O/042.4/565
群書疑辨十二卷 （清）萬斯同撰　清嘉慶二十一年（1816）刻本　四冊

440000－2543－0000603　VO/042.5/15
古今釋疑十八卷 （清）方中履撰　清康熙二十一年（1682）汗青閣刻本　十冊

440000－2543－0000604　VO/042.5/21
困學紀聞二十卷 （宋）王應麟撰　清乾隆三年（1738）馬曰璐叢書樓刻本　六冊

440000－2543－0000605　O/042.5/21－2
困學紀聞二十卷 （宋）王應麟撰　清乾隆桐鄉王垕桐華書塾刻本　四冊

440000－2543－0000606　O/042.5/21－3
困學紀聞注二十卷 （宋）王應麟撰　（清）翁元圻注　清道光五年（1825）刻本　十二冊

440000－2543－0000607　O/042.5/21－3（2）
困學紀聞注二十卷 （宋）王應麟撰　（清）翁元圻注　清道光五年（1825）刻本　十六冊

440000－2543－0000608　O/042.5/21－6
校訂困學紀聞三箋二十卷 （宋）王應麟撰　（清）閻若璩等箋　清嘉慶九年（1804）刻本　六冊

440000－2543－0000609　O/042.5/21.1
椒生隨筆八卷 （清）王之春撰　清光緒七年（1881）刻本　四冊

440000－2543－0000610　O/042.5/21.2
重論文齋筆錄十二卷 （清）王端履輯　清道光二十六年（1846）刻本　四冊

440000－2543－0000611　VO/042.5/22
古夫于亭雜錄五卷 （清）王士禛撰　清康熙六十年（1721）刻本　二冊

440000－2543－0000612　VO/042.5/22（2）
古夫于亭雜錄五卷 （清）王士禛撰　清康熙六十年（1721）刻本　二冊

440000－2543－0000613　O/042.5/23
學林十卷 （宋）王觀國撰　清光緒二十五年（1899）廣雅書局刻武英殿聚珍版書本　五冊

440000－2543－0000614　O/042.5/23－2
學林十卷 （宋）王觀國撰　清嘉慶十四年（1809）刻本　五冊

440000－2543－0000615　O/042.5/98
群書札記十六卷 （清）朱亦棟撰　清光緒四年（1878）武林竹簡齋刻本　四冊

440000－2543－0000616　O/042.5/98（2）
群書札記十六卷 （清）朱亦棟撰　清光緒四年（1878）武林竹簡齋刻本　五冊

440000－2543－0000617　O/042.5/98.1
猗覺寮雜記二卷 （宋）朱翌撰　清光緒二十五年（1899）廣雅書局刻武英殿聚珍版書本　一冊

440000－2543－0000618　VO/042.5/115
述記二卷 （清）任兆麟撰　清刻本　三冊

440000－2543－0000619　VO/042.5/115（2）
述記二卷 （清）任兆麟撰　清刻本　六冊

440000－2543－0000620　O/042.5/128
盂廬札記八卷　(清)沈銘彝撰　清道光八年(1828)刻本　二冊

440000－2543－0000621　O/042.5/135
韓門綴學五卷續編一卷　(清)汪師韓撰　清刻本　六冊

440000－2543－0000622　O/042.5/164.1
能改齋漫錄十八卷　(宋)吳曾撰　清光緒二十五年(1899)廣雅書局刻武英殿聚珍版書本　八冊

440000－2543－0000623　O/042.5/164.2
尖陽叢筆十卷　(清)吳騫撰　清宣統三年(1911)國學扶輪社鉛印本　二冊

440000－2543－0000624　O/042.5/232－2
匏瓜錄十卷　(清)芮長恤撰　清光緒十三年(1887)刻本　六冊

440000－2543－0000625　O/042.5/242
粟香隨筆八卷二筆八卷三筆八卷　金武祥撰　清光緒七年至十三年(1881－1887)廣州刻本　二十冊

440000－2543－0000626　VO/042.5/248
因樹屋書影二卷　(清)周亮工撰　清康熙六年(1667)刻本　二冊

440000－2543－0000627　O/042.5/260
容齋隨筆十六卷續筆十六卷三筆十六卷四筆十六卷五筆十卷　(宋)洪邁撰　清同治十一年(1872)刻本　十四冊

440000－2543－0000628　O/042.5/260－2
容齋隨筆七十四卷　(宋)洪邁撰　清光緒元年(1875)刻本　十四冊

440000－2543－0000629　O/042.5/268
湛園劄記四卷　(清)姜宸英撰　(清)葉元塀校　清光緒七年(1881)見山樓刻本　二冊

440000－2543－0000630　O/042.5/268－2
湛園劄記四卷　(清)姜宸英撰　清鶴麓山房刻本　二冊

440000－2543－0000631　O/042.5/312
癸巳類稿十五卷　(清)俞正燮撰　清道光十三年(1833)求日益齋刻本　五冊

440000－2543－0000632　O/042.5/312－2
癸巳存稿十五卷　(清)俞正燮撰　清光緒十年(1884)刻本　六冊

440000－2543－0000633　O/042.5/312－2(2)
癸巳存稿十五卷　(清)俞正燮撰　清光緒十年(1884)刻本　六冊

440000－2543－0000634　O/042.5/312－2(3)
癸巳存稿十五卷　(清)俞正燮撰　清光緒十年(1884)刻本　六冊

440000－2543－0000635　O/042.5/312－4
癸巳存稿十五卷　(清)俞正燮撰　清道光靈石楊氏刻連筠簃叢書本　五冊

440000－2543－0000636　O/042.5/343
湘煙錄十六卷　(明)閔元京　(明)淩義渠輯　清嘉慶三年(1798)刻本　四冊

440000－2543－0000637　O/042.5/364
札樸十卷　(清)桂馥撰　清嘉慶十八年(1813)小李山房刻本　五冊

440000－2543－0000638　O/042.5/441
郎潛紀聞十四卷二筆十六卷三筆十二卷　(清)陳康祺撰　清光緒十一年(1885)刻本　九冊　缺四卷(二筆九至十二)

440000－2543－0000639　O/042.5/441－2
郎潛紀聞十四卷　(清)陳康祺撰　清光緒六年(1880)琴川刻本　六冊

440000－2543－0000640　O/042.5/449
輟耕錄三十卷　(明)陶宗儀撰　明刻清初廣文堂印本　十六冊

440000－2543－0000641　O/042.5/449(2)
輟耕錄三十卷　(明)陶宗儀撰　明刻清初廣文堂印本　八冊

440000－2543－0000642　O/042.5/449(3)
輟耕錄三十卷　(明)陶宗儀撰　清刻本　六冊

440000－2543－0000643　O/042.5/491
貽令堂雜俎六卷首一卷　（清）黄保康撰　清光緒三十二年（1906）刻本　一册

440000－2543－0000644　O/042.5/538
蘿藦亭札記八卷　（清）喬松年撰　清同治十二年（1873）刻本　四册

440000－2543－0000645　O/042.5/538（2）
蘿藦亭札記八卷　（清）喬松年撰　清同治十二年（1873）刻本　四册

440000－2543－0000646　O/042.5/538（3）
蘿藦亭札記八卷　（清）喬松年撰　清同治十二年（1873）刻本　四册

440000－2543－0000647　O/042.5/562
鷗陂漁話六卷　（清）葉廷琯撰　清同治八年（1869）姑蘇謝文翰齋刻本　二册

440000－2543－0000648　O/042.5/598
賓退録十卷　（宋）趙與旹撰　清光緒江陰繆荃孫刻對雨樓叢書本　五册

440000－2543－0000649　O/042.5/674.1
歸潛志十四卷　（元）劉祁撰　清光緒二十五年（1899）廣雅書局刻武英殿聚珍版書本　二册

440000－2543－0000650　O/042.5/677
三冬識餘二卷　（清）劉希向撰　清咸豐八年（1858）刻本　二册

440000－2543－0000651　VO/042.5/698
潛邱劄記六卷　（清）閻若璩撰　清乾隆十年（1745）眷西堂刻本　六册

440000－2543－0000652　VO/042.5/698（2）
潛邱劄記六卷　（清）閻若璩撰　清乾隆十年（1745）眷西堂刻本　六册

440000－2543－0000653　O/042.5/700
鍾山札記四卷　（清）盧文弨撰　清乾隆五十五年（1790）刻本　二册

440000－2543－0000654　O/042.5/705
十駕齋養新録二十卷餘録三卷　（清）錢大昕撰　清嘉慶十六年（1811）刻本　十册

440000－2543－0000655　O/042.5/705－2
十駕齋養新録二十卷餘録三卷　（清）錢大昕撰　**錢辛楣先生年譜一卷**　（清）錢大昕撰　（清）錢慶曾校注續編　清光緒二年（1876）浙江書局刻本　六册

440000－2543－0000656　O/042.5/705－2（2）
十駕齋養新録二十卷餘録三卷　（清）錢大昕撰　**錢辛楣先生年譜一卷**　（清）錢大昕撰　（清）錢慶曾校注續編　清光緒二年（1876）浙江書局刻本　八册

440000－2543－0000657　O/042.5/705－2（3）
十駕齋養新録二十卷餘録三卷　（清）錢大昕撰　**錢辛楣先生年譜一卷**　（清）錢大昕撰　（清）錢慶曾校注續編　清光緒二年（1876）浙江書局刻本　八册

440000－2543－0000658　O/042.5/705－2（4）
十駕齋養新録二十卷餘録三卷　（清）錢大昕撰　**錢辛楣先生年譜一卷**　（清）錢大昕撰　（清）錢慶曾校注續編　清光緒二年（1876）浙江書局刻本　八册

440000－2543－0000659　O/042.5/705－2（5）
十駕齋養新録二十卷餘録三卷　（清）錢大昕撰　**錢辛楣先生年譜一卷**　（清）錢大昕撰　（清）錢慶曾校注續編　清光緒二年（1876）浙江書局刻本　八册

440000－2543－0000660　O/042.5/705－2（6）
十駕齋養新録二十卷餘録三卷　（清）錢大昕撰　**錢辛楣先生年譜一卷**　（清）錢大昕撰　（清）錢慶曾校注續編　清光緒二年（1876）浙江書局刻本　八册

440000－2543－0000661　O/042.5/705－2（7）
十駕齋養新録二十卷餘録三卷　（清）錢大昕撰　**錢辛楣先生年譜一卷**　（清）錢大昕撰　（清）錢慶曾校注續編　清光緒二年（1876）浙江書局刻本　八册

440000－2543－0000662　O/042.5/705－4
十駕齋養新録二十卷餘録三卷　（清）錢大昕撰　清嘉慶十年（1805）長沙龍氏家塾刻十六

年(1811)修補本　八册

440000－2543－0000663　O/042.5/784
安舟雜鈔三十六卷　(清)蘇珥撰　清嘉慶十九年(1814)種德堂刻本　十册

440000－2543－0000664　O/042.5/784(2)
安舟雜鈔三十六卷　(清)蘇珥撰　清嘉慶十九年(1814)種德堂刻本　十册

440000－2543－0000665　O/042.5/787
娱親雅言六卷　(清)嚴元照撰　清嘉慶十四年(1809)刻本　六册

440000－2543－0000666　VO/042.5/791
日知録三十二卷　(清)顧炎武撰　清康熙三十四年(1695)刻本　六册

440000－2543－0000667　VO/042.5/791－2
日知録三十二卷　(清)顧炎武撰　清康熙三十四年(1695)潘氏遂初堂刻本　八册

440000－2543－0000668　O/042.5/791－3
日知録集釋三十二卷刊誤二卷續刊誤二卷　(清)顧炎武撰　(清)黄汝成集釋並刊誤　清同治十一年(1872)湖北崇文書局刻本　十六册

440000－2543－0000669　O/042.5/791－7
日知録集釋三十二卷刊誤二卷續刊誤二卷　(清)顧炎武撰　(清)黄汝成集釋並刊誤　清道光十四年(1834)嘉定黄氏西穀草廬刻本　十六册

440000－2543－0000670　O/042.5/791－7(2)
日知録集釋三十二卷刊誤二卷續刊誤二卷　(清)顧炎武撰　(清)黄汝成集釋並刊誤　清道光十四年(1834)嘉定黄氏西穀草廬刻本　十册　缺十六卷(九至十一、十六至二十八)

440000－2543－0000671　O/042.6/85
有不為齋隨筆十卷　(清)光聰諧撰　清光緒十四年(1888)蘇州藩署刻本　一册　缺五卷(六至十)

440000－2543－0000672　O/042.6/135
雨韭盦筆記四卷　(清)汪鼎撰　清咸豐六年(1856)刻本　二册

440000－2543－0000673　O/042.6/164
養吉齋叢録二十六卷餘録十卷　(清)吳振棫撰　清光緒二十二年(1896)刻朱印本　八册

440000－2543－0000674　O/042.6/362
梅叟閑評四卷　(清)郝培元撰　清光緒十年(1884)刻本　二册

440000－2543－0000675　O/042.6/402
浪跡叢談十一卷　(清)梁章鉅撰　清刻本　四册

440000－2543－0000676　O/042.6/402－2
浪跡續談八卷　(清)梁章鉅撰　清刻本　三册

440000－2543－0000677　O/042.7/271
繹志十九卷　(清)胡承諾撰　清同治十一年(1872)浙江書局刻本　八册

440000－2543－0000678　O/042.7/271(2)
繹志十九卷　(清)胡承諾撰　清同治十一年(1872)浙江書局刻本　八册

440000－2543－0000679　O/042.7/758
朱九江先生講學記一卷　簡朝亮纂　清光緒二十三年(1897)讀書草堂刻本　一册

440000－2543－0000680　O/042.8/22
蛾術編八十二卷　(清)王鳴盛撰　清道光二十一年(1841)世楷堂刻本　十二册

440000－2543－0000681　VO/042.8/98
湧幢小品三十二卷　(明)朱國禎輯　明天啓二年(1622)刻本　八册

440000－2543－0000682　O/042.8/128
懷小編二十卷　(清)沈濂撰　清咸豐四年(1854)刻本　四册

440000－2543－0000683　O/042.8/153
竹裕園筆語集十五卷　(清)李曰滌撰　清乾隆三十五年(1770)刻本　四册

440000－2543－0000684　VO/042.8/375
北夢瑣言二十卷　(宋)孫光憲纂集　清乾隆

二十一年(1756)雅雨堂刻本　二册

440000－2543－0000685　O/042.8/375－2
北夢瑣言一卷　(宋)孫光憲撰　**金華子雜編一卷**　(五代)劉崇遠撰　**松窗雜記一卷**　(唐)杜荀鶴撰　**南楚新聞一卷**　(五代)尉遲樞撰　**中朝故事一卷**　(五代)尉遲偓撰　**戎幕閒談一卷**　(唐)韋絢撰　**封氏聞見記一卷**　(唐)封演撰　清刻説郛本　一册

440000－2543－0000686　O/042.8/402
兩般秋雨盦隨筆八卷　(清)梁紹壬撰　清道光十七年(1837)錢塘汪氏振綺堂刻本　六册　缺二卷(四、六)

440000－2543－0000687　O/042.8/434
冷廬雜識八卷　(清)陸以湉撰　清咸豐六年(1856)刻本　八册

440000－2543－0000688　O/042.8/492
慈溪黃氏日鈔九十七卷　(宋)黃震撰　清耕餘樓刻本　二十六册　缺三卷(八十一、八十九、九十二)

440000－2543－0000689　O/042.8/535
清閒供八卷　(明)程羽文輯著　清刻本　四册

440000－2543－0000690　O/042.8/787
鐵橋漫稿八卷　(清)嚴可均撰　清光緒十一年(1885)長洲蔣氏刻本　四册

440000－2543－0000691　O/042.8/787(2)
鐵橋漫稿八卷　(清)嚴可均撰　清光緒十一年(1885)長洲蔣氏刻本　四册

440000－2543－0000692　O/042.9/21
唐語林八卷校勘記二卷　(宋)王讜撰　清光緒二十五年(1899)廣雅書局刻武英殿聚珍版書本　四册

440000－2543－0000693　O/042.9/22
表異錄二十卷　(明)王志堅撰　清光緒二年(1876)陳氏庸閑齋刻本　二册

440000－2543－0000694　O/042.9/22(2)
表異錄二十卷　(明)王志堅撰　清光緒二年(1876)陳氏庸閑齋刻本　二册

440000－2543－0000695　O/042.9/22－2
表異錄二十卷　(明)王志堅撰　(清)李錫齡校　清光緒十四年(1888)長沙惜陰書局刻本　二册

440000－2543－0000696　O/042.9/22－3
表異錄二十卷　(明)王志堅撰　清刻本　一册

440000－2543－0000697　O/042.9/22.1
居易錄三十四卷　(清)王士禛撰　清刻本　十二册

440000－2543－0000698　O/042.9/24
麈史三卷首一卷　(宋)王得臣撰　清光緒八年(1882)刻本　四册

440000－2543－0000699　O/042.9/73
學齋占畢四卷　(宋)史繩祖撰　清張海鵬照曠閣刻本　二册

440000－2543－0000700　O/042.9/122
宋景文公筆記三卷　(宋)宋祁撰　**芥隱筆記一卷**　(宋)龔頤正撰　清張海鵬照曠閣刻本　一册

440000－2543－0000701　O/042.9/162
茶餘客話十二卷　(清)阮葵生撰　清光緒五年(1879)文達堂刻本　四册

440000－2543－0000702　VO/042.9/248
癸辛雜識前集一卷後集一卷　(宋)周密輯　(明)毛晉訂　明汲古閣刻本　二册

440000－2543－0000703　O/042.9/269
封氏聞見記十卷　(唐)封演撰　清張海鵬照曠閣刻本　一册

440000－2543－0000704　O/042.9/316
西溪叢語二卷　(宋)姚寬撰　清張海鵬照曠閣刻本　一册

440000－2543－0000705　VO/042.9/337
文房肆考圖説八卷　(清)唐秉鈞纂　清乾隆刻本　四册

440000－2543－0000706　O/042.9/352
中華古今注三卷　(五代)馬縞撰　**古今注三卷**　(晉)崔豹著　清刻本　二册

440000－2543－0000707　O/042.9/375
札迻十二卷　(清)孫詒讓撰　清光緒二十一年(1895)刻本　四册

440000－2543－0000708　O/042.9/375.1
甌海軼聞五十八卷　(清)孫衣言撰　清光緒十二年(1886)刻本　二十册

440000－2543－0000709　O/042.9/393
玉芝堂談薈三十六卷　(明)徐應秋撰　清刻本　十册

440000－2543－0000710　O/042.9/393(2)
玉芝堂談薈三十六卷　(明)徐應秋撰　清刻本　三十二册

440000－2543－0000711　O/042.9/428
雲谷雜記四卷首一卷末一卷　(宋)張淏撰　清江西書局刻武英殿聚珍版書本　二册

440000－2543－0000712　O/042.9/428(2)
雲谷雜記四卷首一卷末一卷　(宋)張淏撰　清光緒二十五年(1899)廣雅書局刻武英殿聚珍版書本　一册

440000－2543－0000713　O/042.9/430.1
疑耀七卷　(明)張萱撰　清道光二十五年(1845)南海伍氏刻本　二册

440000－2543－0000714　O/042.9/441.1
蛾述集十六卷　(清)陳庭學輯　清嘉慶二十年(1815)刻本　四册

440000－2543－0000715　O/042.9/449
清異録二卷　(宋)陶穀撰　(清)李錫齡校　清刻惜陰軒叢書本　二册

440000－2543－0000716　O/042.9/449－2
清異録二卷　(宋)陶穀撰　清潄六閣刻本　四册

440000－2543－0000717　O/042.9/449－3
清異録二卷　(宋)陶穀撰　清光緒元年(1875)陳氏庸閑齋刻本　二册

440000－2543－0000718　O/042.9/449－3(2)
清異録二卷　(宋)陶穀撰　清光緒元年(1875)陳氏庸閑齋刻本　二册

440000－2543－0000719　O/042.9/449－3(3)
清異録二卷　(宋)陶穀撰　清光緒元年(1875)陳氏庸閑齋刻本　二册

440000－2543－0000720　O/042.9/477
增訂智囊集補二十八卷　(明)馮夢龍輯　清乾隆四十九年(1784)刻本　八册

440000－2543－0000721　O/042.9/477－2
智囊補二十八卷　(明)馮夢龍輯　清同文堂刻本　十六册

440000－2543－0000722　O/042.9/494
增注義府二卷　(清)黄生撰　清道光二十二年(1842)刻本　一册

440000－2543－0000723　O/042.9/494.1
北隅掌録二卷　(清)黄士珣撰　清道光二十五年(1845)錢唐汪氏振綺堂刻本　四册

440000－2543－0000724　O/042.9/535
演繁露十六卷續六卷　(宋)程大昌撰　清張海鵬照曠閣刻本　四册

440000－2543－0000725　O/042.9/562
考古質疑六卷　(宋)葉大慶撰　清光緒二十五年(1899)廣雅書局刻武英殿聚珍版書本　一册

440000－2543－0000726　O/042.9/562(2)
考古質疑六卷　(宋)葉大慶撰　清江西書局刻武英殿聚珍版書本　二册

440000－2543－0000727　O/042.9/562.1
吹網録六卷　(清)葉廷琯撰　清同治八年(1869)刻本　二册

440000－2543－0000728　VO/042.9/562.2－2
避暑録話二卷　(宋)葉夢得著　明汲古閣刻本　四册

440000－2543－0000729　VO/042.9/598(2)
陔餘叢考四十三卷　(清)趙翼撰　清乾隆五十五年至五十六年(1790－1791)湛貽堂刻本

十二册

440000－2543－0000730　VO/042.9/598(3)
陔餘叢考四十三卷　(清)趙翼撰　清乾隆五十五年至五十六年(1790－1791)湛貽堂刻本　十二册

440000－2543－0000731　O/042.9/598.1
朝野類要五卷　(宋)趙升撰　清光緒二十五年(1899)廣雅書局刻武英殿聚珍版書本　一册

440000－2543－0000732　O/042.9/598.1－2
朝野類要五卷　(宋)趙升撰　清光緒二十五年(1899)廣雅書局刻武英殿聚珍版書本　一册

440000－2543－0000733　O/042.9/720
風俗通義十卷　(漢)應劭撰　清光緒元年(1875)湖北崇文書局刻本　二册

440000－2543－0000734　O/042.9/767
文昌雜錄六卷補遺一卷　(宋)龐元英撰　清張海鵬照曠閣刻本　二册

440000－2543－0000735　O/070.43/429
海外紀事前編十二卷後編六卷附二卷　張坤德等譯　清刻本　五册

440000－2543－0000736　O/082/22
天壤閣叢書十九種四十八卷　(清)王懿榮輯　清光緒七年(1881)天壤閣刻本　二十册

440000－2543－0000737　VO/082/23
檀几叢書五十卷餘集二卷　(清)王晫輯　(清)張潮校　清康熙三十四年(1695)霞舉堂刻本　十四册

440000－2543－0000738　VO/082/52－2
津逮秘書十五集一百四十一種七百三十八卷　(明)毛晉輯　明崇禎十五年(1642)汲古閣刻本　一百六十册

440000－2543－0000739　O/082/84
靈鶼閣叢書六集五十六種九十六卷　(清)江標輯　清光緒二十一年(1895)元和江氏刻本　二十四册　缺十七種三十五卷(第四集文史通義補編一、附鈔刊本目錄,和林金石錄一、詩一、攷一,前塵夢影錄一至二,西遊錄注一,澳大利亞洲新志一,張憶孃簪花圖卷題詠一;第五集國語校文一、嘉蔭簃藏器目一、愛吾鼎齋藏器目一、石泉書屋藏器目一、雙虞壺齋藏器目一、簠齋藏器目第二本一、選青閣藏器目一、藏書紀事詩一至六;第六集沅湘通藝錄一至十、新譯日本女學校規則一、黃蕘圃年譜一至二)

440000－2543－0000740　O/082/84(2)
靈鶼閣叢書六集五十六種九十六卷　(清)江標輯　清光緒二十一年(1895)元和江氏刻本　四十册

440000－2543－0000741　O/082/84(3)
靈鶼閣叢書六集五十六種九十六卷　(清)江標輯　清光緒二十一年(1895)元和江氏刻本　二十四册　缺十七種三十五卷(第四集文史通義補編一、附鈔刊本目錄,和林金石錄一、詩一、攷一,前塵夢影錄一至二,西遊錄注一,澳大利亞洲新志一,張憶孃簪花圖卷題詠一;第五集國語校文一、嘉蔭簃藏器目一、愛吾鼎齋藏器目一、石泉書屋藏器目一、雙虞壺齋藏器目一、簠齋藏器目第二本一、選青閣藏器目一、藏書紀事詩一至六;第六集沅湘通藝錄一至十、新譯日本女學校規則一、黃蕘圃年譜一至二)

440000－2543－0000742　O/082/98
抱經堂叢書七種五十六卷　朱遂翔輯　清刻民國二十四年(1935)杭州朱遂翔彙印本　十六册

440000－2543－0000743　O/082/98.1
結一廬叢書四種一百十卷　(清)朱瀓輯　清光緒三十一年(1905)吳興劉氏嘉業堂刻本　十五册

440000－2543－0000744　O/082/98.2
槐廬叢書初編十四種三十三卷二編十五種五十六卷　(清)朱記榮輯　清光緒十三年(1887)吳縣朱氏家塾刻本　二十四册　缺六種十五卷(呂子校補一至二、附校續補一,問

字堂文集一至六、附贈言，岱南閣文集一至二，平津館文稿一至二，五松園文稿一，嘉穀堂文集一）

440000－2543－0000745　O/082/98.2－2
校經山房叢書二十六種九十五卷　（清）朱記榮輯　清光緒三十年（1904）刻本　三十二册

440000－2543－0000746　O/082/106
粤雅堂叢書二十集一百二十種七百二十六卷　（清）伍崇曜輯　清道光至光緒南海伍氏刻本　二百五十四册　缺二種十四卷（蘇詩補注一至八、北江詩話一至六）

440000－2543－0000747　O/082/106（2）
粤雅堂叢書三十集一百八十二種　（清）伍崇曜輯　清道光至光緒南海伍氏刻本　四百十册

440000－2543－0000748　O/082/106（3）
粤雅堂叢書三十集一百八十二種　（清）伍崇曜輯　清道光至光緒南海伍氏刻本　四百册

440000－2543－0000749　VO/082/115
心齋十種二十一卷　（清）任兆麟撰　清乾隆五十三年（1788）刻本　六册

440000－2543－0000750　O/082/122
懺花盦叢書三十六種三百八十六卷　（清）宋澤元輯　清光緒十三年（1887）山陰宋氏刻本　六十九册

440000－2543－0000751　O/082/122.1
台州叢書七種七十三卷　（清）宋世犖輯　清嘉慶二十二年（1817）臨海宋氏刻本　二十册

440000－2543－0000752　O/082/128
晨風閣叢書二十二種四十七卷　沈宗畸輯　清宣統元年（1909）番禺沈氏刻本　十四册

440000－2543－0000753　VO/082/135
秘書二十一種九十四卷　（清）汪士漢輯　清乾隆七年（1742）刻本　二十册

440000－2543－0000754　VO/082/151
貸園叢書初集十二種四十七卷　（清）周永年輯　清乾隆青州李文藻刻五十四年（1789）歷城周氏竹西書屋彙印本　十二册

440000－2543－0000755　VO/082/151（2）
貸園叢書初集十二種四十七卷　（清）周永年輯　清乾隆青州李文藻刻五十四年（1789）歷城周氏竹西書屋彙印本　十二册

440000－2543－0000756　O/082/151.1
函海四十函一百五十八種八百卷　（清）李調元輯　清道光五年（1825）刻本　一百五十八册

440000－2543－0000757　O/082/151.1－2
函海四十函一百五十九種七百九十一卷　（清）李調元輯　清光緒八年（1882）樂道齋刻本　一百四十册

440000－2543－0000758　O/082/152
木犀軒叢書二十五種一百四十三卷　李盛鐸輯　清光緒十九年（1893）木犀軒刻本　四十册

440000－2543－0000759　O/082/152.1
懷潞園叢刊十四種三十卷　（清）李嘉績輯　清光緒十二年至三十年（1886－1904）刻本　十册

440000－2543－0000760　O/082/153
集虚草堂叢書甲集十種六十三卷　李國松輯　清光緒三十二年（1906）刻本　二十四册

440000－2543－0000761　O/082/154－2
惜陰軒叢書續編六種二十一卷　（清）李錫齡輯　清咸豐八年（1858）刻本　十册

440000－2543－0000762　O/082/154－2（2）
惜陰軒叢書續編六種二十一卷　（清）李錫齡輯　清咸豐八年（1858）刻本　十册

440000－2543－0000763　O/082/162
文選樓叢書三十三種三百八卷　（清）阮元撰　清道光三年（1823）刻本　八十册

440000－2543－0000764　O/082/164－2
重校拜經樓叢書十種二十七卷　（清）吳騫輯　清光緒十一年（1885）會稽章氏刻二十年（1894）孫溪朱氏校經堂補刻本　十册

440000－2543－0000765　O/082/166
藝海珠塵一百七十種二百七十八卷　(清)吳省蘭輯　清刻本　四十册

440000－2543－0000766　O/082/170
觀象廬叢書二十六種八十五卷　(清)呂調陽撰　清光緒十四年(1888)刻本　六十册

440000－2543－0000767　O/082/242
武英殿聚珍版書一百四十八種二千一百五十卷　清光緒二十五年(1899)廣雅書局刻本　八百七册　缺一種六卷(欽定四庫全書考證四至九)

440000－2543－0000768　VO/082/271
格致叢書十種二十三卷　(明)胡文煥輯　明刻本　八册

440000－2543－0000769　O/082/271.1
琳琅祕室叢書二十九種九十四卷　(清)胡珽輯　清光緒十四年(1888)會稽董氏取斯堂木活字印本　二十六册

440000－2543－0000770　O/082/285
宜稼堂叢書九種二百五十四卷　(清)郁松年輯　清道光二十一年(1841)刻本　四十八册

440000－2543－0000771　O/082/316
咫進齋叢書三十五種九十卷　(清)姚覲元輯　清光緒九年(1883)歸安姚氏刻本　二十四册

440000－2543－0000772　O/082/316(2)
咫進齋叢書三十五種九十卷　(清)姚覲元輯　清光緒九年(1883)歸安姚氏刻本　二十册

440000－2543－0000773　O/082/332
續知不足齋叢書一集六種二十卷　(清)高承勳輯　清渤海高氏刻本　八册

440000－2543－0000774　O/082/352
玉函山房輯佚書五百九十四種七百三十二卷　(清)馬國翰輯　清光緒十年(1884)楚南湘遠堂刻本　七十九册　缺十五種十五卷(夷夏論一、申子一、鼂氏新書一、崔氏政論一、劉氏政論一、阮子政論一、世要論一、陳子要言一、惠子一、士緯一、史佚書一、田俅子一、隋巢子一、胡非子一、纒子一)

440000－2543－0000775　O/082/352(2)
玉函山房輯佚書五百九十四種七百三十二卷　(清)馬國翰輯　清光緒十年(1884)楚南湘遠堂刻本　一百册

440000－2543－0000776　O/082/352－2
玉函山房輯佚書五百九十四種七百三十二卷　(清)馬國翰輯　清光緒九年(1883)長沙嫏嬛館刻本　一百册

440000－2543－0000777　O/082/352.1
龍威秘書十集一百六十九種三百二十三卷　(清)馬俊良輯　清嘉慶元年(1796)刻本　八十一册

440000－2543－0000778　O/082/359
隨園三十種二百四十二卷　(清)袁枚等撰　清刻本　五十四册

440000－2543－0000779　O/082/359(2)
隨園十種一百九十卷　(清)袁枚等撰　清刻本　五十七册

440000－2543－0000780　O/082/375
平津館叢書四十三種二百四十三卷　(清)孫星衍輯　清光緒十一年(1885)吳縣朱氏槐廬家塾刻本　四十八册

440000－2543－0000781　O/082/375(2)
平津館叢書四十三種二百四十三卷　(清)孫星衍輯　清光緒十一年(1885)吳縣朱氏槐廬家塾刻本　四十二册

440000－2543－0000782　O/082/375(3)
平津館叢書四十三種二百四十三卷　(清)孫星衍輯　清光緒十一年(1885)吳縣朱氏槐廬家塾刻本　五十册

440000－2543－0000783　O/082/375(4)
平津館叢書四十三種二百四十三卷　(清)孫星衍輯　清光緒十一年(1885)吳縣朱氏槐廬家塾刻本　四十九册

440000－2543－0000784　O/082/393(2)

廣雅校本四十四種一百九十五卷 徐紹棨輯 清光緒廣雅書局刻民國徐紹棨輯印本 六十六册

440000－2543－0000785 O/082/393.2
春暉堂叢書十二種三十七卷 （清）徐渭仁輯 清同治八年（1869）上海徐氏刻本 六册

440000－2543－0000786 O/082/393.2（2）
春暉堂叢書十二種三十七卷 （清）徐渭仁輯 清同治八年（1869）上海徐氏刻本 十二册

440000－2543－0000787 O/082/393.3
邵武徐氏叢書初刻十四種八十三卷 （清）徐榦輯 清光緒邵武徐氏刻本 二十册

440000－2543－0000788 O/082/393.4
觀自得齋叢書二十四種七十二卷别集六種六卷 （清）徐士愷輯 清光緒二十年（1894）石埭徐氏刻本 二十四册

440000－2543－0000789 O/082/393.5
鄦齋叢書二十一種四十七卷 徐乃昌輯 清光緒二十六年（1900）南陵徐氏刻本 十二册

440000－2543－0000790 O/082/393.5（2）
鄦齋叢書二十一種四十七卷 徐乃昌輯 清光緒二十六年（1900）南陵徐氏刻本 十六册

440000－2543－0000791 O/082/393.5－2
隨庵徐氏叢書正編十種四十二卷續編十種四十卷 徐乃昌輯 清光緒三十四年（1908）南陵徐氏刻本 十四册

440000－2543－0000792 O/082/393.5－2（2）
隨庵徐氏叢書正編十種四十二卷續編十種四十卷 徐乃昌輯 清光緒三十四年（1908）南陵徐氏刻本 八册

440000－2543－0000793 O/082/393.5－2（3）
隨庵徐氏叢書正編十種四十二卷續編十種四十卷 徐乃昌輯 清光緒三十四年（1908）南陵徐氏刻本 十册

440000－2543－0000794 O/082/393.5－2（4）
隨庵徐氏叢書正編十種四十二卷續編十種四十卷 徐乃昌輯 清光緒三十四年（1908）南陵徐氏刻本 十册

440000－2543－0000795 O/082/393.5－2（5）
隨庵徐氏叢書正編十種四十二卷續編十種四十卷 徐乃昌輯 清光緒三十四年（1908）南陵徐氏刻本 八册

440000－2543－0000796 O/082/393.5－3
積學齋叢書二十種六十三卷 徐乃昌輯 清光緒十九年（1893）南陵徐氏刻本 十二册

440000－2543－0000797 O/082/393.5－3（3）
積學齋叢書二十種六十三卷 徐乃昌輯 清光緒十九年（1893）南陵徐氏刻本 十六册

440000－2543－0000798 O/082/393.5－4
懷豳雜俎十二種十七卷 徐乃昌輯 清光緒至宣統南陵徐氏刻本 四册

440000－2543－0000799 O/082/393.7
融經館叢書十一種九十九卷 （清）徐友蘭輯 清光緒會稽徐氏八杉齋刻本 三十二册 缺一種二卷（後漢書蒙拾一至二）

440000－2543－0000800 O/082/393.8
湖州叢書八種六十四卷 （清）陸心源輯 清光緒湖城義塾刻本 十四册

440000－2543－0000801 O/082/402
古香齋袖珍十種九百三卷 清光緒十年（1884）刻本 八十册

440000－2543－0000802 O/082/402.1
西政叢書三十二種一百十卷 梁啟超輯 清光緒二十三年（1897）慎記書莊石印本 三十二册

440000－2543－0000803 O/082/405
稗海七十三種四百三十九卷 （明）商濬輯 明萬曆商氏半埜堂刻清重編補刻本 五十六册

440000－2543－0000804 O/082/406
式訓堂叢書一集十五種四十四卷二集十四種五十三卷 （清）章壽康輯 清光緒三年（1877）會稽章氏刻本 二十二册

440000－2543－0000805 O/082/407

榆園叢刻十八種七十卷娛園叢刻十種十五卷　(清)許增輯　清同治光緒間刻光緒十九年(1893)印本　十六册

440000－2543－0000806　O/082/407(2)
榆園叢刻十八種七十卷娛園叢刻十種十五卷　(清)許增輯　清同治光緒間刻光緒十九年(1893)印本　十六册

440000－2543－0000807　O/082/407－2
娛園叢刻十種十五卷榆園叢刻十八種七十二卷　(清)許增輯　清同治光緒間刻本　十二册

440000－2543－0000808　O/082/407－2(2)
娛園叢刻十種十五卷　(清)許增輯　清光緒十五年(1889)刻本　二册

440000－2543－0000809　O/082/407－3
榆園叢刻十八種七十卷娛園叢刻十種十五卷　(清)許增輯　清同治光緒間刻光緒十九年(1893)印本　十六册

440000－2543－0000810　O/082/412
金峨山館叢書十一種二十四卷　(清)郭傳璞輯　清光緒十三年(1887)刻本　十册

440000－2543－0000811　O/082/428.1
昭代叢書十集五百種五百卷别集六十種六十卷子集一種一卷　(清)張潮　(清)張漸輯　(清)楊復吉　(清)沈楙悳續輯並删補　清道光吴江沈氏世楷堂刻光緒二年(1876)印本　一百七十二册

440000－2543－0000812　O/082/428.1－2
昭代叢書甲集五十種五十卷乙集四十種四十卷　(清)張潮輯　清康熙三十六年至四十二年(1697－1703)刻本　二十册

440000－2543－0000813　O/082/428.2
二酉堂叢書二十一種三十一卷　(清)張澍輯　清道光元年(1821)刻本　六册

440000－2543－0000814　O/082/429.1
花雨樓叢鈔十四種四十六卷續十四種四十二卷　(清)張壽榮輯　清光緒十年(1884)蛟川張氏刻本　三十九册

440000－2543－0000815　O/082/431
正誼堂全書六十八種五百二十六卷　(清)張伯行輯　清同治八年(1869)福州正誼書院刻本　一百四十册

440000－2543－0000816　O/082/431(2)
正誼堂全書六十八種五百二十六卷　(清)張伯行輯　清同治八年(1869)福州正誼書院刻本　一百二十册

440000－2543－0000817　O/082/431(3)
正誼堂全書六十八種五百二十六卷　(清)張伯行輯　清同治八年(1869)福州正誼書院刻本　一百六十册

440000－2543－0000818　O/082/434
十萬卷樓叢書三集五十二種三百八十八卷　(清)陸心源輯　清光緒五年(1879)歸安陸氏刻本　九十六册　缺五種二十卷(陸宣公奏議注一至十五,陰証畧例一,可書一,東原錄一,葬書集註一、附葬書問對一)

440000－2543－0000819　O/082/434.1
奇晉齋叢書十六種十九卷　(清)陸烜輯　清乾隆三十四年(1769)刻本　八册　缺三種五卷(筆麈一、雲間雜誌一至三、雲南山川志一)

440000－2543－0000820　O/082/442.1
湖海樓叢書十三種一百卷　(清)陳春輯　清嘉慶二十四年(1819)蕭山陳氏湖海樓刻本　十六册

440000－2543－0000821　O/082/442.1(2)
湖海樓叢書十三種一百卷　(清)陳春輯　清嘉慶二十四年(1819)蕭山陳氏湖海樓刻本　二十册

440000－2543－0000822　O/082/444
小琅嬛館叢書十種七十卷　(清)陳喬樅撰　清道光刻本　二十四册

440000－2543－0000823　O/082/454
長恩書室叢書甲集十種四十卷乙集九種十八卷　(清)莊肇麟輯　清咸豐四年(1854)刻本

十六册

440000－2543－0000824　O/082/460
經訓堂叢書二十一種一百六十八卷　（清）畢沅輯　清光緒十三年（1887）大同書局石印本　二十册

440000－2543－0000825　O/082/492－2
黄氏叢書十七種一百八十四卷附二種九卷　（清）黄丕烈輯　清光緒十三年（1887）上海蜚英館石印本　二十七册　缺三種二十一卷（周禮一至四、戰國策八至二十一、同人唱和詩一至三）

440000－2543－0000826　O/082/492.2
三長物齋叢書二十五種二百五十九卷附刻三種附錄補遺八卷　（清）黄本驥輯　清道光二十四年（1844）刻本　八十册

440000－2543－0000827　O/082/530
武進盛氏叢刊十二種二十卷　盛宣懷輯　清光緒二十二年至二十三年（1896－1897）刻朱印本　五册

440000－2543－0000828　O/082/530－2
常州先哲遺書四十一種四百二十五卷　盛宣懷輯　清光緒武進盛氏刻本　六十四册

440000－2543－0000829　O/082/556
連筠簃叢書十二種一百十一卷　（清）楊尚文輯　清道光二十八年（1848）靈石楊氏刻本　三十六册

440000－2543－0000830　O/082/556（2）
連筠簃叢書十二種一百十一卷　（清）楊尚文輯　清道光二十八年（1848）靈石楊氏刻本　二十册

440000－2543－0000831　O/082/556.1
海源閣叢書五種三十六卷　（清）楊以增輯　清咸豐二年至五年（1852－1855）東郡楊氏海源閣刻本　八册

440000－2543－0000832　O/082/562
麗廔叢書九種十九卷　葉德輝輯　清光緒三十三年（1907）長沙葉氏刻本　四册

440000－2543－0000833　O/082/562（2）
麗廔叢書九種十九卷　葉德輝輯　清光緒三十三年（1907）長沙葉氏刻本　八册

440000－2543－0000834　O/082/562（3）
麗廔叢書九種十九卷　葉德輝輯　清光緒三十三年（1907）長沙葉氏刻本　七册

440000－2543－0000835　O/082/562－2
觀古堂彙刻書二十一種四十九卷所著書十六種三十九卷　葉德輝撰輯　清光緒二十八年（1902）長沙葉氏郎園刻本　十四册

440000－2543－0000836　O/082/562－2（2）
觀古堂彙刻書二十一種四十九卷所著書十六種三十九卷　葉德輝撰輯　清光緒二十八年（1902）長沙葉氏郎園刻本　十六册

440000－2543－0000837　O/082/562－3
雙楳景闇叢書十三種二十一卷　葉德輝輯　清光緒二十九年至宣統三年（1903－1911）長沙葉氏觀古堂刻本　六册

440000－2543－0000838　O/082/598
仰視千七百二十九鶴齋叢書六集四十種八十一卷　（清）趙之謙輯　清光緒六年（1880）刻本　十八册　缺八種十一卷（汏存錄一、倆陽雜錄一、英吉利廣東入城始末一、東籬耦談一至四、阮亭詩餘一、書巖賸稾一、二十一都懷古詩一、勇盧閒詰一）

440000－2543－0000839　O/082/598（2）
仰視千七百二十九鶴齋叢書六集四十種八十一卷　（清）趙之謙輯　清光緒六年（1880）刻本　十二册

440000－2543－0000840　O/082/598（3）
仰視千七百二十九鶴齋叢書六集四十種八十一卷　（清）趙之謙輯　清光緒六年（1880）刻本　二十四册

440000－2543－0000841　O/082/598（4）
仰視千七百二十九鶴齋叢書六集四十種八十一卷　（清）趙之謙輯　清光緒六年（1880）刻本　三十五册

440000－2543－0000842　O/082/622
海山仙館叢書五十六種四百九十四卷　(清)潘仕成輯　清道光至咸豐番禺潘氏刻本　一百十六冊　缺六種十七卷(漁隱叢話後集三十四至四十、尺牘新鈔七至十二、圜容較義一、測量法義一、測量異同一、勾股義一)

440000－2543－0000843　O/082/622(2)
海山仙館叢書五十六種四百九十四卷　(清)潘仕成輯　清道光至咸豐番禺潘氏刻本　一百十九冊　缺一種三卷(高僧傳一至三)

440000－2543－0000844　O/082/622(3)
海山仙館叢書五十六種四百九十四卷　(清)潘仕成輯　清道光至咸豐番禺潘氏刻本　一百二十冊

440000－2543－0000845　O/082/622.1
功順堂叢書十八種八十卷　(清)潘祖蔭輯　清光緒吳縣潘氏刻本　二十四冊

440000－2543－0000846　O/082/622.1(2)
功順堂叢書十八種八十卷　(清)潘祖蔭輯　清光緒吳縣潘氏刻本　二十八冊

440000－2543－0000847　O/082/622.1(3)
功順堂叢書十八種八十卷　(清)潘祖蔭輯　清光緒吳縣潘氏刻本　二十四冊

440000－2543－0000848　O/082/622.1－2
滂喜齋叢書四集五十四種九十五卷　(清)潘祖蔭輯　清同治至光緒吳縣潘氏京師刻本　二十二冊

440000－2543－0000849　O/082/622.1－2(2)
滂喜齋叢書四集五十四種九十五卷　(清)潘祖蔭輯　清同治至光緒吳縣潘氏京師刻本　三十二冊

440000－2543－0000850　O/082/622.1－2(3)
滂喜齋叢書四集五十四種九十五卷　(清)潘祖蔭輯　清同治至光緒吳縣潘氏京師刻本　三十二冊

440000－2543－0000851　O/082/622.2
清頌堂叢書八種六十三卷　(清)黃奭輯　清道光二十年(1840)刻本　二十四冊

440000－2543－0000852　O/082/645
國粹叢書十種　鄧實輯　清光緒三十三年(1907)國學保存會鉛印本　十冊

440000－2543－0000853　O/082/645(2)
國粹叢書十種　鄧實輯　清光緒三十三年(1907)國學保存會鉛印本　十一冊

440000－2543－0000854　O/082/650.1
心矩齋叢書六種四十卷　(清)蔣鳳藻輯　清光緒九年(1883)長洲蔣氏心矩齋刻本　十六冊

440000－2543－0000855　O/082/650.1－2
鐵華館叢書六種四十五卷　(清)蔣鳳藻輯　清光緒十年(1884)長洲蔣氏刻本　六冊

440000－2543－0000856　O/082/650.1－2(2)
鐵華館叢書六種四十五卷　(清)蔣鳳藻輯　清光緒十年(1884)長洲蔣氏刻本　六冊

440000－2543－0000857　O/082/650.1－2(3)
鐵華館叢書六種四十五卷　(清)蔣鳳藻輯　清光緒十年(1884)長洲蔣氏刻本　一冊　存一種十二卷(通玄真經一至十二)

440000－2543－0000858　O/082/671
古逸叢書二十六種三百五卷　(清)黎庶昌輯　清光緒十年(1884)遵義黎氏東京使署刻本　四十二冊

440000－2543－0000859　O/082/671(2)
古逸叢書二十六種三百五卷　(清)黎庶昌輯　清光緒十年(1884)遵義黎氏東京使署刻本　三十九冊　缺一種六卷(史略一至六)

440000－2543－0000860　O/082/671(3)
古逸叢書二十六種三百五卷　(清)黎庶昌輯　清光緒十年(1884)遵義黎氏東京使署刻本　四十一冊

440000－2543－0000861　O/082/671(4)
古逸叢書二十六種三百五卷　(清)黎庶昌輯　清光緒十年(1884)遵義黎氏東京使署刻本　四十九冊

440000－2543－0000862　O/082/671(5)
古逸叢書二十六種三百五卷　(清)黎庶昌輯　清光緒十年(1884)遵義黎氏東京使署刻本　六十九册　缺九種四十六卷(春秋穀梁傳十至十二、附考異一,論語一至十,周易一至六、附晦庵先生校正周易繫辭精義一至二,荀子一至二,楚辭集注四至六,玉篇殘一至四、又一至二,廣韻一至五、附校札一,廣韻一至五,文館詞林三百四十七、六百九十九)

440000－2543－0000863　O/082/683
知服齋叢書二十二種六十一卷　(清)龍鳳鑣輯　清光緒二十二年(1896)順德龍氏刻本　十七册

440000－2543－0000864　O/082/683(2)
知服齋叢書十八種六十九卷　(清)龍鳳鑣輯　清光緒二十二年(1896)順德龍氏刻本　二十四册

440000－2543－0000865　O/082/700
抱經堂叢書十六種二百二十九卷　(清)盧文弨輯　清乾隆五十六年(1791)抱經堂刻本　八十二册

440000－2543－0000866　VO/082/700.1
雅雨堂叢書十二種一百卷　(清)盧見曾輯　清乾隆二十一年(1756)雅雨堂刻本　二十六册

440000－2543－0000867　VO/082/700.1(2)
雅雨堂叢書十三種一百三十三卷　(清)盧見曾輯　清乾隆二十一年(1756)雅雨堂刻本　二十二册

440000－2543－0000868　VO/082/700.1(3)
雅雨堂叢書十三種一百三十三卷　(清)盧見曾輯　清乾隆二十一年(1756)雅雨堂刻本　二十二册

440000－2543－0000869　O/082/705
守山閣叢書一百十二種六百七十一卷　(清)錢熙祚輯　清光緒十五年(1889)鴻文書局石印本　五十二册

440000－2543－0000870　O/082/705－2
守山閣叢書一百十二種六百七十一卷　(清)錢熙祚輯　清光緒十四年(1888)石印本　一百册

440000－2543－0000871　O/082/710－2
知不足齋叢書三十集一百九十九種七百七十一卷　(清)鮑廷博輯　清同治十一年(1872)刻本　二百十九册

440000－2543－0000872　O/082/710－2(2)
知不足齋叢書三十集一百九十九種七百七十一卷　(清)鮑廷博輯　清同治十一年(1872)刻本　二百四十册

440000－2543－0000873　O/082/710－2(3)
知不足齋叢書三十集一百九十九種七百七十一卷　(清)鮑廷博輯　清同治十一年(1872)刻本　一百二十册

440000－2543－0000874　O/082/710.1
後知不足齋叢書四集二十五種六十五卷　(清)鮑廷爵輯　清光緒十年(1884)常熟鮑氏刻本　二十四册

440000－2543－0000875　O/082/710.1(2)
後知不足齋叢書四集二十五種六十五卷　(清)鮑廷爵輯　清光緒十年(1884)常熟鮑氏刻本　三十八册

440000－2543－0000876　O/082/740
對雨樓叢書四種二十三卷　繆荃孫編　清光緒三十一年(1905)黄岡陶子麟刻本　四册

440000－2543－0000877　O/082/740－2
南菁書院叢書八集四十一種一百四十五卷　繆荃孫編　清光緒刻本　二十八册

440000－2543－0000878　O/082/740－3
藕香零拾三十九種一百卷　繆荃孫編　清宣統二年(1910)江陰繆荃孫刻本　十六册

440000－2543－0000879　O/082/765.1
半厂叢書初編十一種八十三卷　(清)譚獻輯　清光緒十五年(1889)刻本　十四册

440000－2543－0000880　O/082/765.1(2)
半厂叢書初編十一種八十三卷　(清)譚獻輯

清光緒十五年(1889)刻本　二十册

440000－2543－0000881　O/082/791
讀畫齋叢書八集四十六種一百九十九卷　(清)顧修輯　清嘉慶四年至十六年(1799－1811)桐川顧氏刻本　五十一册

440000－2543－0000882　O/082/791.1
小石山房叢書四十一種六十四卷　(清)顧湘輯　清同治十三年(1874)虞山顧氏刻本　十册

440000－2543－0000883　O/082/791.1(2)
小石山房叢書四十一種六十四卷　(清)顧湘輯　清同治十三年(1874)虞山顧氏刻本　十二册

440000－2543－0000884　O/082/791.1(3)
小石山房叢書四十一種六十四卷　(清)顧湘輯　清同治十三年(1874)虞山顧氏刻本　十六册

440000－2543－0000885　O/082/842
富強齋叢書七十九種三百八十六卷　(清)富強齋主人輯　清光緒二十五年(1899)小倉山房石印本　六十四册

440000－2543－0000886　O/082/965
正覺書樓叢刻三十三種二百七十七卷　(清)崇文書局輯　清光緒三年(1877)湖北崇文書局刻本　六十册

440000－2543－0000887　O/082/965－2
正覺樓叢書二十九種七十九卷　(清)崇文書局輯　清光緒湖北崇文書局刻本　三十六册

440000－2543－0000888　O/082/969
述古叢鈔四集二十三種一百五十五卷　(清)劉晚榮輯　清同治十年(1871)翠琅玕館刻本　四十册

440000－2543－0000889　O/082/976
學海堂叢刻十二種二十九卷　(清)□□輯　清光緒羊城富文齋刻本　十四册

440000－2543－0000890　O/082.08/2
漢魏叢書九十六種四百八十七卷　(明)何鏜輯　(明)程榮校　清光緒二十一年(1895)石印本　十六册

440000－2543－0000891　O/082.08/2－3
漢魏叢書七十六種四百四十卷　(明)何鏜輯　(明)程榮校　明萬曆二十年(1592)刻本　六十册

440000－2543－0000892　O/082.08/2－5
漢魏叢書七十八種四百五十卷　(明)何鏜輯　清刻本　一百册

440000－2543－0000893　VO/082.08/2－6
漢魏叢書三十五種二百四十五卷　(明)程榮輯　明萬曆程氏刻本　六十册

440000－2543－0000894　O/082.08/2－7
漢魏叢書八十六種四百四十五卷　(明)何鏜輯　清乾隆五十六年(1791)刻本　五十二册

440000－2543－0000895　O/082.08/3
唐宋叢書九十種二百六十七卷　(明)鍾人傑輯　清刻本　四十册

440000－2543－0000896　O/082.09/11
畿輔叢書一百七十六種一千五百卷　(清)王灝輯　清刻本　四百三十五册

440000－2543－0000897　O/082.09/11(2)
畿輔叢書一百七十六種一千五百卷　(清)王灝輯　清刻本　四百三十九册

440000－2543－0000898　O/082.09/23－2
檇李遺書二十八種八十一卷　(清)孫福清輯　清光緒四年(1878)望雲仙館刻本　三十二册　缺一種二卷(曝書亭集外詩一至二)

440000－2543－0000899　O/082.09/24
湖北叢書三十一種二百九十卷　(清)趙尚輔輯　清光緒十七年(1891)刻本　一百册

440000－2543－0000900　O/082.09/30－13
嶺南遺書六集五十九種三百三十六卷　(清)伍崇曜輯　清同治二年(1863)南海伍氏粵雅堂文字歡娛室刻本　八十册

440000－2543－0000901　O/082.09/30－13(2)
嶺南遺書六集五十九種三百三十六卷　(清)

伍崇曜輯　清同治二年(1863)南海伍氏粤雅堂文字歡娛室刻本　八十册

440000－2543－0000902　O/082.09/30－13(4)
平定交南錄一卷　(明)丘濬撰　**白沙語要一卷**　(明)陳獻章撰　**甘泉新論一卷**　(明)湛若水撰　**元祐黨籍碑考一卷**　(明)海瑞撰　**海語三卷**　(明)黄衷撰　(清)伍崇曜輯　清南海伍氏粤雅堂刻嶺南遺書本　一册

440000－2543－0000903　O/082.1/2
頤志齋叢書二十二種四十一卷　(清)丁晏撰　清同治元年(1862)刻本　十四册

440000－2543－0000904　O/082.1/2(2)
頤志齋叢書二十二種四十一卷　(清)丁晏撰　清同治元年(1862)刻本　十八册

440000－2543－0000905　O/082.1/22
王船山遺書五十八種三百二十二卷　(清)王夫之撰　清同治四年(1865)湘鄉曾氏金陵刻本　一百三册　缺六種四十卷(周易内傳一下、春秋稗疏一至二、讀通鑑論二十一至二十二、莊子解一至三十三、莊子通一、愚彭辭一)

440000－2543－0000906　O/082.1/22(2)
王船山遺書五十八種三百二十二卷　(清)王夫之撰　清同治四年(1865)湘鄉曾氏金陵刻本　一百九册　缺一種二卷(詩廣傳四至五)

440000－2543－0000907　O/082.1/22(3)
王船山遺書五十八種三百二十二卷　(清)王夫之撰　清同治四年(1865)湘鄉曾氏金陵刻本　一百九册　缺一種三卷(讀通鑑論二十九至三十、末一卷)

440000－2543－0000908　O/082.1/22(4)
王船山遺書五十八種三百二十二卷　(清)王夫之撰　清同治四年(1865)湘鄉曾氏金陵刻本　一百二十册

440000－2543－0000909　O/082.1/22(5)
王船山遺書五十八種三百二十二卷　(清)王夫之撰　清同治四年(1865)湘鄉曾氏金陵刻本　一百十二册

440000－2543－0000910　O/082.1/24
曉菴遺書四種十五卷　(清)王錫闡撰　**開方通釋一卷**　(清)焦循撰　清光緒德化李盛鐸刻木犀軒叢書本　四册

440000－2543－0000911　O/082.1/37
顨軒孔氏所著書七種六十卷　(清)孔廣森撰　清嘉慶二十二年(1817)刻本　十册

440000－2543－0000912　O/082.1/52
毛西河全集一百十八種四百八十一卷　(清)毛奇齡撰　清嘉慶元年(1796)刻本　八十册

440000－2543－0000913　O/082.1/52(2)
毛西河全集一百十八種四百八十一卷　(清)毛奇齡撰　清嘉慶元年(1796)刻本　七十七册　缺八種三十卷(春秋條貫篇一至十一、春秋占筮書一至三、春秋簡書刊誤一至二、四書索解一至四、論語稽求篇一、王文成傳本一至二、墓碑銘一至二、墓表一至五)

440000－2543－0000914　O/082.1/72
古歡堂集三十七卷年譜一卷續年譜一卷補年譜一卷黔書二卷長河志籍考十卷　(清)田雯撰　清刻本　十二册

440000－2543－0000915　O/082.1/77
安吴四種三十六卷　(清)包世臣撰　清光緒十四年(1888)包誠刻本　十二册

440000－2543－0000916　O/082.1/77(3)
安吴四種三十六卷　(清)包世臣撰　清光緒十四年(1888)包誠刻本　十二册

440000－2543－0000917　O/082.1/77－2
安吴四種三十六卷　(清)包世臣撰　清同治十一年(1872)注經堂刻本　十六册

440000－2543－0000918　O/082.1/78
師伏堂叢書十八種八十六卷　(清)皮錫瑞撰　清光緒三十三年(1907)善化皮氏師伏堂刻本　二十八册

440000－2543－0000919　O/082.1/78(2)
師伏堂叢書十八種八十六卷　(清)皮錫瑞撰　清光緒三十三年(1907)善化皮氏師伏堂刻

本　四十册

440000－2543－0000920　O/082.1/78(3)
師伏堂叢書十八種八十六卷　(清)皮錫瑞撰　清光緒三十三年(1907)善化皮氏師伏堂刻本　四十册

440000－2543－0000921　O/082.1/135
古愚老人消夏錄十五種六十五卷　(清)汪葵田撰　清嘉慶二年(1797)刻本　十四册

440000－2543－0000922　O/082.1/135(2)
古愚老人消夏錄十五種六十五卷　(清)汪葵田撰　清嘉慶二年(1797)刻本　十六册

440000－2543－0000923　O/082.1/135.2
讀畫齋叢書八集四十六種一百九十九卷　(清)顧修編　清嘉慶四年至十六年(1799－1811)桐川顧氏刻本　五十八册

440000－2543－0000924　O/082.1/148
桐華閣叢書六種四十二卷　(清)杜貴墀撰　清光緒三十一年(1905)刻本　十二册

440000－2543－0000925　O/082.1/153.1
李文貞公著述四十種一百五十九卷　(清)李光地撰　清刻本　七十册

440000－2543－0000926　O/082.1/164.1－2
桐城吳先生全書四種十一卷　(清)吳汝綸撰　清光緒三十一年(1905)刻本　十二册

440000－2543－0000927　O/082.1/170
呂新吾先生全集十五種十卷　(明)呂坤撰　清光緒十五年(1889)刻本　三十八册

440000－2543－0000928　O/082.1/180
何宫贊遺書六種九卷　(清)何若瑤撰　清光緒八年(1882)何雲旭刻本　四册

440000－2543－0000929　O/082.1/212
竹柏山房十五種八十四卷　(清)林春溥撰　清咸豐五年(1855)林氏家刻本　四十册

440000－2543－0000930　O/082.1/214
修本堂叢書十種八十三卷　(清)林伯桐撰　清道光二十四年(1844)刻本　八册

440000－2543－0000931　O/082.1/214(2)
修本堂叢書十種八十三卷　(清)林伯桐撰　清道光二十四年(1844)刻本　十二册

440000－2543－0000932　O/082.1/214(3)
修本堂叢書十種八十三卷　(清)林伯桐撰　清道光二十四年(1844)刻本　十三册

440000－2543－0000933　O/082.1/260
洪北江遺書三十二種二百二十二卷　(清)洪亮吉撰　清光緒五年(1879)授經堂刻本　六十六册

440000－2543－0000934　VO/082.1/271
少室山房筆叢十二種四十八卷　(明)胡應麟著　(明)江湛然輯　明萬曆刻本　十六册

440000－2543－0000935　O/082.1/312
春在堂全書二十三種三百三十一卷　(清)俞樾撰　清光緒十一年(1885)刻本　五十五册　缺二種二十一卷(春在堂尺牘五卷、右台仙館筆記十六卷)

440000－2543－0000936　O/082.1/312－2
春在堂叢書三十一種三百九十七卷　(清)俞樾撰　清光緒十五年(1889)刻本　一百册

440000－2543－0000937　O/082.1/316
邃雅堂集十卷附四卷　(清)姚文田撰　清同治十三年(1874)歸安姚氏刻本　十五册

440000－2543－0000938　O/082.1/351
真西山全集七種一百八十三卷　(宋)真德秀撰　清刻本　四十册

440000－2543－0000939　O/082.1/351－2
真西山全集七種一百八十三卷　(宋)真德秀撰　清刻本　一百册

440000－2543－0000940　O/082.1/362
郝氏遺書四十五種二百二十九卷　(清)郝懿行撰　清光緒八年(1882)東路廳署刻本　六十五册

440000－2543－0000941　O/082.1/362(2)
郝氏遺書四十五種二百二十九卷　(清)郝懿行撰　清光緒八年(1882)東路廳署刻本　七

十三册

440000－2543－0000942　O/082.1/370
景紫堂全書十七種八十一卷　（清）夏炘撰　清同治元年（1862）刻本　二十二册

440000－2543－0000943　O/082.1/393
徐位山六種一百卷　（清）徐文靖撰　清光緒二年（1876）刻本　十八册

440000－2543－0000944　VO/082.1/393－2
徐位山六種一百卷　（清）徐文靖撰　清乾隆二十一年（1756）刻本　二十四册

440000－2543－0000945　O/082.1/396－2
蘇齋叢書十九種一百十六卷　（清）翁方綱撰　清嘉慶十一年（1806）南昌使院刻本　三十册

440000－2543－0000946　O/082.1/402.1（2）
二思堂叢書六種五十一卷　（清）梁章鉅撰　清光緒元年（1875）浙江書局刻本　十二册

440000－2543－0000947　O/082.1/412.1
寶樹堂遺書三種七卷　（清）郭夢星撰　清光緒二十一年（1895）刻本　四册

440000－2543－0000948　VO/082.1/434
八紘譯史九種二十一卷　（清）陸次雲撰　清康熙二十二年（1683）刻本　四册

440000－2543－0000949　O/082.1/441
東塾遺書四種九卷　（清）陳澧撰　清光緒廣雅書局刻本　二册

440000－2543－0000950　O/082.1/441－2
東塾叢書四種附一種三十四卷　（清）陳澧撰　清廣州富文齋刻本　九册

440000－2543－0000951　O/082.1/441－2（2）
東塾叢書四種附一種三十四卷　（清）陳澧撰　清廣州富文齋刻本　九册

440000－2543－0000952　O/082.1/441－2（3）
東塾叢書四種附一種三十四卷　（清）陳澧撰　清廣州富文齋刻本　九册

440000－2543－0000953　O/082.1/441－2（4）
東塾叢書四種附一種三十四卷　（清）陳澧撰　清廣州富文齋刻本　九册

440000－2543－0000954　O/082.1/441－2（5）
東塾叢書四種附一種三十四卷　（清）陳澧撰　清廣州富文齋刻本　九册

440000－2543－0000955　O/082.1/492
儆居集五種二十二卷　（清）黄式三撰　清光緒十四年（1888）刻本　八册

440000－2543－0000956　O/082.1/494
儆季雜著五種二十三卷　（清）黄以周撰　**尚書講義一卷**　（清）黄家辰撰　**嫻藝軒雜著一卷**　（清）黄家岱撰　清光緒二十年至二十一年（1894－1895）江蘇南菁講舍刻本　七册

440000－2543－0000957　O/082.1/525
焦氏遺書三種二百二十四卷　（清）焦循撰　清光緒二年（1876）衡陽魏氏刻本　四十册

440000－2543－0000958　O/082.1/525（2）
焦氏遺書三種二百二十四卷　（清）焦循撰　清光緒二年（1876）衡陽魏氏刻本　四十册

440000－2543－0000959　O/082.1/525－2
焦氏遺書三種二百二十二卷　（清）焦循撰　清嘉慶二十二年（1817）刻本　四十册

440000－2543－0000960　O/082.1/535
通藝録二十種四十五卷　（清）程瑶田撰　清嘉慶八年（1803）刻本　十四册

440000－2543－0000961　O/082.1/562
觀古堂所著書二集十六種四十三卷　葉德輝撰　清光緒二十八年（1902）湘潭葉氏刻本　十四册

440000－2543－0000962　O/082.1/568
董方立遺書八種十六卷　（清）董祐誠著　清道光十年（1830）四川會元堂刻本　六册

440000－2543－0000963　O/082.1/575
鄒叔子遺書七種附四種三十一卷　（清）鄒漢勛撰　清光緒九年（1883）刻本　十六册

440000－2543－0000964　O/082.1/575－2
鄒叔子遺書七種附四種三十一卷　（清）鄒漢

勛撰　清光緒九年(1883)刻本　十四冊

440000－2543－0000965　O/082.1/598
甌北全集七種一百七十二卷　(清)趙翼撰　清光緒三年(1877)滇南唐氏刻本　五十冊

440000－2543－0000966　O/082.1/598(2)
甌北全集七種一百七十二卷　(清)趙翼撰　清光緒三年(1877)滇南唐氏刻本　五十二冊

440000－2543－0000967　O/082.1/661
大鶴山房全書十一種五十三卷　鄭文焯撰　清光緒三十年(1904)刻本　六冊

440000－2543－0000968　O/082.1/661.1
鄭小谷先生全集七種二十三卷　(清)鄭獻甫撰　清同治八年至光緒八年(1869－1882)刻本　二十冊

440000－2543－0000969　O/082.1/674
槐軒全書二十三種一百七十八卷　(清)劉沅撰　清光緒致福樓刻本　一百七冊

440000－2543－0000970　O/082.1/688
忠武侯諸葛孔明先生全集五種附錄一卷　(三國蜀)諸葛亮撰　(清)張澍編　清同治元年(1862)聚珍齋刻本　七冊

440000－2543－0000971　O/082.1/705
嘉定錢氏潛研堂全書二十二種二百六十六卷　(清)錢大昕撰　清光緒十年(1884)長沙龍氏家塾刻本　四十九冊　缺一種四卷(聲類一至四)

440000－2543－0000972　O/082.1/705(2)
嘉定錢氏潛研堂全書二十二種二百六十六卷　(清)錢大昕撰　清光緒十年(1884)長沙龍氏家塾刻本　八十冊

440000－2543－0000973　O/082.1/705(3)
嘉定錢氏潛研堂全書二十二種二百六十六卷　(清)錢大昕撰　清光緒十年(1884)長沙龍氏家塾刻本　八十冊

440000－2543－0000974　O/082.1/705－2
潛研堂全書十七種二百五十五卷　(清)錢大昕撰　清乾隆至嘉慶刻道光二十年(1840)錢師光修補印本　五十九冊　存九種一百九十一卷(廿二史考異一至一百,三史拾遺一至五,諸史拾遺一至五,元史氏族表一至三,元史藝文志一至四,通鑑注辯正一至二,洪文惠公年譜一,潛研堂文集一至五十、詩集一至十、詩續集一至十,弇州山人年譜一)

440000－2543－0000975　O/082.1/705－2(2)
潛研堂全書十七種二百五十五卷　(清)錢大昕撰　清乾隆至嘉慶刻道光二十年(1840)錢師光修補印本　一百冊

440000－2543－0000976　O/082.1/775.1
羅忠節公遺集六種十七卷　(清)羅澤南撰　清同治二年(1863)長沙刻本　六冊

440000－2543－0000977　O/082.1/775.1(2)
羅忠節公遺集六種十七卷　(清)羅澤南撰　清同治二年(1863)長沙刻本　八冊

440000－2543－0000978　O/082.1/791
亭林遺書十種二十七卷補遺十二種十七卷　(清)顧炎武撰　清光緒刻本　十冊

440000－2543－0000979　O/082.1/791(2)
亭林遺書十種二十七卷　(清)顧炎武撰　清刻本　十六冊

440000－2543－0000980　O/082.1/791－3
亭林遺書補遺十二種十七卷　(清)顧炎武撰　(清)朱記榮輯　清光緒刻本　八冊

440000－2543－0000981　O/082.1/791－4
亭林遺書十種二十七卷補遺九種十一卷　(清)顧炎武撰　清光緒刻本　十三冊

440000－2543－0000982　O/120.4/164
桐城吳先生點勘諸子十種一百一卷　(清)吳汝綸點勘　清宣統二年(1910)衍星社鉛印本　九冊

440000－2543－0000983　O/120.4/312
諸子平議三十五卷　(清)俞樾撰　清同治八年(1869)吳郡刻本　十冊

440000－2543－0000984　O/120.4/352
意林六卷　(唐)馬總輯　清光緒二十五年

(1899)廣雅書局刻武英殿聚珍版書本　二冊

440000－2543－0000985　VO/120.5/525
新鍥翰林三狀元會選二十九子品彙釋評二十卷首一卷　(明)焦竑校正　(明)翁正春參閲　(明)朱之蕃圈點　明萬曆四十四年(1616)刻本　二十冊

440000－2543－0000986　O/120.8/22
十子全書十種一百二十九卷　(清)王子興輯　清嘉慶十二年(1807)刻本　十六冊

440000－2543－0000987　O/120.8/22(2)
十子全書十種一百二十九卷　(清)王子興輯　清嘉慶十二年(1807)刻本　二十二冊

440000－2543－0000988　O/120.8/22(3)
十子全書十種一百二十九卷　(清)王子興輯　清嘉慶十二年(1807)刻本　三十六冊

440000－2543－0000989　O/120.8/22－2
十子全書十種一百二十九卷　(清)王子興輯　清嘉慶十二年(1807)刻本　三十二冊

440000－2543－0000990　O/120.8/962
二十二子全書二十三種三百九卷　(清)浙江書局輯　清光緒元年至三年(1875－1877)浙江書局刻本　八十冊

440000－2543－0000991　O/120.8/962(2)
二十二子全書二十三種三百九卷　(清)浙江書局輯　清光緒元年至三年(1875－1877)浙江書局刻本　八十三冊

440000－2543－0000992　O/120.8/963
子書百家四百九十四卷　(清)崇文書局輯　清光緒元年(1875)湖北崇文書局刻本　六十四冊

440000－2543－0000993　O/120.8/963(2)
子書百家四百九十四卷　(清)崇文書局輯　清光緒元年(1875)湖北崇文書局刻本　四十冊

440000－2543－0000994　O/121.1/22－2
孔子家語十卷　(三國魏)王肅注　清乾隆八年(1743)刻本　四冊

440000－2543－0000995　O/121.1/22－4
孔子家語十卷劄記一卷　(三國魏)王肅注　清光緒二十四年(1898)玉海堂刻本　四冊

440000－2543－0000996　O/121.1/22－4(2)
孔子家語十卷劄記一卷　(三國魏)王肅注　清光緒二十四年(1898)玉海堂刻本　四冊

440000－2543－0000997　O/121.1/22－4(3)
孔子家語十卷劄記一卷　(三國魏)王肅注　清光緒二十四年(1898)玉海堂刻本　四冊

440000－2543－0000998　O/121.1/151
孔子集語補遺商正一卷附倉頡輯補斠證小箋二卷説文引漢律令考補正一卷　李滋然撰　清光緒三十四年(1908)鉛印本　一冊

440000－2543－0000999　O/121.1/370
養痾三編三種八卷　(清)夏炘輯　清同治元年(1862)刻本　二冊

440000－2543－0001000　O/121.1/375
孔子集語十七卷附抄補遺一卷　(清)孫星衍輯　清光緒三年(1877)浙江書局刻本　四冊

440000－2543－0001001　O/121.1/375(2)
孔子集語十七卷附抄補遺一卷　(清)孫星衍輯　清光緒三年(1877)浙江書局刻本　四冊

440000－2543－0001002　VO/121.1/556
大成通志十八卷首二卷　(清)楊慶輯著　清康熙九年(1670)刻本　二十一冊

440000－2543－0001003　O/121.106/420
西峰儒藏不分卷　(明)曹學佺撰　清刻本　五冊

440000－2543－0001004　O/121.12/491
子思子七卷　(清)黄以周輯解　清光緒二十二年(1896)江陰南菁書院刻本　二冊

440000－2543－0001005　VO/121.174/15
荀子一卷　(清)方苞删定　(清)顧琮參校　清刻本　二冊

440000－2543－0001006　O/121.175/24
荀子二十卷　(唐)杨倞注　王先謙集解　清光緒十七年(1891)長沙王氏刻本　一冊　存

七卷(一至七)

440000－2543－0001007　O/121.175/24－2
荀子二十卷首一卷　(唐)杨倞注　王先謙集解　清光緒十七年(1891)刻本　六册

440000－2543－0001008　VO/121.18/37－3
孔叢子三卷　題(漢)孔鮒著　明崇禎六年(1633)孔胤植刻本　二册

440000－2543－0001009　O/121.215/22
老子道德經二卷　(三國魏)王弼注　清江西書局刻武英殿聚珍版書本　一册

440000－2543－0001010　O/121.215/316
老子章義二卷　(清)姚鼐撰　清同治九年(1870)桐城吴氏刻本　一册

440000－2543－0001011　O/121.215/525
老子翼八卷　(明)焦竑輯　清光緒二十一年(1895)刻本　四册

440000－2543－0001012　O/121.215/761
老子本義二卷　(清)魏源撰　清刻本　二册

440000－2543－0001013　VO/121.235/428－3
沖虚至德真經八卷　(晉)張湛注　(唐)殷敬順釋文　明刻本　二册

440000－2543－0001014　O/121.245/24
莊子集解八卷　王先謙集解　清宣統元年(1909)思賢書局刻本　四册

440000－2543－0001015　O/121.245/212
莊子因六卷　(清)林雲銘評述　(清)楊攀梅重訂　清嘉慶二年(1797)刻本　六册

440000－2543－0001016　O/121.245/212－2
莊子因六卷　(清)林雲銘評述　清光緒六年(1880)白雲精舍刻本　三册　缺二卷(一至二)

440000－2543－0001017　O/121.245/271
莊子辯正六卷　(清)胡方撰　清嘉慶十九年(1814)刻本　四册

440000－2543－0001018　VO/121.245/412－4
莊子南華真經四卷　(晉)郭象注　明閔氏刻朱墨套印本　四册

440000－2543－0001019　O/121.245/412.1
莊子集釋十卷　(清)郭慶藩輯　清光緒二十年(1894)思賢講舍刻本　八册

440000－2543－0001020　O/121.245/412.1(2)
莊子集釋十卷　(清)郭慶藩輯　清光緒二十年(1894)思賢講舍刻本　八册

440000－2543－0001021　O/121.245/434
莊子雪三卷　(清)陸樹芝輯註　清嘉慶七年(1802)刻本　三册

440000－2543－0001022　O/121.245/434－2
莊子雪三卷　(清)陸樹芝輯註　清嘉慶四年(1799)刻本　四册

440000－2543－0001023　O/121.245/434.1
南華真經副墨八卷讀南華經雜說一卷　(明)陸西星撰　明刻本　十六册

440000－2543－0001024　O/121.255/148
文子纘義十二卷　(宋)杜道堅撰　清光緒二十五年(1899)廣雅書局刻武英殿聚珍版書本　二册

440000－2543－0001025　O/121.285/434－3
鶡冠子三卷　(宋)陸佃注　清光緒二十五年(1899)廣雅書局刻武英殿聚珍版書本　一册

440000－2543－0001026　O/121.285/434－4
鶡冠子三卷　(宋)陸佃注　清嘉慶九年(1804)刻本　二册

440000－2543－0001027　O/121.315/22
墨子十五卷　王闓運注　清光緒三十年(1904)江西書局刻本　二册

440000－2543－0001028　O/121.315/460
墨子十六卷　(清)畢沅注　清光緒元年(1875)湖北崇文書局刻本　二册

440000－2543－0001029　O/121.51/613－3
管子二十四卷　(唐)房玄齡注　清光緒五年(1879)影宋刻本　四册

440000－2543－0001030　O/121.51/613－3(2)

管子二十四卷 （唐）房玄齡注 清光緒五年(1879)影宋刻本 八冊

440000－2543－0001031 O/121.514/15
管子不分卷 （清）方苞删定 清乾隆元年(1736)刻本 四冊

440000－2543－0001032 O/121.514/749
管子校正二十四卷 （清）戴望撰 清同治十二年(1873)刻本 四冊

440000－2543－0001033 VO/121.73/722－3
韓非子二十卷 明萬曆十年(1582)趙用賢刻本 六冊

440000－2543－0001034 O/121.73/722－4
韓非子二十卷識誤三卷 （清）顧廣圻識誤 清光緒元年(1875)浙江書局刻本 六冊

440000－2543－0001035 O/121.735/24
韓非子集解二十卷首一卷 （清）王先慎集解 清光緒二十二年(1896)刻本 六冊

440000－2543－0001036 O/121.925/332
呂氏春秋二十六卷附考一卷 （漢）高誘注 清光緒元年(1875)浙江書局刻本 六冊

440000－2543－0001037 O/122.11/551－2
新書十卷 （漢）賈誼撰 清抱經堂刻本 二冊

440000－2543－0001038 VO/122.12/674
淮南子二十一卷 （漢）劉安撰 （漢）劉向校定 （明）吴勉學校正 明刻本 四冊

440000－2543－0001039 O/122.125/271
淮南子周易古義二卷 （清）胡兆鸞撰 清抄本 一冊

440000－2543－0001040 O/122.125/332
淮南鴻烈解二十一卷附錄一卷 （漢）劉安撰 （漢）高誘註 明萬曆二十年(1592)刻本 六冊

440000－2543－0001041 VO/122.125/332－3
淮南鴻烈解二十一卷 （漢）劉安撰 （漢）高誘注 （明）茅坤等評 明末刻本 四冊

440000－2543－0001042 O/122.125/449
淮南許注異同詁四卷 （清）陶方琦撰 清光緒七年(1881)湖南使院刻本 二冊

440000－2543－0001043 VO/122.14/677
劉向說苑二十卷 （漢）劉向撰 明嘉靖二十六年(1547)刻本 六冊

440000－2543－0001044 O/122.14/677－6
說苑二十卷 （漢）劉向撰 清刻本 八冊

440000－2543－0001045 VO/122.15/503－3
新纂門目五臣音注揚子法言十卷 （漢）揚雄撰 （晉）李軌等注 明刻本 三冊

440000－2543－0001046 VO/122.22/21
論衡三十卷 （漢）王充著 （明）程榮校 明萬曆十八年(1590)刻本 六冊

440000－2543－0001047 VO/122.24/384－3
申鑒五卷 （漢）荀悅著 （明）黄省曾注 （明）程榮校 明萬曆刻漢魏叢書本 二冊

440000－2543－0001048 VO/122.31/393－2
中論二卷 （漢）徐幹著 （明）程榮校 明萬曆刻漢魏叢書本 二冊

440000－2543－0001049 O/122.4/523
傅子一卷 （晉）傅玄撰 **帝範四卷** （唐）太宗李世民撰 清江西書局刻武英殿聚珍版書本 一冊

440000－2543－0001050 O/122.4/523－2
傅子三卷 （晉）傅玄撰 清光緒二十八年(1902)長沙葉氏刻本 一冊

440000－2543－0001051 VO/122.52/566－3
新鋟抱朴子内篇四卷外篇四卷 （晉）葛洪撰 （明）慎懋官校 明慎懋官刻本 四冊

440000－2543－0001052 O/122.7/741－3
顏氏家訓七卷考證一卷 （北齊）顏之推撰 清述古堂刻本 二冊

440000－2543－0001053 VO/122.91/22－3
中說十卷 （隋）王通撰 （宋）阮逸注 明桐蔭書屋刻本 二冊

440000－2543－0001054　VO/122.91/22－4
中說十卷　(隋)王通撰　(宋)阮逸注　明刻本(間有抄補)　三冊　存八卷(一至八)

440000－2543－0001055　VO/124/122
考亭淵源錄二十四卷　(明)宋端儀撰　(明)薛應旂參修　明隆慶三年(1569)刻本　十六冊

440000－2543－0001056　O/124/375
理學宗傳二十六卷　(清)孫奇逢輯　(清)魏一鰲等編　清光緒六年(1880)浙江書局刻本　十冊

440000－2543－0001057　O/124/491
宋元學案一百卷首一卷　(清)黄宗羲撰　(清)全祖望修定　清光緒五年(1879)龍汝霖刻本　三十六冊

440000－2543－0001058　O/124/491(2)
宋元學案一百卷首一卷　(清)黄宗羲撰　(清)全祖望修定　清光緒五年(1879)龍汝霖刻本　三十二冊

440000－2543－0001059　O/124/491(3)
宋元學案一百卷首一卷　(清)黄宗羲撰　(清)全祖望修定　清光緒五年(1879)龍汝霖刻本　四十八冊

440000－2543－0001060　O/124/491(4)
宋元學案一百卷首一卷　(清)黄宗羲撰　(清)全祖望修定　清光緒五年(1879)龍汝霖刻本　二冊　存五卷(二至六)

440000－2543－0001061　O/124/491(5)
宋元學案一百卷首一卷　(清)黄宗羲撰　(清)全祖望修定　清光緒五年(1879)龍汝霖刻本　三十六冊

440000－2543－0001062　O/124/491－3
宋元學案一百卷首一卷　(清)黄宗羲撰　(清)全祖望修定　清末民國間上海文瑞樓石印本　三十二冊

440000－2543－0001063　O/124.14/429－2
張子全書十五卷　(宋)張載撰　(宋)朱熹註釋　清刻本　六冊

440000－2543－0001064　O/124.14/429－3
正蒙會稿四卷　(明)劉璣撰　清道光刻惜陰軒叢書本　四冊

440000－2543－0001065　O/124.3/674
公是弟子記四卷　(宋)劉敞撰　清光緒二十五年(1899)廣雅書局刻武英殿聚珍版書本　一冊

440000－2543－0001066　O/124.3/674(2)
公是弟子記四卷　(宋)劉敞撰　清江西書局刻武英殿聚珍版書本　一冊

440000－2543－0001067　O/124.5/98－2
古香齋新刻袖珍御纂朱子全書六十六卷　(宋)朱熹撰　(清)李光地等編　清光緒十年(1884)刻本　三十六冊

440000－2543－0001068　VO/124.5/98－3
御纂朱子全書六十六卷　(宋)朱熹撰　清康熙五十三年(1714)刻本　二十八冊

440000－2543－0001069　O/124.5/98－4
朱子語類一百四十卷　(宋)黎靖德編　清同治十一年(1872)刻本　四十冊

440000－2543－0001070　O/124.57/370
述朱質疑十六卷　(清)夏炘撰　**述朱質疑釋字一卷**　(清)王焕奎撰　清同治三年(1864)刻本　四冊

440000－2543－0001071　O/124.57/370(2)
述朱質疑十六卷　(清)夏炘撰　清同治三年(1864)刻本　四冊

440000－2543－0001072　O/124.7/351
大學衍義四十三卷　(宋)真德秀撰　(明)陳仁錫評閲　清同治十三年(1874)刻本　十冊

440000－2543－0001073　O/124.7/351－2
大學衍義四十三卷　(宋)真德秀撰　(明)陳仁錫評閲　**大學衍義補一百六十卷**　(明)丘濬撰　清道光十七年(1837)刻本　五十冊

440000－2543－0001074　O/124.7/676
明本釋三卷　(宋)劉荀撰　清光緒二十五年

(1899)廣雅書局刻武英殿聚珍版書本　一册

440000－2543－0001075　O/124.7/676(2)
明本釋三卷　(宋)劉荀撰　清江西書局刻武英殿聚珍版書本　二册

440000－2543－0001076　O/126/300
廣理學備考四十八卷　(清)范鄗鼎編　清道光五年(1825)刻本　四十八册

440000－2543－0001077　VO/126/491
明儒學案六十二卷　(清)黄宗羲著　清康熙三十二年(1693)賈潤、賈樸刻本　十六册

440000－2543－0001078　O/126/491－2
明儒學案六十二卷　(清)黄宗羲撰　清光緒十四年(1888)刻本　三十二册

440000－2543－0001079　O/126/491－2(2)
明儒學案六十二卷　(清)黄宗羲撰　清光緒十四年(1888)刻本　二十三册

440000－2543－0001080　O/126/491－2(3)
明儒學案六十二卷　(清)黄宗羲撰　清光緒十四年(1888)刻本　三十册

440000－2543－0001081　O/126/491－2(4)
明儒學案六十二卷　(清)黄宗羲撰　清光緒十四年(1888)刻本　二十一册

440000－2543－0001082　O/126/491－4
明儒學案六十二卷　(清)黄宗羲撰　清光緒八年(1882)刻本　二十四册

440000－2543－0001083　O/126.3/248
周海門先生文錄九卷　(明)周汝登撰　明萬曆三十三年(1605)刻本　六册　存六卷(一至六)

440000－2543－0001084　VO/126.3/337
唐荆川先生編纂諸儒語要十卷　(明)唐順之撰　明萬曆三十年(1602)吴達可刻本　六册

440000－2543－0001085　O/126.3/442
學蔀通辯四編十二卷　(明)陳建撰　清敢後堂刻本　六册

440000－2543－0001086　O/126.3/575
觀心約一卷　(明)鄒森撰　清乾隆松風草堂抄本　一册

440000－2543－0001087　O/127/84－2
國朝漢學師承記八卷經師經義目錄一卷宋學淵源記二卷附記一卷　(清)江藩編　清咸豐四年(1854)南海伍氏刻粤雅堂叢書本　四册

440000－2543－0001088　O/127/84－3
國朝漢學師承記八卷經師經義目錄一卷宋學淵源記二卷附記一卷　(清)江藩編　清光緒二十一年(1895)長沙周大文堂刻本　四册

440000－2543－0001089　O/127/84－4
國朝漢學師承記八卷經師經義目錄一卷宋學淵源記二卷附記一卷　(清)江藩編　清光緒十一年(1885)掃葉山房刻本　六册

440000－2543－0001090　O/127/337－2
學案小識十四卷首一卷末一卷　(清)唐鑑撰　清光緒十年(1884)刻本　十二册

440000－2543－0001091　O/127/337－2(2)
學案小識十四卷首一卷末一卷　(清)唐鑑撰　清光緒十年(1884)刻本　十二册

440000－2543－0001092　O/127.16/535
顔學辯八卷　(清)程仲威撰　清光緒安徽官紙印刷局鉛印本　四册

440000－2543－0001093　O/127.16/741
顔李遺書十八種七十五卷　(清)顔元　(清)李塨撰　清光緒五年(1879)定州王氏謙德堂刻畿輔叢書本　十六册　缺一種一卷(顔習齋先生闢異録下)

440000－2543－0001094　O/127.16/749
顔氏學記十卷　(清)戴望撰　清光緒二十年(1894)刻本　二册

440000－2543－0001095　O/127.17/128
勵志錄二卷　(清)沈近思撰　**沈端恪公[近思]年譜二卷**　(清)沈曰富撰　清同治十二年(1873)浙江書局刻本　二册

440000－2543－0001096　O/127.17/128－2
沈余遺書八卷　(清)沈近思　(清)余元遴撰

清光緒二十三年(1897)江蘇書局刻本　四冊

440000－2543－0001097　O/127.19/441
明辨錄一卷　(清)陳法撰　清光緒二十一年(1895)固始張氏刻本　一冊

440000－2543－0001098　O/127.34/15
漢學商兑四卷　(清)方東樹撰　清光緒八年(1882)四明華雨樓刻本　四冊

440000－2543－0001099　O/127.34/15(2)
漢學商兑四卷　(清)方東樹撰　清光緒八年(1882)四明華雨樓刻本　四冊

440000－2543－0001100　O/150/934
心理摘要十章　(日本)井上圓了著　沈誦清譯　清光緒二十八年(1902)上海廣智書局鉛印本　一冊

440000－2543－0001101　VO/150.17/675
人物志三卷　(三國魏)劉邵撰　(北魏)劉昞注　明萬曆十年(1582)原一魁刻兩京遺編本　一冊

440000－2543－0001102　VO/150.17/675(2)
人物志三卷　(三國魏)劉邵撰　(北魏)劉昞注　明萬曆十年(1582)原一魁刻兩京遺編本　一冊

440000－2543－0001103　O/160/146
名學三篇　(英國)穆勒約翰原本　嚴復譯　清光緒三十一年(1905)金粟齋刻本　八冊

440000－2543－0001104　VO/170/170
呻吟語六卷附二卷　(明)呂坤撰　清乾隆五十九年(1794)呂燕昭江寧刻本　六冊

440000－2543－0001105　O/170/170－2
呻吟語六卷　(明)呂坤撰　清道光七年(1827)南海羅氏成都冬青寄廬刻本　六冊

440000－2543－0001106　O/170.3/165
有福讀書堂叢刻四種十一卷　吳引孫輯　清光緒二十八年(1902)揚州吳氏刻本　二冊

440000－2543－0001107　O/172.6/312
百孝圖説四卷　(清)俞葆真編　清同治十年(1871)河間俞氏刻本　二冊

440000－2543－0001108　O/178/24
清寤齋心賞編一卷　(明)王象晉撰　清刻本　一冊

440000－2543－0001109　O/178.4/441
教女遺規三卷　(清)陳宏謀編　清光緒十九年(1893)廣西桂林刻本　一冊

440000－2543－0001110　O/181/442
河洛理數七卷　(宋)陳摶撰　(宋)邵雍述　明崇禎五年(1632)刻本　六冊

440000－2543－0001111　O/181.1/525－2
易林釋文二卷　(清)丁晏撰　清光緒十六年(1890)廣雅書局刻本　一冊

440000－2543－0001112　O/181.2/337
帝王經世圖譜十六卷　(宋)唐仲友撰　清光緒二十五年(1899)廣雅書局刻武英殿聚珍版書本　六冊

440000－2543－0001113　O/181.2/429
風角書八卷　(清)張爾岐撰　清安康張氏刻本　四冊

440000－2543－0001114　VO/182/393
增定人子須知地學統宗圖説三十四卷　(明)徐善繼　(明)徐善述著　明萬曆十三年(1585)刻本　二十冊

440000－2543－0001115　O/192/641
燕京開教略三卷　(法國)樊國梁撰　清光緒三十一年(1905)救世堂鉛印本　三冊

440000－2543－0001116　O/192/967
五洲教案紀略五卷　(英國)李提摩太撰　(清)林朝圻譯　清光緒二十七年(1901)上海廣學會鉛印本　一冊

440000－2543－0001117　O/194/970
楞嚴正脈十卷　(明)釋真鑒述　清刻本　六冊

440000－2543－0001118　O/194/972
顯揚聖教論二十卷　(天竺)無著菩薩造　(唐)釋玄奘譯　清宣統元年(1909)揚州藏經

院刻本　四册

440000－2543－0001119　O/194/976
成唯識論述記六十卷　(唐)釋窺基撰　清光緒二十七年(1901)金陵刻經處刻本　二十册

440000－2543－0001120　VO/194.03/966
御選語錄十九卷　(清)世宗胤禛撰　清雍正十一年(1733)刻本　十四册

440000－2543－0001121　O/194.04/974－3
弘明集十四卷　(南朝梁)釋僧祐輯　明萬曆四十四年至四十五年(1616－1617)徑山化城寺刻本　三册

440000－2543－0001122　O/194.83/965
因明入正理論疏八卷　(唐)釋窺基撰　清光緒二十二年(1896)金陵刻經處刻本　二册

440000－2543－0001123　O/194.87/969
塗鴉集二卷雜錄一卷書問二卷　(清)釋一機撰　清刻本　三册

440000－2543－0001124　O/194.88/677
太華山紫金鎮兩世修行劉香寶卷全集二卷　(□)□□撰　清道光十三年(1833)刻本　二册

440000－2543－0001125　O/194.89/971
異方便淨土傳燈歸元鏡三祖實錄二卷　(清)釋智達拈頌　清蘇州師林寺刻本　一册

440000－2543－0001126　O/194.9/912
釋氏稽古略四卷　(元)釋覺岸撰　**釋鑑稽古略續集三卷**　(明)釋大聞撰　清光緒十二年(1886)刻本　二册

440000－2543－0001127　O/195/449
靈寶真靈位業圖一卷　(南朝梁)陶弘景撰　(唐)閭丘方遠校定　**漢雜事秘辛一卷**　(□)□□撰　**東京夢華錄十卷**　(宋)孟元老撰　明末汲古閣刻津逮秘書本　一册　缺七卷(東京夢華錄四至十)

440000－2543－0001128　O/195.08/973
純陽呂真人文集八卷　(唐)呂嵒撰　**周易參同契通真義三卷**　(五代)彭曉撰　**周易參同契分章注三卷**　(元)陳致虛撰　明刻道書全集本　四册　存十卷(純陽呂真人文集三至八,周易參同契通真義中、下,周易參同契分章注中、下)

440000－2543－0001129　O/195.1/44
四經發隱四卷　(清)楊文會注　清光緒二十二年至三十年(1896－1904)金陵刻經處刻本　一册

440000－2543－0001130　O/195.5/761
古文參同契集解三卷箋註集解三卷三相類集解二卷　(漢)魏伯陽撰　(明)蔣一彪輯　明末汲古閣刻本　五册

440000－2543－0001131　O/195.54/675
象言破疑二卷　(清)劉一明撰　清嘉慶十六年(1811)熊來中刻本　一册

440000－2543－0001132　O/195.9/442
長春道教源流八卷　(清)陳銘珪撰　清光緒五年(1879)刻本　八册

440000－2543－0001133　O/212.02/370
學制統述二卷六書轉注說二卷　(清)夏炘撰　清咸豐三年(1853)刻本　一册

440000－2543－0001134　O/215.97/444
游學紀聞一卷　(清)陳廷泰撰　清光緒二十九年(1903)粵東開新公司鉛印本　一册

440000－2543－0001135　O/220/968
奏定學堂章程五種不分卷　(清)張百熙等纂　清鉛印本　一册

440000－2543－0001136　O/233.2/675
蒙學舉隅六卷　(清)劉翰棻撰　清光緒二十七年(1901)粵東九經閣刻本　一册

440000－2543－0001137　O/233.2/775
小學韻語一卷　(清)羅澤南撰　清光緒十七年(1891)寶慶文星書局刻本　一册

440000－2543－0001138　O/249.92/494
廣東鄉土史教科書附錄二卷　黃佛頤編　清光緒三十二年(1906)粵城時中學校刻本　一册

440000－2543－0001139　O/263/84
興學創聞一卷附一卷　(清)江鍾秀撰　清末刻本　一冊

440000－2543－0001140　O/268.927/473
欽定學政全書八十六卷　(清)童璜等纂　清嘉慶十七年(1812)刻本　二十四冊

440000－2543－0001141　O/287.8/214
學海堂志一卷　(清)林伯桐撰　清道光十八年(1838)刻同治五年(1866)補刻本　一冊

440000－2543－0001142　O/310.1/942
群學肄言十六卷　(英國)斯賓塞爾撰　嚴復譯　清光緒二十九年(1903)上海文明書局鉛印本　四冊

440000－2543－0001143　O/320.1/491－2
明夷待訪錄一卷　(清)黄宗羲撰　清光緒五年(1879)刻本　一冊

440000－2543－0001144　O/320.1/571
那特硜政治學下編　(德國)那特硜撰　(清)戢翼翬　王慕陶譯　清光緒二十八年(1902)上海商務印書館鉛印本　一冊

440000－2543－0001145　O/321/784
翼教叢編六卷　(清)蘇輿編　清光緒二十四年(1898)刻本　四冊

440000－2543－0001146　O/322/18
新譯列國政治通攷二百二十卷　(清)文廷式等編　清光緒二十九年(1903)上海蜚英書局石印本　二十四冊

440000－2543－0001147　O/322/749
列國政要一百三十二卷首一卷譯名對照表一卷　(清)戴鴻慈　(清)端方輯　清光緒三十三年(1907)商務印書館石印本　三十二冊

440000－2543－0001148　O/322.08/863
政藝叢書癸卯全書六十四卷附錄二卷　(清)上海政藝通報社編　清光緒二十九年(1903)石印本　十四冊

440000－2543－0001149　O/324.1/975
選舉資格説明書一卷　(清)□□撰　清宣統鉛印本　一冊

440000－2543－0001150　O/324.8/151
制義科瑣記四卷　(清)李調元輯　清光緒七年(1881)廣漢刻本　一冊

440000－2543－0001151　O/324.8/202
清秘述聞十六卷　(清)法式善撰　清嘉慶四年(1799)刻本　三冊

440000－2543－0001152　O/324.8/202－2
槐廳載筆二十卷　(清)法式善撰　清嘉慶四年(1799)刻本　六冊

440000－2543－0001153　O/324.8/202－2(2)
槐廳載筆二十卷　(清)法式善撰　清嘉慶四年(1799)刻本　三冊

440000－2543－0001154　O/324.8/202－2(3)
槐廳載筆二十卷　(清)法式善撰　清嘉慶四年(1799)刻本　六冊

440000－2543－0001155　O/324.8/347
己未詞科錄十二卷　(清)秦瀛輯　清光緒十四年(1888)刻本　六冊

440000－2543－0001156　O/324.89/784
國朝東莞題名錄九卷　蘇澤東輯　清光緒十八年(1892)祖坡吟館刻本(卷九中光緒二十一年至三十年内容抄補)　三冊

440000－2543－0001157　O/327.209/21.2(2)
國朝柔遠記二十卷附二卷　(清)王之春編　清光緒十七年(1891)廣雅書局刻本　六冊

440000－2543－0001158　O/327.209/21.2(3)
國朝柔遠記二十卷附二卷　(清)王之春編　清光緒十七年(1891)廣雅書局刻本　六冊

440000－2543－0001159　O/327.209/21.2－2
國朝通商始末記二十卷　(清)王之春編　清光緒二十一年(1895)寶善書局石印本　六冊

440000－2543－0001160　O/327.209/151
李文忠公外部函稿二十八卷　(清)李鴻章撰　(清)吳汝綸輯　清光緒二十八年(1902)蓮池書社鉛印本　五冊　缺四卷(十七至二十)

440000－2543－0001161　O/327.21/370－2
中西紀事二十四卷　(清)夏燮撰　清光緒二十三年(1897)慎記書莊石印本　八册

440000－2543－0001162　O/327.21/370－3
中西紀事二十四卷　(清)夏燮撰　清同治七年(1868)刻本　六册

440000－2543－0001163　O/327.21/481
各國約章纂要六卷首一卷附錄一卷　勞乃宣纂　清光緒十八年(1892)上海圖書集成印書局鉛印本　四册

440000－2543－0001164　O/327.22/731(2)
出使公牘十卷　(清)薛福成撰　清光緒二十四年(1898)傳經樓刻本　八册

440000－2543－0001165　O/327.22/965
奏定出使章程一卷　(清)總理各國通商事務衙門編　清末鉛印本　二册

440000－2543－0001166　O/327.22/965.1
外務統計表式解說不分卷　(清)外務部編　清末鉛印本　一册

440000－2543－0001167　O/327.22/970
傅相遊歷各國日記二卷　(清)桃谿漁隱　(清)惺新盦主輯　清光緒二十三年(1897)上海石印本　二册

440000－2543－0001168　O/327.221/969
奏設外務部章程不分卷　(清)外務部編　清宣統鉛印本　一册

440000－2543－0001169　O/327.222/978
儲才館章程不分卷　(清)儲才館編　清光緒三十三年(1907)儲才館鉛印本　一册

440000－2543－0001170　O/327.23/969
英國續議通商行船條約不分卷　(清)呂海寰　盛宣懷　(英國)馬凱擬定　清光緒二十八年(1902)鉛印本　一册

440000－2543－0001171　O/327.23/969－2
英國續議通商行船條約不分卷　(清)呂海寰　盛宣懷　(英國)馬凱擬定　清光緒二十八年(1902)中外日報鉛印本　一册

440000－2543－0001172　O/327.26/964
中日會議東三省事宜條約不分卷　(清)全權大臣　(日本)全權大使訂　清末鉛印本　一册

440000－2543－0001173　O/327.26/974
圖門江中韓界務條款東三省交涉五案條款一卷　(清)□□編　清宣統鉛印本　一册

440000－2543－0001174　O/327.27/265
中俄國際約注五卷　(清)施紹常編　清光緒三十一年(1905)上海商務印書館鉛印本　二册

440000－2543－0001175　O/327.27/705
中俄交涉記四卷　(清)楊楷撰　清光緒二十二年(1896)積山書局石印本　四册

440000－2543－0001176　O/327.28/964
中美續議通商行船條約不分卷　(清)□□輯　清光緒二十九年(1903)鉛印本　一册

440000－2543－0001177　O/332/22
時務通考三十一卷首一卷　(清)杞廬主人輯　清光緒二十三年(1897)點石齋石印本　二十四册

440000－2543－0001178　O/332.1/393
牧令書二十三卷　(清)徐棟編　清道光十八年(1838)刻本　十八册

440000－2543－0001179　O/332.1/393－2
牧令書輯要十卷　(清)徐棟編　(清)丁日昌重編　清同治八年(1869)湖北崇文書局刻本　十册

440000－2543－0001180　O/332.1/428
勸學篇二卷　(清)張之洞撰　清光緒二十四年(1898)兩湖書院刻本　一册

440000－2543－0001181　O/332.11/178
新政真詮六編　何啟　胡禮垣編　清光緒二十七年(1901)格致新報館鉛印本　七册

440000－2543－0001182　O/332.13/665
普天忠憤集十四卷　(清)魯陽生輯　清光緒二十一年(1895)石印本　五册　存七卷(八

至十四）

440000－2543－0001183　O/332.143/933
上諭内閣一百五十九卷　（清）允祿等編　清刻本　三十二册

440000－2543－0001184　O/332.143/973
雍正硃批諭旨不分卷　（清）世宗胤禛撰　清光緒十三年（1887）上海點石齋石印本　六十册

440000－2543－0001185　O/332.143/973（3）
雍正硃批諭旨不分卷　（清）世宗胤禛撰　清光緒十三年（1887）上海點石齋石印本　六十册

440000－2543－0001186　O/332.143/973－2
雍正硃批諭旨不分卷　（清）世宗胤禛撰　清刻朱墨套印本　一百十二册

440000－2543－0001187　O/332.143/973.1
大清歷朝聖訓十種九百二十二卷　（清）□□輯　清末石印本　六十四册

440000－2543－0001188　O/332.143/973.1－2
大清歷朝聖訓十種九百二十二卷　（清）□□輯　清刻本　一百六十册

440000－2543－0001189　O/332.144/434
陸宣公集二十二卷　（唐）陸贄撰　清雍正元年（1723）刻本　四册

440000－2543－0001190　O/332.144/434－4
唐陸宣公集二十四卷　（唐）陸贄撰　（清）耆英重訂　清道光二十七年（1847）刻本　十二册

440000－2543－0001191　O/332.144/434－4（3）
唐陸宣公集二十四卷　（唐）陸贄撰　（清）耆英重訂　清道光二十七年（1847）刻本　八册

440000－2543－0001192　O/332.144/434－5
註陸宣公奏議十五卷首一卷　（唐）陸贄撰（宋）郎曄註　清光緒七年（1881）歸安姚氏咫進齋刻本　四册

440000－2543－0001193　O/332.144/434－5（2）
註陸宣公奏議十五卷首一卷　（唐）陸贄撰（宋）郎曄註　清光緒七年（1881）歸安姚氏咫進齋刻本　四册

440000－2543－0001194　O/332.144/434－6
陸宣公集二十二卷　（唐）陸贄撰　清嘉慶二十三年（1818）刻本　六册

440000－2543－0001195　O/332.144/551
漢賈誼政事疏考補一卷　（清）夏炘考補　**明翰林學士當塗陶主敬先生［安］年譜一卷**（清）夏炘輯　清咸豐三年（1853）刻本　一册

440000－2543－0001196　O/332.144/968
兩漢策要十二卷　（宋）陶叔獻編　清光緒十三年（1887）上海同文書局石印本　六册　缺一卷（三）

440000－2543－0001197　O/332.145/77
包孝肅公奏議十卷　（宋）包拯撰　清同治三年（1864）李瀚章刻本　四册

440000－2543－0001198　O/332.146/607
魏鄭公諫續錄二卷　（元）翟思忠輯　清光緒二十五年（1899）廣雅書局刻武英殿聚珍版書本　一册

440000－2543－0001199　O/332.146/607（2）
魏鄭公諫續錄二卷　（元）翟思忠輯　清光緒二十五年（1899）廣雅書局刻武英殿聚珍版書本　一册

440000－2543－0001200　O/332.147/375
明臣奏議十二卷首一卷　（清）孫桐生編　清光緒十七年（1891）四影閣刻本　八册

440000－2543－0001201　O/332.147/700
盧忠肅公集十二卷首一卷　（明）盧象昇撰　清光緒元年（1875）盧氏祠堂刻本　八册

440000－2543－0001202　O/332.147/700（2）
盧忠肅公集十二卷首一卷　（明）盧象昇撰　清光緒元年（1875）盧氏祠堂刻本　十册

440000－2543－0001203　O/332.147/700－2
明大司馬盧公奏議十卷　（明）盧象昇撰　清刻本　六册

440000－2543－0001204　O/332.147/970

御選明臣奏議四十卷 (清)蔡新等輯 清光緒二十五年(1899)廣雅書局刻武英殿聚珍版書本 十五冊

440000－2543－0001205 O/332.148/2
丁文誠公奏稿二十六卷首一卷 (清)丁寶楨撰 清光緒二十二年(1896)南海羅氏成都刻本 二十七冊

440000－2543－0001206 O/332.148/9(2)
于清端公政書八卷首一卷外集一卷續集一卷 (清)于成龍撰 清乾隆二十六年(1761)刻本 六冊

440000－2543－0001207 O/332.148/9(3)
于清端公政書八卷首一卷外集一卷續集一卷 (清)于成龍撰 清乾隆二十六年(1761)刻本 十冊

440000－2543－0001208 O/332.148/61(2)
左文襄公奏疏初編三十八卷續編七十六卷三編六卷 (清)左宗棠撰 清光緒十六年(1890)上海圖書集成局鉛印本 二十冊

440000－2543－0001209 O/332.148/128
沈文肅公政書七卷首一卷 (清)沈葆楨撰 清光緒六年(1880)吳門節署刻本 七冊 缺一卷(首一卷)

440000－2543－0001210 O/332.148/128(2)
沈文肅公政書七卷首一卷 (清)沈葆楨撰 清光緒六年(1880)吳門節署刻本 七冊

440000－2543－0001211 O/332.148/151
合肥李勤恪公政書十卷首一卷 (清)李瀚章撰 清石印本 十冊

440000－2543－0001212 O/332.148/151.1
李肅毅伯奏議二十卷 (清)李鴻章撰 (清)章洪鈞 (清)吳汝綸編 清光緒二十五年(1899)上海鴻文書局石印本 十八冊 缺二卷(一至二)

440000－2543－0001213 O/332.148/165
校邠廬抗議二卷 (清)馮桂芬撰 清光緒十八年(1892)敏德堂刻本 二冊

440000－2543－0001214 O/332.148/213－2
林文忠公奏議六卷胡文忠公奏議六卷曾文正公奏議八卷曾文正公奏議補選一卷 盛宣懷輯 清光緒二年(1876)思補樓刻本 二十冊

440000－2543－0001215 O/332.148/213－4
林文忠公政書甲九卷乙十七卷丙十一卷畿輔水利議一卷本傳一卷滇軺紀程一卷荷戈紀程一卷政書蒐遺一卷 (清)林則徐撰 **林文忠公事略一卷** (清)李元度撰 清光緒二年至五年(1876－1879)刻本 十六冊

440000－2543－0001216 O/332.148/213－4(2)
林文忠公政書甲九卷乙十七卷丙十一卷 (清)林則徐撰 清刻本 二十冊

440000－2543－0001217 O/332.148/213－4(3)
林文忠公政書甲九卷乙十七卷丙十一卷畿輔水利議一卷本傳一卷滇軺紀程一卷荷戈紀程一卷政書蒐遺一卷 (清)林則徐撰 **林文忠公事略一卷** (清)李元度撰 清光緒二年至五年(1876－1879)刻本 十六冊

440000－2543－0001218 O/332.148/213－5
林文忠公政書甲九卷乙十七卷丙十一卷附政書蒐遺一卷 (清)林則徐撰 清光緒五年(1879)長洲黃氏刻本 十二冊

440000－2543－0001219 O/332.148/271
胡文忠公遺集八十六卷首一卷 (清)胡林翼撰 (清)曾國荃 (清)鄭敦謹輯 清同治六年(1867)刻本 十六冊

440000－2543－0001220 O/332.148/271(2)
胡文忠公遺集八十六卷首一卷 (清)胡林翼撰 (清)曾國荃 (清)鄭敦謹輯 清同治六年(1867)刻本 三十二冊

440000－2543－0001221 O/332.148/271－2
胡文忠公遺集八十六卷首一卷 (清)胡林翼撰 (清)曾國荃 (清)鄭敦謹輯 (清)胡鳳丹重編 清光緒元年(1875)湖北崇文書局刻本 三十二冊

440000－2543－0001222 O/332.148/271－2(3)
胡文忠公遺集八十六卷首一卷 (清)胡林翼

撰　（清）曾國荃　（清）鄭敦謹輯　（清）胡鳳丹重編　清光緒元年(1875)湖北崇文書局刻本　三十二册

440000－2543－0001223　O/332.148/442
聖朝名公奏議八卷　（清）陳弢編　清光緒二十七年(1901)上海宏文閣石印本　六册

440000－2543－0001224　O/332.148/645
鄧鐵香奏稿六卷　（清）鄧承修撰　清光緒二十八年(1902)安雅書局鉛印本　一册

440000－2543－0001225　O/332.148/675
江楚會奏變法摺稿二卷　（清）劉坤一　（清）張之洞撰　清刻本　二册

440000－2543－0001226　O/332.148/690
駱文忠公奏議十六卷　（清）駱秉章撰　清刻本　八册

440000－2543－0001227　O/332.148/972
皇清奏議六十八卷首一卷　（清）琴川居士編輯　（清）張爾耆校正　清光緒二十八年(1902)麗澤學會石印本　八册　缺四卷(三十八至四十一)

440000－2543－0001228　O/332.149/415
南海先生上書記四卷　康有為撰　清光緒二十一年(1895)三水徐勤刻本　二册

440000－2543－0001229　O/332.149/415－2
戊戌奏稿一卷　康有為撰　麥仲華編　清宣統三年(1911)鉛印本　一册

440000－2543－0001230　O/332.149/415－2(2)
戊戌奏稿一卷　康有為撰　麥仲華編　清宣統三年(1911)鉛印本　一册

440000－2543－0001231　O/332.15/2
撫吴公牘五十卷　（清）丁日昌撰　清光緒三年(1877)刻本　十册

440000－2543－0001232　O/332.197/219
欽定臺規四十卷　（清）松筠等纂修　清刻本　十六册

440000－2543－0001233　O/332.21/320
欽定歷代職官表七十二卷首一卷　（清）紀昀等纂修　清光緒二十二年(1896)廣雅書局刻本　二十二册

440000－2543－0001234　O/332.21/431
詞林典故八卷　（清）張廷玉等輯　清刻本　十册

440000－2543－0001235　O/332.212/712
漢官舊儀二卷補遺一卷　（漢）衛宏撰　**鄴中記一卷**　（晉）陸翽撰　清刻武英殿聚珍版書本　一册

440000－2543－0001236　O/332.216/494
翰林記二十卷　（明）黄佐撰　清光緒十七年(1891)南海伍氏粤雅堂文字歡娱室刻嶺南遺書本　六册

440000－2543－0001237　O/332.216/494(2)
翰林記二十卷　（明）黄佐撰　清光緒十七年(1891)南海伍氏粤雅堂文字歡娱室刻嶺南遺書本　四册

440000－2543－0001238　O/332.217/977
爵秩全覽不分卷(光緒二十九年秋季、三十年夏季)　（清）□□編　清光緒三十年(1904)刻本　六册

440000－2543－0001239　O/332.28/153
教務紀略四卷首一卷　李剛己等編　清光緒三十年(1904)山東印書局鉛印本　五册

440000－2543－0001240　O/332.7/98
團練事宜一卷　（清）朱孫詒編　清同治九年(1870)刻本　一册

440000－2543－0001241　O/341.1/937
公法便覽四卷續一卷　（美國）吳爾璽著　（美國）丁韙良譯　清光緒三年(1877)同文館鉛印本　六册

440000－2543－0001242　O/341.71/151
通商條約章程成案彙編三十卷　（清）李鴻章編　清光緒十二年(1886)鐵城廣百宋齋鉛印本　十二册

440000－2543－0001243　O/341.72/164
中緬條約暨附款專條　（清）□□撰　清刻本

一冊

440000－2543－0001244　O/341.77/122
改訂俄約調查綱目表一卷條約異同表一卷　宋小濂等編　清宣統二年(1910)鉛印本　一冊

440000－2543－0001245　O/344.23/208－2
故唐律疏議三十卷　(唐)長孫無忌等撰　(元)王元亮纂例重編釋文　**律音義一卷**　(宋)孫奭等撰　**宋提刑洗冤集錄五卷**　(宋)宋慈撰　**聖朝頒降新例一卷**　(元)□□撰　清光緒十七年(1891)江蘇書局刻蘇州振新書社印本　八冊

440000－2543－0001246　O/344.23/208－3
故唐律疏議三十卷　(唐)長孫無忌等撰　(元)王元亮重編釋文　**纂例十二卷**　(元)王元亮撰　清嘉慶十二年(1807)孫星衍刻岱南閣叢書本　十六冊

440000－2543－0001247　O/344.25/165
重校元典章六十卷目錄一卷新集不分卷　(清)□□編　清光緒三十四年(1908)修訂法律館刻本　三十冊

440000－2543－0001248　O/344.27/128
大清律例會通新纂四十卷　(清)姚雨薌原纂　(清)胡仰山增輯　(清)沈之奇輯注　清同治十二年(1873)刻本　二十一冊　缺三卷(三十三至三十五)

440000－2543－0001249　O/344.27/128－2
大清律例增修統纂集成四十卷督捕則例附纂二卷恩赦查辦軍流徒人犯條款一卷　(清)刑部制訂　(清)陶駿　(清)陶念霖增修　清宣統元年(1909)上海文瑞樓石印本　二十四冊

440000－2543－0001250　O/344.27/128－3
大清律例通纂四十卷　(清)胡肇楷編　**督捕則例附纂二卷洗冤錄檢尸圖格一卷**　(清)周孟鄰撰　清道光二年(1822)刻本　二十四冊

440000－2543－0001251　O/344.27/164－2
吾學錄初編二十四卷　(清)吳榮光撰　清同治九年(1870)江蘇書局刻本　六冊

440000－2543－0001252　O/344.27/164－2(3)
吾學錄初編二十四卷　(清)吳榮光撰　清同治九年(1870)江蘇書局刻本　四冊

440000－2543－0001253　O/344.27/407
刑部比照加減成案三十二卷　(清)許槤　(清)熊莪輯　清道光十四年(1834)刻本　二十六冊

440000－2543－0001254　O/344.27/428
會典簡明錄一卷　(清)張祥河輯　清光緒二十三年(1897)刻本　一冊

440000－2543－0001255　O/344.27/806
大清律例匯輯便覽四十卷督捕則例附纂二卷五軍道里表二卷三流道里表二卷秋審實緩比較匯案一卷　(清)刑部纂修　清光緒二十四年(1898)刻本　三十三冊

440000－2543－0001256　O/344.27/841
大清光緒新法令　商務印書館編　清宣統元年(1909)商務印書館鉛印本　五冊　存第一類憲政、第二類官制、第三類任用

440000－2543－0001257　O/344.27/965
大清會典二百五十卷　(清)允祿等續修　清雍正十年(1732)刻本　一百冊

440000－2543－0001258　O/344.27/965.1
欽定大清會典一百卷　(清)允祹等修　清光緒十九年(1893)上海圖書集成局石印本　八冊

440000－2543－0001259　O/344.27/966
欽定大清會典事例九百二十卷目錄八卷　(清)托津等修　清刻本　二百九十八冊

440000－2543－0001260　O/344.27/966－2
欽定大清會典八十卷　(清)托津等修　清嘉慶二十三年(1818)刻本　二十四冊

440000－2543－0001261　O/344.27/971
欽定大清會典一百卷　(清)崑岡等續修　清光緒二十五年(1899)石印本　三十六冊

440000－2543－0001262　O/344.27/971－2
欽定大清會典事例一千二百二十卷目錄八卷

（清）崑岡等纂修　清光緒石印本　三百八十五册

440000－2543－0001263　O/344.27/971－3
欽定大清會典圖二百七十卷首一卷　（清）崑岡等纂　清末石印本　七十四册

440000－2543－0001264　O/344.27/971－4
欽定大清會典事例一千二百二十卷目錄八卷　（清）崑岡等纂修　清光緒三十四年（1908）上海商務印書館石印本　二册　存十六卷（五百十八至五百三十三）

440000－2543－0001265　O/344.27/975
欽定大清會典圖一百三十二卷　（清）慶桂等纂修　清嘉慶刻本　三十六册

440000－2543－0001266　O/344.5/936
法國律例不分卷　（法國）畢利幹口譯　（清）時雨化筆記　清光緒六年（1880）同文館鉛印本　四十六册

440000－2543－0001267　O/347.4/122
補註洗冤錄集證四卷檢骨圖格一卷作吏要言一卷　（宋）宋慈撰　（清）阮其新補註　清道光二十三年（1843）江都鍾氏刻三色套印本　四册

440000－2543－0001268　O/347.92/362
補宋書刑法志一卷補宋書食貨志一卷　（清）郝懿行撰　清光緒十七年（1891）廣雅書局刻本　一册

440000－2543－0001269　O/350.12/375－2
重刊武經七書匯解七卷首一卷末一卷　（清）朱墉輯　清光緒二年（1876）索綽絡氏刻本　十册

440000－2543－0001270　O/350.14/407
虎鈐經二十卷　（宋）許洞撰　清刻本　四册

440000－2543－0001271　O/350.7/23
登壇必究四十卷　（明）王鳴鶴輯　明萬曆二十七年（1599）刻本　三十八册

440000－2543－0001272　O/350.9/968
駐粵八旗志二十四卷首一卷　（清）長善等纂修　清光緒五年（1879）刻本　十六册

440000－2543－0001273　O/351/264
奏定陸軍營制餉章一卷　奕劻等編　清光緒三十年（1904）刻本　一册

440000－2543－0001274　VO/351/305
武備志二百四十卷　（明）茅元儀輯　明天啓元年（1621）刻本　六十六册

440000－2543－0001275　O/351/509
翠微先生北征錄十二卷　（宋）華岳撰　清光緒二十六年（1900）貴池劉氏唐石簃刻本　一册

440000－2543－0001276　O/354/122
守城要覽四卷　（明）宋祖舜編　清咸豐四年（1854）豐順丁日昌刻本　一册

440000－2543－0001277　O/354/154
金湯借箸十二籌十二卷　（明）李盤等撰　清京都琉璃廠刻本　六册

440000－2543－0001278　O/354/271
讀史兵略四十六卷　（清）胡林翼撰　清咸豐十一年（1861）武昌節署刻本　十二册

440000－2543－0001279　O/354/271（2）
讀史兵略四十六卷　（清）胡林翼撰　清咸豐十一年（1861）武昌節署刻本　十六册

440000－2543－0001280　O/354/271（3）
讀史兵略四十六卷　（清）胡林翼撰　清咸豐十一年（1861）武昌節署刻本　十六册

440000－2543－0001281　O/354/271（4）
讀史兵略四十六卷　（清）胡林翼撰　清咸豐十一年（1861）武昌節署刻本　二十册

440000－2543－0001282　O/354/271－2
讀史兵略續編十卷　（清）胡林翼撰　清光緒二十八年（1902）湘省學堂刻本　十册

440000－2543－0001283　O/354/427
練兵實紀九卷雜集六卷　（明）戚繼光撰　清道光二十三年（1843）河南聚文齋刻本　六册

440000－2543－0001284　O/354/427－2

紀效新書十八卷首一卷　(明)戚繼光撰　清道光二十三年(1843)京都琉璃廠文貴堂刻本　六册

440000－2543－0001285　O/360.18/942
原富五卷　(英國)斯密亞丹撰　嚴復譯　清光緒二十八年(1902)南洋公學譯書院鉛印本　七册

440000－2543－0001286　O/360.18/942(2)
原富五卷　(英國)斯密亞丹撰　嚴復譯　清光緒二十八年(1902)南洋公學譯書院鉛印本　七册

440000－2543－0001287　O/362/366
鹽鐵論十卷校勘小識一卷　(漢)桓寬撰　清光緒十七年(1891)思賢講舍刻本　二册

440000－2543－0001288　O/362/366(2)
鹽鐵論十卷校勘小識一卷　(漢)桓寬撰　清光緒十七年(1891)思賢講舍刻本　二册

440000－2543－0001289　O/365.1/845
廣東省出品協會出品説明書不分卷　(清)廣州總商會編　清宣統二年(1910)鉛印本　六册

440000－2543－0001290　O/375.6/332
東粤藩儲考十二卷　(清)高崇基等纂輯　清光緒十三年(1887)刻本　十二册

440000－2543－0001291　O/376.11/749
浙西減漕記略一卷　(清)戴槃撰　清同治七年(1868)刻本　六册

440000－2543－0001292　O/376.5/154
續纂淮關統志十四卷首一卷　(清)李如枚纂修　清嘉慶十一年(1806)刻本　五册

440000－2543－0001293　O/376.71/128
兩淮鹽法志五十六卷首四卷　(清)單渠　(清)方濬頤纂修　清同治九年(1870)揚州書局刻本　三十二册

440000－2543－0001294　O/376.71/128(2)
兩淮鹽法志五十六卷首四卷　(清)單渠　(清)方濬頤纂修　清同治九年(1870)揚州書局刻本　二册　存四卷(五十三至五十六)

440000－2543－0001295　O/376.71/162
欽定重修兩浙鹽法志三十卷首二卷　(清)阮元等纂　**兩浙鹽法續纂備考十二卷**　(清)楊昌濬等纂　清嘉慶七年(1802)刻本　三十六册

440000－2543－0001296　O/376.71/162－2
兩廣鹽法志三十五卷首一卷　(清)阮元等纂修　清道光十六年(1836)刻本　二十册

440000－2543－0001297　O/376.71/473
淮北票鹽志略十四卷　(清)童濂修　(清)魏源纂　清道光二十年(1840)刻本　四册

440000－2543－0001298　O/376.71/665
長蘆鹽法志十六卷　(清)魯之裕等纂修　清雍正五年(1727)刻本　八册

440000－2543－0001299　O/384/972
郵傳部奏議類編不分卷　(清)郵傳部參議廳編覈科編　清光緒三十四年(1908)鉛印本　七册

440000－2543－0001300　O/385.92/976
江浙鐵路風潮　(清)墨悲輯　清光緒三十三年(1907)鉛印本　一册

440000－2543－0001301　O/393.1/237
歷代名賢齒譜九卷歷代名媛齒譜三卷　(清)易宗涒纂　清乾隆六十年(1795)賜書堂刻本　二十册

440000－2543－0001302　O/393.12/969
憲政編查館奏遵旨議覆國籍條例頒行摺　奕劻等撰　清宣統鉛印本　一册

440000－2543－0001303　O/395.1/587
災賑全書四卷　(清)楊西明撰　清道光三年(1823)抄本　四册

440000－2543－0001304　O/397.12/212
全地五大洲女俗通考十集二十一卷首一卷　(美國)林樂知輯譯　(清)任保羅譯述　清光緒二十九年(1903)上海華美書局鉛印本　二十一册

440000－2543－0001305　VO/398/65
司馬氏書儀十卷　(宋)司馬光撰　清雍正二年(1724)汪亮采刻朱印本　四册

440000－2543－0001306　O/398/84
禮書綱目八十五卷首三卷　(清)江永撰　清嘉慶十五年(1810)鏤恩堂刻本　十八册

440000－2543－0001307　O/398/84(2)
禮書綱目八十五卷首三卷　(清)江永撰　清嘉慶十五年(1810)鏤恩堂刻本　三十册

440000－2543－0001308　O/398/84－2
禮書綱目八十五卷首三卷　(清)江永撰　清光緒二十一年(1895)廣雅書局刻本　二十册

440000－2543－0001309　O/398/84－3
禮書初編不分卷　(清)江永撰　清刻本　一册

440000－2543－0001310　O/398/214
人家冠昏喪祭考四卷士人家儀考四卷品官家儀考四卷　(清)林伯桐撰　清道光二十四年(1844)刻本　三册

440000－2543－0001311　O/398/347
五禮通考二百六十二卷目録二卷首四卷　(清)秦蕙田編　清光緒六年(1880)江蘇書局刻本　六十四册

440000－2543－0001312　O/398/347(2)
五禮通考二百六十二卷目録二卷首四卷　(清)秦蕙田編　清光緒六年(1880)江蘇書局刻本　八十册

440000－2543－0001313　O/398/347(3)
五禮通考二百六十二卷目録二卷首四卷　(清)秦蕙田編　清光緒六年(1880)江蘇書局刻本　九十册

440000－2543－0001314　O/398/347－2
五禮通考二百六十二卷目録二卷首四卷　(清)秦蕙田編　清光緒二十二年(1896)新化三味堂刻本　九十七册　缺七卷(六十五至六十七、二百至二百三)

440000－2543－0001315　O/398/441
禮書一百五十卷　(宋)陳祥道撰　清嘉慶九年(1804)福清郭氏刻本　二十四册

440000－2543－0001316　O/398/492
禮書通故五十卷　(清)黄以周撰　清光緒十九年(1893)黄氏試館刻本　四十册

440000－2543－0001317　O/398/636
太常因革禮一百卷校識二卷　(宋)歐陽修等編　清光緒二十年(1894)廣雅書局刻本　八册　缺十七卷(五十一至六十七)

440000－2543－0001318　O/398/795
祭儀考四卷　(清)龔景瀚撰　清乾隆五十八年(1793)澹静齋刻本　一册

440000－2543－0001319　O/398.1/489
明堂大道録八卷禘説二卷　(清)惠棟撰　清乾隆畢氏經訓堂刻本　四册

440000－2543－0001320　O/398.624/37
幸魯盛典四十卷　(清)孔毓圻等輯　清光緒二十五年(1899)廣雅書局刻武英殿聚珍版書本　九册

440000－2543－0001321　VO/398.624/37－2
幸魯盛典四十卷　(清)孔毓圻等輯　清康熙五十年(1711)刻本　二十四册

440000－2543－0001322　O/398.65/710
皇朝謚法考五卷續編一卷補編一卷　(清)鮑康輯　清同治三年(1864)刻本　二册

440000－2543－0001323　O/398.8/795
澹静齋説課二卷　(清)龔景瀚撰　清澹静齋刻本　一册

440000－2543－0001324　O/420.2/83
墨緣彙觀四卷　(清)安岐撰　清刻本　二册

440000－2543－0001325　O/420.2/83－2
墨緣彙觀四卷　(清)安岐撰　清光緒二十六年(1900)有正書局鉛印本　四册

440000－2543－0001326　O/420.2/767
虚齋名畫録十六卷　龐元濟編　清宣統元年(1909)烏程龐氏申江刻本　十六册

440000 - 2543 - 0001327　VO/420.4/98 - 2
鐵網珊瑚書品十卷畫品六卷　(明)朱存理集錄　清刻本　十册

440000 - 2543 - 0001328　O/420.4/332
江邨銷夏錄三卷　(清)高士奇撰　清康熙三十二年(1693)刻本　三册

440000 - 2543 - 0001329　VO/420.4/375
佩文齋書畫譜一百卷　(清)孫岳頒等編　清康熙四十七年(1708)刻本　五十四册

440000 - 2543 - 0001330　VO/420.4/375(2)
佩文齋書畫譜一百卷　(清)孫岳頒等編　清康熙四十七年(1708)刻本　五十四册

440000 - 2543 - 0001331　O/420.4/375 - 2
佩文齋書畫譜一百卷　(清)孫岳頒等編　清光緒九年(1883)上海同文書局石印本　十六册

440000 - 2543 - 0001332　O/420.4/375 - 2(2)
佩文齋書畫譜一百卷　(清)孫岳頒等編　清光緒九年(1883)上海同文書局石印本　十六册

440000 - 2543 - 0001333　VO/420.7/52
宣和書譜二十卷　(宋)□□撰　明汲古閣刻本　八册

440000 - 2543 - 0001334　O/420.74/268
絳帖平六卷　(宋)姜夔撰　清光緒二十五年(1899)廣雅書局刻武英殿聚珍版書本　一册

440000 - 2543 - 0001335　O/423.6/491
黃石齋書王忠文祠記一卷　(明)黃道周書　清宣統元年(1909)上海神州國光社銅版印本　一册

440000 - 2543 - 0001336　O/427.8/749
習苦齋畫絮十卷　(清)戴熙撰　(清)惠年輯　清光緒十九年(1893)刻本　四册

440000 - 2543 - 0001337　O/427.9/486 - 2
歷代畫史匯傳七十二卷首一卷引證書目一卷總目三卷附錄二卷　(清)彭蘊璨編　清光緒八年(1882)掃葉山房刻本　二十四册

440000 - 2543 - 0001338　O/428.3/428
泛槎圖不分卷續泛槎圖不分卷　(清)張寶編繪　清嘉慶二十四年(1819)羊城尚古齋刻本　四册

440000 - 2543 - 0001339　O/428.8/977
點石齋叢畫十二卷　尊聞閣主(蔡爾康)輯　清光緒七年(1881)上海點石齋縮印石印本　四册　存五卷(一、四至五、九至十)

440000 - 2543 - 0001340　O/429.7/979
夢跡圖一卷　(清)寶琳繪　清光緒元年(1875)石印本　一册

440000 - 2543 - 0001341　O/510/431
翠微山房數學三十八卷　(清)張作楠撰　清刻本　十八册

440000 - 2543 - 0001342　O/510.1/971
御製數理精蘊五十三卷　(清)允祉等撰　清光緒八年(1882)江寧藩署刻本　四十册

440000 - 2543 - 0001343　O/510.1/971 - 2
御製數理精蘊五十三卷　(清)允祉等撰　清光緒八年(1882)廣東藩司刻本　二十八册

440000 - 2543 - 0001344　O/510.1/971 - 3
御製數理精蘊五十三卷　(清)允祉等撰　清光緒二十二年(1896)上海博文書局石印本　十二册

440000 - 2543 - 0001345　O/510.1/971 - 4
御製數理精蘊五十三卷　(清)允祉等撰　清光緒十四年(1888)慎記書局石印本　二十二册

440000 - 2543 - 0001346　O/510.413/151
九章算術細草圖說九卷附一卷　(清)李潢撰　清刻本　八册

440000 - 2543 - 0001347　O/510.413/677
九章算術九卷　(三國魏)劉徽注　(唐)李淳風等注釋　清光緒二十五年(1899)廣雅書局刻武英殿聚珍版書本　三册

440000 - 2543 - 0001348　O/510.417/970
孫子算經三卷　(唐)李淳風等注　**海島算經**

一卷　（三國魏）劉徽撰　清刻武英殿聚珍版書本　一册

440000－2543－0001349　O/510.422/677－2
海島算經一卷　（三國魏）劉徽撰　（唐）李淳風注　**孫子算經三卷五曹算經五卷**　（唐）李淳風注　清光緒二十五年（1899）廣雅書局刻武英殿聚珍版書本　一册

440000－2543－0001350　O/510.424/964
五曹算經五卷　（北周）甄鸞撰　（唐）李淳風等釋　**夏侯陽算經三卷**　（□）夏侯陽撰　清乾隆四十二年（1777）福建布政使署刻武英殿聚珍版書本　一册

440000－2543－0001351　O/510.425/605
五經算術二卷　（北周）甄鸞撰　（唐）李淳風注　**夏侯陽算經三卷**　（□）夏侯陽撰　清光緒二十五年（1899）廣雅書局刻武英殿聚珍版書本　一册

440000－2543－0001352　O/510.425/605－2
五經算術二卷　（北周）甄鸞撰　（唐）李淳風注　清乾隆四十二年（1777）福建布政使署刻武英殿聚珍版書本　一册

440000－2543－0001353　O/510.425/605－3
五經算術二卷　（北周）甄鸞撰　（唐）李淳風注　清焦循抄本　二册

440000－2543－0001354　O/510.47/523
有不為齋算學四卷　（清）傅九淵撰　清刻本　一册

440000－2543－0001355　O/510.47/791
九數存古九卷　（清）顧觀光撰　清光緒十八年（1892）江蘇書局刻本　四册

440000－2543－0001356　O/510.8/2
白芙堂算學叢書二十三種八十六卷　（清）丁取忠輯　清同治十三年至光緒三年（1874－1877）長沙古荷花池精舍刻本　三十二册

440000－2543－0001357　O/510.8/575
鄒徵君遺書六種九卷　（清）鄒伯奇撰　**夏氏算學四種五卷**　（清）夏鸞翔撰　**徐氏算學三種三卷**　（清）徐有壬撰　清同治十三年（1874）刻本　四册

440000－2543－0001358　O/510.8/575(2)
鄒徵君遺書六種九卷　（清）鄒伯奇撰　**夏氏算學四種五卷**　（清）夏鸞翔撰　**徐氏算學三種三卷**　（清）徐有壬撰　清同治十三年（1874）刻本　四册

440000－2543－0001359　O/510.8/575(3)
鄒徵君遺書七種十卷　（清）鄒伯奇撰　**夏氏算學四種五卷**　（清）夏鸞翔撰　**徐氏算學三種三卷**　（清）徐有壬撰　清同治十三年（1874）刻本　六册

440000－2543－0001360　O/510.8/749
算學全書　（清）江南製造局編　清江南製造局刻本（幾何原本下爲鉛印本）　二十一册　存九種三十七卷（御製數理精蘊上編四，董方立算書一至七，增删算法統宗九至十一，九數外錄一，勾股六術一，開方表一，簡易庵算稿一、三至四，微積溯源一至八，三角數理一至十二）

440000－2543－0001361　O/510.8/967
中西算學叢書初編四十五種九十二卷又赤道恆星圖二幅　（清）四明求敏齋主人輯　清光緒二十二年（1896）上海鴻寶齋石印本　四十册

440000－2543－0001362　O/511/393
數學佩觿二卷問題三答二卷　（清）徐虎臣譯　清光緒二十八年（1902）江楚書局刻本　二册

440000－2543－0001363　O/511/535
增删算法統宗十一卷末一卷　（明）程大位原編　（清）梅瑴成增删　清光緒二十四年（1898）江左書林石印本　一册

440000－2543－0001364　VO/511/971
啟蒙算法摘要一卷　（□）□□撰　清抄本　一册

440000－2543－0001365　O/511/972
算法初級三卷　（清）江楚書局編　清末湖北

江楚書局刻本　二册

440000－2543－0001366　O/513/937
幾何原本十五卷　(明)徐光啟譯　清同治四年(1865)金陵刻本　八册

440000－2543－0001367　O/513/937(2)
幾何原本十五卷　(明)徐光啟譯　清同治四年(1865)金陵刻本　八册

440000－2543－0001368　O/517/491
微積通詮十六卷　(清)黄啟明編　清光緒三十一年(1905)刻本　七册　缺二卷(十五至十六)

440000－2543－0001369　O/520/84
翼梅八卷　(清)江永撰　清道光二十七年(1847)海山仙館刻本　三册

440000－2543－0001370　O/520.8/493
管窺輯要(天文大成輯要)八十卷　(清)黄鼎編　清刻本　四十八册

440000－2543－0001371　O/522.2/939
新製靈臺儀象志十四卷　(比利時)南懷仁撰　(清)劉蘊德筆受　清康熙十三年(1674)刻本　十八册

440000－2543－0001372　O/522.4/598
周髀算經二卷音義一卷　(漢)趙君卿注　(北周)甄鸞重述　(唐)李淳風釋　清光緒二十五年(1899)廣雅書局刻武英殿聚珍版書本　一册

440000－2543－0001373　O/522.4/705
三統術衍三卷術鈐一卷　(清)錢大昕撰　清嘉慶六年(1801)刻本　二册

440000－2543－0001374　O/524/153
圜天圖說三卷續編二卷首一卷　(清)李明徹述　清嘉慶二十四年至道光元年(1819－1821)松梅軒刻本　五册

440000－2543－0001375　O/524/153(2)
圜天圖說三卷續編二卷首一卷　(清)李明徹述　清嘉慶二十四年至道光元年(1819－1821)松梅軒刻本　五册

440000－2543－0001376　O/524/153(3)
圜天圖說三卷　(清)李明徹述　清嘉慶二十四年(1819)松梅軒刻本　三册

440000－2543－0001377　O/529.2/24
夏小正一卷　王闓運注　清光緒十年(1884)成都尊經書局刻本　一册

440000－2543－0001378　O/529.2/352
夏小正箋疏四卷　(清)馬徵慶述　清思古書堂刻本　一册

440000－2543－0001379　O/529.2/765
古今冬至表四卷　(清)譚澐撰　清光緒四年(1878)郴州學署刻本　二册

440000－2543－0001380　O/529.2/775
七十二候表一卷　(清)羅以智纂　清光緒八年(1882)海昌羊氏刻本　一册

440000－2543－0001381　O/529.4/347
月令粹編二十四卷圖說一卷　(清)秦嘉謨編　清嘉慶十七年(1812)江都秦氏琳琅仙館刻本　六册

440000－2543－0001382　O/562.6/493
廣東鄉土格致教科書一卷　黄節(黄晦聞)編　清宣統元年(1909)國學保存會石印本　二册

440000－2543－0001383　O/580.2/165
植物名實圖考長編二十二卷　(清)吳其濬撰　清道光二十八年(1848)刻光緒六年(1880)濬文書局補刻本　四十册

440000－2543－0001384　VO/581.8/24
二如亭群芳譜二十八卷首一卷　(明)王象晉纂輯　(明)毛晉校　清沙村草堂刻本　十六册

440000－2543－0001385　O/581.8/135
佩文齋廣群芳譜十一種一百卷目錄一卷　(清)汪灝等編　清康熙四十七年(1708)刻本　三十二册

440000－2543－0001386　O/615.2/153
本草綱目五十二卷藥品總目一卷圖三卷奇經

八脈考一卷瀕湖脈學一卷　(明)李時珍撰　本草萬方鍼線八卷　(清)蔡烈先輯　本草綱目拾遺十卷　(清)趙學敏輯　清光緒十一年(1885)合肥張氏味古齋刻本　四十册

440000－2543－0001387　O/615.2/337
經史證類大觀本草三十一卷　(宋)唐慎微纂　清刻朱印本　二十册

440000－2543－0001388　VO/615.2/412
本草匯十八卷補遺一卷後序一卷　(清)郭佩蘭撰　清康熙六年(1667)梅花嶼刻本　二十四册

440000－2543－0001389　O/615.86/21
新刊補註銅人腧穴鍼灸圖經五卷　(宋)王惟一編修　清刻朱印本　四册

440000－2543－0001390　O/617.85/965
白喉抉微捷要二卷　(清)□□輯　清光緒三十一年(1905)刻本　一册

440000－2543－0001391　O/630/21
農書三十六卷　(元)王禎撰　清光緒二十五年(1899)廣雅書院刻武英殿聚珍版書本　六册

440000－2543－0001392　O/630/805
農桑輯要七卷　(元)司農司撰　清同治十三年(1874)江西書局刻武英殿聚珍版書本　二册

440000－2543－0001393　O/630/805(2)
農桑輯要七卷　(元)司農司撰　清光緒二十五年(1899)廣雅書局刻武英殿聚珍版書本　二册

440000－2543－0001394　O/630/971
欽定授時通考七十八卷　(清)鄂爾泰等撰　清乾隆江西撫署刻江西書局重修印本　二十四册

440000－2543－0001395　O/630/971(2)
欽定授時通考七十八卷　(清)鄂爾泰等撰　清乾隆江西撫署刻江西書局重修印本　二十册

440000－2543－0001396　O/631/622
長元吳豐備義倉全案續編六卷首一卷末一卷　(清)吳大根編　清光緒二十五年(1899)刻本　八册

440000－2543－0001397　O/631/622
長元吳豐備義倉全案八卷首一卷末一卷　(清)潘遵祁編　清光緒四年(1878)刻本　十册

440000－2543－0001398　O/631.9/402
農候雜占四卷　(清)梁章鉅撰　清同治十二年(1873)浙江書局刻本　二册

440000－2543－0001399　O/634.3/164
嶺南荔枝譜六卷　(清)吳應逵撰　清道光三十年(1850)南海伍氏刻本　一册

440000－2543－0001400　O/634.73/976
橘中人語　(清)賴蘊山輯　清光緒十五年(1889)賴家園刻本　一册

440000－2543－0001401　O/634.73/979
寶山橘話　(清)橘香居主人輯　清光緒二十年(1894)李家園刻本　一册

440000－2543－0001402　O/646/753
景德鎮陶錄十卷　(清)藍浦原著　(清)鄭廷桂補輯　清嘉慶二十年(1815)翼經堂刻本　四册

440000－2543－0001403　O/646/753(2)
景德鎮陶錄十卷　(清)藍浦原著　(清)鄭廷桂補輯　清嘉慶二十年(1815)翼經堂刻本　四册

440000－2543－0001404　O/646/753－2
景德鎮陶錄十卷　(清)藍浦原著　(清)鄭廷桂補輯　清光緒十七年(1891)京都書業堂刻本　二册

440000－2543－0001405　O/679.52/128
墨法集要一卷　(明)沈繼孫撰　清光緒二十五年(1899)廣雅書局刻武英殿聚珍版書本　一册

440000－2543－0001406　O/722/304

苗氏說文四種四十六卷 （清）苗夔撰 清道光至咸豐壽陽祁氏漢磚亭刻本 六冊

440000－2543－0001407 O/722/304(2)
苗氏說文四種四十六卷 （清）苗夔撰 清道光至咸豐壽陽祁氏漢磚亭刻本 八冊

440000－2543－0001408 O/722/406
小學答問一卷 章炳麟撰 清宣統元年(1909)刻本 一冊

440000－2543－0001409 O/722/717
小學考五十卷 （清）謝啟昆撰 清光緒十四年(1888)浙江書局刻本 十二冊

440000－2543－0001410 O/722/717(2)
小學考五十卷 （清）謝啟昆撰 清光緒十四年(1888)浙江書局刻本 十冊

440000－2543－0001411 O/722/717(4)
小學考五十卷 （清）謝啟昆撰 清光緒十四年(1888)浙江書局刻本 十六冊

440000－2543－0001412 O/722.08/428
許學叢書十四種五十五卷 張炳翔輯 清光緒長洲張氏儀鄦廬刻本 二十一冊 缺二種四卷(許君年表攷一卷、許君年表一卷、附錄一卷,唐寫本說文解字木部箋異一卷)

440000－2543－0001413 O/722.08/568
許學四書二十卷 （清）董詔等撰 清道光二年(1822)羊城竹香齋刻本 五冊 缺三卷(說文測議訂經上、下,存古上)

440000－2543－0001414 O/722.21/407－2
說文解字十五卷 （漢）許慎撰 （宋）徐鉉校定 **說文通檢十四卷首一卷末一卷** （清）黎永椿編 **說文校字記一卷** （清）陳昌治撰 清同治十二年(1873)番禺陳昌治刻本 十冊

440000－2543－0001415 O/722.21/407－2(2)
說文解字十五卷 （漢）許慎撰 （宋）徐鉉校定 **說文通檢十四卷首一卷末一卷** （清）黎永椿編 **說文校字記一卷** （清）陳昌治撰 清同治十二年(1873)番禺陳昌治刻本 十冊 缺一卷(說文校字記一卷)

440000－2543－0001416 VO/722.21/407－5
說文解字十二卷 （漢）許慎撰 （宋）徐鉉等校 明萬曆二十六年(1598)陳大科白狼書社刻本 六冊

440000－2543－0001417 O/722.21/407－6
說文解字十五卷 （漢）許慎撰 **汲古閣說文解字校記一卷** （清）張行孚撰 清光緒七年(1881)淮南書局刻本 五冊

440000－2543－0001418 VO/722.21/407－8
說文解字十五卷 （漢）許慎撰 （宋）徐鉉等校 清汲古閣刻本 六冊

440000－2543－0001419 O/722.21/407－10
說文解字十五卷 （漢）許慎撰 （宋）徐鉉校勘 清道光陽湖孫氏平津館刻本 四冊

440000－2543－0001420 VO/722.22/393－3
說文解字韻譜五卷 （五代）徐鍇撰 清初抄本 二冊

440000－2543－0001421 O/722.22/393－4
說文解字韻譜十卷 （五代）徐鍇撰 清同治三年(1864)吳縣馮桂芬刻本 四冊

440000－2543－0001422 O/722.22/393－5
說文韻譜校五卷 （清）王筠撰 清道光十三年(1833)歸安姚氏刻杭州朱氏抱經堂印本 四冊

440000－2543－0001423 O/722.22/393－5(2)
說文韻譜校五卷 （清）王筠撰 清道光十三年(1833)歸安姚氏刻杭州朱氏抱經堂印本 二冊

440000－2543－0001424 O/722.22/393－5(3)
說文韻譜校五卷 （清）王筠撰 清道光十三年(1833)歸安姚氏刻杭州朱氏抱經堂印本 四冊

440000－2543－0001425 O/722.22/393－7
說文解字繫傳四十卷 （五代）徐鍇撰 （五代）朱翺反切 清光緒元年(1875)川東刻本 七冊

440000－2543－0001426 O/722.22/393－8

說文解字繫傳四十卷 （五代）徐鍇傳釋 （五代）朱翺反切 **說文解字繫傳校勘記三卷** （清）祁寯藻撰 清同治十二年（1873）粵東書局刻小學彙函本 七冊

440000－2543－0001427 O/722.22/393－9
說文解字篆韻譜五卷 （五代）徐鍇撰 清同治十三年（1874）粵東書局刻小學彙函本 一冊 存三卷（一至三）

440000－2543－0001428 O/722.25/322－2
說文解字注三十二卷 （清）段玉裁撰 **說文部目分韻一卷** （清）陳煥編 清光緒三年（1877）成都尊經書院刻本 十五冊

440000－2543－0001429 O/722.25/322－6
說文解字注三十二卷汲古閣說文訂一卷 （清）段玉裁撰 **說文部目分韻一卷** （清）陳煥編 清同治十一年（1872）湖北崇文書局刻本 十八冊

440000－2543－0001430 O/722.25/322－6(2)
說文解字注三十二卷汲古閣說文訂一卷 （清）段玉裁撰 **說文部目分韻一卷** （清）陳煥編 清同治十一年（1872）湖北崇文書局刻本 十六冊 缺一卷（汲古閣說文訂一卷）

440000－2543－0001431 O/722.25/322－6(3)
說文解字注三十二卷汲古閣說文訂一卷 （清）段玉裁撰 **說文部目分韻一卷** （清）陳煥編 清同治十一年（1872）湖北崇文書局刻本 十八冊

440000－2543－0001432 O/722.25/322－8
段氏說文注訂八卷 （清）鈕樹玉撰 清道光四年（1824）鈕氏刻同治五年（1866）碧螺山館補刻本 一冊

440000－2543－0001433 O/722.25/322－8(2)
段氏說文注訂八卷 （清）鈕樹玉撰 清道光四年（1824）鈕氏刻同治五年（1866）碧螺山館補刻本 二冊

440000－2543－0001434 O/722.25/322－9
說文解字注十五卷 （漢）許慎撰 （清）段玉裁注 **說文部目分韻一卷** （清）陳煥編 **六書音均表五卷** （清）段玉裁撰 清乾隆至嘉慶段氏經韻樓刻同治六年至十一年（1867－1872）蘇州保息局補刻本 十六冊

440000－2543－0001435 O/722.25/322－9(2)
說文解字注十五卷 （漢）許慎撰 （清）段玉裁注 **說文部目分韻一卷** （清）陳煥編 **六書音均表五卷** （清）段玉裁撰 清乾隆至嘉慶段氏經韻樓刻同治六年至十一年（1867－1872）蘇州保息局補刻本 十六冊

440000－2543－0001436 O/722.25/322－11
說文解字注三十二卷汲古閣說文訂一卷 （清）段玉裁撰 清光緒元年（1875）湖北崇文書局刻本 十八冊

440000－2543－0001437 O/722.26/24
說文解字句讀三十卷 （清）王筠撰 清光緒八年（1882）餘姚朱氏刻本 十四冊

440000－2543－0001438 O/722.26/24－2
說文繫傳校錄三十卷 （清）王筠撰 清咸豐七年（1857）刻本 四冊

440000－2543－0001439 O/722.26/24－3
說文解字句讀三十卷 （清）王筠撰 清同治四年（1865）刻本 十六冊

440000－2543－0001440 O/722.26/24－3(2)
說文解字句讀三十卷 （清）王筠撰 清同治四年（1865）刻本 十五冊 缺二卷（一至二）

440000－2543－0001441 O/722.26/364
說文解字義證五十卷 （清）桂馥撰 清同治九年（1870）湖北崇文書局刻本 三十二冊

440000－2543－0001442 O/722.26/431－2
說文楬原二卷 （清）張行孚撰 （清）余澍校 清光緒十一年（1885）維揚識小居刻本 一冊

440000－2543－0001443 O/722.26/622
說文蠡箋十四卷 （清）潘奕雋撰 清同治十三年（1874）刻本 二冊

440000－2543－0001444 O/722.31/128
說文古本考十四卷 （清）沈濤撰 清光緒九

年(1883)吳縣潘氏滂喜齋刻本　六冊

440000－2543－0001445　O/722.31/128－2(2)
說文古本考十四卷　(清)沈濤撰　清光緒九年(1883)吳縣潘氏滂喜齋刻本　六冊

440000－2543－0001446　VO/722.32/654
重校全補海篇直音十二卷首三卷　(明)蔡爚輯　(明)李廷機校　明萬曆二十三年(1595)書林鄭雲竹刻本　六冊

440000－2543－0001447　O/722.32/671
說文通檢十四卷末一卷　(清)黎永椿編　清光緒四年(1878)宏達堂刻本　四冊

440000－2543－0001448　O/722.32/671－2
說文通檢十四卷末一卷　(清)黎永椿編　清光緒二年(1876)崇文書局刻本　二冊

440000－2543－0001449　O/722.33/151
說文辯字正俗七卷　(清)李富孫撰　清嘉慶二十一年(1816)刻本　一冊　存四卷(一至四)

440000－2543－0001450　O/722.33/528
說文新附考六卷續考一卷　(清)鈕樹玉撰　清同治十三年(1874)湖北崇文書局刻本　一冊

440000－2543－0001451　O/722.33/661－2
說文新附攷六卷　(清)鄭珍撰　清光緒五年(1879)姚覲元刻民國振新書社印咫進齋叢書本　二冊

440000－2543－0001452　O/722.33/661－3
說文新坿攷六卷說文逸字二卷　(清)鄭珍撰　**說文逸字附錄一卷**　(清)鄭知同撰　清光緒四年(1878)刻本　六冊

440000－2543－0001453　O/722.35/2
群經異字同聲考五卷　(清)丁顯撰　清光緒十六年(1890)刻本　五冊

440000－2543－0001454　O/722.35/168
說文引經考二卷　(清)吳玉搢撰　清道光元年(1821)歸安姚氏刻本　二冊

440000－2543－0001455　O/722.35/226(2)
廣潛研堂說文答問疏證八卷　(清)承培元撰　清光緒十八年(1892)廣雅書局刻本　二冊

440000－2543－0001456　O/722.35/431
重編五經文字三卷九經字樣一卷　(唐)張參撰　(清)孫偘編　清嘉慶八年(1803)刻本　二冊

440000－2543－0001457　O/722.37/24
說文釋例二十卷　(清)王筠撰　清同治四年(1865)刻本　十冊

440000－2543－0001458　O/722.37/24(3)
說文釋例二十卷　(清)王筠撰　清同治四年(1865)刻本　十冊

440000－2543－0001459　O/722.37/24(4)
說文釋例二十卷　(清)王筠撰　清同治四年(1865)刻本　十冊

440000－2543－0001460　O/722.37/24(5)
說文釋例二十卷　(清)王筠撰　清同治四年(1865)刻本　十冊

440000－2543－0001461　O/722.37/37
說文疑疑二卷　(清)孔廣居撰　清嘉慶七年(1802)刻本　四冊

440000－2543－0001462　O/722.37/115
小學鉤沈十九卷　(清)任大椿撰　清光緒十年(1884)龍氏刻本　二冊

440000－2543－0001463　O/722.37/115－2
小學鉤沈續編八卷補遺一卷　顧震福撰　清光緒十八年(1892)刻本　四冊

440000－2543－0001464　O/722.37/316
說文校議十五卷　(清)姚文田　(清)嚴可均撰　清同治十三年(1874)歸安姚氏刻杭州朱氏抱經堂印本　三冊

440000－2543－0001465　O/722.37/316－3(2)
說文校議十五卷　(清)姚文田　(清)嚴可均撰　清同治十三年(1874)歸安姚氏刻本　五冊

440000－2543－0001466　O/722.37/428
說文發疑六卷　(清)張行孚述　清光緒九年

(1883)刻本　二册

440000－2543－0001467　O/722.37/451
唐寫本說文解字木部箋異一卷　(清)莫友芝撰　清同治三年(1864)刻本　一册

440000－2543－0001468　O/722.37/705
說文解字斠詮十四卷　(清)錢坫撰　清嘉慶十二年(1807)刻本　十四册

440000－2543－0001469　O/722.4/24
文字蒙求四卷　(清)王筠撰　清道光十八年(1838)刻上海民聲書局印本　一册

440000－2543－0001470　O/722.4/24－3
文字蒙求四卷　(清)王筠撰　清道光十八年(1838)刻本　一册

440000－2543－0001471　O/722.4/556
六書辨通五卷附二卷　(清)楊錫觀撰　清乾隆七年(1742)刻本　八册

440000－2543－0001472　O/722.4/749
六書故三十三卷　(元)戴侗撰　(清)李鼎元校　清乾隆四十九年(1784)刻本　十四册

440000－2543－0001473　O/722.4/749(2)
六書故三十三卷　(元)戴侗撰　(清)李鼎元校　清乾隆四十九年(1784)刻本　十八册

440000－2543－0001474　O/722.4/749(3)
六書故三十三卷　(元)戴侗撰　(清)李鼎元校　清乾隆四十九年(1784)刻本　二十六册

440000－2543－0001475　O/722.5/115－2
字林考逸八卷附三卷　(清)任大椿撰　清光緒十六年(1890)江蘇書局刻本　四册

440000－2543－0001476　O/722.5/412－2
汗簡七卷目錄一卷　(宋)郭忠恕撰　(清)鄭珍箋正　清光緒十五年(1889)廣雅書局刻本　四册

440000－2543－0001477　VO/722.5/412－3
汗簡七卷　(宋)郭忠恕撰　清康熙四十二年(1703)汪立名一隅草堂刻本　三册

440000－2543－0001478　O/722.5/791－2
玉篇三十卷　(南朝梁)顧野王撰　清康熙四十三年(1704)吳郡張士俊刻本　三册

440000－2543－0001479　O/722.6/504
六書通十卷　(明)閔齊伋撰　(清)畢宏述篆訂　清乾隆六十年(1795)刻本　六册

440000－2543－0001480　O/722.6/504－3
六書通十卷　(明)閔齊伋撰　(清)畢弘述篆訂　清光緒四年(1878)繡谷留耕堂刻本　五册

440000－2543－0001481　O/722.6/523(2)
六書分類十二卷首一卷　(清)傅世垚輯　清康熙四十四年(1705)聽松閣刻本　十三册

440000－2543－0001482　O/722.63/164
說文古籀補十四卷附錄一卷　(清)吳大澂撰　清光緒二十四年(1898)刻本　二册

440000－2543－0001483　O/722.63/375(3)
古籀拾遺三卷附一卷　(清)孫詒讓撰　清光緒十六年(1890)刻本　四册

440000－2543－0001484　O/722.63/375(5)
古籀拾遺三卷附一卷　(清)孫詒讓撰　清光緒十六年(1890)刻本　二册

440000－2543－0001485　O/722.63/677
古文審八卷　劉心源撰　清光緒十七年(1891)嘉魚劉氏龍江樓刻本　四册

440000－2543－0001486　O/722.63/677(2)
古文審八卷　劉心源撰　清光緒十七年(1891)嘉魚劉氏龍江樓刻本　六册

440000－2543－0001487　O/722.66/260－3
隸韻十卷附二卷　(宋)劉球撰　清嘉慶十五年(1810)刻本　六册

440000－2543－0001488　O/722.66/607
隸篇十五卷續十五卷再續十五卷　(清)翟云升撰　清道光十八年(1838)刻本　八册

440000－2543－0001489　O/722.66/607(3)
隸篇十五卷續十五卷再續十五卷　(清)翟云升撰　清道光十八年(1838)刻本　十册

440000－2543－0001490　O/722.66/791
隸辨八卷　(清)顧藹吉撰　清同治十二年(1873)漁古山房刻本　四册

440000－2543－0001491　O/722.66/791(2)
隸辨八卷　(清)顧藹吉撰　清同治十二年(1873)漁古山房刻本　八册

440000－2543－0001492　O/722.66/791(4)
隸辨八卷　(清)顧藹吉撰　清同治十二年(1873)漁古山房刻本　八册

440000－2543－0001493　O/722.66/791－3
隸辨八卷　(清)顧藹吉撰　清江寧甘瑞祥刻本　八册

440000－2543－0001494　O/722.66/791－4
隸辨八卷　(清)顧藹吉撰　清刻本　八册

440000－2543－0001495　O/722.67/622
楷法溯源十四卷目錄一卷　(清)潘存輯　楊守敬編　清光緒四年(1878)宜都楊氏刻本　十四册

440000－2543－0001496　O/722.68/57
草字彙十二卷　(清)石梁集　清乾隆五十二年(1787)刻本　六册

440000－2543－0001497　O/722.68/57－3
草字彙十二卷　(清)石梁集　清宣統三年(1911)同文書局石印本　二册　存四卷(子、丑、戌、亥)

440000－2543－0001498　O/722.72/21
爾雅直音二卷　(清)王祖源輯　清光緒六年(1880)福山王氏刻本　二册

440000－2543－0001499　O/722.722/412－10
爾雅注疏十一卷　(晉)郭璞注　(宋)邢昺疏　清乾隆四十三年(1778)三樂齋刻本　四册

440000－2543－0001500　O/722.724/144－3
爾雅疏十卷　(宋)邢昺撰　清光緒四年(1878)吳興陸氏十萬卷樓刻本　二册

440000－2543－0001501　O/722.727/362－2
爾雅郭注義疏十九卷　(清)郝懿行撰　清光緒十三年(1887)湖北官書處刻本　八册

440000－2543－0001502　O/722.727/787
爾雅匡名二十卷　(清)嚴元照撰　清光緒十六年(1890)廣雅書局刻本　四册

440000－2543－0001503　O/722.75/122
小爾雅訓纂六卷　(清)宋翔鳳撰　清光緒十六年(1890)廣雅書局刻本　一册

440000－2543－0001504　O/722.76/428－2
博雅十卷　(三國魏)張揖撰　(隋)曹憲音釋　清刻本　一册

440000－2543－0001505　O/722.76/428－5
廣雅疏證十卷　(三國魏)張揖撰　(清)王念孫疏證　清刻本　二十册

440000－2543－0001506　O/722.76/428－7
廣雅疏證十卷　(三國魏)張揖撰　(清)王念孫疏證　**博雅音十卷**　(隋)曹憲撰　(清)王念孫校　清光緒五年(1879)淮南書局刻本　八册

440000－2543－0001507　O/722.76/674
釋名疏證八卷附三卷　(漢)劉熙撰　(清)畢沅疏證　清光緒二十年(1894)廣雅書局刻本　二册

440000－2543－0001508　O/722.77/15
通雅五十二卷首三卷　(清)方以智撰　清刻本　十六册

440000－2543－0001509　O/722.77/73
疊雅十三卷　(清)史夢蘭撰　清同治四年(1865)刻本　四册

440000－2543－0001510　O/722.77/98
駢雅七卷序目一卷　(明)朱謀㙔撰　清光緒七年(1881)成都瀹雅齋刻本　八册

440000－2543－0001511　O/722.77/98(2)
駢雅七卷序目一卷　(明)朱謀㙔撰　清光緒七年(1881)成都瀹雅齋刻本　四册

440000－2543－0001512　VO/722.77/98－2
駢雅七卷　(明)朱謀㙔撰　明萬曆二十年(1592)刻本　二册

440000－2543－0001513　O/722.77/98－5

駢雅七卷序目一卷　(明)朱謀㙔撰　清光緒十二年(1886)後知不足齋刻本　八冊

440000－2543－0001514　VO/722.77/342
五雅四十一卷　(明)郎奎金輯　明天啓六年(1626)堂策檻刻本　八冊　缺二十卷(埤雅一至二十)

440000－2543－0001515　O/722.77/370
拾雅白文六卷注釋二十卷　(清)夏味堂撰　清嘉慶二十四年(1819)刻本　十二冊

440000－2543－0001516　O/722.77/535
選雅二十卷　程先甲撰　清光緒二十八年(1902)千一齋刻本　八冊

440000－2543－0001517　O/722.78/456－2
班馬字類五卷　(宋)婁機撰　清光緒十七年(1891)思賢書局刻本　一冊

440000－2543－0001518　O/722.78/456－3
班馬字類五卷　(宋)婁機撰　清抄本　二冊

440000－2543－0001519　O/722.8/429－2
復古編二卷附錄一卷　(宋)張有撰　清光緒十八年(1892)香山劉氏小蘇齋刻本　四冊

440000－2543－0001520　O/722.8/429－3
續復古編四卷　(元)曹本編　清光緒十二年(1886)歸安姚氏咫進齋刻本　四冊

440000－2543－0001521　O/723/429－3(2)
康熙字典十二集　(清)張玉書等纂　清光緒元年(1875)湖北崇文書局刻本　三十八冊

440000－2543－0001522　O/723/429－5
康熙字典十二集　(清)張玉書等纂　清道光七年(1827)刻本　三十二冊

440000－2543－0001523　O/723/429－5(2)
康熙字典十二集　(清)張玉書等纂　清道光七年(1827)刻本　三十二冊

440000－2543－0001524　O/723/501
字類標韻六卷　(清)華綱輯　清光緒元年(1875)肄江王氏刻本　二冊

440000－2543－0001525　O/723.1/151－2
字鑑五卷　(元)李文仲編　清道光五年(1825)研經書塾刻本　二冊

440000－2543－0001526　VO/723.2/975－2
金壺字考二集二十一卷附二卷　(清)田朝恆續編　清乾隆二十七年(1762)刻本　二冊

440000－2543－0001527　O/725/21－3
經傳釋詞十卷　(清)王引之撰　清道光二十七年(1847)刻本　二冊

440000－2543－0001528　O/725/375
經傳釋詞補一卷　(清)孫經世撰　清光緒十四年(1888)長洲蔣氏心矩齋刻本　一冊

440000－2543－0001529　O/726/52
新刊古今通韻五卷　(清)毛奇齡撰　清刻本　四冊

440000－2543－0001530　O/726/151
音韻闡微十八卷　(清)李光地撰　清光緒七年(1881)淮南書局刻本　六冊

440000－2543－0001531　O/726/151.1
李氏音鑑六卷　(清)李汝珍撰　清同治七年(1868)刻本　四冊

440000－2543－0001532　O/726/153
六書系韻二十四卷首一卷檢字二卷　(清)李貞編　清光緒十六年(1890)刻本　二十六冊

440000－2543－0001533　VO/726/170
音韻日月燈六十四卷　(明)呂維祺著　明崇禎六年(1633)刻本　十二冊

440000－2543－0001534　O/726/225
古今韻略五卷　(清)邵長蘅撰　清康熙三十五年(1696)刻本　五冊

440000－2543－0001535　O/726/491
古今韻會舉要三十卷　(元)熊忠撰　清光緒九年(1883)淮南書局刻本　十冊

440000－2543－0001536　O/726/645
許氏說文解字雙聲疊韻譜一卷　(清)鄧廷楨撰　清光緒七年(1881)後知不足齋刻本　一冊

440000－2543－0001537　O/726.08/791
音學五書五種三十八卷　（清）顧炎武撰　清刻本　十二册

440000－2543－0001538　O/726.1/2
韻學蠡言舉要四種五卷　（清）丁顯撰　清光緒二十六年（1900）刻本　三册

440000－2543－0001539　VO/726.1/622
類音八卷　（清）潘耒撰　清雍正潘氏遂初堂刻本　四册

440000－2543－0001540　VO/726.1/622（2）
類音八卷　（清）潘耒撰　清雍正潘氏遂初堂刻本　四册

440000－2543－0001541　O/726.14/316
四聲易知録四卷　（清）姚文田輯　清嘉慶十七年（1812）刻本　二册

440000－2543－0001542　O/726.17/430
切字肆考一卷　（清）張畊撰　清道光三年（1823）刻本　一册

440000－2543－0001543　O/726.17/796
切音捷訣一卷　（清）鄺珩撰　清光緒六年（1880）刻本　一册

440000－2543－0001544　O/726.18/427
漢學諧聲二十四卷　（清）戚學標撰　清嘉慶九年（1804）刻本　六册

440000－2543－0001545　O/726.2/316－2
古音諧八卷　（清）姚文田輯　清道光二十六年（1846）刻本　四册

440000－2543－0001546　O/726.2/386
柴氏古韻通八卷正音切韻復古編一卷　（清）柴紹炳纂　清刻本　八册

440000－2543－0001547　O/726.2/430
古韻發明不分卷　（清）張畊撰　清道光六年（1826）刻本　三册

440000－2543－0001548　O/726.2/683（2）
古韻通説二十卷　（清）龍啟瑞撰　清光緒九年（1883）四川尊經書局刻本　四册

440000－2543－0001549　O/726.2/683（3）
古韻通説二十卷　（清）龍啟瑞撰　清光緒九年（1883）四川尊經書局刻本　四册

440000－2543－0001550　O/726.25/98
説文通訓定聲十八卷補遺一卷説雅一卷分部檢韻一卷　（清）朱駿聲輯　清光緒十九年（1893）上海鴻文書局石印本　十二册

440000－2543－0001551　O/726.25/98－3
説文通訓定聲十八卷古今韻準一卷分部檢韻一卷説雅一卷　（清）朱駿聲輯　清同治九年（1870）刻本　二十四册

440000－2543－0001552　O/726.25/98－3（4）
説文通訓定聲十八卷古今韻準一卷分部檢韻一卷説雅一卷　（清）朱駿聲輯　清同治九年（1870）刻本　二十四册

440000－2543－0001553　O/726.25/316－2
説文聲系十四卷　（清）姚文田述　清嘉慶九年（1804）粤東督學使者署刻本　二册

440000－2543－0001554　O/726.4/152
重刊許氏説文解字五音韻譜十二卷　（宋）李燾撰　明刻本　四册

440000－2543－0001555　VO/726.44/442－2
廣韻五卷　（宋）陳彭年等修　清康熙四十二年至四十三年（1703－1704）張士俊澤存堂刻本　五册

440000－2543－0001556　O/726.44/442－3
廣韻五卷　（宋）陳彭年等修　清同治十二年（1873）粤東書局刻小學彙函本　五册

440000－2543－0001557　O/726.44/442－4
廣韻五卷　（宋）陳彭年等修　清同治十二年（1873）粤東書局刻小學彙函本　五册

440000－2543－0001558　VO/726.6/429
六書賦音義二十卷　（明）張士佩撰　明萬曆三十年（1602）刻本　十册

440000－2543－0001559　VO/726.6/668
洪武正韻十六卷　（明）樂韶鳳　（明）宋濂等撰　明初刻本　五册

440000－2543－0001560　VO/726.6/688－2
洪武正韻十六卷　(明)樂韶鳳　(明)宋濂等撰　明刻本　八册

440000－2543－0001561　O/726.7/34
詞林正韻三卷　(清)戈載輯　清光緒十七年(1891)思賢講舍刻本　一册

440000－2543－0001562　VO/726.7/271
增廣事吟料詩韻集大成二卷　(宋)胡繼宗編　(明)胡古林重校　明刻本　四册

440000－2543－0001563　O/726.7/471－2
詩韻合璧五卷　(清)湯文潞輯　清末鉛印本　五册

440000－2543－0001564　O/726.7/964
韻海大全不分卷　(清)仁壽室主人編　清光緒十三年(1887)上海積山書局石印本　六册

440000－2543－0001565　O/726.8/248
十三經音略十三卷附錄一卷　(清)周春撰　清咸豐四年(1854)粵雅堂刻本　五册

440000－2543－0001566　O/726.8/486
十三經集字摹本　(清)彭玉雯撰　清道光二十九年(1849)刻本　八册

440000－2543－0001567　O/726.8/674
詩經叶音辨譌八卷　(清)劉維謙編　清光緒十六年(1890)新會劉氏藏修書屋刻藏修堂叢書本　二册

440000－2543－0001568　O/728.1/502－2
輶軒使者絕代語釋別國方言箋疏十三卷　(漢)揚雄撰　(晉)郭璞注　(清)錢繹箋疏　清光緒十六年(1890)廣雅書局刻本　四册

440000－2543－0001569　O/728.1/502－5
輶軒使者絕代語釋別國方言十三卷　(漢)揚雄撰　(晉)郭璞注　(清)戴震疏證　清光緒八年(1882)汗青簃刻本　四册

440000－2543－0001570　O/728.1/502－6
輶軒使者絕代語釋別國方言十三卷附方言校正補遺　(漢)揚雄撰　(晉)郭璞注　(清)盧文弨重校　清盧氏抱經堂刻本　一册

440000－2543－0001571　O/728.1/502－7
輶軒使者絕代語釋別國方言十三卷　(漢)揚雄撰　(晉)郭璞注　(清)戴震疏證　**續方言二卷**　(清)杭世駿搜集　清刻本　二册

440000－2543－0001572　VO/728.5/523
御製增訂清文鑒三十二卷補編四卷總綱八卷補總綱二卷　(清)傅恆等撰　清刻本　二十四册

440000－2543－0001573　VO/803.8/343
文選錦字錄二十一卷　(明)淩迪知輯　明萬曆四年至五年(1576－1577)吳興淩氏桂芝館刻文林綺繡本　十二册

440000－2543－0001574　VO/803.8/343－2
左國腴詞八卷　(明)淩迪知輯　明萬曆四年至五年(1576－1577)吳興淩氏桂芝館刻文林綺繡本　二册

440000－2543－0001575　O/820.4/248
浩然齋雅談三卷　(宋)周密撰　清刻武英殿聚珍版書本　一册

440000－2543－0001576　O/820.4/402
制義叢話廿四卷題名一卷　(清)梁章鉅撰　清咸豐九年(1859)刻本　八册

440000－2543－0001577　O/820.4/674－2
文心雕龍十卷　(南朝梁)劉勰撰　(清)黃叔琳注　清道光十三年(1833)嘉應吳氏刻本　四册

440000－2543－0001578　O/820.4/674－2(2)
文心雕龍十卷　(南朝梁)劉勰撰　(清)黃叔琳注　清道光十三年(1833)嘉應吳氏刻本　四册

440000－2543－0001579　O/820.4/674－5
文心雕龍十卷　(南朝梁)劉勰撰　清光緒十九年(1893)思賢講舍刻本　四册

440000－2543－0001580　VO/820.4/674－6(2)
劉子文心雕龍二卷附注二卷　(南朝梁)劉勰撰　(明)楊慎等批點　明吳興淩雲刻五色套

印本　五册

440000－2543－0001581　O/820.4/674－9
文心雕龍十卷　（南朝梁）劉勰撰　（清）黄叔琳注　（清）紀昀評　清道光十三年（1833）兩廣節署刻朱墨套印本　二册

440000－2543－0001582　O/820.7/21
文章練要十卷　（清）王源評　清刻本　十册

440000－2543－0001583　O/820.7/21.1
辭學指南四卷　（宋）王應麟撰　清光緒十年（1884）成都志古堂刻本　四册

440000－2543－0001584　O/820.7/98
朱飲山千金譜二十九卷三韻易知十卷　（清）朱燮撰　清乾隆五十五年（1790）治恕齋刻本　十册

440000－2543－0001585　O/821.02/654－2
蔡中郎集十卷外集四卷外紀一卷列傳一卷年表一卷　（漢）蔡邕撰　清光緒十六年（1890）番禺陶氏刻本　五册

440000－2543－0001586　O/821.02/654－2(3)
蔡中郎集十卷外集四卷外紀一卷列傳一卷年表一卷　（漢）蔡邕撰　清光緒十六年（1890）番禺陶氏刻本　五册

440000－2543－0001587　O/821.02/654－2(4)
蔡中郎集十卷外集四卷外紀一卷列傳一卷年表一卷　（漢）蔡邕撰　清光緒十六年（1890）番禺陶氏刻本　五册

440000－2543－0001588　O/821.02/654－2(5)
蔡中郎集十卷外集四卷外紀一卷列傳一卷年表一卷　（漢）蔡邕撰　清光緒十六年（1890）番禺陶氏刻本　五册

440000－2543－0001589　O/821.02/654－2(7)
蔡中郎集十卷外集四卷外紀一卷列傳一卷年表一卷　（漢）蔡邕撰　清光緒十六年（1890）番禺陶氏刻本　五册

440000－2543－0001590　VO/821.02/654－4
蔡中郎集八卷　（漢）蔡邕著　明汪士賢刻本　四册

440000－2543－0001591　VO/821.02/654－5
漢蔡中郎集六卷　（漢）蔡邕撰　（明）喬世寧等校　明嘉靖二十七年（1548）楊賢刻本　五册

440000－2543－0001592　VO/821.023/688
諸葛丞相集四卷　（三國蜀）諸葛亮撰　（清）朱璘纂輯　清康熙三十七年（1698）萬卷堂刻本　四册

440000－2543－0001593　O/821.023/688－2
武侯全書二十卷　（三國蜀）諸葛亮撰　清光緒十年（1884）刻本　十二册

440000－2543－0001594　O/821.024/449
陶淵明集十卷　（晉）陶潛撰　清光緒五年（1879）刻本　二册

440000－2543－0001595　O/821.024/449－2
陶淵明集十卷　（晉）陶潛撰　清宣統元年（1909）著易堂石印本　四册

440000－2543－0001596　VO/821.024/449－6
陶淵明集八卷首一卷末一卷　（晉）陶潛撰　清木活字四色套印本　四册

440000－2543－0001597　VO/821.024/449－8
陶靖節集十卷　（晉）陶潛撰　（明）何孟春注　明正德十六年（1521）何孟春刻本　四册

440000－2543－0001598　O/821.024/449－9
陶淵明集八卷首一卷末一卷　（晉）陶潛撰　清光緒五年（1879）廣州翰墨園刻朱墨套印本　二册

440000－2543－0001599　O/821.024/449－10
靖節先生集十卷諸本評陶匯集一卷年譜考異二卷　（晉）陶潛撰　（清）陶澍集註　清光緒九年（1883）江蘇書局刻本　四册

440000－2543－0001600　O/821.024/449－11
陶淵明文集十卷　（晉）陶潛撰　清嘉慶十二年（1807）刻本　二册

440000－2543－0001601　VO/821.026/84－2
江文通集四卷傳二卷　（南朝梁）江淹撰　清乾隆二十四年（1759）刻本　四册

440000－2543－0001602　O/821.026/393
徐孝穆全集六卷　（南朝陳）徐陵撰　（清）吳兆宜箋注　**徐孝穆備考一卷**　（清）徐文炳補輯　清刻本　三册

440000－2543－0001603　O/821.026/393－4
徐孝穆全集六卷　（南朝陳）徐陵撰　（清）吳兆宜箋注　**徐孝穆備考一卷**　（清）徐文炳補輯　清揚州藝古堂刻本　六册

440000－2543－0001604　VO/821.026/717
謝宣城集五卷　（南朝齊）謝朓著　明萬曆七年（1579）汪士賢刻本　二册

440000－2543－0001605　O/821.027/475－2
庾子山集十六卷總釋一卷年譜一卷　（北周）庾信撰　（清）倪璠注　清金閶書業堂刻本　十二册

440000－2543－0001606　O/821.027/475－3
庾子山集十六卷總釋一卷年譜一卷本傳一卷　（北周）庾信撰　（清）倪璠注　清光緒二十年（1894）儒雅堂刻本　十二册

440000－2543－0001607　O/821.027/475－4
庾開府全集十六卷本傳一卷年譜一卷總釋一卷　（北周）庾信撰　（清）倪璠注　清同治八年（1869）刻本　十二册

440000－2543－0001608　O/821.03/22－2
王子安集十六卷　（唐）王勃撰　清光緒五年（1879）華陽醉經堂刻本　二册

440000－2543－0001609　O/821.03/24
王摩詰集六卷　（唐）王維撰　清光緒十年（1884）尚多山房刻本　二册

440000－2543－0001610　O/821.03/24（2）
王摩詰集六卷　（唐）王維撰　清光緒十年（1884）尚多山房刻本　二册

440000－2543－0001611　O/821.03/24－2
王右丞集二十八卷首一卷末一卷　（唐）王維撰　（清）趙殿成箋註　清乾隆元年（1736）刻本　六册

440000－2543－0001612　O/821.03/24－3
王右丞集二十八卷首一卷末一卷　（唐）王維撰　（清）趙殿成箋註　清乾隆二年（1737）刻本　六册

440000－2543－0001613　O/821.03/24－5
王右丞集二十八卷首一卷末一卷　（唐）王維撰　（清）趙殿成箋註　清乾隆二年（1737）刻本　六册

440000－2543－0001614　VO/821.03/29
元氏長慶集六十卷補遺六卷　（唐）元稹撰　明萬曆三十二年（1604）刻本　四册

440000－2543－0001615　VO/821.03/29（2）
元氏長慶集六十卷補遺六卷　（唐）元稹撰　明萬曆三十二年（1604）刻本　四册

440000－2543－0001616　VO/821.03/29.1－2
唐元次山文集十二卷　（唐）元結著　明吳震元等刻本　四册

440000－2543－0001617　VO/821.03/79
白香山詩集四十卷年譜二卷　（唐）白居易撰　（清）汪立名編　清康熙四十一年（1702）汪氏一隅草堂刻本　五册

440000－2543－0001618　VO/821.03/79（3）
白香山詩集二十卷後集十七卷別集一卷補遺二卷年譜一卷　（唐）白居易撰　（清）汪立名編　清康熙四十二年（1703）刻本　十册

440000－2543－0001619　VO/821.03/79－3
白氏長慶集七十一卷　（唐）白居易著　（明）馬元調校　明萬曆三十四年（1606）馬元調刻元白長慶集本　十六册

440000－2543－0001620　O/821.03/148
杜工部全集六十六卷　（唐）杜甫撰　清刻本　十册

440000－2543－0001621　O/821.03/148－2
杜工部集二十卷　（唐）杜甫撰　清光緒二年（1876）粵東翰墨園刻五色套印本　十册

440000－2543－0001622　O/821.03/148－2（2）
杜工部集二十卷　（唐）杜甫撰　清光緒二年（1876）粵東翰墨園刻五色套印本　八册

440000－2543－0001623　O/821.03/148－3
杜工部集二十卷　(唐)杜甫撰　(清)錢謙益箋註　清宣統三年(1911)時中書局石印本　四冊

440000－2543－0001624　O/821.03/148－4
杜子美詩集二十卷　(唐)杜甫撰　(宋)劉辰翁評點　清刻本　四冊

440000－2543－0001625　O/821.03/148－5
杜詩鏡銓二十卷　(唐)杜甫撰　(清)楊倫編輯　**讀書堂杜工部文集註解二卷**　(清)張溍評註　清咸豐三年(1853)廣州刻本　十冊

440000－2543－0001626　O/821.03/148－6
杜詩詳注二十五卷諸家詠杜附錄二卷　(唐)杜甫撰　(清)仇兆鰲輯注　清康熙三十二年(1693)刻本　二十四冊

440000－2543－0001627　O/821.03/148－7
王狀元集百家注編年杜陵詩史三十二卷拾遺一卷　(唐)杜甫撰　(宋)魯訔編年並注　(宋)王十朋集注　清宣統三年至民國二年(1911－1913)貴池劉氏玉海堂刻本　六冊

440000－2543－0001628　O/821.03/148－8
杜工部集二十卷　(唐)杜甫撰　(清)錢謙益箋註　清宣統三年(1911)時中書局石印本　八冊

440000－2543－0001629　O/821.03/148－9
杜工部集二十卷諸家詩話一卷唱酬題詠附錄一卷注杜詩略例一卷附錄一卷　(唐)杜甫撰　(清)錢謙益箋注　清康熙六年(1667)刻本　十六冊

440000－2543－0001630　O/821.03/148－9(2)
杜工部集二十卷諸家詩話一卷唱酬題詠附錄一卷注杜詩略例一卷附錄一卷　(唐)杜甫撰　(清)錢謙益箋注　清康熙六年(1667)刻本　六冊

440000－2543－0001631　O/821.03/148－9(3)
杜工部集二十卷諸家詩話一卷唱酬題詠附錄一卷注杜詩略例一卷附錄一卷　(唐)杜甫撰　(清)錢謙益箋注　清康熙六年(1667)刻本　六冊

440000－2543－0001632　O/821.03/148－10
杜工部草堂詩箋四十卷外集一卷　(唐)杜甫撰　(宋)魯訔編次　(宋)蔡夢弼會箋　**詩話二卷**　(宋)蔡夢弼集錄　**黃氏集千家註杜工部詩史補遺十卷**　(宋)黃鶴集註　**草堂詩年譜二卷**　(宋)趙子櫟　(宋)魯訔撰　清光緒遵義黎氏日本東京使署刻古逸叢書本　八冊

440000－2543－0001633　VO/821.03/148－12
集千家注杜工部詩集二十卷附文集二卷　(唐)杜甫撰　明長洲許自昌刻本　十冊

440000－2543－0001634　O/821.03/148－14
杜詩鏡銓二十卷　(唐)杜甫撰　(清)楊倫編輯　**讀書堂杜工部文集註解二卷**　(清)張溍評註　清同治十一年(1872)成都志古堂刻本　十冊

440000－2543－0001635　O/821.03/148－14(2)
杜詩鏡銓二十卷　(唐)杜甫撰　(清)楊倫編輯　**讀書堂杜工部文集註解二卷**　(清)張溍評註　清同治十一年(1872)成都志古堂刻本　十冊

440000－2543－0001636　O/821.03/148－15
杜工部集二十卷首一卷諸家詩話一卷唱酬題詠一卷附錄一卷　(唐)杜甫撰　清玉勾草堂刻本　二十冊

440000－2543－0001637　O/821.03/148－16
讀書堂杜工部詩集註解二十卷文集註解二卷杜工部編年詩史譜目一卷　(唐)杜甫撰　(清)張溍評註　清道光二十一年(1841)刻本　十二冊

440000－2543－0001638　O/821.03/148－17
杜詩會稡二十四卷　(唐)杜甫撰　(清)張遠箋　清有文堂刻本　十二冊

440000－2543－0001639　O/821.03/148－18
讀杜心解六卷首二卷　(唐)杜甫撰　(清)浦起龍解　清寧我齋刻本　十二冊

440000－2543－0001640　O/821.03/148－18(2)

讀杜心解六卷首二卷　(唐)杜甫撰　(清)浦起龍解　清寧我齋刻本　九册　缺二卷(首二卷)

440000－2543－0001641　O/821.03/148－19
杜詩鏡銓二十卷文集二卷　(唐)杜甫撰　(清)楊倫輯注　清同治十一年(1872)望三益齋刻本　十册

440000－2543－0001642　O/821.03/148.1
樊川文集二十卷外集一卷別集一卷　(唐)杜牧撰　清光緒二十二年(1896)成都楊氏景蘇園刻本　六册

440000－2543－0001643　O/821.03/148.1(2)
樊川文集二十卷外集一卷別集一卷　(唐)杜牧撰　清光緒二十二年(1896)成都楊氏景蘇園刻本　六册

440000－2543－0001644　O/821.03/148.1－3
樊川詩集四卷外集一卷別集一卷　(唐)杜牧撰　(清)馮集梧注　清光緒十六年(1890)湖南書局刻本　四册

440000－2543－0001645　O/821.03/148.1－3(2)
樊川詩集四卷外集一卷別集一卷　(唐)杜牧撰　(清)馮集梧注　清光緒十六年(1890)湖南書局刻本　四册

440000－2543－0001646　O/821.03/148.1－4
樊川詩集四卷外集一卷別集一卷補遺一卷本傳一卷　(唐)杜牧撰　(清)馮集梧注　清嘉慶六年(1801)刻本　四册

440000－2543－0001647　O/821.03/151
李義山詩集三卷　(唐)李商隱撰　(清)朱鶴齡箋註　(清)沈厚塽輯評　清同治九年(1870)廣州倅署刻三色套印本　四册

440000－2543－0001648　O/821.03/151(2)
李義山詩集三卷　(唐)李商隱撰　(清)朱鶴齡箋註　(清)沈厚塽輯評　清同治九年(1870)廣州倅署刻三色套印本　四册

440000－2543－0001649　O/821.03/151(4)
李義山詩集三卷　(唐)李商隱撰　(清)朱鶴齡箋註　(清)沈厚塽輯評　清同治九年(1870)廣州倅署刻三色套印本　四册

440000－2543－0001650　O/821.03/151(5)
李義山詩集三卷　(唐)李商隱撰　(清)朱鶴齡箋註　(清)沈厚塽輯評　清同治九年(1870)廣州倅署刻三色套印本　四册

440000－2543－0001651　O/821.03/151－2
玉溪生詩意八卷　(唐)李商隱撰　(清)屈復注解　清刻本　六册

440000－2543－0001652　O/821.03/151－2(2)
玉溪生詩意八卷　(唐)李商隱撰　(清)屈復注解　清刻本　六册

440000－2543－0001653　O/821.03/151－3
玉溪生詩意八卷　(唐)李商隱撰　(清)屈復注解　清道光十年(1830)刻本　四册

440000－2543－0001654　O/821.03/151－9
玉溪生詩詳注三卷首一卷　(唐)李商隱撰　(清)馮浩注　清乾隆四十五年(1780)刻本　四册

440000－2543－0001655　O/821.03/151－10
重訂李義山詩集箋註三卷首一卷　(唐)李商隱撰　(清)程夢星重訂　清乾隆十一年(1746)東柯草堂刻本　四册

440000－2543－0001656　O/821.03/151－10(2)
重訂李義山詩集箋註三卷首一卷　(唐)李商隱撰　(清)程夢星重訂　清乾隆十一年(1746)東柯草堂刻本　四册

440000－2543－0001657　O/821.03/151－11
樊南文集詳注八卷　(唐)李商隱撰　(清)馮浩注　清乾隆四十五年(1780)德聚堂刻同治七年(1868)桐鄉馮氏重修本　四册

440000－2543－0001658　O/821.03/151－12
樊南文集補編十二卷附錄二卷　(唐)李商隱撰　(清)錢振倫箋　(清)錢振常注　清同治五年(1866)刻本　四册

440000－2543－0001659　VO/821.03/151－13
李義山文集十卷　(唐)李商隱撰　(清)徐樹

穀箋　(清)徐炯注　清康熙四十七年(1708)徐氏花谿草堂刻本　四冊

440000－2543－0001660　VO/821.03/151－13(3)
李義山文集十卷　(唐)李商隱撰　(清)徐樹穀箋　(清)徐炯注　清康熙四十七年(1708)徐氏花谿草堂刻本　三冊

440000－2543－0001661　O/821.03/151－14
玉溪生詩文詳注詩三卷文八卷　(唐)李商隱撰　(清)馮浩注　清同治七年(1868)刻本　八冊

440000－2543－0001662　O/821.03/152－2
李長吉昌谷集句解定本四卷　(唐)李賀撰　(清)姚佺箋閱　(清)丘象隨辯注　清梅邨書屋刻本　四冊

440000－2543－0001663　O/821.03/152－5
李長吉歌詩四卷外集一卷　(唐)李賀撰　(清)王琦彙解　清刻本　四冊

440000－2543－0001664　O/821.03/152－8
李長吉歌詩四卷外集一卷　(唐)李賀撰　(清)王琦彙解　清刻本　二冊

440000－2543－0001665　VO/821.03/152.1
李文山詩集三卷　(唐)李群玉撰　明崇禎十二年(1639)汲古閣刻唐人八家詩本　一冊

440000－2543－0001666　O/821.03/154
李太白文集三十卷　(唐)李白撰　清康熙五十六年(1717)吳門繆氏刻本　四冊

440000－2543－0001667　O/821.03/154－3
李翰林集三十卷　(唐)李白撰　清光緒三十二年(1906)刻本　六冊

440000－2543－0001668　VO/821.03/154－7
李詩選注十三卷　(唐)李白撰　(明)朱諫選注　明嘉靖二十四年(1545)朱守宣刻本　八冊

440000－2543－0001669　VO/821.03/154－8
分類補註李太白詩二十五卷　(唐)李白撰　(宋)楊齊賢集註　(元)蕭士贇補註　**唐翰林李太白年譜一卷**　(宋)薛仲邕撰　明萬曆三十年(1602)許自昌刻李杜全集本　六冊

440000－2543－0001670　O/821.03/154.1
李文公集十八卷補遺一卷附錄一卷　(唐)李翺撰　清光緒元年(1875)讀有用書齋刻本　四冊

440000－2543－0001671　O/821.03/281－4
唐柳河東集四十五卷外集五卷附錄一卷　(唐)柳宗元撰　(明)蔣之翹校輯　清光緒二十五年(1899)刻本　十六冊

440000－2543－0001672　O/821.03/281－4(2)
唐柳河東集四十五卷外集五卷　(唐)柳宗元撰　(明)蔣之翹校輯　清光緒二十五年(1899)刻本　二十冊

440000－2543－0001673　O/821.03/281－4(3)
唐柳河東集四十五卷外集五卷　(唐)柳宗元撰　(明)蔣之翹校輯　清光緒二十五年(1899)刻本　二十冊

440000－2543－0001674　O/821.03/281－4(4)
唐柳河東集四十五卷外集五卷　(唐)柳宗元撰　(明)蔣之翹校輯　清光緒二十五年(1899)刻本　二十冊

440000－2543－0001675　O/821.03/281－4(5)
唐柳河東集四十五卷外集五卷　(唐)柳宗元撰　(明)蔣之翹校輯　清光緒二十五年(1899)刻本　二十冊

440000－2543－0001676　O/821.03/281－5
河東先生集六卷　(唐)柳宗元撰　清光緒八年(1882)江蘇書局刻本　六冊

440000－2543－0001677　VO/821.03/281－6
柳文二十二卷　(唐)柳宗元撰　明萬曆二十年(1592)葉萬景刻本　二十冊

440000－2543－0001678　VO/821.03/281－7
增廣註釋音辯唐柳先生集二十卷別集一卷外集一卷附錄一卷　(唐)柳宗元撰　(唐)劉禹錫編　(宋)童宗說註釋　(宋)張敦頤音辯　(宋)潘緯音義　明刻本　十二冊

440000－2543－0001679　O/821.03/281－12

唐大家柳柳州文抄十二卷　(唐)柳宗元撰　(明)茅坤選評　明刻本　三冊

440000－2543－0001680　O/821.03/375
孫可之文集十卷　(唐)孫樵撰　清光緒二年(1876)讀有用書齋刻本　一冊

440000－2543－0001681　VO/821.03/407
丁卯集二卷　(唐)許渾著　明崇禎十二年(1639)汲古閣刻唐人八家詩本　一冊

440000－2543－0001682　O/821.03/428
張燕公集二十五卷　(唐)張說撰　清光緒二十五年(1899)廣雅書局刻武英殿聚珍版書本　五冊

440000－2543－0001683　VO/821.03/431
唐丞相曲江張文獻公集十二卷千秋金鑑錄五卷　(唐)張九齡撰　清雍正十三年(1735)張世緯、張世績、張世綱刻本　六冊

440000－2543－0001684　O/821.03/434－2
笠澤叢書四卷補遺一卷續補遺一卷　(唐)陸龜蒙撰　清大疊山房刻本　一冊

440000－2543－0001685　O/821.03/491－2
莆陽黃御史集二卷　(唐)黃滔撰　清光緒十年(1884)福山天壤閣刻本　二冊

440000－2543－0001686　VO/821.03/540
溫飛卿詩集九卷　(唐)溫庭筠撰　(明)曾益原注　(清)顧予咸補注　清康熙三十六年(1697)顧氏秀野艸堂刻本　二冊

440000－2543－0001687　O/821.03/540－3
溫飛卿詩集九卷　(唐)溫庭筠撰　(明)曾益原注　(清)顧予咸補注　清光緒八年(1882)汪氏刻本　二冊

440000－2543－0001688　O/821.03/540－5
溫飛卿詩集九卷　(唐)溫庭筠撰　(明)曾益原注　(清)顧予咸補注　清光緒八年(1882)萬軸山房刻本　二冊

440000－2543－0001689　O/821.03/598
渭南詩集二卷　(唐)趙嘏撰　清刻本　二冊

440000－2543－0001690　O/821.03/722－2
昌黎先生詩集注十一卷　(唐)韓愈撰　(清)顧嗣立刪補　清光緒九年(1883)廣州翰墨園刻三色套印本　四冊

440000－2543－0001691　O/821.03/722－2(2)
昌黎先生詩集注十一卷　(唐)韓愈撰　(清)顧嗣立刪補　清光緒九年(1883)廣州翰墨園刻三色套印本　四冊

440000－2543－0001692　O/821.03/722－6(2)
昌黎先生詩增注證訛十一卷年譜一卷本傳一卷　(唐)韓愈撰　(清)顧嗣立刪補　(清)黃鉞增注證訛　清咸豐七年(1857)四明鮑氏二客軒刻本　四冊

440000－2543－0001693　O/821.03/722－6(3)
昌黎先生詩增注證訛十一卷年譜一卷本傳一卷　(唐)韓愈撰　(清)顧嗣立刪補　(清)黃鉞增注證訛　清咸豐七年(1857)四明鮑氏二客軒刻本　四冊

440000－2543－0001694　O/821.03/722－9
昌黎先生集四十卷外集十卷遺文一卷　(唐)韓愈撰　(唐)李漢編　**朱子校昌黎先生集傳一卷**　(宋)朱熹編校　**韓集點勘四卷**　(清)陳景雲撰　清同治八年(1869)江蘇書局刻本　十二冊

440000－2543－0001695　O/821.03/722－9(2)
昌黎先生集四十卷外集十卷遺文一卷　(唐)韓愈撰　(唐)李漢編　**朱子校昌黎先生集傳一卷**　(宋)朱熹編校　**韓集點勘四卷**　(清)陳景雲撰　清同治八年(1869)江蘇書局刻本　十一冊

440000－2543－0001696　VO/821.03/722－10
朱文公校昌黎先生文集二十卷外集一卷集傳一卷遺文一卷遺詩一卷　(唐)韓愈撰　(宋)朱熹考異　(宋)王伯大音釋　明弘治十五年(1502)王氏善敬書堂刻本　十冊

440000－2543－0001697　O/821.03/722－11
韓昌黎詩集編年箋註十二卷　(唐)韓愈撰　(清)方世舉考訂　清乾隆二十三年(1758)雅雨堂刻本　十二冊

440000－2543－0001698　O/821.03/722－12
韓文四十卷外集十卷集傳一卷遺集一卷　(唐)韓愈撰　(唐)李漢編　清刻本　六冊

440000－2543－0001699　O/821.03/722－17
昌黎先生集四十卷遺文一卷　(唐)韓愈撰　(唐)李漢編　清光緒十五年(1889)刻本　八冊

440000－2543－0001700　O/821.03/722－18
重刊五百家註音辯昌黎先生文集四十卷　(唐)韓愈撰　清乾隆四十九年(1784)刻本　十冊

440000－2543－0001701　O/821.03/741－2
文忠集六卷拾遺四卷　(唐)顔真卿撰　清光緒二十五年(1899)廣雅書局刻武英殿聚珍版書本　三冊

440000－2543－0001702　O/821.03/741－4
顔魯公文集十五卷附補遺年譜行狀碑銘本傳　(唐)顔真卿撰　清嘉慶七年(1802)刻本　六冊

440000－2543－0001703　O/821.03/775
羅昭諫集八卷　(唐)羅隱撰　清道光四年(1824)刻本　四冊

440000－2543－0001704　O/821.03/775－4
羅昭諫集八卷　(唐)羅隱撰　清康熙九年(1670)刻本　四冊

440000－2543－0001705　VO/821.039/153
碧雲集三卷　(五代)李中撰　明汲古閣刻唐人八家詩本　一冊

440000－2543－0001706　O/821.04/18－2
宋少保信國公文文山先生全集十六卷　(宋)文天祥撰　清道光二十五年(1845)刻本　十冊

440000－2543－0001707　O/821.04/18－2(2)
宋少保信國公文文山先生全集十六卷　(宋)文天祥撰　清道光二十五年(1845)刻本　十八冊

440000－2543－0001708　O/821.04/18－3
文信國公集二十卷　(宋)文天祥撰　清同治七年(1868)楚醴景萊書室刻本　十冊

440000－2543－0001709　O/821.04/21－2
王臨川全集一百卷　(宋)王安石撰　清光緒九年(1883)刻本　十冊

440000－2543－0001710　O/821.04/21－2(2)
王臨川全集一百卷　(宋)王安石撰　清光緒九年(1883)刻本　二十冊

440000－2543－0001711　O/821.04/21－4
臨川文集六十三卷　(宋)王安石撰　清光緒八年(1882)大興殷氏厚盦刻本　十二冊

440000－2543－0001712　VO/821.04/21－7
王荆文公詩五十卷補遺一卷　(宋)王安石撰　(宋)李壁箋注　清乾隆五年至六年(1740－1741)張宗松清綺齋刻本　八冊

440000－2543－0001713　O/821.04/21.1－2
吾汶藁十卷　(宋)王炎午撰　鄧實校錄　清光緒三十四年(1908)國學保存會鉛印本　一冊

440000－2543－0001714　O/821.04/22
宋王忠文公文集五十卷　(宋)王十朋撰　(清)唐傳鉎重編　清末民初上海掃葉山房石印本　五冊

440000－2543－0001715　O/821.04/22(2)
宋王忠文公文集五十卷　(宋)王十朋撰　(清)唐傳鉎重編　清末民初上海掃葉山房石印本　十冊

440000－2543－0001716　VO/821.04/22－2
宋王忠文公文集五十卷　(宋)王十朋撰　(清)唐傳鉎重編　清雍正七年(1729)唐傳鉎刻本　二十冊

440000－2543－0001717　O/821.04/24
小畜集三十卷外集十三卷拾遺一卷　(宋)王禹偁撰　清光緒二十五年(1899)廣雅書局刻武英殿聚珍版書本　七冊

440000－2543－0001718　O/821.04/65－2
司馬溫公集八十二卷敕一卷碑一卷狀一卷

(宋)司馬光撰　清康熙四十七年(1708)刻本　三十二册

440000－2543－0001719　O/821.04/65－3
司馬文正公集八十二卷目錄二卷首一卷　(宋)司馬光撰　清乾隆九年(1744)刻本　十六册

440000－2543－0001720　O/821.04/98－2
朱子文集大全類編一百十一卷　(宋)朱熹撰　清乾隆十五年(1750)刻本　七十册

440000－2543－0001721　O/821.04/98－3
朱子集一百四卷目錄二卷　(宋)朱熹撰　清鰲峰書院刻本　四十册

440000－2543－0001722　VO/821.04/98－4
晦庵先生朱文公詩集十二卷　(宋)朱熹撰　(明)程瓙校輯　明正德十六年(1521)新安程氏刻本　四册

440000－2543－0001723　VO/821.04/98－6
晦庵先生朱文公文集一百卷目錄二卷續集五卷別集七卷　(宋)朱熹撰　清康熙二十七年(1688)刻本　四十八册

440000－2543－0001724　O/821.04/98－7
晦庵先生朱文公文集一百卷目錄二卷續集十一卷別集十卷　(宋)朱熹撰　清同治十二年(1873)六安涂氏求我齋刻本　三十二册

440000－2543－0001725　O/821.04/122
景文集六十二卷　(宋)宋祁撰　清道光八年(1828)福建布政使署刻武英殿聚珍版書本　十二册

440000－2543－0001726　O/821.04/135.1
文定集二十四卷　(宋)汪應辰撰　清刻武英殿聚珍版書本　六册

440000－2543－0001727　O/821.04/135.2
浮溪集三十二卷　(宋)汪藻撰　清光緒二十五年(1899)廣雅書局刻武英殿聚珍版書本　六册

440000－2543－0001728　O/821.04/153
文溪集二十卷首一卷　(宋)李昴英撰　清光緒二十三年(1897)刻本　三册　存十三卷(一至十二、首一卷)

440000－2543－0001729　O/821.04/154
宋李忠定公文集選四十四卷首四卷　(宋)李綱撰　清乾隆二十七年(1762)刻本　十二册

440000－2543－0001730　O/821.04/170
呂東萊先生遺集二十卷　(宋)呂祖謙撰　(清)王崇炳編　清敬勝堂刻本　十册

440000－2543－0001731　VO/821.04/194
武溪集二十一卷　(宋)余靖撰　明嘉靖四十五年(1566)劉穩刻本　十册

440000－2543－0001732　O/821.04/212
林和靖先生詩集四卷附錄一卷續刻一卷省心錄一卷　(宋)林逋撰　清光緒二十一年(1895)婺源俞氏清蔭堂刻本　二册

440000－2543－0001733　O/821.04/212(2)
林和靖先生詩集四卷附錄一卷續刻一卷　(宋)林逋撰　清光緒二十一年(1895)婺源俞氏清蔭堂刻本　二册

440000－2543－0001734　O/821.04/212(3)
林和靖先生詩集四卷附錄一卷續刻一卷　(宋)林逋撰　清光緒二十一年(1895)婺源俞氏清蔭堂刻本　二册

440000－2543－0001735　O/821.04/212(4)
林和靖先生詩集四卷附錄一卷續刻一卷省心錄一卷　(宋)林逋撰　清光緒二十一年(1895)婺源俞氏清蔭堂刻本　二册

440000－2543－0001736　O/821.04/212(5)
林和靖先生詩集四卷附錄一卷續刻一卷　(宋)林逋撰　清光緒二十一年(1895)婺源俞氏清蔭堂刻本　二册

440000－2543－0001737　O/821.04/212－3
林和靖詩集四卷附錄一卷拾遺一卷　(宋)林逋撰　清宣統二年(1910)上海文瑞樓石印本　一册

440000－2543－0001738　O/821.04/248
周益國文忠公集二百卷首一卷附錄五卷

(宋)周必大撰　清光緒二十五年(1899)刻本　四十冊

440000－2543－0001739　O/821.04/268
白石道人歌曲四卷歌曲別集一卷續書譜一卷詩集二卷集外詩一卷詩說一卷　(宋)姜夔撰　清同治十年(1871)桂林倪氏刻本　二冊

440000－2543－0001740　O/821.04/268－2
白石道人詩集二卷集外詩一卷詩說一卷評論一卷逸事一卷　(宋)姜夔撰　清刻本　二冊

440000－2543－0001741　VO/821.04/268－4
白石詩集一卷詞集一卷　(宋)姜夔撰　清雍正五年(1727)刻本　一冊

440000－2543－0001742　O/821.04/268－6
白石道人詩集二卷詩集附錄一卷集外詩一卷歌曲四卷歌曲別集一卷　(宋)姜夔撰　清刻本　四冊

440000－2543－0001743　O/821.04/271
文恭集四十卷　(宋)胡宿撰　清刻武英殿聚珍版書本　九冊

440000－2543－0001744　O/821.04/271－2
文恭集四十卷　(宋)胡宿撰　清光緒二十五年(1899)廣雅書局刻武英殿聚珍版書本　八冊

440000－2543－0001745　O/821.04/300－2
范文正公文集二十卷別集四卷政府奏議二卷尺牘三卷年譜一卷年譜補遺一卷言行拾遺事錄四卷鄱陽遺事錄一卷遺蹟一卷義莊規矩一卷褒賢集五卷補編五卷　(宋)范仲淹撰　清康熙歲寒堂刻本　十冊

440000－2543－0001746　O/821.04/300－3
范文正公文集九卷　(宋)范仲淹撰　(清)張伯行重訂　清光緒八年(1882)福州正誼書院刻本　四冊

440000－2543－0001747　VO/821.04/300－4
范文正公集二十四卷年譜一卷補遺一卷附錄一卷　(宋)范仲淹撰　(明)康丕揚校　明萬曆三十七年(1609)康丕揚刻韓范二公集本　十冊

440000－2543－0001748　VO/821.04/300.1
范忠宣公文集二十卷奏議二卷遺文一卷附錄一卷補編一卷　(宋)范純仁撰　清乾隆歲寒堂刻本　六冊

440000－2543－0001749　VO/821.04/300.1(2)
范忠宣公文集二十卷奏議二卷遺文一卷附錄一卷補編一卷　(宋)范純仁撰　清乾隆歲寒堂刻本　四冊

440000－2543－0001750　O/821.04/300.2－2
石湖居士詩集四十卷　(宋)范成大撰　(清)顧嗣立等重訂　清刻本　四冊

440000－2543－0001751　O/821.04/332
耻堂存稿八卷　(宋)高斯得撰　清光緒二十五年(1899)廣雅書局刻武英殿聚珍版書本　二冊

440000－2543－0001752　O/821.04/332(2)
耻堂存稿八卷　(宋)高斯得撰　清刻武英殿聚珍版書本　三冊

440000－2543－0001753　O/821.04/332.1
[嘉定]剡錄十卷　(宋)高似孫撰　清同治九年(1870)刻本　二冊

440000－2543－0001754　O/821.04/347
淮海集四十卷後集九卷詩餘一卷　(宋)秦觀撰　清同治十二年(1873)秦氏家塾刻本　四冊

440000－2543－0001755　O/821.04/347－3
淮海集三十二卷後集六卷長短句三卷　(宋)秦觀撰　清乾隆三十二年(1767)刻本　五冊

440000－2543－0001756　VO/821.04/351
真西山先生集八卷　(宋)真德秀撰　(清)張伯行重訂　清康熙四十八年(1709)張氏正誼堂刻本　二冊

440000－2543－0001757　O/821.04/359
絜齋集二十四卷末一卷拾遺一卷　(宋)袁燮撰　清光緒二十年(1894)刻本　七冊

440000－2543－0001758　O/821.04/359(2)

絜齋集二十四卷末一卷拾遺一卷　(宋)袁燮撰　清光緒二十年(1894)刻本　七册

440000－2543－0001759　O/821.04/359－2
絜齋集二十四卷末一卷　(宋)袁燮撰　清刻本　八册

440000－2543－0001760　O/821.04/359.1
蒙齋集二十卷　(宋)袁甫撰　清刻本　六册

440000－2543－0001761　O/821.04/359.1－2
蒙齋集二十卷拾遺一卷　(宋)袁甫撰　清光緒二十年(1894)刻本　五册

440000－2543－0001762　O/821.04/393－3
徐騎省集三十卷首一卷札記一卷補遺一卷　(宋)徐鉉撰　清光緒十七年(1891)黟縣李氏金陵書局刻本　六册

440000－2543－0001763　O/821.04/423－2
宛陵先生文集六十卷　(宋)梅堯臣撰　清宣統二年(1910)石印本　十四册

440000－2543－0001764　O/821.04/423－3
宛陵先生文集六十卷　(宋)梅堯臣撰　清宣統二年(1910)刻本　六册

440000－2543－0001765　O/821.04/423－3(2)
宛陵先生文集六十卷　(宋)梅堯臣撰　清宣統二年(1910)刻本　十册

440000－2543－0001766　O/821.04/423－3(3)
宛陵先生文集六十卷　(宋)梅堯臣撰　清宣統二年(1910)刻本　十册

440000－2543－0001767　VO/821.04/423－5
宛陵先生文集六十卷　(宋)梅堯臣撰　清康熙四十一年(1702)震澤徐惇復白華書屋刻本　八册

440000－2543－0001768　O/821.04/429.1
南軒文集四十四卷論語解十卷孟子說七卷本傳一卷　(宋)張栻撰　清光緒十七年(1891)緜邑南軒祠刻本　十六册

440000－2543－0001769　VO/821.04/431.1
柯山集五十卷拾遺十二卷續拾遺一卷　(宋)張耒撰　清光緒二十五年(1899)廣雅書局刻武英殿聚珍版書本　十一册

440000－2543－0001770　VO/821.04/431.1(2)
柯山集五十卷拾遺十二卷續拾遺一卷　(宋)張耒撰　清光緒二十五年(1899)廣雅書局刻武英殿聚珍版書本　十一册

440000－2543－0001771　O/821.04/433
祠部集三十五卷　(宋)強至撰　清光緒二十五年(1899)廣雅書局刻武英殿聚珍版書本　八册

440000－2543－0001772　VO/821.04/434
陸放翁全集六種一百五十七卷　(宋)陸游撰　清虞山詩禮堂張氏刻本　四十八册

440000－2543－0001773　VO/821.04/434(2)
陸放翁全集六種一百五十七卷　(宋)陸游撰　清虞山詩禮堂張氏刻本　四十六册

440000－2543－0001774　VO/821.04/434－4
劍南詩鈔六卷　(宋)陸游撰　(清)楊大鶴選　清康熙二十四年(1685)刻本　六册

440000－2543－0001775　O/821.04/434－6
陸放翁全集四種一百五十五卷　(宋)陸游撰　清楚澴李氏森寶齋刻本　四十七册

440000－2543－0001776　O/821.04/434－7
放翁詩選四卷首一卷　(宋)陸游撰　(清)王復禮選　清康熙三十九年(1700)刻本　四册

440000－2543－0001777　O/821.04/434.1
陸象山先生文集三十六卷　(宋)陸九淵撰　清道光三年(1823)金谿槐堂書屋刻本　八册

440000－2543－0001778　O/821.04/434.1(2)
陸象山先生文集三十六卷　(宋)陸九淵撰　清道光三年(1823)金谿槐堂書屋刻本　十册

440000－2543－0001779　VO/821.04/434.1－2
象山先生全集三十六卷　(宋)陸九淵撰　**少湖徐先生學則辯一卷**　(明)徐階撰　明嘉靖四十年(1561)何遷刻本　八册

440000－2543－0001780　O/821.04/434.1－4
象山先生語錄二卷　(宋)陸九淵撰　清刻本　二册

440000－2543－0001781　O/821.04/434.1－5
象山先生全集三十六卷附一卷　(宋)陸九淵撰　清宣統二年(1910)江左書林刻本　四册

440000－2543－0001782　O/821.04/434.2
陶山集十六卷　(宋)陸佃撰　清刻武英殿聚珍版書本　四册

440000－2543－0001783　O/821.04/441
龍川文集三十卷辨謁考異二卷附録二卷(宋)陳亮撰　清光緒元年(1875)湖北崇文書局刻本　十册

440000－2543－0001784　O/821.04/441(2)
龍川文集三十卷辨謁考異二卷附録二卷(宋)陳亮撰　清光緒元年(1875)湖北崇文書局刻本　十册

440000－2543－0001785　O/821.04/441(3)
龍川文集三十卷辨謁考異二卷附録二卷(宋)陳亮撰　清光緒元年(1875)湖北崇文書局刻本　十册

440000－2543－0001786　O/821.04/441－2
龍川文集三十卷附録二卷補遺一卷札記一卷　(宋)陳亮撰　清同治八年(1869)永康應氏刻本　六册

440000－2543－0001787　O/821.04/442.1
少陽集十卷　(宋)陳東撰　清光緒十八年(1892)順德龍氏知服齋刻本　二册

440000－2543－0001788　O/821.04/444
後山先生集二十四卷首一卷　(宋)陳師道撰　清光緒十一年(1885)番禺陶福祥愛廬刻本　四册

440000－2543－0001789　O/821.04/444(2)
後山先生集二十四卷首一卷　(宋)陳師道撰　清光緒十一年(1885)番禺陶福祥愛廬刻本　四册

440000－2543－0001790　O/821.04/444(4)
後山先生集二十四卷首一卷　(宋)陳師道撰　清光緒十一年(1885)番禺陶福祥愛廬刻本　六册

440000－2543－0001791　O/821.04/444(5)
後山先生集二十四卷首一卷　(宋)陳師道撰　清光緒十一年(1885)番禺陶福祥愛廬刻本　六册

440000－2543－0001792　O/821.04/444(6)
後山先生集二十四卷首一卷　(宋)陳師道撰　清光緒十一年(1885)番禺陶福祥愛廬刻本　四册

440000－2543－0001793　O/821.04/444－3(2)
後山詩十二卷年譜一卷　(宋)陳師道撰　(宋)任淵注　清刻武英殿聚珍版書本　三册

440000－2543－0001794　O/821.04/444－3(3)
後山詩十二卷年譜一卷　(宋)陳師道撰　(宋)任淵注　清刻武英殿聚珍版書本　四册

440000－2543－0001795　O/821.04/444－3(4)
後山詩十二卷年譜一卷　(宋)陳師道撰　(宋)任淵注　清刻武英殿聚珍版書本　三册

440000－2543－0001796　O/821.04/462
宋丞相崔清獻公言行録五卷内集二卷外集三卷　(宋)崔與之撰　清道光三十年(1850)芹桂堂刻本　三册

440000－2543－0001797　O/821.04/462－2
崔清獻公集五卷附録一卷　(宋)崔與之撰　清道光三十年(1850)南海伍氏刻嶺南遺書本　一册

440000－2543－0001798　O/821.04/462.1
宮教集十二卷　(宋)崔敦禮撰　(清)龍裕光校　清光緒二十七年(1901)刻本　二册

440000－2543－0001799　O/821.04/486
止堂集十八卷　(宋)彭龜年撰　清光緒二十五年(1899)廣雅書局刻武英殿聚珍版書本　四册

440000－2543－0001800　O/821.04/486(2)
止堂集十八卷　(宋)彭龜年撰　清光緒二十五年(1899)廣雅書局刻武英殿聚珍版書本　四册

440000－2543－0001801　O/821.04/491(2)

山谷詩注内集二十卷外集十七卷外集補二卷别集二卷　（宋）黄庭堅撰　（宋）任淵等注　清光緒二十五年(1899)廣雅書局刻武英殿聚珍版書本　十四册

440000－2543－0001802　O/821.04/491－2
山谷詩集注二十卷外集詩註十七卷别集詩註二卷　（宋）黄庭堅撰　（宋）任淵注　（宋）史容註外集　（宋）史季溫註别集　清光緒二十一年至二十五年(1895－1899)義寧陳氏刻宣統二年(1910)印本　二十册

440000－2543－0001803　O/821.04/491－2(2)
山谷詩集注二十卷外集詩註十七卷别集詩註二卷　（宋）黄庭堅撰　（宋）任淵注　（宋）史容註外集　（宋）史季溫註别集　清光緒二十一年至二十五年(1895－1899)義寧陳氏刻宣統二年(1910)印本　二十册

440000－2543－0001804　O/821.04/491－2(3)
山谷詩集注二十卷外集詩註十七卷别集詩註二卷　（宋）黄庭堅撰　（宋）任淵注　（宋）史容註外集　（宋）史季溫註别集　清光緒二十一年至二十五年(1895－1899)義寧陳氏刻本　二十册

440000－2543－0001805　O/821.04/491－3
山谷全書七十五卷首六卷　（宋）黄庭堅撰　**伐檀集二卷**　（宋）黄庶撰　清同治八年(1869)刻本　三十二册

440000－2543－0001806　O/821.04/491－4
山谷全書七十五卷首六卷　（宋）黄庭堅撰　**伐檀集二卷**　（宋）黄庶撰　清光緒二十年(1894)義寧州署刻本　二十八册

440000－2543－0001807　VO/821.04/491－6
宋黄文節公全集三十二卷首四卷外集二十四卷别集十九卷　（宋）黄庭堅撰　**伐檀集二卷**　（宋）黄庶撰　清乾隆三十年(1765)刻本　三十一册　缺三卷(外集十五至十七)

440000－2543－0001808　O/821.04/527－2
元豐類稾五十卷首一卷　（宋）曾鞏撰　清光緒十六年(1890)慈利漁浦書院刻本　十册

440000－2543－0001809　O/821.04/527－2(2)
元豐類稾五十卷首一卷　（宋）曾鞏撰　清光緒十六年(1890)慈利漁浦書院刻本　十册

440000－2543－0001810　O/821.04/527－5
元豐類稿五十卷首一卷　（宋）曾鞏撰　（宋）陳師道編輯　清乾隆二十八年(1763)刻本　十二册

440000－2543－0001811　O/821.04/527－6
曾文定公全集二十卷首一卷末一卷　（宋）曾鞏撰　清康熙三十二年(1693)刻本　十二册

440000－2543－0001812　O/821.04/527.1(2)
茶山集八卷拾遺一卷　（宋）曾幾撰　清光緒刻武英殿聚珍版書本　一册

440000－2543－0001813　O/821.04/556
誠齋詩集十六卷　（宋）楊萬里撰　清嘉慶五年(1800)吳江徐氏刻本　六册

440000－2543－0001814　VO/821.04/556.1
龜山先生集四十二卷　（宋）楊時撰　（明）岳元聲等訂閱　明萬曆刻本　五册

440000－2543－0001815　O/821.04/556.1－2
楊龜山先生集四十二卷首一卷　（宋）楊時撰　清光緒五年(1879)刻本　十册

440000－2543－0001816　O/821.04/562－2
水心文鈔十卷　（宋）葉適撰　（清）方婺如選　清乾隆五十五年(1790)希古堂刻本　四册

440000－2543－0001817　O/821.04/598
乾道稿二卷淳熙稿二十卷章泉稿五卷附錄一卷拾遺一卷　（宋）趙蕃撰　清光緒二十五年(1899)廣雅書局刻武英殿聚珍版書本　九册

440000－2543－0001818　O/821.04/598.1
南陽集六卷　（宋）趙湘撰　清刻武英殿聚珍版書本　一册

440000－2543－0001819　O/821.04/598.1(2)
南陽集六卷　（宋）趙湘撰　清刻武英殿聚珍版書本　一册

440000－2543－0001820　O/821.04/608

心泉學詩稿六卷　(宋)蒲壽宬撰　清末南海孔氏嶽雪樓抄本　一冊

440000－2543－0001821　VO/821.04/636－2

歐陽文忠公全集一百五十三卷附錄五卷　(宋)歐陽修撰　明天順六年(1462)程宗刻弘治、正德、嘉靖十六年(1537)遞修本　三十六冊

440000－2543－0001822　VO/821.04/636－3

歐陽先生文粹二十卷　(宋)歐陽修撰　明嘉靖二十六年(1547)吳郡郭雲鵬寶善堂刻本　八冊

440000－2543－0001823　O/821.04/636－5

歐陽文忠公全集一百五十三卷首一卷附錄五卷　(宋)歐陽修撰　清嘉慶二十四年(1819)刻本　二十四冊

440000－2543－0001824　VO/821.04/636－6

歐陽文集五十卷年譜一卷　(宋)歐陽修撰　明嘉靖二十二年(1543)李冕刻本　十六冊

440000－2543－0001825　O/821.04/675

忠肅集二十卷拾遺一卷　(宋)劉摯撰　清光緒二十五年(1899)廣雅書局刻武英殿聚珍版書本　五冊

440000－2543－0001826　O/821.04/675.1

屏山全集二十卷　(宋)劉子翬撰　清道光十八年(1838)刻本　六冊

440000－2543－0001827　O/821.04/676

學易集八卷　(宋)劉跂撰　清刻武英殿聚珍版書本　二冊

440000－2543－0001828　O/821.04/677

龍雲先生文集三十二卷附錄一卷　(宋)劉弇撰　清乾隆十三年(1748)龍雲讀書堂刻本　十六冊

440000－2543－0001829　O/821.04/722

南澗甲乙稿二十二卷　(宋)韓元吉撰　清光緒二十五年(1899)廣雅書局刻武英殿聚珍版書本　八冊

440000－2543－0001830　O/821.04/731

艮齋先生薛常州浪語集三十五卷　(宋)薛季宣撰　清同治十年(1871)金陵書局刻本　六冊

440000－2543－0001831　O/821.04/761－2

鶴山文鈔三十二卷　(宋)魏了翁撰　清同治十三年(1874)望三益齋刻宣統二年(1910)四川官印刷局重修本　十冊

440000－2543－0001832　O/821.04/784

蘇東坡全集四十卷後集二十卷內制集十卷外制集三卷應詔十卷奏議十五卷續集十二卷校勘集二卷　(宋)蘇軾撰　清宣統元年(1909)浭陽端方刻本　四十八冊

440000－2543－0001833　VO/821.04/784－4

施注蘇詩四十二卷補遺二卷　(宋)蘇軾撰　(宋)施元之注　清康熙三十九年(1700)刻本　十冊

440000－2543－0001834　VO/821.04/784－4(2)

施注蘇詩四十二卷補遺二卷　(宋)蘇軾撰　(宋)施元之注　清康熙三十九年(1700)刻本　十二冊

440000－2543－0001835　VO/821.04/784－5

補注東坡先生編年詩五十卷年表一卷　(宋)蘇軾撰　(清)查慎行補注　清乾隆二十六年(1761)查氏香雨齋刻本　十冊

440000－2543－0001836　VO/821.04/784－9

東坡詩選十二卷年譜一卷本傳一卷　(宋)蘇軾撰　(明)譚元春選　明天啓元年(1621)文盛堂刻本　五冊

440000－2543－0001837　O/821.04/784－10

蘇文忠公詩集擇粹十八卷　(宋)蘇軾撰　(清)紀昀批　(清)趙古農擇　清嘉慶二十二年(1817)刻本　五冊

440000－2543－0001838　O/821.04/784－11

東坡集四十卷後集二十卷奏議十五卷內制集十卷樂語一卷外制集三卷應詔集十卷續集十二卷校記二卷　(宋)蘇軾撰　清宣統元年(1909)寶華盦刻本　四十冊

440000－2543－0001839　O/821.04/784－12
蘇文忠詩合注五十卷首一卷目録一卷　（宋）蘇軾撰　（清）馮應榴輯訂　清同治九年（1870）刻本　二十册

440000－2543－0001840　O/821.04/784－13
蘇文忠公詩集五十卷　（宋）蘇軾撰　（清）紀昀評點　清同治八年（1869）韞玉山房刻朱墨套印本　六册

440000－2543－0001841　O/821.04/784－13(2)
蘇文忠公詩集五十卷　（宋）蘇軾撰　（清）紀昀評點　清同治八年（1869）韞玉山房刻朱墨套印本　十二册

440000－2543－0001842　O/821.04/784－14
古香齋鑑賞袖珍施注蘇詩四十二卷續補遺二卷　（宋）蘇軾撰　（宋）施元之注　清光緒八年（1882）刻本　十八册

440000－2543－0001843　O/821.04/784－14(2)
古香齋鑑賞袖珍施注蘇詩四十二卷續補遺二卷　（宋）蘇軾撰　（宋）施元之注　清光緒八年（1882）刻本　十八册

440000－2543－0001844　VO/821.04/784－15
東坡全集一百十五卷目録七卷本傳一卷墓誌銘一卷年譜一卷　（宋）蘇軾撰　清刻本　三十册

440000－2543－0001845　O/821.04/784－16
蘇文忠公詩編注集成一百三卷首一卷目録一卷蘇海識餘四卷諸家雜綴酌存一卷牋詩圖一卷　（宋）蘇軾撰　（清）王文誥輯　**韻山堂詩集七卷**　（清）王文誥撰　清光緒十四年（1888）浙江書局刻本　二十四册

440000－2543－0001846　O/821.04/784－16(2)
蘇文忠公詩編注集成一百三卷首一卷目録一卷蘇海識餘四卷諸家雜綴酌存一卷牋詩圖一卷　（宋）蘇軾撰　（清）王文誥輯　**韻山堂詩集七卷**　（清）王文誥撰　清光緒十四年（1888）浙江書局刻本　二十四册

440000－2543－0001847　O/821.04/784－19
東坡全集八十四卷目録二卷　（宋）蘇軾撰　清道光十二年（1832）刻本　四十五册

440000－2543－0001848　O/821.04/784－20
蘇文忠詩合注五十卷首一卷目録一卷　（宋）蘇軾撰　（清）馮應榴輯訂　清乾隆六十年（1795）刻本　二十册

440000－2543－0001849　VO/821.04/784－21
東坡集八十二卷　（宋）蘇軾撰　明嘉靖十三年（1534）江西布政司刻本　三十九册

440000－2543－0001850　O/821.04/784－22
角山樓蘇詩評注彙鈔二十卷附録三卷　（宋）蘇軾撰　（清）趙克宜輯　清咸豐二年（1852）刻本　八册

440000－2543－0001851　O/821.04/784－23
東坡集選五十卷首一卷集餘一卷　（宋）蘇軾撰　（明）陳夢槐抄　**外紀逸編一卷**　（明）璩之璞補　**外紀二卷**　（明）王世貞輯　清刻本　二十八册

440000－2543－0001852　O/821.04/784.1－3
欒城集四十八卷後集二十四卷三集十卷應詔集十二卷　（宋）蘇轍撰　清道光十二年（1832）眉州三蘇祠刻本　二十八册

440000－2543－0001853　VO/821.04/784.2－2
老泉先生文集十四卷　（宋）蘇洵撰　明刻本（卷二至五、十三至十四抄補）　六册

440000－2543－0001854　O/821.04/784.2－5
嘉祐集二十卷　（宋）蘇洵撰　清道光十二年（1832）眉州三蘇祠刻本　四册

440000－2543－0001855　O/821.04/784.2－6
蘇老泉先生全集十六卷　（宋）蘇洵撰　清刻本　七册

440000－2543－0001856　O/821.04/784.5
斜川集六卷　（宋）蘇過撰　清道光六年（1826）刻本　三册

440000－2543－0001857　O/821.045/21(2)
拙軒集六卷　（金）王寂撰　清光緒二十五年（1899）廣雅書局刻武英殿聚珍版書本　一册

440000－2543－0001858　O/821.045/29

元遺山先生集四十卷首一卷目錄一卷考證三卷新樂府四卷年譜三種四卷續夷堅志四卷附錄一卷補載一卷 （金）元好問撰　清光緒七年（1881）讀書山房刻本　十六册

440000－2543－0001859　VO/821.045/29－3
中州集十卷首一卷樂府一卷 （金）元好問撰　明末汲古閣刻本　十册

440000－2543－0001860　VO/821.045/29－3(2)
中州集十卷首一卷樂府一卷 （金）元好問撰　明末汲古閣刻本　十册

440000－2543－0001861　VO/821.045/29－3(3)
中州集十卷首一卷樂府一卷 （金）元好問撰　明末汲古閣刻本　十二册

440000－2543－0001862　O/821.045/29－5
元遺山先生集四十卷首一卷目錄一卷附錄一卷補載一卷年譜三種四卷新樂府四卷續夷堅志四卷 （金）元好問撰　（元）張德輝編　清光緒三年（1877）京都同立堂刻本　十六册

440000－2543－0001863　O/821.045/29－6
遺山詩鈔三卷 （金）元好問撰　清光緒九年（1883）敘州汗青簃刻本　一册

440000－2543－0001864　VO/821.05/21
木訥齋文集五卷附一卷 （元）王毅撰　清乾隆二十七年至二十九年（1762－1764）蘇遇龍刻本　四册

440000－2543－0001865　O/821.05/42
金淵集六卷 （元）仇遠撰　清刻武英殿聚珍版書本　二册

440000－2543－0001866　O/821.05/42(2)
金淵集六卷 （元）仇遠撰　清光緒二十五年（1899）廣雅書局刻武英殿聚珍版書本　一册

440000－2543－0001867　O/821.05/316
牧庵集三十六卷年譜一卷 （元）姚燧撰　清光緒二十五年（1899）廣雅書局刻武英殿聚珍版書本　七册

440000－2543－0001868　O/821.05/316(2)
牧庵集三十六卷年譜一卷 （元）姚燧撰　清光緒二十五年（1899）廣雅書局刻武英殿聚珍版書本　八册

440000－2543－0001869　O/821.05/316(3)
牧庵集三十六卷年譜一卷 （元）姚燧撰　清光緒二十五年（1899）廣雅書局刻武英殿聚珍版書本　七册

440000－2543－0001870　O/821.05/316－2
牧庵集三十六卷年譜一卷 （元）姚燧撰　清光緒二十五年（1899）廣雅書局刻武英殿聚珍版書本　七册

440000－2543－0001871　O/821.05/362
郝文忠公陵川文集三十九卷附一卷 （元）郝經撰　（清）王鏐編　清道光十六年（1836）刻本　十册

440000－2543－0001872　VO/821.05/390
清閟閣全集十二卷 （元）倪瓚著　清康熙五十二年（1713）曹氏城書室刻本　八册

440000－2543－0001873　O/821.05/437
牆東類稿二十卷補遺一卷校勘記一卷 （元）陸文圭撰　清光緒二十二年（1896）武進盛氏刻朱印本　四册

440000－2543－0001874　O/821.05/570－2
虞文靖公道園全集六十卷 （元）虞集撰　清道光十七年（1837）岷陽鵝溪村舍刻本　十册

440000－2543－0001875　O/821.05/598
松雪齋集十卷外集一卷謚文一卷行狀一卷 （元）趙孟頫撰　清清德堂刻本　二册

440000－2543－0001876　VO/821.05/598－2
趙文敏公松雪齋全集十卷外集一卷續集一卷行狀一卷 （元）趙孟頫撰　（清）曹培廉校　清康熙五十二年（1713）曹氏城書室刻本　六册

440000－2543－0001877　VO/821.05/598－2(2)
趙文敏公松雪齋全集十卷外集一卷續集一卷行狀一卷 （元）趙孟頫撰　（清）曹培廉校　清康熙五十二年（1713）曹氏城書室刻本　四册

440000－2543－0001878　O/821.05/675
隱居通議三十一卷　（元）劉壎撰　清嘉慶六年（1801）刻本　八册

440000－2543－0001879　O/821.05/730
雁門集六卷補遺一卷別錄一卷倡和錄一卷　（元）薩都剌撰　清宣統二年（1910）刻本　六册

440000－2543－0001880　VO/821.05/730－2
薩天錫詩集三卷　（元）薩都剌撰　明汲古閣刻本　二册

440000－2543－0001881　O/821.06/15
方正學先生遜志齋集二十四卷外紀一卷拾補一卷　（明）方孝孺撰　（清）俞化鵬重輯　清康熙三十七年（1698）刻本　十四册

440000－2543－0001882　VO/821.06/15.1
大隱樓集十七卷　（明）方逢時著　清乾隆四十二年（1777）滋元堂刻本　六册

440000－2543－0001883　O/821.06/21－3
王文成公集要七卷　（明）王守仁撰　**觀感錄一卷**　（清）李中孚編次　清嘉慶三年（1798）刻本　六册

440000－2543－0001884　VO/821.06/21－7
陽明先生集要三編理學四卷經濟七卷文章四卷年譜一卷　（明）王守仁撰　（明）施邦曜評輯　清乾隆五十二年（1787）刻本　十二册

440000－2543－0001885　O/821.06/21－8
王陽明先生全集二十二卷年譜一卷　（明）王守仁撰　（清）俞嶙重編　清刻本　二十二册

440000－2543－0001886　O/821.06/21－9
王文成公全書三十八卷　（明）王守仁撰　清刻本　二十四册

440000－2543－0001887　VO/821.06/21.2
遵巖先生文集四十二卷　（明）王慎中撰　清康熙五十年（1711）刻本　十五册

440000－2543－0001888　VO/821.06/21.3
王忠文公文集十二卷　（明）王禕撰　（明）劉傑編　（明）劉同校　明嘉靖元年（1522）張齊刻修補印本　六册

440000－2543－0001889　VO/821.06/22
鳳洲筆記二十四卷　（明）王世貞著　明海虞黃美中刻本　十二册

440000－2543－0001890　O/821.06/22－2
弇州山人詩集五十二卷目錄八卷文苑傳一卷　（明）王世貞撰　清光緒三十三年（1907）渭南嚴氏刻本　十四册

440000－2543－0001891　VO/821.06/22－3
弇州山人四部稿一百七十四卷目錄十二卷　（明）王世貞著　明世經堂刻本　二十九册　存一百三十四卷（一至一百二十二、目錄十二卷）

440000－2543－0001892　VO/821.06/22－3(2)
弇州山人四部稿一百七十四卷目錄十二卷　（明）王世貞著　明世經堂刻本　三十四册　缺二十八卷（五十五至六十四、八十一至八十五、一百一至一百十三）

440000－2543－0001893　VO/821.06/22－4
弇州山人續稿二百七卷目錄十卷　（明）王世貞撰　明刻本　四十一册　缺二十六卷（二十六至三十六、四十二至四十七、一百十七至一百二十一、一百六十二至一百六十五）

440000－2543－0001894　VO/821.06/22－5
弇州山人續稿選三十八卷目錄一卷　（明）王世貞撰　（明）顧起元選　明刻本　十九册　缺一卷（目錄一卷）

440000－2543－0001895　VO/821.06/22.2
王文恪公集三十六卷　（明）王鏊撰　**鵑音一卷白社詩草一卷**　（明）王禹聲編著　**名公筆記一卷**　（明）吳廷舉等撰　明萬曆震澤王氏三槐堂刻本　二十册

440000－2543－0001896　O/821.06/61
左忠毅公集三卷年譜二卷傳一卷　（明）左光斗撰　清乾隆四年（1739）左氏刻本　二册

440000－2543－0001897　O/821.06/73
史忠正公集四卷首一卷末一卷　（明）史可法

撰　清乾隆五十三年(1788)刻本　二册

440000－2543－0001898　O/821.06/81
丘文莊公集十卷　(明)丘濬撰　清道光十七年(1837)刻本　六册

440000－2543－0001899　O/821.06/81－2
瓊臺詩文會稿重編二十四卷　(明)丘濬撰　明刻清順治印本　八册

440000－2543－0001900　VO/821.06/82
瑞陽阿集十卷　(明)江東之撰　清乾隆八年(1743)東皋堂刻本　八册

440000－2543－0001901　O/821.06/122
宋學士全集三十二卷附錄二卷補遺八卷　(明)宋濂撰　清同治十三年(1874)胡氏退補齋刻本　二十四册

440000－2543－0001902　VO/821.06/122－3
新刊宋學士全集三十三卷　(明)宋濂撰　(明)韓叔陽匯集　明嘉靖三十年(1551)韓叔陽刻本(卷三、卷九抄配)　十八册

440000－2543－0001903　O/821.06/122－4
宋文憲公全集五十三卷首四卷　(明)宋濂撰　清嘉慶十五年(1810)刻本　二十册

440000－2543－0001904　O/821.06/151
落落齋遺集十卷附錄一卷　(明)李應昇撰　清光緒二十二年(1896)武進盛氏刻本　四册

440000－2543－0001905　O/821.06/152
滄溟先生集三十卷附錄一卷　(明)李攀龍撰　清道光二十七年(1847)景福堂刻本　六册

440000－2543－0001906　O/821.06/152(2)
滄溟先生集三十卷附錄一卷　(明)李攀龍撰　清道光二十七年(1847)景福堂刻本　八册

440000－2543－0001907　O/821.06/152－2
滄溟先生集三十一卷附錄一卷　(明)李攀龍撰　明萬曆二年(1574)刻本　八册

440000－2543－0001908　O/821.06/152－3
滄溟詩集十四卷　(明)李攀龍撰　清光緒三十三年(1907)渭南嚴氏刻本　四册

440000－2543－0001909　VO/821.06/152－4
滄溟先生集三十一卷　(明)李攀龍撰　**附錄一卷附錄補遺一卷**　(明)王世貞等撰　明萬曆二十六年(1598)刻本　六册

440000－2543－0001910　VO/821.06/153
空同子集六十六卷目錄三卷附錄二卷　(明)李夢陽撰　明萬曆三十年(1602)鄧雲霄刻本　二十八册

440000－2543－0001911　O/821.06/153－2
空同先生集六十三卷　(明)李夢陽撰　明萬曆七年(1579)浙江徐氏思山堂刻本　二十六册

440000－2543－0001912　O/821.06/153－3
空同詩集三十四卷　(明)李夢陽撰　清光緒十五年(1889)渭南嚴氏刻二十六年(1900)校補刻本　六册

440000－2543－0001913　O/821.06/153－4
李空同詩集三十三卷附錄一卷　(明)李夢陽撰　清宣統二年(1910)上海掃葉山房石印本　五册

440000－2543－0001914　O/821.06/153－4(2)
李空同詩集三十三卷附錄一卷　(明)李夢陽撰　清宣統二年(1910)上海掃葉山房石印本　八册

440000－2543－0001915　VO/821.06/180
大復集三十七卷　(明)何景明撰　明嘉靖三十四年(1555)袁璨刻本　十六册

440000－2543－0001916　O/821.06/180－2
信陽詩集二十六卷　(明)何景明撰　清光緒三十三年(1907)渭南嚴氏刻本　四册

440000－2543－0001917　VO/821.06/180－3
何大復先生集三十八卷附錄一卷　(明)何景明撰　明萬曆五年(1577)南海陳氏刻本　十一册　缺四卷(一至四)

440000－2543－0001918　O/821.06/181
汲古堂集二十八卷　(明)何白撰　清道光十六年(1836)刻本　十册

440000－2543－0001919　O/821.06/194
韻語不分卷　（明）余鳴盛撰　明崇禎二年(1629)刻本　二冊

440000－2543－0001920　O/821.06/211
東莆先生文集六卷　（明）林大欽撰　清光緒十年(1884)林炳麟刻本　五冊

440000－2543－0001921　O/821.06/242
金忠節公文集八卷附傳一卷　（明）金聲撰　清道光七年(1827)刻本　四冊

440000－2543－0001922　O/821.06/277
竹巖集十八卷補遺一卷續補遺一卷附錄一卷　（明）柯潛撰　清光緒十四年(1888)刻本　四冊

440000－2543－0001923　O/821.06/330
海忠介公集六卷附傳一卷　（明）海瑞撰　清道光十七年(1837)刻本　二冊

440000－2543－0001924　VO/821.06/330－2
海剛峰先生文集二卷　（明）海瑞撰　（清）張伯行編訂　清康熙四十九年(1710)張氏正誼堂刻本　二冊

440000－2543－0001925　VO/821.06/332－2
青邱高季迪先生詩集十八卷首一卷鳧藻集五卷遺詩一卷扣舷集一卷附錄一卷　（明）高啟撰　（清）金檀注　清雍正六年(1728)金氏文瑞樓刻本　十二冊

440000－2543－0001926　VO/821.06/332－2(2)
青邱高季迪先生詩集十八卷首一卷鳧藻集五卷遺詩一卷扣舷集一卷附錄一卷　（明）高啓撰　（清）金檀注　清雍正六年(1728)金氏文瑞樓刻本　八冊

440000－2543－0001927　O/821.06/332－4
青邱高季迪先生詩集十八卷首一卷遺詩一卷扣舷集一卷鳧藻集五卷附錄一卷　（明）高啓撰　（清）金檀輯注　清雍正六年(1728)刻本　八冊

440000－2543－0001928　O/821.06/332－4(2)
青邱高季迪先生詩集十八卷首一卷遺詩一卷扣舷集一卷鳧藻集五卷附錄一卷　（明）高啓撰　（清）金檀輯注　清雍正六年(1728)刻本　四冊

440000－2543－0001929　O/821.06/332－6
高季迪先生大全集十八卷　（明）高啓撰　清光緒十四年(1888)刻本　六冊

440000－2543－0001930　O/821.06/337
荆川集十八卷補遺一卷附錄一卷　（明）唐順之撰　清光緒二十一年(1895)武進盛氏思惠齋刻朱印本　八冊

440000－2543－0001931　VO/821.06/337－3
荆川文集十八卷　（明）唐順之撰　清康熙五十一年(1712)唐氏刻本　八冊

440000－2543－0001932　VO/821.06/337.1
唐伯虎集四卷外集一卷　（明）唐寅撰　（明）沈思輯次　明萬曆四十年(1612)曹元亮翠竺山房刻本　四冊

440000－2543－0001933　O/821.06/337.1－2
六如居士全集七卷補遺一卷　（明）唐寅撰　清刻本　六冊

440000－2543－0001934　O/821.06/346
枝山文集四卷　（明）祝允明撰　清同治十三年(1874)元和祝氏刻本　二冊

440000－2543－0001935　O/821.06/359
梨雲館類定袁中郎先生全集二十四卷　（明）袁宏道撰　清同治八年(1869)公安袁照刻本　十二冊

440000－2543－0001936　O/821.06/375
西庵集八卷首一卷　（明）孫蕡撰　清道光十年(1830)姑蘇葉初春刻本　四冊

440000－2543－0001937　O/821.06/375(2)
西庵集八卷首一卷　（明）孫蕡撰　清道光十年(1830)姑蘇葉初春刻本　四冊

440000－2543－0001938　O/821.06/393.1
居易堂集二十卷　（明）徐枋撰　清嘉慶二十年(1815)徐氏刻本　十二冊

440000－2543－0001939　VO/821.06/393.2

徐文長文集三十卷　(明)徐渭撰　(明)袁宏道評點　(明)閔德美校訂　明萬曆四十二年(1614)鍾人傑刻本　二册　存十一卷(一至十一,皆殘缺)

440000－2543－0001940　VO/821.06/402.1
梁文康公文集(鬱洲遺稿)十卷　(明)梁儲撰　明嘉靖四十五年(1566)刻本　四册

440000－2543－0001941　VO/821.06/415
康對山先生文集十卷附錄一卷　(明)康海撰　清乾隆二十六年(1761)武功縣刻本　十册

440000－2543－0001942　O/821.06/418.1
區太史詩集二十七卷四書翼六卷疏草一卷　(明)區大相撰　清光緒十三年(1887)刻本　六册

440000－2543－0001943　O/821.06/428.1
張龍湖先生文集十五卷附傳　(明)張治撰　(清)彭思眷編　清雍正墨香閣刻本　四册

440000－2543－0001944　O/821.06/429
張文忠公全集四十九卷　(明)張居正撰　清光緒二十七年(1901)紅藤碧樹山館刻朱印本　八册

440000－2543－0001945　O/821.06/429(2)
張文忠公全集四十九卷　(明)張居正撰　清光緒二十七年(1901)紅藤碧樹山館刻朱印本　十六册

440000－2543－0001946　O/821.06/429－3
張文忠公詩文集十七卷　(明)張居正撰　清宣統三年(1911)醉萬堂石印本　三册　缺四卷(文集五至八)

440000－2543－0001947　O/821.06/441
閩陳徵君詩集四卷　(明)陳亮撰　明萬曆三年(1575)三山袁表等刻本　一册

440000－2543－0001948　O/821.06/441.1
敬止集四卷　(明)陳應芳撰　清抄本　二册

440000－2543－0001949　O/821.06/442
謝山存稿十卷附傳　(明)陳吾德撰　清嘉慶十八年(1813)刻本　四册

440000－2543－0001950　O/821.06/442.1
懸榻齋詩集一卷文集一卷　(明)陳履撰　清同治九年(1870)廣州華文堂刻本　二册

440000－2543－0001951　O/821.06/443
白沙子全集十卷首一卷末一卷古詩教解二卷　(明)陳獻章撰　清咸豐元年(1851)新會阮氏夢窗堂刻本　十册

440000－2543－0001952　VO/821.06/443－3
白沙子全集六卷首一卷　(明)陳獻章撰　清康熙四十九年(1710)刻本　六册

440000－2543－0001953　VO/821.06/443－4
白沙子全集十卷首一卷　(明)陳獻章撰　清乾隆三十六年(1771)碧玉樓刻本　八册

440000－2543－0001954　O/821.06/444
白石樵真稿二十一卷　(明)陳繼儒撰　明末刻本　八册

440000－2543－0001955　VO/821.06/444－2
眉公先生晚香堂小品二十四卷　(明)陳繼儒撰　明末湯大節簡綠居刻本　十八册　存十九卷(一至十九)

440000－2543－0001956　O/821.06/444.1
陳巖野先生全集四卷　(明)陳邦彦撰　(清)溫汝能輯　清嘉慶十年(1805)刻本　四册

440000－2543－0001957　O/821.06/449
陶學士先生文集二十卷年譜一卷　(明)陶安撰　清同治五年(1866)永寧官廨刻本　六册

440000－2543－0001958　VO/821.06/470
湛甘泉先生文集三十二卷　(明)湛若水撰　清康熙二十年(1681)江寧黄楷刻本　十六册

440000－2543－0001959　O/821.06/470－2
湛甘泉先生文集三十二卷　(明)湛若水撰　清同治五年(1866)資政堂刻本　十册

440000－2543－0001960　O/821.06/470－2(2)
湛甘泉先生文集三十二卷　(明)湛若水撰　清同治五年(1866)資政堂刻本　十册

440000－2543－0001961　O/821.06/477
馮少墟集二十二卷續五卷　(明)馮從吾撰

清光緒二十二年(1896)少墟書院刻本　十八冊　缺一卷(續五)

440000－2543－0001962　VO/821.06/477－2
馮少墟集二十二卷　(明)馮從吾撰　明萬曆四十六年(1618)刻本　十四冊

440000－2543－0001963　VO/821.06/491－3
陶菴全集二十三卷首一卷末一卷　(明)黄淳耀撰　清乾隆二十六年(1761)刻本　十二冊

440000－2543－0001964　O/821.06/491.1
黄漳浦全集五十卷首一卷年譜二卷　(明)黄道周撰　清道光六年(1826)刻本　二十冊

440000－2543－0001965　O/821.06/556
太史升庵全集八十一卷外集一百卷遺集二十六卷　(明)楊慎撰　清新都周參元刻本　三十二冊

440000－2543－0001966　O/821.06/556－2
太史升庵遺集二十六卷　(明)楊慎撰　清道光二十四年(1844)刻本　四冊

440000－2543－0001967　O/821.06/556－3
太史升庵全集八十一卷外集一百卷　(明)楊慎撰　清道光二十四年(1844)刻本　五十四冊

440000－2543－0001968　O/821.06/556－4
太史升庵遺集二十六卷　(明)楊慎撰　清道光二十四年(1844)景清堂刻本　六冊

440000－2543－0001969　O/821.06/556.1－3
鐵崖三種樂府注十卷逸編注八卷詠史注八卷　(元)楊維楨撰　(清)樓卜瀍注　清光緒十四年(1888)刻本　六冊

440000－2543－0001970　O/821.06/556.3
楊忠烈公文集十卷首一卷末一卷　(明)楊漣撰　清光緒三年(1877)胡氏退補齋刻本　七冊

440000－2543－0001971　O/821.06/566
集玉山房稿十卷　(明)葛昕撰　清刻本　四冊

440000－2543－0001972　O/821.06/576
解文毅公集十六卷首一卷附錄一卷　(明)解縉撰　清乾隆三十一年(1766)刻本　六冊

440000－2543－0001973　VO/821.06/634
歐虞部集七十九卷附李英集五卷　(明)歐大任撰　清刻本　十六冊

440000－2543－0001974　VO/821.06/634.1
琭玉齋稿十四卷勾漏草一卷羅浮稿二卷溪上草一卷　(明)歐必元撰　清刻本　四冊

440000－2543－0001975　O/821.06/645
漱玉齋文集三卷　(明)鄧雲霄撰　清同治十一年(1872)鄧佐槐刻本　二冊

440000－2543－0001976　O/821.06/661
鄭少谷先生全集二十四卷首一卷　(明)鄭善夫撰　清道光五年(1825)刻本　六冊

440000－2543－0001977　O/821.06/667
練中丞金川集二卷詩一卷遺事錄一卷雜錄一卷祭文本傳　(明)練子寧撰　清乾隆二十七年(1762)刻本　四冊

440000－2543－0001978　O/821.06/671.1
秫坡黎先生集八卷首一卷末一卷　(明)黎貞撰　清光緒元年(1875)都會三賢居書屋刻本　四冊

440000－2543－0001979　O/821.06/675－2
太師誠意伯劉文成公集二十卷　(明)劉基撰　清光緒二十六年(1900)浙江書局刻本　十冊

440000－2543－0001980　O/821.06/684
霍勉齋集二十二卷　(明)霍與瑕撰　清乾隆三十三年(1768)刻道光三年(1823)、咸豐七年(1857)、光緒十二年(1886)遞修本　十冊

440000－2543－0001981　O/821.06/684－2
霍勉齋集二十二卷　(明)霍與瑕撰　清乾隆三十三年(1768)刻道光三年(1823)、咸豐七年(1857)遞修本　十冊

440000－2543－0001982　O/821.06/684.1
霍文敏公全集十卷石頭錄八卷　(明)霍韜撰　清同治元年(1862)石頭書院刻本　十六冊

440000－2543－0001983　O/821.06/690
溪園詩稿九卷遺稿五卷梅花百詠一卷　（明）駱則民撰　清嘉慶十年（1805）木活字印本　一冊

440000－2543－0001984　O/821.06/717
四溟山人詩集十卷　（明）謝榛撰　清宣統元年（1909）問影樓鉛印本　三冊

440000－2543－0001985　O/821.06/717（2）
四溟山人詩集十卷　（明）謝榛撰　清宣統元年（1909）問影樓鉛印本　一冊

440000－2543－0001986　O/821.06/724
吹劍集十二卷　（明）蘇葵撰　清光緒六年（1880）刻本　五冊

440000－2543－0001987　O/821.06/731.1
文清公薛先生文集二十四卷讀書錄十一卷讀書續錄十二卷　（明）薛瑄撰　（明）張鼎編　清刻本　二十冊

440000－2543－0001988　VO/821.06/735
翠娛閣評選鍾伯敬先生合集十三卷　（明）鍾惺撰　（明）陸雲龍評定　明崇禎九年（1636）錢塘陸氏刻本　十冊

440000－2543－0001989　O/821.06/740
從野堂存稿八卷首一卷末一卷外集一卷　（明）繆昌期撰　清同治十三年（1874）海陵別業刻本　四冊

440000－2543－0001990　O/821.06/746
鄺海雪集箋十二卷　（明）鄺露撰　（清）鄺廷瑤箋　清咸豐元年（1851）刻本　四冊

440000－2543－0001991　VO/821.06/746－2
嶠雅不分卷　（明）鄺露撰　清刻本　一冊

440000－2543－0001992　O/821.06/756
瞿忠宣公集十卷　（明）瞿式耜撰　清光緒十三年（1887）刻本　四冊

440000－2543－0001993　O/821.06/759－2
震川先生集三十卷別集十卷　（明）歸有光撰　清光緒六年（1880）常熟歸氏刻本　十二冊

440000－2543－0001994　O/821.06/759－2（2）
震川先生集三十卷別集十卷　（明）歸有光撰　清光緒六年（1880）常熟歸氏刻本　二十冊

440000－2543－0001995　O/821.06/775
羅司勳文集八卷外集一卷　（明）羅虞臣撰　清順德羅虞獻刻本　三冊

440000－2543－0001996　O/821.06/775（2）
羅司勳文集八卷外集一卷　（明）羅虞臣撰　清順德羅虞獻刻本　三冊

440000－2543－0001997　O/821.06/775.1
羅念庵先生文錄十八卷附錄一卷　（明）羅洪先撰　清光緒十二年（1886）安齋刻本　八冊

440000－2543－0001998　O/821.06/791
顧端文公遺書七十二卷附三卷　（明）顧憲成撰　清光緒三年（1877）刻本　十八冊

440000－2543－0001999　O/821.06/795
雲岡文集二十卷首一卷　（明）龔用卿撰　清光緒三十年（1904）福州龔彝圖刻本　十冊

440000－2543－0002000　O/821.07/15
望溪先生文集十八卷集外文十卷集外補遺二卷年譜二卷　（清）方苞撰　清咸豐元年（1851）刻本　十冊

440000－2543－0002001　O/821.07/15（2）
望溪先生文集十八卷集外文十卷集外補遺二卷年譜二卷　（清）方苞撰　清咸豐元年（1851）刻本　十二冊

440000－2543－0002002　O/821.07/15－5
望溪先生文偶抄不分卷　（清）方苞撰　（清）王兆符輯　清刻本　六冊

440000－2543－0002003　O/821.07/15.1
柏堂集九十五卷　（清）方宗誠撰　清光緒八年（1882）刻本　二十四冊

440000－2543－0002004　O/821.07/15.2
儀衛軒文集十二卷外集一卷年譜一卷　（清）方東樹撰　清同治七年（1868）刻本　六冊

440000－2543－0002005　O/821.07/15.3
鐵船詩鈔二十一卷樂府四卷　（清）方元鵾撰　清道光十六年（1836）刻本　六冊

440000－2543－0002006　O/821.07/15.4
咸陟堂文集二十五卷文二集八卷賦一卷詩十七卷詩二集六卷附傳一卷　(清)釋成鷲撰　清道光二十五年(1845)刻本　三十册

440000－2543－0002007　VO/821.07/21
横雲山人集二十六卷附五卷　(清)王鴻緒撰　清康熙刻本　五册

440000－2543－0002008　O/821.07/21.1
雙紅豆館遺稿一卷　(清)王潔撰　清同治十三年(1874)李克納刻本　一册

440000－2543－0002009　O/821.07/21.2
晚聞居士遺集九卷首一卷　(清)王宗炎撰　清道光十一年(1831)刻本　六册

440000－2543－0002010　O/821.07/21.3
養拙齋詩十四卷附二卷　(清)王必達撰　清光緒十九年(1893)刻本　四册

440000－2543－0002011　O/821.07/21.4
太華山人詩存五卷　(清)王益謙撰　清同治元年(1862)廣州刻本　一册

440000－2543－0002012　O/821.07/21.5
舊香居文稿十卷　(清)王寶仁撰　清道光二十一年(1841)六安學舍刻本　八册

440000－2543－0002013　VO/821.07/22
帶經堂集九十二卷　(清)王士禛撰　清康熙五十一年(1712)程哲七略書堂刻本　四十册

440000－2543－0002014　VO/821.07/22(2)
帶經堂集九十二卷　(清)王士禛撰　清康熙五十一年(1712)程哲七略書堂刻本　二十册

440000－2543－0002015　VO/821.07/22(3)
帶經堂集九十二卷　(清)王士禛撰　清康熙五十一年(1712)程哲七略書堂刻本　四十八册

440000－2543－0002016　VO/821.07/22－2
漁洋山人精華録十卷　(清)王士禛撰　清康熙三十九年(1700)林佶刻本　四册

440000－2543－0002017　O/821.07/22－3
漁洋山人精華録訓纂十卷年譜二卷附録一卷訓纂補十卷　(清)王士禛撰　(清)惠棟編　清光緒十七年(1891)會稽徐氏述史樓刻本　十四册

440000－2543－0002018　O/821.07/22－3(2)
漁洋山人精華録訓纂十卷年譜二卷附録一卷訓纂補十卷　(清)王士禛撰　(清)惠棟編　清光緒十七年(1891)會稽徐氏述史樓刻本　十六册

440000－2543－0002019　VO/821.07/22－5
漁洋山人精華録訓纂十卷目録二卷　(清)王士禛撰　(清)惠棟訓纂　清紅豆齋刻本　二十册

440000－2543－0002020　VO/821.07/22－6
漁洋山人文略十四卷　(清)王士禛撰　清康熙刻本　五册

440000－2543－0002021　VO/821.07/22－8
漁洋山人精華録箋注十二卷補一卷　(清)王士禛撰　(清)金榮箋注　清金氏鳳翽堂刻本　十二册

440000－2543－0002022　VO/821.07/22－8(2)
漁洋山人精華録箋注十二卷補一卷　(清)王士禛撰　(清)金榮箋注　清金氏鳳翽堂刻本　六册

440000－2543－0002023　VO/821.07/22－10
蠶尾集十卷後集二卷續集二卷　(清)王士禛撰　清康熙刻本　五册

440000－2543－0002024　O/821.07/22－11
蠶尾集十卷續集二卷後集二卷　(清)王士禛撰　清刻本　四册

440000－2543－0002025　O/821.07/22.2
虎谷集賦詩十卷文集四卷行實録一卷寓别集一卷聯珠集一卷贈行集一卷會合集一卷　(明)王雲鳳撰　清嘉慶二十二年(1817)刻本　六册

440000－2543－0002026　O/821.07/22.4
砥齋集十二卷　(清)王弘撰著　清光緒二十年至二十七年(1894－1901)刻本　六册

440000－2543－0002027　O/821.07/22.5
弇山詩鈔二十二卷首一卷末一卷　(清)王霖撰　清道光五年至八年(1825－1828)刻本　八册

440000－2543－0002028　VO/821.07/22.6
白田草堂存稿二十四卷崇祀鄉賢祠錄一卷行狀一卷　(清)王懋竑撰　清乾隆刻本　六册

440000－2543－0002029　O/821.07/23
西沚居士集二十四卷　(清)王鳴盛撰　清道光三年(1823)自怡山房刻本　二册

440000－2543－0002030　O/821.07/23.1
王艮齋詩集十卷　(清)王峻撰　清乾隆長洲蔣棨刻本　四册

440000－2543－0002031　O/821.07/23.2
小言集不分卷　(清)王敬之撰　清道光刻本　六册

440000－2543－0002032　VO/821.07/23.3
含星别集(崇禎宫詞)二卷　(清)王譽昌編　清康熙五十二年(1713)刻本　一册

440000－2543－0002033　O/821.07/24
龍壁山房文集八卷　(清)王拯撰　清光緒七年(1881)刻本　二册

440000－2543－0002034　O/821.07/24－2
龍壁山房詩草十二卷　(清)王拯撰　清咸豐四年(1854)京師刻本　四册

440000－2543－0002035　O/821.07/24.1
琴籟閣詩鈔十七卷　(清)王利亨撰　清道光十二年(1832)刻本　四册

440000－2543－0002036　O/821.07/25
瞎堂詩集二十卷首一卷　(清)釋函昰撰　清刻本　四册

440000－2543－0002037　VO/821.07/33
尤太史西堂餘集四十卷　(清)尤侗撰　清康熙三十三年(1694)刻本　二十八册

440000－2543－0002038　VO/821.07/33－2
西堂文集二十四卷詩集三十七卷　(清)尤侗撰　清康熙刻本　十二册

440000－2543－0002039　VO/821.07/33－2(2)
西堂文集二十四卷詩集三十七卷　(清)尤侗撰　清康熙刻本　二十册

440000－2543－0002040　VO/821.07/33－3
西堂全集六十一卷　(清)尤侗撰　清華文堂刻本　十三册

440000－2543－0002041　VO/821.07/33－3(2)
西堂全集六十一卷　(清)尤侗撰　清刻本　十八册

440000－2543－0002042　O/821.07/33－4
西堂雜組一集八卷二集八卷　(清)尤侗撰　清刻本　四册

440000－2543－0002043　O/821.07/33－5
看雲草堂集八卷　(清)尤侗撰　清刻本　三册

440000－2543－0002044　O/821.07/33－6
西堂剩槀二卷　(清)尤侗撰　清刻本　一册

440000－2543－0002045　O/821.07/33－7
西堂秋夢錄一卷　(清)尤侗撰　清刻本　一册

440000－2543－0002046　O/821.07/33－8
哀絃集一卷　(清)尤侗撰　清刻本　一册

440000－2543－0002047　VO/821.07/52
西河文選十一卷　(清)毛奇齡撰　清康熙三十五年(1696)刻本　十二册

440000－2543－0002048　O/821.07/56
甘莊恪公全集十六卷　(清)甘汝來撰　清刻本　四册

440000－2543－0002049　VO/821.07/57
獨學廬初稿三卷附江湖集　(清)石韞玉著　清刻本　三册

440000－2543－0002050　O/821.07/57.1
南雪草堂詩鈔三卷首一卷　(清)石經撰　清咸豐二年(1852)刻本　一册

440000－2543－0002051　O/821.07/61
左文襄公全集首一卷奏稿六十四卷謝摺二卷

文集五卷詩集一卷聯語一卷藝學說帖一卷書牘二十六卷批札七卷咨札一卷告示一卷　（清）左宗棠撰　**駱文忠公奏稿十卷**　（清）駱秉章撰　**張大司馬奏稿四卷**　（清）張亮基撰　**左文襄公年譜十卷**　（清）羅正鈞纂　清光緒十六年至二十三年（1890－1897）刻本　一百八冊

440000－2543－0002052　O/821.07/71
聽山集三卷荆園小語一卷詩八卷附年譜傳鄉賢錄　（清）申涵光撰　清刻本　六冊

440000－2543－0002053　VO/821.07/72
山薑詩選二十一卷　（清）田雯撰　清康熙三十一年（1692）刻本　四冊

440000－2543－0002054　O/821.07/73
全史宮詞二十卷　（清）史夢蘭撰　清咸豐六年（1856）史氏刻本　四冊

440000－2543－0002055　O/821.07/73（2）
全史宮詞二十卷　（清）史夢蘭撰　清咸豐六年（1856）史氏刻本　四冊

440000－2543－0002056　O/821.07/73（3）
全史宮詞二十卷　（清）史夢蘭撰　清咸豐六年（1856）史氏刻本　四冊

440000－2543－0002057　O/821.07/73（4）
全史宮詞二十卷　（清）史夢蘭撰　清咸豐六年（1856）史氏刻本　六冊

440000－2543－0002058　O/821.07/81
邱邦士文集十八卷首一卷　（清）邱維屏撰　清光緒元年（1875）一房山家刻本　八冊

440000－2543－0002059　O/821.07/83
玉磑集四卷紀城詩稾四卷鬵音一卷壽壙碑辭一卷　（清）安致遠撰　**綺樹閣賦稾一卷詩稾一卷**　（清）安箕撰　清康熙刻本　四冊

440000－2543－0002060　O/821.07/98
曝書亭集十八卷附錄一卷　（清）朱彝尊撰　**笛漁小稿十卷**　（清）朱昆田撰　清光緒十五年（1889）刻本　十六冊

440000－2543－0002061　O/821.07/98（2）
曝書亭集十八卷附錄一卷　（清）朱彝尊撰　**笛漁小稿十卷**　（清）朱昆田撰　清光緒十五年（1889）刻本　十六冊

440000－2543－0002062　O/821.07/98（3）
曝書亭集十八卷附錄一卷　（清）朱彝尊撰　**笛漁小稿十卷**　（清）朱昆田撰　清光緒十五年（1889）刻本　十二冊

440000－2543－0002063　O/821.07/98（4）
曝書亭集十八卷附錄一卷　（清）朱彝尊撰　**笛漁小稿十卷**　（清）朱昆田撰　清光緒十五年（1889）刻本　十八冊

440000－2543－0002064　O/821.07/98（5）
曝書亭集十八卷附錄一卷　（清）朱彝尊撰　**笛漁小稿十卷**　（清）朱昆田撰　清光緒十五年（1889）刻本　十六冊

440000－2543－0002065　O/821.07/98－2
曝書亭集二十三卷　（清）朱彝尊撰　（清）孫銀槎輯注　清嘉慶九年（1804）刻本　十冊

440000－2543－0002066　O/821.07/98－4
曝書亭集八十卷附錄一卷墓誌銘一卷　（清）朱彝尊撰　清康熙五十三年（1714）刻本　三十冊

440000－2543－0002067　O/821.07/98－4（2）
曝書亭集八十卷附錄一卷墓誌銘一卷　（清）朱彝尊撰　清康熙五十三年（1714）刻本　十冊

440000－2543－0002068　O/821.07/98.1
朱九江先生集十卷首四卷　（清）朱次琦撰　清光緒二十三年（1897）刻本　四冊

440000－2543－0002069　O/821.07/98.1（2）
朱九江先生集十卷首四卷　（清）朱次琦撰　清光緒二十三年（1897）刻本　四冊

440000－2543－0002070　O/821.07/98.1（3）
朱九江先生集十卷首四卷　（清）朱次琦撰　清光緒二十三年（1897）刻本　四冊

440000－2543－0002071　O/821.07/98.2
笥河詩文集詩二十卷文十六卷　（清）朱筠撰

清嘉慶八年(1803)刻本　十冊

440000－2543－0002072　O/821.07/98.3
棣垞集四卷首一卷外集三卷　(清)朱啟連撰　清刻本　二冊

440000－2543－0002073　O/821.07/98.4
怡志堂詩初編八卷　(清)朱琦撰　清咸豐七年(1857)刻本　一冊

440000－2543－0002074　O/821.07/98.5
退思粗訂稿二卷　(清)朱文翰撰　清刻本　四冊

440000－2543－0002075　O/821.07/106
一匏居詩鈔二卷　(清)伍士楷著　清光緒十年(1884)刻本　一冊

440000－2543－0002076　O/821.07/110
留春草堂詩鈔七卷　(清)伊秉綬撰　清嘉慶十九年(1814)刻光緒六年(1880)伊清阿補刻本　四冊

440000－2543－0002077　O/821.07/115
清芬樓遺稿四卷　(清)任啟運撰　清嘉慶二十二年(1817)刻本　四冊

440000－2543－0002078　O/821.07/117
鮚埼亭集三十八卷經史問答十卷外編五十卷首一卷　(清)全祖望撰　清同治十一年(1872)姚江借樹山房刻本　二十冊

440000－2543－0002079　O/821.07/117(2)
鮚埼亭集三十八卷經史問答十卷外編五十卷首一卷　(清)全祖望撰　清同治十一年(1872)姚江借樹山房刻本(鮚埼亭集卷首、卷一爲抄本補配)　二十二冊

440000－2543－0002080　O/821.07/117(3)
鮚埼亭集三十八卷經史問答十卷外編五十卷首一卷　(清)全祖望撰　清同治十一年(1872)姚江借樹山房刻本　二十六冊

440000－2543－0002081　O/821.07/117(4)
鮚埼亭集三十八卷經史問答十卷外編五十卷首一卷　(清)全祖望撰　清同治十一年(1872)姚江借樹山房刻本　二十四冊

440000－2543－0002082　O/821.07/117(5)
鮚埼亭集三十八卷經史問答十卷外編五十卷首一卷　(清)全祖望撰　清同治十一年(1872)姚江借樹山房刻本　二十四冊

440000－2543－0002083　VO/821.07/122
綿津山人詩集三十一卷楓香詞一卷漫堂説詩一卷筠廊偶筆二卷怪石贊一卷漫堂墨品一卷　(清)宋犖撰　**雪堂墨品一卷**　(清)張仁熙撰　**緯蕭草堂詩三卷**　(清)宋至撰　清康熙刻本　六冊

440000－2543－0002084　O/821.07/122－2
西陂類稿五十卷　(清)宋犖撰　清康熙五十年(1711)刻本　十六冊

440000－2543－0002085　O/821.07/122－3
宋氏綿津詩鈔八卷　(清)宋犖撰　(清)邵長蘅選　清刻本　六冊

440000－2543－0002086　O/821.07/122.1
紅杏山房詩鈔十四卷　(清)宋湘撰　清嘉慶二十五年(1820)刻本　四冊

440000－2543－0002087　O/821.07/122.1(2)
紅杏山房詩鈔十四卷　(清)宋湘撰　清嘉慶二十五年(1820)刻本　四冊

440000－2543－0002088　O/821.07/122.3
懺花盦詩存十一卷　(清)宋澤元撰　清光緒三十二年(1906)刻本　三冊

440000－2543－0002089　VO/821.07/128
歸愚詩文全集七十六卷　(清)沈德潛撰　清乾隆二十九年(1764)教忠堂刻本　二十四冊

440000－2543－0002090　VO/821.07/128(2)
歸愚詩文全集七十六卷　(清)沈德潛撰　清乾隆二十九年(1764)教忠堂刻本　七冊

440000－2543－0002091　O/821.07/128.2
隱拙齋集五十卷續集五卷　(清)沈廷芳撰　清乾隆二十二年(1757)則經堂刻本　八冊

440000－2543－0002092　O/821.07/135
述學内篇三卷補遺一卷外篇一卷別錄一卷校刊一卷附錄一卷　(清)汪中撰　清同治八年

(1869)揚州書局刻本　四册

440000－2543－0002093　O/821.07/135(2)
述學内篇三卷補遺一卷外篇一卷別錄一卷校刊一卷附錄一卷　(清)汪中撰　清同治八年(1869)揚州書局刻本　一册

440000－2543－0002094　O/821.07/135(3)
述學内篇三卷補遺一卷外篇一卷別錄一卷校刊一卷附錄一卷　(清)汪中撰　清同治八年(1869)揚州書局刻本　二册

440000－2543－0002095　O/821.07/135(4)
述學内篇三卷補遺一卷外篇一卷別錄一卷校刊一卷附錄一卷　(清)汪中撰　清同治八年(1869)揚州書局刻本　二册

440000－2543－0002096　O/821.07/135(5)
述學内篇三卷補遺一卷外篇一卷別錄一卷校刊一卷附錄一卷　(清)汪中撰　清同治八年(1869)揚州書局刻本　二册

440000－2543－0002097　O/821.07/135－2
容甫先生遺詩五卷補遺一卷附録一卷　(清)汪中撰　清光緒十一年(1885)述古齋刻本　一册

440000－2543－0002098　O/821.07/135－2(2)
容甫先生遺詩五卷補遺一卷附録一卷　(清)汪中撰　清光緒十一年(1885)述古齋刻本　一册

440000－2543－0002099　O/821.07/135－3
述學内篇三卷補遺一卷外篇一卷別錄一卷　(清)汪中撰　清末民國刻本　四册

440000－2543－0002100　O/821.07/135.1
清尊集十六卷　(清)汪遠孫撰　清道光十九年(1839)錢塘振綺堂刻本　四册

440000－2543－0002101　VO/821.07/135.2－2
堯峯文鈔四十卷詩十卷　(清)汪琬撰　清康熙三十二年(1693)林佶刻本　十册　缺五卷(三十六至四十)

440000－2543－0002102　VO/821.07/135.3
鹿岡詩集四卷　(清)汪後來撰　清刻本　四册

440000－2543－0002103　O/821.07/135.4
隨山館詩簡編四卷　(清)汪瑔撰　清光緒十七年(1891)刻本　二册

440000－2543－0002104　O/821.07/135.4－2
隨山館全集三十一卷　(清)汪瑔撰　清光緒十年(1884)刻本　十三册

440000－2543－0002105　O/821.07/135.5
自然好學齋詩鈔十卷　(清)汪端撰　清同治十三年(1874)刻本　三册

440000－2543－0002106　O/821.07/135.6
小山泉閣詩存八卷　(清)汪為霖撰　清道光二十五年(1845)李堯佐刻本　八册

440000－2543－0002107　VO/821.07/148
雲川閣集十四卷　(清)杜詔撰　清雍正九年(1731)刻本　八册

440000－2543－0002108　O/821.07/148.1
洛川詩略二卷　(清)杜游撰　清道光三十年(1850)梁栻刻本　二册

440000－2543－0002109　O/821.07/148.2
變雅堂遺集十八卷附錄二卷　(清)杜濬撰　清光緒二十年(1894)刻本　六册

440000－2543－0002110　O/821.07/151
李文忠公全集一百六十五卷首一卷　(清)李鴻章撰　清光緒三十一年至三十四年(1905－1908)金陵刻本　一百册

440000－2543－0002111　O/821.07/151(3)
李文忠公全集一百六十五卷首一卷　(清)李鴻章撰　清光緒三十一年至三十四年(1905－1908)金陵刻本　一百册

440000－2543－0002112　O/821.07/151.2
養一齋文集二十卷李養一先生詩集四卷賦一卷詩餘一卷　(清)李兆洛著　清光緒四年(1878)刻本　十册

440000－2543－0002113　O/821.07/151.4－2
笠翁一家言全集十六卷　(清)李漁撰　清雍正八年(1730)芥子園刻本　三十二册

440000－2543－0002114　O/821.07/151.5
校經廎文稿十八卷　（清）李富孫撰　清道光元年（1821）讀書臺刻本　六冊

440000－2543－0002115　O/821.07/151.6
邁堂文略一卷　（清）李祖陶撰　清道光十五年（1835）鷺州書院刻本　一冊

440000－2543－0002116　O/821.07/152.1
小芋香館遺集十二卷　（清）李杭撰　清同治七年（1868）刻本　四冊

440000－2543－0002117　O/821.07/152.2
好雲樓初集二十八卷二集十六卷首二卷臨川答問一卷　（清）李聯琇撰　清光緒八年（1882）恩養堂刻本　六冊

440000－2543－0002118　O/821.07/152.3
恕谷後集十三卷評乙古文一卷　（清）李塨撰（清）馮辰校　清雍正四年（1726）刻本　八冊

440000－2543－0002119　O/821.07/153
著花庵集八卷　（清）李黼平撰　清道光七年（1827）以文堂刻本　二冊

440000－2543－0002120　O/821.07/153－2
吳門集八卷南歸集四卷　（清）李黼平撰　清道光六年（1826）李黼平刻本　三冊

440000－2543－0002121　O/821.07/153.1
宛湄書屋文鈔十一卷　（清）李光廷撰　清光緒五年（1879）富文齋刻本　四冊

440000－2543－0002122　O/821.07/153.1（2）
宛湄書屋文鈔十一卷　（清）李光廷撰　清光緒五年（1879）富文齋刻本　四冊

440000－2543－0002123　VO/821.07/153.2
去來吟不分卷　（清）李時震著　清康熙刻本　四冊

440000－2543－0002124　O/821.07/153.3
榕村全集四十卷別集五卷　（清）李光地撰　清刻本　十三冊

440000－2543－0002125　O/821.07/162
研經室集一集十四卷二集八卷三集五卷四集十三卷外集五卷續集十一卷再續集六卷　（清）阮元撰　清道光三年（1823）刻本　二十四冊

440000－2543－0002126　O/821.07/162（2）
研經室集一集十四卷二集八卷三集五卷四集十三卷外集五卷續集十一卷再續集六卷　（清）阮元撰　清道光三年（1823）刻本　十四冊

440000－2543－0002127　O/821.07/162（3）
研經室集一集十四卷二集八卷三集五卷四集十三卷外集五卷續集十一卷再續集六卷　（清）阮元撰　清道光三年（1823）刻本　二十冊

440000－2543－0002128　O/821.07/162（4）
研經室集一集十四卷二集八卷三集五卷四集十三卷外集五卷續集十一卷再續集六卷　（清）阮元撰　清道光三年（1823）刻本　二十二冊

440000－2543－0002129　O/821.07/164－2
吳摯甫文集四卷附一卷　（清）吳汝綸撰　清宣統元年（1909）國學扶輪社石印本　五冊

440000－2543－0002130　O/821.07/164.1
吳文節公遺集八十卷　（清）吳文鎔撰　清咸豐七年（1857）刻本　十冊

440000－2543－0002131　O/821.07/164.3
黃葉邨莊詩集七卷　（清）吳之振撰　清康熙十九年（1680）刻本　四冊

440000－2543－0002132　O/821.07/164.3－2
黃葉邨莊詩集八卷首一卷續集一卷後集一卷　（清）吳之振撰　清光緒四年（1878）刻本　八冊

440000－2543－0002133　O/821.07/164.4
石雲山人詩集二十三卷詩稿一卷　（清）吳榮光撰　清道光二十一年（1841）南海吳氏筠清館刻本　十四冊

440000－2543－0002134　O/821.07/164.4（2）
石雲山人詩集二十三卷詩稿一卷　（清）吳榮

光撰　清道光二十一年(1841)南海吳氏筠清館刻本　十二冊

440000－2543－0002135　VO/821.07/165
蓮洋集二十卷附錄一卷年譜一卷　(清)吳雯撰　清乾隆三十九年(1774)刻本　十冊

440000－2543－0002136　O/821.07/166.1
吳學士文集四卷詩集五卷　(清)吳肅撰　清光緒八年(1882)江寧藩署刻本　四冊

440000－2543－0002137　O/821.07/166.1(2)
吳學士文集四卷詩集五卷　(清)吳肅撰　清光緒八年(1882)江寧藩署刻本　二冊

440000－2543－0002138　O/821.07/166.2
吳長興伯集五卷　(明)吳易撰　**唱酬餘響一卷**　(明)史玄　(明)趙渙撰　**袍澤遺音一卷**　陳去病輯　清光緒三十三年(1907)上海國學保存會鉛印本　一冊

440000－2543－0002139　O/821.07/166.4
香蘇山館詩鈔三十六卷　(清)吳嵩梁撰　清光緒二十三年(1897)三益文社刻本　五冊

440000－2543－0002140　O/821.07/166.5
漱六山房全集十一卷　(清)吳昆田撰　清光緒三十年(1904)刻本　六冊

440000－2543－0002141　O/821.07/166.6
臨江鄉人詩四卷　(清)吳穎芳撰　清同治十二年(1873)錢塘丁氏刻本　一冊

440000－2543－0002142　O/821.07/167
吳詩集覽二十卷首一卷　(清)吳偉業撰　(清)靳榮藩輯　清刻本　十二冊

440000－2543－0002143　O/821.07/167(2)
吳詩集覽二十卷首一卷　(清)吳偉業撰　(清)靳榮藩輯　清刻本　十二冊

440000－2543－0002144　O/821.07/167(3)
吳詩集覽二十卷首一卷　(清)吳偉業撰　(清)靳榮藩輯　清刻本　十六冊

440000－2543－0002145　O/821.07/167－5
梅村詩集箋注十八卷　(清)吳偉業撰　(清)吳翌鳳注　清嘉慶十九年(1814)滄浪吟榭刻本　十二冊

440000－2543－0002146　O/821.07/167－5(2)
梅村詩集箋注十八卷　(清)吳偉業撰　(清)吳翌鳳注　清嘉慶十九年(1814)滄浪吟榭刻本　七冊

440000－2543－0002147　O/821.07/167－5(4)
梅村詩集箋注十八卷　(清)吳偉業撰　(清)吳翌鳳注　清嘉慶十九年(1814)滄浪吟榭刻本　八冊

440000－2543－0002148　O/821.07/167－7(2)
梅村家藏稿五十八卷補遺一卷年譜四卷　(清)吳偉業撰　清宣統三年(1911)武進董氏誦芬室刻本　八冊

440000－2543－0002149　O/821.07/167－9
梅村先生文集二十卷　(清)吳偉業撰　清宣統二年(1910)上海國學昌明社石印本　六冊

440000－2543－0002150　O/821.07/167－10
梅村詩集箋注十八卷　(清)吳偉業撰　(清)吳翌鳳注　清光緒十年(1884)湖北官書處刻本　十二冊

440000－2543－0002151　O/821.07/167－11
吳詩集覽二十卷補注二十卷談藪二卷　(清)吳偉業撰　(清)靳榮藩輯　清刻本　十六冊

440000－2543－0002152　O/821.07/167.1
古人今我齋詩八卷　(清)吳維彰撰　清刻本　二冊

440000－2543－0002153　O/821.07/167.2
柈湖文集十二卷首一卷　(清)吳敏樹撰　清光緒十九年(1893)思賢講舍刻本　四冊

440000－2543－0002154　O/821.07/167.3
此君園文集三十卷　(清)吳名鳳撰　清道光二十一年(1841)刻本　十冊

440000－2543－0002155　O/821.07/170.1
月滄文集八卷首一卷　(清)呂璜撰　清刻本　二冊

440000－2543－0002156　O/821.07/178.1
二思齋文存六卷　(清)何文明撰　清光緒七

年(1881)閩南節署刻本　二冊

440000－2543－0002157　O/821.07/179
蜀遊草一卷　(清)何探源撰　**使東雜詠一卷**　(清)何如璋撰　清光緒二十四年(1898)刻本　一冊

440000－2543－0002158　O/821.07/179.1
何端簡公集十二卷首一卷　(清)何世璂撰　清道光二十四年(1844)澹志堂刻本　四冊

440000－2543－0002159　O/821.07/180
存誠齋文集十二卷　(清)何曰愈撰　清同治五年(1866)皖江藩署刻本　四冊

440000－2543－0002160　O/821.07/180.1
安所遇軒西游草三卷首一卷　(清)何世文著　清同治三年(1864)順德梁兆鳳刻本　一冊

440000－2543－0002161　O/821.07/181
艸艸艸堂詩艸二卷　(清)何仁山撰　清光緒十一年(1885)刻本　二冊

440000－2543－0002162　O/821.07/181.1
東洲草堂詩鈔三十卷詩餘一卷　(清)何紹基撰　清同治六年(1867)長沙無園刻本　八冊

440000－2543－0002163　O/821.07/181.1(2)
東洲草堂詩鈔三十卷詩餘一卷　(清)何紹基撰　清同治六年(1867)長沙無園刻本　八冊

440000－2543－0002164　O/821.07/181.2
老學後盦自訂詩二集二卷　(清)何兆瀛撰　清光緒十三年(1887)武林刻本　一冊

440000－2543－0002165　O/821.07/201
西舍詩鈔十六卷　(清)況澄撰　清光緒元年(1875)刻本　十六冊

440000－2543－0002166　O/821.07/206
礨觚亭集三十二卷後集十二卷　(清)祁寯藻撰　清咸豐七年(1857)刻本　六冊

440000－2543－0002167　O/821.07/210
道古堂全集七十八卷　(清)杭世駿撰　清光緒十四年(1888)刻本　十四冊

440000－2543－0002168　O/821.07/210(2)
道古堂全集七十八卷　(清)杭世駿撰　清光緒十四年(1888)刻本　十六冊

440000－2543－0002169　O/821.07/210(3)
道古堂全集七十八卷　(清)杭世駿撰　清光緒十四年(1888)刻本　十六冊

440000－2543－0002170　O/821.07/213
雲左山房詩鈔八卷附一卷　(清)林則徐撰　清光緒十二年(1886)福州林氏刻本　二冊

440000－2543－0002171　O/821.07/214
修本堂稿四卷　(清)林伯桐撰　清道光二十四年(1844)刻本　一冊

440000－2543－0002172　O/821.07/223
翁山詩外二十卷　(清)屈大均撰　清宣統二年(1910)上海國學扶輪社鉛印本　十二冊　缺一卷(二十)

440000－2543－0002173　O/821.07/223(2)
翁山詩外二十卷　(清)屈大均撰　清宣統二年(1910)上海國學扶輪社鉛印本　十二冊　缺一卷(二十)

440000－2543－0002174　O/821.07/223－2
道援堂詩集十三卷　(清)屈大均撰　清刻本　六冊

440000－2543－0002175　O/821.07/223－2(2)
道援堂詩集十三卷　(清)屈大均撰　清刻本　八冊

440000－2543－0002176　O/821.07/223－2(3)
道援堂詩集十三卷　(清)屈大均撰　清刻本　八冊

440000－2543－0002177　O/821.07/223－2(4)
道援堂詩集十三卷　(清)屈大均撰　清刻本　八冊

440000－2543－0002178　O/821.07/223－3
翁山文外十六卷　(清)屈大均撰　清宣統二年(1910)上海國學扶輪社鉛印本　五冊

440000－2543－0002179　O/821.07/223－5
屈翁山詩集八卷詞一卷　(清)屈大均撰　(清)徐肇元選　清研露齋刻本　四冊

440000－2543－0002180　O/821.07/225
邵子湘全集三十二卷　(清)邵長蘅撰　清光緒二十二年(1896)刻本　八冊

440000－2543－0002181　O/821.07/225－2
青門簏稿十六卷旅稿六卷剩稿八卷　(清)邵長蘅撰　清康熙三十四年(1695)刻本　六冊

440000－2543－0002182　O/821.07/225－2(2)
青門簏稿十六卷旅稿六卷剩稿八卷　(清)邵長蘅撰　清康熙三十四年(1695)刻本　十二冊

440000－2543－0002183　O/821.07/225－2(3)
青門簏稿十六卷旅稿六卷剩稿八卷　(清)邵長蘅撰　清康熙三十四年(1695)刻本　八冊

440000－2543－0002184　O/821.07/237
四益友樓文鈔五卷易氏前譜考證一卷　(清)易其霈撰　清光緒十八年(1892)刻本　二冊

440000－2543－0002185　O/821.07/242
劬書室遺集十六卷　(清)金錫齡撰　清光緒二十一年(1895)刻本　五冊

440000－2543－0002186　O/821.07/242.1
徧行堂集十六卷　(清)釋今釋撰　清宣統三年(1911)國學扶輪社鉛印本　八冊

440000－2543－0002187　O/821.07/248
賴古堂詩集四卷　(清)周亮工撰　清刻本　四冊

440000－2543－0002188　O/821.07/248.1
所託山房詩集四卷首一卷　(清)周遐桃撰　清刻本　一冊

440000－2543－0002189　O/821.07/248.1(2)
所託山房詩集四卷首一卷　(清)周遐桃撰　清刻本　二冊

440000－2543－0002190　O/821.07/248.2
且巢詩存四卷　(清)周葆濂撰　清光緒十六年(1890)刻本　二冊

440000－2543－0002191　O/821.07/248.5
巢雲山館詩存二卷　(清)周榛撰　清光緒二十二年(1896)羊城刻本　一冊

440000－2543－0002192　O/821.07/248.6
十六國宮詞二卷　(清)周昇撰　清道光十四年(1834)櫻西書屋刻本　二冊

440000－2543－0002193　O/821.07/248.7
思益堂古文二卷　(清)周壽昌撰　清光緒十四年(1888)刻本　一冊

440000－2543－0002194　O/821.07/248.7－2
思益堂詩鈔六卷　(清)周壽昌撰　清光緒十四年(1888)刻本　一冊

440000－2543－0002195　VO/821.07/265
施愚山先生全集七十八卷　(清)施閏章著　清康熙四十七年(1708)曹寅刻本　十六冊

440000－2543－0002196　O/821.07/265－2
施愚山先生學餘文集三十五卷別集四卷　(清)施閏章撰　清康熙曹寅刻本　九冊

440000－2543－0002197　O/821.07/268
曉堂近體八卷　(清)姜天樞撰　清康熙元年(1662)刻本　二冊

440000－2543－0002198　VO/821.07/268.1
姜西溟先生文鈔四卷　(清)姜宸英撰　清乾隆四年(1739)刻本　四冊

440000－2543－0002199　VO/821.07/271
葆璞堂詩集四卷文集四卷　(清)胡煦撰　清乾隆三十七年(1772)刻本　八冊

440000－2543－0002200　O/821.07/271.1
鴻桷堂集詩五卷附五卷　(清)胡方撰　清同治三年(1864)劬學齋刻本　四冊

440000－2543－0002201　O/821.07/271.1(2)
鴻桷堂集詩五卷附五卷　(清)胡方撰　清同治三年(1864)劬學齋刻本　四冊

440000－2543－0002202　O/821.07/271.2
綠蘿山莊詩集三十三卷　(清)胡浚撰　清綠蘿山莊刻本　十冊

440000－2543－0002203　O/821.07/271.3
石笥山房文集六卷補遺一卷　(清)胡天游撰　清隨山館刻本　四冊

440000－2543－0002204　O/821.07/271.4
碧腴齋詩存八卷　（清）胡德琳撰　**南園詩選二卷**　（清）何士顒撰　**筱雲詩集二卷**　（清）陸應宿撰　**粲花軒詩稿二卷**　（清）陸建撰　**繡餘吟稿一卷**　（清）袁棠撰　**素文女子遺稿一卷**　（清）袁機撰　清光緒十九年（1893）蒼山舊主石印本　一冊

440000－2543－0002205　VO/821.07/283
敬業堂詩集五十卷　（清）查慎行撰　清康熙五十八年（1719）刻本　八冊

440000－2543－0002206　O/821.07/300.1
范伯子詩集十九卷　（清）范當世撰　清光緒三十四年（1908）刻本　四冊

440000－2543－0002207　O/821.07/311
壯悔堂文集十卷遺稿一卷四憶堂詩集六卷（清）侯方域撰　清光緒十八年（1892）刻本　七冊

440000－2543－0002208　O/821.07/311－4
壯悔堂文集十卷　（清）侯方域撰　清嘉慶十九年（1814）刻本　四冊

440000－2543－0002209　O/821.07/311－5
壯悔堂文集十卷遺稿一卷四憶堂詩集六卷（清）侯方域撰　清刻本　六冊

440000－2543－0002210　O/821.07/311－6
四憶堂詩集六卷　（清）侯方域撰　清刻本　二冊

440000－2543－0002211　O/821.07/312
春在堂詩編七卷　（清）俞樾撰　清同治十年（1871）德清俞氏刻本　二冊

440000－2543－0002212　O/821.07/312－2
春在堂雜文五編八卷　（清）俞樾撰　清刻本　四冊

440000－2543－0002213　O/821.07/316
惜抱軒全集八十八卷　（清）姚鼐撰　清光緒三十三年（1907）上海校經山房刻本　十六冊

440000－2543－0002214　O/821.07/316－5
惜抱軒全集八十八卷　（清）姚鼐撰　清同治五年（1866）省心閣刻本　十六冊

440000－2543－0002215　O/821.07/316－5(2)
惜抱軒全集八十八卷　（清）姚鼐撰　清同治五年（1866）省心閣刻本　十六冊

440000－2543－0002216　O/821.07/316－5(3)
惜抱軒全集八十八卷　（清）姚鼐撰　清同治五年（1866）省心閣刻本　十八冊

440000－2543－0002217　O/821.07/316－6
惜抱軒文集十六卷後集十卷　（清）姚鼐撰　清光緒九年（1883）桐城徐氏刻本　六冊

440000－2543－0002218　O/821.07/316.1
邃雅堂集十卷續編一卷　（清）姚文田撰　清道光元年至八年（1821－1828）江陰學使者署刻本　五冊

440000－2543－0002219　O/821.07/316.2
後湘詩集九卷二集五卷　（清）姚瑩撰　清道光十三年（1833）刻本　四冊

440000－2543－0002220　O/821.07/316.3
使瀋艸三卷　（清）姚元之撰　清刻本　一冊

440000－2543－0002221　O/821.07/320
紀文達公遺集三十二卷　（清）紀昀撰　清嘉慶十七年（1812）刻本　十二冊

440000－2543－0002222　O/821.07/322
經韻樓集十二卷　（清）段玉裁撰　清道光元年（1821）刻本　八冊

440000－2543－0002223　O/821.07/332
樓雲閣詩十六卷拾遺三卷　（清）高珩撰　清乾隆二十一年（1756）刻本　十冊

440000－2543－0002224　O/821.07/337.1
得一山房詩集二卷　（清）唐懋功撰　清光緒十九年（1893）刻本　一冊

440000－2543－0002225　O/821.07/352
適可齋記言四卷記行六卷　（清）馬建忠撰　清光緒二十二年（1896）刻本　四冊

440000－2543－0002226　O/821.07/359－6
小倉山房文集三十五卷外集八卷詩集三十六

卷詩集補遺二卷　(清)袁枚撰　清刻本　二十四冊

440000－2543－0002227　O/821.07/359－7
小倉山房詩集三十一卷補遺一卷附錄一卷　(清)袁枚撰　清嘉慶十一年(1806)刻本　八冊

440000－2543－0002228　O/821.07/359.1
小澹樓文集四卷　(清)袁梓貴撰　清光緒十一年(1885)刻本　二冊

440000－2543－0002229　O/821.07/359.2
邃懷堂全集二十一卷　(清)袁翼撰　清光緒十三年(1887)刻本　十二冊

440000－2543－0002230　O/821.07/359.2－2
邃懷堂文集箋註十六卷　(清)袁翼撰　(清)朱舲箋註　清咸豐八年(1858)古懽齋刻本　六冊

440000－2543－0002231　O/821.07/359.3
湘痕閣詩稿二卷詞稿一卷　(清)袁嘉撰　**瑤華閣詩草一卷詞鈔一卷補遺一卷閩南雜詠一卷**　(清)袁綬撰　**談瀛錄一卷**　(清)袁祖志撰　清光緒十九年(1893)倉山舊主石印本　一冊

440000－2543－0002232　O/821.07/359.4
紅豆村人詩稿十四卷　(清)袁樹撰　清刻本　一冊

440000－2543－0002233　O/821.07/370
景紫堂文集十四卷　(清)夏炘撰　清咸豐五年(1855)刻本　四冊

440000－2543－0002234　O/821.07/370(2)
景紫堂文集十四卷　(清)夏炘撰　清咸豐五年(1855)刻本　六冊

440000－2543－0002235　O/821.07/370.1
此君書樓詩鈔九卷　(清)夏際唐撰　清道光十九年(1839)刻本　三冊

440000－2543－0002236　O/821.07/375
問字堂集六卷　(清)孫星衍撰　清乾隆五十九年(1794)蘭陵孫氏刻本　四冊

440000－2543－0002237　O/821.07/375－2
芳茂山人文集十二卷　(清)孫星衍撰　**問字堂集贈言一卷**　(清)錢大昕撰　清光緒十年至十一年(1884－1885)吳縣朱氏槐廬家塾刻本　六冊

440000－2543－0002238　O/821.07/375－3
芳茂山人詩錄十卷　(清)孫星衍撰　清光緒十年(1884)吳縣朱氏槐廬家塾刻本　二冊

440000－2543－0002239　O/821.07/375－4
孫淵如先生文集十三卷詩錄十卷　(清)孫星衍撰　清光緒十一年(1885)長沙王氏刻本　十冊

440000－2543－0002240　O/821.07/375－5
問字堂集六卷　(清)孫星衍撰　清光緒十年(1884)四明是亦軒刻本　二冊

440000－2543－0002241　O/821.07/375－6
芳茂山人詩錄九卷附一卷　(清)孫星衍撰　清嘉慶二十三年(1818)刻本　二冊

440000－2543－0002242　O/821.07/375.2
溉堂前集九卷文集五卷詩餘二卷續集六卷　(清)孫枝蔚撰　清康熙十六年(1677)刻本　十六冊

440000－2543－0002243　O/821.07/375.3
泰雲堂文集二卷駢體文集二卷詩集十八卷詞集三卷　(清)孫爾準撰　清道光十三年(1833)刻本　五冊

440000－2543－0002244　O/821.07/375.4
寄龕文存四卷寄龕三志十二卷　(清)孫德祖撰　清光緒刻本　七冊

440000－2543－0002245　O/821.07/375.5
蒼莨初集二十一卷畚塘芻論二卷　(清)孫鼎臣撰　清咸豐九年(1859)刻本　六冊

440000－2543－0002246　O/821.07/375.6
讀雪齋詩集九卷　(清)孫文川撰　清光緒八年(1882)刻本　二冊

440000－2543－0002247　O/821.07/375.8
夏峰先生集十四卷　(清)孫奇逢撰　清刻本

七冊

440000－2543－0002248　O/821.07/393
憺園全集三十六卷　(清)徐乾學撰　清光緒九年(1883)嘉興金吳瀾刻本　八冊

440000－2543－0002249　VO/821.07/393－2
憺園文集三十六卷　(清)徐乾學撰　清康熙三十六年(1697)徐氏冠山堂刻本　十四冊

440000－2543－0002250　O/821.07/393.1
靈洲山人詩錄六卷　(清)徐灝撰　清同治三年(1864)刻本　二冊

440000－2543－0002251　O/821.07/393.2
懷古田舍詩鈔三十三卷　(清)徐榮撰　清道光二十七年(1847)刻本　八冊

440000－2543－0002252　O/821.07/396
復初齋詩集四十二卷　(清)翁方綱撰　清乾隆五十八年(1793)刻本　十六冊

440000－2543－0002253　O/821.07/399
願學齋詩集二卷　(清)殷師尹撰　清光緒二年(1876)刻本　二冊

440000－2543－0002254　O/821.07/402.2
弢亭遺文四卷　(清)梁泉撰　清道光八年(1828)梁廷楠刻本　二冊

440000－2543－0002255　O/821.07/402.5
桐乳齋詩集十二卷　(清)梁文濂撰　清乾隆十二年(1747)刻本　四冊

440000－2543－0002256　O/821.07/407
鑑止水齋集二十卷　(清)許宗彥撰　清咸豐八年(1858)許延穀潮州刻本　六冊

440000－2543－0002257　O/821.07/407(2)
鑑止水齋集二十卷　(清)許宗彥撰　清咸豐八年(1858)許延穀潮州刻本　六冊

440000－2543－0002258　O/821.07/407.1
雪門詩草十四卷　(清)許瑤光撰　清同治十三年(1874)刻本　六冊

440000－2543－0002259　O/821.07/412
養知書屋文集二十八卷　(清)郭嵩燾撰　清光緒十八年(1892)刻本　十二冊

440000－2543－0002260　O/821.07/412－2
養知書屋詩集十五卷　(清)郭嵩燾撰　清光緒十八年(1892)刻本　四冊

440000－2543－0002261　O/821.07/412.1
靈芬館初集四卷二集十卷三集四卷四集十二卷雜著二卷雜著續編四卷金石例補二卷江行日記一卷銷夏錄三卷詞四卷懺餘綺語二卷　(清)郭麐撰　清嘉慶十二年(1807)刻本　十冊

440000－2543－0002262　O/821.07/412.1(2)
靈芬館初集四卷二集十卷三集四卷四集十二卷雜著二卷雜著續編四卷金石例補二卷江行日記一卷銷夏錄三卷詞四卷懺餘綺語二卷　(清)郭麐撰　清嘉慶十二年(1807)刻本　六冊

440000－2543－0002263　O/821.07/412.2
誦芬堂詩鈔十卷首一卷二集六卷三集六卷四集四卷五集四卷文稿二卷　(清)郭儀霄撰　清道光九年(1829)刻本　七冊

440000－2543－0002264　O/821.07/412.3
金峨山館文集不分卷　(清)郭傳璞撰　清刻本　四冊

440000－2543－0002265　O/821.07/420
紫荆吟館詩集四卷　(清)曹秉哲撰　清光緒二十四年(1898)刻本　二冊

440000－2543－0002266　O/821.07/420.2
靜惕堂詩集三十七卷　(清)曹溶撰　清雍正刻本　十冊

440000－2543－0002267　O/821.07/423
柏梘山房集文十六卷文續一卷詩十卷詩續二卷駢體文二卷　(清)梅曾亮撰　清咸豐六年(1856)刻本　六冊

440000－2543－0002268　VO/821.07/428.3
空明子集五十卷　(清)張榮撰　清康熙六十年(1721)謙益堂刻本　十二冊

440000－2543－0002269　O/821.07/428.4

漁浦草堂詩集二卷補遺一卷家傳一卷雪煩詞一卷 （清）張道撰　清同治六年（1867）刻本　一册

440000－2543－0002270　O/821.07/428.5

覆瓿集四十一卷 （清）張文虎撰　清光緒十九年（1893）刻本　十二册

440000－2543－0002271　O/821.07/429

茗柯文編初編一卷二編二卷三編一卷四編一卷 （清）張惠言撰　清宣統三年（1911）上海掃葉山房石印本　一册

440000－2543－0002272　O/821.07/429.1

張亨甫全集三十三卷首一卷 （清）張際亮撰　清同治六年（1867）刻本　十册

440000－2543－0002273　O/821.07/429.1（2）

張亨甫全集三十三卷首一卷 （清）張際亮撰　清同治六年（1867）刻本　六册

440000－2543－0002274　O/821.07/429.1－2

亨甫詩選八卷 （清）張際亮撰　清光緒八年（1882）建寧徐氏刻本　六册

440000－2543－0002275　O/821.07/429.2

楊園先生全集五十四卷年譜一卷 （清）張履祥撰　清同治十年（1871）江蘇書局刻本　十六册

440000－2543－0002276　O/821.07/429.2－2

楊園先生全集二十八卷 （清）張履祥撰　清同治九年（1870）山東尚志堂刻本　六册

440000－2543－0002277　VO/821.07/429.4

看雲吟稿五卷 （清）張楝撰　清乾隆刻本　四册

440000－2543－0002278　O/821.07/429.5

文貞公集十二卷 （清）張玉書撰　清刻本　六册

440000－2543－0002279　O/821.07/429.6

嘉樹山房集二十卷外集二卷續集二卷 （清）張士元撰　清嘉慶二十四年（1819）震澤張氏刻本　四册

440000－2543－0002280　O/821.07/430

鐵畫樓詩鈔七卷 （清）張蔭桓撰　清光緒二十三年（1897）京都刻本　七册

440000－2543－0002281　O/821.07/430.1

船山詩草二十卷 （清）張問陶撰　清嘉慶二十年（1815）刻本　五册

440000－2543－0002282　O/821.07/430.1（2）

船山詩草二十卷 （清）張問陶撰　清嘉慶二十年（1815）刻本　六册

440000－2543－0002283　O/821.07/430.1－2

船山詩草選六卷 （清）張問陶撰　清嘉慶二十二年（1817）刻本　三册

440000－2543－0002284　O/821.07/430.2

娱老集不分卷 （清）張貞撰　清康熙四十七年（1708）續夢堂刻本　四册

440000－2543－0002285　O/821.07/431

張南山全集二百十六卷 （清）張維屏撰　清道光三十年（1850）刻本　四十六册

440000－2543－0002286　O/821.07/431－2

松心詩集二十二卷 （清）張維屏撰　清道光三十年（1850）刻本　六册

440000－2543－0002287　O/821.07/431－3

松心詩錄十卷附十卷 （清）張維屏撰　清咸豐刻本　二册

440000－2543－0002288　O/821.07/431－4

聽松廬詩鈔十六卷 （清）張維屏撰　清嘉慶十六年（1811）刻本　四册

440000－2543－0002289　O/821.07/431－5

松心文鈔十卷 （清）張維屏撰　清咸豐七年（1857）刻本　二册

440000－2543－0002290　O/821.07/431－6

聽松廬文鈔五卷 （清）張維屏撰　清咸豐二年（1852）刻本　二册

440000－2543－0002291　O/821.07/431－7

花甲閒談十六卷 （清）張維屏撰　清道光二十年（1840）刻本　四册

440000－2543－0002292　O/821.07/431－7（2）

花甲閒談十六卷　(清)張維屏撰　清道光二十年(1840)刻本　一册

440000－2543－0002293　O/821.07/431－8
花甲閒談十六卷　(清)張維屏撰　清光緒十年(1884)上海同文書局石印本　四册

440000－2543－0002294　O/821.07/431.1
桂馨堂集十三卷　(清)張廷濟撰　清道光二十八年(1848)刻本　四册

440000－2543－0002295　VO/821.07/431.2
詠花軒詩集六卷　(清)張廷璐撰　清乾隆元年(1736)刻本　六册

440000－2543－0002296　O/821.07/431.3
逃虚閣詩集六卷　(清)張錦芳撰　清光緒十年(1884)羊城合成齋刻本　二册

440000－2543－0002297　O/821.07/431.3(2)
逃虚閣詩集六卷　(清)張錦芳撰　清光緒十年(1884)羊城合成齋刻本　二册

440000－2543－0002298　O/821.07/431.4
筠心堂文集十卷詩集四卷外集三卷　(清)張岳崧撰　清道光二十四年(1844)刻本　六册

440000－2543－0002299　O/821.07/434.1
遼金元宫詞三卷　(清)陸長春撰　清光緒三十年(1904)吴興劉氏嘉業堂刻本　二册

440000－2543－0002300　O/821.07/434.2
三魚堂文集十二卷外集六卷附録一卷本傳一卷年譜一卷　(清)陸隴其撰　清同治七年(1868)武林薇署刻本　六册

440000－2543－0002301　O/821.07/434.3
寶奎堂遺稿文十二卷篁村詩九卷　(清)陸錫熊撰　清道光二十九年(1849)陸氏刻本　六册

440000－2543－0002302　O/821.07/434.4
儀顧堂集十六卷　(清)陸心源撰　清同治十三年(1874)福州刻本　六册

440000－2543－0002303　O/821.07/434.5
崇百藥齋文集二十卷續集四卷三集十二卷　(清)陸繼輅撰　**五真閣吟稿一卷**　(清)錢惠尊撰　清嘉慶二十五年(1820)合肥學舍刻本　六册

440000－2543－0002304　O/821.07/441
東塾集六卷　(清)陳澧撰　清光緒十八年(1892)羊城富文齋刻本　三册

440000－2543－0002305　O/821.07/441(2)
東塾集六卷　(清)陳澧撰　清光緒十八年(1892)羊城富文齋刻本　四册

440000－2543－0002306　O/821.07/441(3)
東塾集六卷　(清)陳澧撰　清光緒十八年(1892)羊城富文齋刻本　三册

440000－2543－0002307　O/821.07/441.1
碧城仙館詩鈔八卷　(清)陳文述撰　清嘉慶十年(1805)刻本　二册

440000－2543－0002308　O/821.07/441.1－2
西泠閨詠八卷　(清)陳文述撰　清光緒十三年(1887)西泠翠螺閣刻本　二册

440000－2543－0002309　VO/821.07/441.2
香國集十八卷　(清)陳之蘭撰　清乾隆二十二年(1757)刻本　六册

440000－2543－0002310　O/821.07/441.3
寶綸堂集十卷拾遺一卷　(清)陳洪綬撰　清光緒十四年(1888)取斯家塾刻本　二册

440000－2543－0002311　O/821.07/441.3(2)
寶綸堂集十卷拾遺一卷　(清)陳洪綬撰　清光緒十四年(1888)取斯家塾刻本　四册

440000－2543－0002312　O/821.07/441.4
惕園全集二十一卷　(清)陳庚煥撰　清咸豐元年(1851)刻本　十册

440000－2543－0002313　O/821.07/442
左海全集三十四卷　(清)陳壽祺撰　清嘉慶至道光三山陳氏刻本　二十四册

440000－2543－0002314　O/821.07/442(2)
左海全集三十四卷　(清)陳壽祺撰　清嘉慶至道光三山陳氏刻本　二十四册

440000－2543－0002315　O/821.07/442(3)

左海全集三十四卷　（清）陳壽祺撰　清嘉慶至道光三山陳氏刻本　八册

440000－2543－0002316　O/821.07/442(4)
左海全集三十四卷　（清）陳壽祺撰　清嘉慶至道光三山陳氏刻本　十四册

440000－2543－0002317　O/821.07/442(5)
左海全集三十四卷　（清）陳壽祺撰　清嘉慶至道光三山陳氏刻本　八册

440000－2543－0002318　O/821.07/442.2
陳清端文集十卷　（清）陳瓚撰　清同治七年(1868)羊城富文齋刻本　三册

440000－2543－0002319　O/821.07/442.2(2)
陳清端文集十卷　（清）陳瓚撰　清同治七年(1868)羊城富文齋刻本　四册

440000－2543－0002320　O/821.07/442.3
乾初先生集二卷遺詩鈔二卷　（清）陳確撰　清光緒十三年(1887)海昌羊氏刻本　一册

440000－2543－0002321　O/821.07/442.4
七十二峰堂文勺四卷　（清）陳在謙撰　清同治十三年(1874)刻本　四册

440000－2543－0002322　O/821.07/442.5
獨漉堂集詩十六卷文十五卷續一卷年譜一卷　（清）陳恭尹撰　清道光五年(1825)順德陳量平刻本　八册

440000－2543－0002323　O/821.07/442.5(2)
獨漉堂集詩十六卷文十五卷續一卷年譜一卷　（清）陳恭尹撰　清道光五年(1825)順德陳量平刻本　十册

440000－2543－0002324　O/821.07/442.6
食古研齋詩初集七卷集蘇詩二卷　（清）陳瑞琳撰　清道光十二年(1832)杭州試院刻本　四册

440000－2543－0002325　VO/821.07/444
午亭文編五十卷　（清）陳廷敬撰　（清）林佶輯録　清康熙林佶刻本　二十册

440000－2543－0002326　O/821.07/444.1
簡莊文鈔六卷續編二卷河莊詩鈔一卷　（清）陳鱣撰　清光緒十四年(1888)德昌羊氏刻本　二册

440000－2543－0002327　O/821.07/444.1－2
簡莊綴文六卷　（清）陳鱣撰　清嘉慶十二年(1807)刻本　二册

440000－2543－0002328　O/821.07/444.2
湖海樓全集五十一卷　（清）陳維崧撰　清光緒十九年(1893)刻本　十六册

440000－2543－0002329　O/821.07/444.2－2
湖海樓全集五十一卷　（清）陳維崧撰　清光緒十七年(1891)刻本　十六册

440000－2543－0002330　O/821.07/449
頤巢類稿四卷　（清）陶邵學撰　清宣統三年(1911)刻本　二册

440000－2543－0002331　O/821.07/449.2
撫吴草四卷　（清）陶澍撰　清道光刻本　四册

440000－2543－0002332　O/821.07/451
郘亭詩鈔六卷　（清）莫友芝撰　清咸豐二年(1852)遵義湘川講舍刻同治五年(1866)江寧三山客舍重修本　三册

440000－2543－0002333　O/821.07/451(2)
郘亭詩鈔六卷　（清）莫友芝撰　清咸豐二年(1852)遵義湘川講舍刻同治五年(1866)江寧三山客舍重修本　一册

440000－2543－0002334　O/821.07/451－2
郘亭遺詩八卷　（清）莫友芝撰　清光緒元年(1875)莫繩孫江寧刻本　四册

440000－2543－0002335　O/821.07/451－3
郘亭遺文八卷　（清）莫友芝撰　清末刻本　三册

440000－2543－0002336　O/821.07/460
靈巖山人詩集四十卷　（清）畢沅撰　清刻本　十九册

440000－2543－0002337　O/821.07/462
拾葉山房詩鈔一卷　（清）崔必鈺撰　清光緒八年(1882)刻本　一册

440000－2543－0002338　O/821.07/462.1
珍帚編詩集十卷　（清）崔弼撰　清嘉慶十五年（1810）刻本　三冊

440000－2543－0002339　O/821.07/469
藏園詩鈔一卷　（清）游智開撰　清光緒十六年（1890）刻本　一冊

440000－2543－0002340　O/821.07/471
湯文正公遺稿五卷擬明史稿二十卷　（清）湯斌撰　清康熙二十九年（1690）刻本　十六冊

440000－2543－0002341　O/821.07/471.1
琴隱園詩集三十卷詞集四卷　（清）湯貽汾撰　清光緒元年（1875）刻本　八冊

440000－2543－0002342　O/821.07/476－3
大雲山房文稿初集四卷二集四卷言事二卷　（清）惲敬撰　清嘉慶二十年（1815）武寧盧氏南昌刻本　六冊

440000－2543－0002343　O/821.07/476－3(2)
大雲山房文稿初集四卷二集四卷言事二卷　（清）惲敬撰　清嘉慶二十年（1815）武寧盧氏南昌刻本　六冊

440000－2543－0002344　O/821.07/476－4
大雲山房文稿初集四卷二集四卷　（清）惲敬撰　清光緒十四年（1888）刻本　六冊

440000－2543－0002345　O/821.07/476－5
大雲山房文稿初集四卷　（清）惲敬撰　清刻本　三冊

440000－2543－0002346　O/821.07/476.1
甌香館集十二卷首一卷末一卷　（清）惲格撰　清光緒元年（1875）湖北崇文書局刻本　四冊

440000－2543－0002347　O/821.07/476.1－2
甌香館集十二卷首一卷末一卷　（清）惲格撰　清光緒七年（1881）刻本　四冊

440000－2543－0002348　O/821.07/476.1－2(2)
甌香館集十二卷首一卷末一卷　（清）惲格撰　清光緒七年（1881）刻本　四冊

440000－2543－0002349　O/821.07/477.1
鶴半巢詩存十卷續鈔五卷三鈔五卷　（清）馮培撰　清嘉慶十二年（1807）刻本　八冊

440000－2543－0002350　O/821.07/477.2
子良詩錄十卷　（清）馮詢撰　清同治十一年（1872）江西刻本　四冊

440000－2543－0002351　VO/821.07/477.3
解春集文鈔十二卷　（清）馮景撰　清乾隆五十七年（1792）抱經堂刻本　六冊

440000－2543－0002352　O/821.07/477.4
小羅浮草堂詩鈔四卷　（清）馮敏昌撰　清刻本　四冊

440000－2543－0002353　O/821.07/477.5
馮舍人遺詩六卷　（清）馮廷櫆撰　清光緒三十四年（1908）京師鉛印本　一冊

440000－2543－0002354　O/821.07/486
恩餘堂經進初藁十二卷續藁二十二卷三藁十一卷策問二卷跋尾二卷　（清）彭元瑞撰　清刻本　十二冊

440000－2543－0002355　O/821.07/486.1－2
小謨觴館詩八卷詩續二卷詩餘附錄一卷文四卷文續二卷　（清）彭兆蓀撰　清同治十三年（1874）刻本　六冊

440000－2543－0002356　O/821.07/486.1－3
小謨觴館詩集注八卷文集注四卷詩續集注二卷文續集注二卷　（清）彭兆蓀撰　清光緒二十年（1894）泉唐汪氏刻本　十冊

440000－2543－0002357　O/821.07/486.2－2
昨夢齋文集四卷　（清）彭泰來撰　清同治四年（1865）刻本　二冊

440000－2543－0002358　O/821.07/486.2－2(2)
昨夢齋文集四卷　（清）彭泰來撰　清同治四年（1865）刻本　二冊

440000－2543－0002359　O/821.07/486.3
松桂堂全集三十七卷南溎集三卷延露詞三卷　（清）彭孫遹撰　清宣統三年（1911）上海埽葉山房石印本　四冊

440000－2543－0002360　O/821.07/486.5

詩義堂集二卷　(清)彭輅著　詩義堂後集六卷首一卷　(清)彭泰來著　清道光三十年(1850)刻本　五冊

440000－2543－0002361　O/821.07/486.5(2)
詩義堂集二卷　(清)彭輅著　詩義堂後集六卷首一卷　(清)彭泰來著　清道光三十年(1850)刻本　五冊

440000－2543－0002362　VO/821.07/486.7
芝庭先生集十八卷附錄一卷　(清)彭啟豐撰　清乾隆六十年(1795)刻本　六冊

440000－2543－0002363　O/821.07/486.8
二林居集二十四卷　(清)彭紹升撰　清光緒七年(1881)刻本　六冊

440000－2543－0002364　O/821.07/486.8－2
觀河集四卷　(清)彭紹升撰　清道光三年(1823)刻本　一冊

440000－2543－0002365　O/821.07/486.8－3
測海集六卷　(清)彭紹升撰　清嘉慶二十四年(1819)刻本　二冊

440000－2543－0002366　O/821.07/486.9
瓶城山館詩鈔十六卷　(清)周劼撰　清刻本　八冊

440000－2543－0002367　O/821.07/491.1
連居閣吟草四卷　(清)黃禧撰　清光緒八年(1882)刻本　二冊

440000－2543－0002368　O/821.07/491.4－2
黃梨洲先生南雷文約四卷　(清)黃宗羲撰　清刻本　六冊

440000－2543－0002369　O/821.07/491.5
禮部遺集九卷　(清)黃富民撰　清同治九年(1870)刻本　四冊

440000－2543－0002370　O/821.07/491.6
南莊類稿八卷　(清)黃永年撰　清乾隆十八年(1753)刻本　六冊

440000－2543－0002371　O/821.07/492
瑞谷山人遺集詩一卷文一卷　(清)黃芝撰　清同治十一年(1872)刻本　一冊

440000－2543－0002372　O/821.07/492.1
四百三十二峯草堂詩不分卷　(清)黃璟撰　清光緒三年(1877)刻本　一冊

440000－2543－0002373　O/821.07/492.2
軍中草一卷　(清)黃振成撰　清同治三年(1864)豫章乙正齋刻本　一冊

440000－2543－0002374　O/821.07/493
兩當軒詩鈔十四卷詞鈔二卷　(清)黃景仁撰　(清)趙希璜校　清刻本　四冊

440000－2543－0002375　O/821.07/493.1
凝香閣詩鈔一卷　(清)黃芝臺撰　清同治三年(1864)刻本　一冊

440000－2543－0002376　O/821.07/494
讀白華草堂詩初集九卷二集十二卷苜蓿集八卷　(清)黃釗撰　清道光二十八年(1848)刻本　八冊

440000－2543－0002377　O/821.07/494(2)
讀白華草堂詩初集九卷二集十二卷苜蓿集八卷　(清)黃釗撰　清道光二十八年(1848)刻本　八冊

440000－2543－0002378　O/821.07/494(3)
讀白華草堂詩初集九卷二集十二卷苜蓿集八卷　(清)黃釗撰　清道光二十八年(1848)刻本　八冊

440000－2543－0002379　O/821.07/494(4)
讀白華草堂詩初集九卷二集十二卷苜蓿集八卷　(清)黃釗撰　清道光二十八年(1848)刻本　四冊

440000－2543－0002380　O/821.07/494(5)
讀白華草堂詩初集九卷二集十二卷苜蓿集八卷　(清)黃釗撰　清道光二十八年(1848)刻本　八冊

440000－2543－0002381　O/821.07/494.1
梅廬吟卷二卷　(清)黃鯨文著　清光緒五年(1879)刻本　一冊

440000－2543－0002382　O/821.07/494.2
在山草堂燼餘詩十四卷　(清)黃紹憲撰　清

宣統三年(1911)鉛印本　四冊

440000－2543－0002383　O/821.07/494.3
秋江集註六卷　(清)黄任撰　(清)王元麟註　清道光二十三年(1843)刻本　六冊

440000－2543－0002384　O/821.07/494.4
寄愚室詩鈔六卷　(清)黄錫燾撰　清光緒十一年(1885)刻本　一冊

440000－2543－0002385　O/821.07/494.4－2
寄愚室文鈔不分卷　(清)黄錫燾撰　清光緒十一年(1885)刻本　一冊

440000－2543－0002386　O/821.07/506
寒香館詩鈔四卷　(清)賀熙齡撰　清道光二十八年(1848)刻本　一冊

440000－2543－0002387　O/821.07/509
離垢集五卷　(清)華嵒撰　清道光十五年(1835)刻本　三冊

440000－2543－0002388　O/821.07/522
瓶水齋詩集十七卷别集二卷詩話一卷　(清)舒位撰　清光緒十二年(1886)刻十七年(1891)續刻本　八冊

440000－2543－0002389　O/821.07/522－2
瓶水齋詩集十七卷别集二卷詩話一卷　(清)舒位撰　清光緒十二年(1886)刻十七年(1891)續刻本　六冊

440000－2543－0002390　O/821.07/527
曾文正公全集一百七十二卷　(清)曾國藩撰　清光緒三年(1877)傳忠書局刻本　一百十冊

440000－2543－0002391　O/821.07/527(2)
曾文正公全集一百七十二卷　(清)曾國藩撰　清光緒三年(1877)傳忠書局刻本　六十五冊

440000－2543－0002392　O/821.07/527(3)
曾文正公全集一百七十二卷　(清)曾國藩撰　清光緒三年(1877)傳忠書局刻本　一百冊

440000－2543－0002393　O/821.07/527(4)
曾文正公全集一百七十二卷　(清)曾國藩撰　清光緒三年(1877)傳忠書局刻本　六冊　存七卷(奏稿七、書札二十七、批牘二、家書十、求闕齋日記十、求闕齋讀書録三至四)

440000－2543－0002394　O/821.07/527－3
曾文正公集三十一卷　(清)曾國藩撰　清同治十三年(1874)上海醉六堂刻本　二十冊

440000－2543－0002395　O/821.07/527.1－2
賞雨茅屋詩集十八卷　(清)曾燠撰　清道光三年(1823)刻本　八冊

440000－2543－0002396　O/821.07/527.2－2
曾惠敏公遺集十七卷　(清)曾紀澤撰　清光緒十九年(1893)江南製造總局刻本　八冊

440000－2543－0002397　O/821.07/530
意園文略二卷　(清)盛昱撰　楊鍾羲編　清宣統二年(1910)刻朱印本　一冊

440000－2543－0002398　O/821.07/530－2
鬱華閣遺集四卷　(清)盛昱撰　清光緒二十八年(1902)武昌刻朱印本　一冊

440000－2543－0002399　O/821.07/535
程侍郎遺集十卷　(清)程恩澤撰　清咸豐五年(1855)南海伍氏刻粤雅堂叢書本　四冊

440000－2543－0002400　O/821.07/540
謙山文鈔二卷　(清)温汝能撰　清嘉慶九年(1804)刻本　二冊

440000－2543－0002401　O/821.07/540.1
梧溪石屋詩鈔五卷　(清)温訓撰　清道光十二年(1832)抄本　二冊

440000－2543－0002402　O/821.07/540.1－2
登雲山房文稿四卷　(清)温訓撰　清道光三年(1823)抄本　二冊

440000－2543－0002403　O/821.07/540.2
攜雪齋集詩九卷詩續一卷文三卷　(清)温汝适撰　清道光三年(1823)刻本　八冊

440000－2543－0002404　O/821.07/556
四餘偶録文鈔二卷　(清)楊仲興撰　清宣統二年(1910)刻本　一冊

440000－2543－0002405　O/821.07/556(2)
四餘偶錄文鈔二卷　(清)楊仲興撰　清宣統二年(1910)刻本　一冊

440000－2543－0002406　O/821.07/556.1
芙蓉山館文鈔不分卷詩鈔八卷詩補鈔不分卷詞鈔二卷　(清)楊芳燦撰　清嘉慶十二年(1807)刻本　十六冊

440000－2543－0002407　O/821.07/556.2
坦園全集一百三卷　(清)楊恩壽撰　清光緒刻本　三十六冊

440000－2543－0002408　O/821.07/562.1
歸盦文稾八卷　(清)葉裕仁撰　清光緒八年(1882)刻本　四冊

440000－2543－0002409　O/821.07/580
智因閣詩集一卷　(清)鄔寶珍撰　清宣統元年(1909)刻本　一冊

440000－2543－0002410　O/821.07/590.1
佳想軒詩鈔二卷　(清)廖文錦撰　清光緒十二年(1886)杭州刻本　一冊

440000－2543－0002411　O/821.07/598.1
四百三十二峰草堂詩鈔二十二卷　(清)趙希璜撰　清嘉慶五年(1800)刻本　四冊

440000－2543－0002412　O/821.07/598.1(2)
四百三十二峰草堂詩鈔二十二卷　(清)趙希璜撰　清嘉慶五年(1800)刻本　六冊

440000－2543－0002413　O/821.07/598.2－2
飴山詩集二十卷附二卷　(清)趙執信撰　清刻本　五冊

440000－2543－0002414　O/821.07/598.3
讀書堂全集四十六卷　(清)趙士麟撰　清光緒十九年(1893)浙江書局刻本　十二冊

440000－2543－0002415　O/821.07/598.4
亦有生齋集五十九卷　(清)趙懷玉撰　清道光元年(1821)刻本　二十冊

440000－2543－0002416　O/821.07/598.5
甌北集五十三卷　(清)趙翼撰　清嘉慶十七年(1812)刻本　十冊

440000－2543－0002417　O/821.07/598.5－2
甌北詩鈔二十卷　(清)趙翼撰　清乾隆五十六年(1791)刻本　六冊

440000－2543－0002418　O/821.07/598.7
娵隅集七卷　(清)趙文哲撰　清乾隆五十四年(1789)趙秉淵刻本　五冊

440000－2543－0002419　O/821.07/622
清芬集二卷　(清)潘譽徵撰　清宣統三年(1911)廣州刻本　一冊

440000－2543－0002420　O/821.07/622(2)
清芬集二卷　(清)潘譽徵撰　清宣統三年(1911)廣州刻本　一冊

440000－2543－0002421　O/821.07/622(3)
清芬集二卷　(清)潘譽徵撰　清宣統三年(1911)廣州刻本　一冊

440000－2543－0002422　O/821.07/622(4)
清芬集二卷　(清)潘譽徵撰　清宣統三年(1911)廣州刻本　一冊

440000－2543－0002423　O/821.07/622(5)
清芬集二卷　(清)潘譽徵撰　清宣統三年(1911)廣州刻本　一冊

440000－2543－0002424　O/821.07/622(6)
清芬集二卷　(清)潘譽徵撰　清宣統三年(1911)廣州刻本　一冊

440000－2543－0002425　O/821.07/622.1
說劍堂集不分卷　潘飛聲撰　清光緒二十四年(1898)仙城藥洲刻本　六冊

440000－2543－0002426　VO/821.07/622.2
深秀亭詩集二十卷　(清)潘鍾麟撰　清康熙四十一年(1702)刻本　二十冊

440000－2543－0002427　O/821.07/644
樊榭山房集二十八卷　(清)厲鶚撰　清光緒七年(1881)嶺南述軒刻本　四冊

440000－2543－0002428　O/821.07/644(2)
樊榭山房集二十八卷　(清)厲鶚撰　清光緒七年(1881)嶺南述軒刻本　六冊

440000－2543－0002429　O/821.07/645.2
白香亭詩存一卷　（清）鄧輔綸撰　清咸豐十一年（1861）白香亭刻本　一册

440000－2543－0002430　O/821.07/645.3
慎墨堂全集九卷筆記一卷首一卷末一卷　（清）鄧漢儀撰　（清）夏荃輯　清抄本　六册

440000－2543－0002431　O/821.07/650
空青水碧齋詩集十三卷補遺一卷　（清）蔣琦齡撰　清光緒元年（1875）刻本　四册

440000－2543－0002432　O/821.07/650.1
忠雅堂集三十卷　（清）蔣士銓撰　清乾隆二十七年（1762）刻本　十册

440000－2543－0002433　O/821.07/650.1－2
忠雅堂詩集二十七卷補遺二卷詞二卷　（清）蔣士銓撰　清道光二十三年（1843）刻本　八册

440000－2543－0002434　O/821.07/650.1－2(2)
忠雅堂詩集二十七卷補遺二卷詞二卷　（清）蔣士銓撰　清道光二十三年（1843）刻本　二册

440000－2543－0002435　O/821.07/650.1－3
忠雅堂詩詞全集三十一卷　（清）蔣士銓撰　清刻本　十册

440000－2543－0002436　O/821.07/661
板橋詩鈔三卷板橋詞鈔一卷道情十首與舍弟書十六通一卷板橋題畫一卷　（清）鄭燮撰　清乾隆刻本　六册

440000－2543－0002437　O/821.07/661.1－3
巢經巢文集六卷詩集九卷遺詩一卷附録一卷後集四卷　（清）鄭珍撰　清光緒二十年（1894）刻本　五册

440000－2543－0002438　O/821.07/661.2
補學軒文集六卷　（清）鄭獻甫撰　清同治十一年（1872）刻本　六册

440000－2543－0002439　O/821.07/661.2－2
補學軒詩集十二卷　（清）鄭獻甫撰　清光緒五年（1879）黔南節署刻本　四册

440000－2543－0002440　O/821.07/661.2－3
補學軒文集外編四卷　（清）鄭獻甫撰　清光緒八年（1882）黔南節署刻本　四册

440000－2543－0002441　O/821.07/671
二丸集九卷續集一卷外集一卷　（清）黎景義撰　清光緒元年（1875）黎氏刻本　五册

440000－2543－0002442　O/821.07/671(2)
二丸集九卷續集一卷外集一卷　（清）黎景義撰　清光緒元年（1875）黎氏刻本　五册

440000－2543－0002443　O/821.07/671(3)
二丸集九卷續集一卷外集一卷　（清）黎景義撰　清光緒元年（1875）黎氏刻本　四册

440000－2543－0002444　O/821.07/671.1
五百四峰堂詩鈔二十五卷　（清）黎簡撰　清嘉慶元年（1796）廣州儒雅堂刻本　八册

440000－2543－0002445　O/821.07/671.1(2)
五百四峰堂詩鈔二十五卷　（清）黎簡撰　清嘉慶元年（1796）廣州儒雅堂刻本　八册

440000－2543－0002446　O/821.07/671.2
託素齋詩集四卷　（清）黎士弘撰　清刻本　二册

440000－2543－0002447　O/821.07/674
緑野齋前後合集六卷制藝一卷太湖詩草一卷　（清）劉鴻翺撰　清道光二十四年（1844）閩宋鐘鳴刻本　八册

440000－2543－0002448　O/821.07/674.1
雲中集文二卷詩三卷詞一卷　（清）劉淳撰　清光緒七年（1881）刻本　六册

440000－2543－0002449　O/821.07/674.2
玉通詩選二卷拾遺一卷　（清）劉心珤撰　清光緒二十七年（1901）刻本　一册

440000－2543－0002450　O/821.07/675
海峰先生集文十卷詩六卷　（清）劉大櫆撰　清同治十三年（1874）刻本　六册

440000－2543－0002451　O/821.07/675(2)
海峰先生集文十卷詩六卷　（清）劉大櫆撰　清同治十三年（1874）刻本　六册

440000－2543－0002452　O/821.07/675－2
劉海峰詩十卷文八卷制藝三卷　(清)劉大櫆撰　**惜抱軒時文一卷**　(清)姚鼐撰　清光緒二年(1876)劉繼邢邱刻本　十二冊

440000－2543－0002453　O/821.07/675.2
劉孟塗集前十卷後十卷文十卷駢體文二卷諸家評語一卷　(清)劉開撰　清道光六年(1826)桐城姚氏檗山草堂刻本　八冊

440000－2543－0002454　O/821.07/675.3
進呈集二卷　(清)劉權之撰　清光緒五年(1879)刻本　二冊

440000－2543－0002455　O/821.07/676
尚絅堂集詩五十二卷詞二卷文二卷　(清)劉嗣綰撰　清同治八年(1869)刻本　十冊

440000－2543－0002456　O/821.07/676－2
尚絅堂試帖輯注　(清)劉嗣綰撰　清刻本　一冊

440000－2543－0002457　O/821.07/676.1
養晦堂文集十卷詩集二卷思辨錄疑義一卷　(清)劉蓉撰　清光緒三年(1877)思賢講舍刻本　六冊

440000－2543－0002458　O/821.07/676.2
七頌堂集詩九卷詞一卷文二卷　(清)劉體仁撰　清同治九年(1870)刻本　四冊

440000－2543－0002459　O/821.07/677
劉禮部集十二卷　(清)劉逢祿撰　清光緒十八年(1892)延暉承慶堂刻本　六冊

440000－2543－0002460　O/821.07/683
春華集二卷　(清)龍元任撰　清光緒十九年(1893)刻本　一冊

440000－2543－0002461　O/821.07/683.1
五山草堂初編二卷　(清)龍令憲撰　清光緒三十四年(1908)刻本　一冊

440000－2543－0002462　O/821.07/683.1(2)
五山草堂初編二卷　(清)龍令憲撰　清光緒三十四年(1908)刻本　一冊

440000－2543－0002463　O/821.07/683.2
蕉雨軒稿一卷　(清)龍吟薌撰　清光緒三十四年(1908)刻本　一冊

440000－2543－0002464　O/821.07/683.3
浣月山房詩集五卷附漢南春柳詞鈔一卷　(清)龍啟瑞撰　**梅神吟館詩草一卷詞草一卷**　(清)何慧生撰　清光緒四年至七年(1878－1881)京師刻本　三冊

440000－2543－0002465　O/821.07/686
絳跗閣詩稿十一卷　(清)諸錦撰　清乾隆二十七年(1762)刻本　六冊

440000－2543－0002466　O/821.07/699
西澗草堂詩集四卷　(清)閻循觀撰　清乾隆三十八年(1773)刻本　二冊

440000－2543－0002467　O/821.07/700
四照堂文集三十卷　(清)盧紘撰　清康熙二年(1663)刻本　八冊

440000－2543－0002468　O/821.07/700.1
尊水園集略十二卷補遺一卷　(清)盧世㴶撰　(清)程先貞等輯　清刻本　六冊

440000－2543－0002469　VO/821.07/705
初學集文鈔十三卷　(清)錢謙益撰　明崇禎十七年(1644)刻本　十冊

440000－2543－0002470　VO/821.07/705－4
牧齋初學集一百十卷　(清)錢謙益撰　明崇禎十六年(1643)燕譽堂刻本　六十冊

440000－2543－0002471　O/821.07/705－5
初學集二十卷　(清)錢謙益撰　清宣統三年(1911)國學扶輪社石印本　十二冊

440000－2543－0002472　VO/821.07/705.1
香樹齋全集八十七卷　(清)錢陳群撰　清乾隆二十九年(1764)刻本　五十冊

440000－2543－0002473　O/821.07/705.1－2
香樹齋全集八十七卷　(清)錢陳群撰　清光緒十一年(1885)刻本　二十四冊

440000－2543－0002474　O/821.07/705.2
衎石齋記事稿十卷續十卷刻楮集四卷旅逸小稿二卷　(清)錢儀吉撰　清光緒六年(1880)

錢彝甫刻本　八册

440000－2543－0002475　O/821.07/705.2(2)
衎石齋記事稿十卷續十卷刻楮集四卷旅逸小稿二卷　(清)錢儀吉撰　清光緒六年(1880)錢彝甫刻本　十二册

440000－2543－0002476　O/821.07/705.3
錢南園先生遺集五卷　(清)錢灃撰　清光緒十九年(1893)浙江書局刻本　二册

440000－2543－0002477　O/821.07/705.3(2)
錢南園先生遺集五卷　(清)錢灃撰　清光緒十九年(1893)浙江書局刻本　二册

440000－2543－0002478　O/821.07/705.4
潛研堂文集五十卷　(清)錢大昕撰　清嘉慶十一年(1806)刻潛研堂詩文集本　十二册

440000－2543－0002479　O/821.07/705.4(2)
潛研堂文集五十卷詩集十卷詩續集十卷　(清)錢大昕撰　清嘉慶十一年(1806)刻本　十六册

440000－2543－0002480　O/821.07/710
道腴堂詩編三十卷　(清)鮑鉁撰　清刻本　八册

440000－2543－0002481　O/821.07/727
後知堂文集四十六卷　(清)蕭正模撰　清康熙五十六年(1717)刻本　十四册

440000－2543－0002482　O/821.07/727.1
道安室雜文四卷　(清)蕭道管撰　清刻本　一册

440000－2543－0002483　O/821.07/727.1(2)
道安室雜文四卷　(清)蕭道管撰　清刻本　一册

440000－2543－0002484　O/821.07/741
紫墟詩鈔不分卷　(清)顏薰撰　清光緒二年(1876)羊城富文齋刻本　一册

440000－2543－0002485　O/821.07/749
南山集十四卷年譜一卷補遺三卷　(清)戴名世撰　清光緒二十八年(1902)刻本　六册

440000－2543－0002486　O/821.07/749.1－2
戴東原集十二卷年譜一卷札記一卷　(清)戴震撰　清宣統二年(1910)渭南嚴氏成都刻本　六册

440000－2543－0002487　O/821.07/749.1－2(2)
戴東原集十二卷年譜一卷札記一卷　(清)戴震撰　清宣統二年(1910)渭南嚴氏成都刻本　六册

440000－2543－0002488　O/821.07/749.2
習苦齋詩集八卷集外詩一卷　(清)戴熙撰　清光緒二十一年(1895)鉛印本　二册

440000－2543－0002489　O/821.07/761
寒松堂全集十二卷年譜二卷　(清)魏象樞撰　清嘉慶十五年(1810)刻本　二十册

440000－2543－0002490　O/821.07/761.1
魏稼孫先生全集不分卷　(清)魏錫曾撰　清光緒九年(1883)羊城刻本　六册

440000－2543－0002491　O/821.07/761.2
古微堂内集三卷外集七卷　(清)魏源撰　清光緒四年(1878)淮南書局刻本　四册

440000－2543－0002492　O/821.07/761.2－2
古微堂内集三卷外集七卷　(清)魏源撰　清光緒四年(1878)淮南書局刻本　四册

440000－2543－0002493　O/821.07/761.2－3
魏默深文集十卷　(清)魏源撰　清宣統元年(1909)國學扶輪社鉛印本　六册

440000－2543－0002494　O/821.07/761.3
也居山房詩集十卷　(清)魏承柷撰　清同治九年(1870)刻本　二册

440000－2543－0002495　O/821.07/765(2)
樂志堂詩十二卷文十八卷文續二卷　(清)譚瑩撰　清咸豐九年(1859)吏隱園刻本　十册

440000－2543－0002496　O/821.07/765－2
樂志堂文集十八卷　(清)譚瑩撰　清咸豐九年(1859)吏隱園刻本　六册

440000－2543－0002497　O/821.07/765－3
樂志堂詩集十二卷　(清)譚瑩撰　清咸豐十

年(1860)吏隱園刻本　四册

440000－2543－0002498　O/821.07/765－4
樂志堂文略四卷詩略二卷　(清)譚瑩撰　清光緒元年(1875)刻本　三册

440000－2543－0002499　O/821.07/765－5
樂志堂詩十二卷文十八卷文續二卷　(清)譚瑩撰　清咸豐十一年(1861)廣州富文齋刻本　十二册

440000－2543－0002500　O/821.07/765.1
希古堂全集甲二卷乙六卷　(清)譚宗浚撰　清光緒十六年(1890)羊城刻本　四册

440000－2543－0002501　O/821.07/765.1(2)
希古堂全集甲二卷乙六卷　(清)譚宗浚撰　清光緒十六年(1890)羊城刻本　四册

440000－2543－0002502　O/821.07/765.1(3)
希古堂全集甲二卷乙六卷　(清)譚宗浚撰　清光緒十六年(1890)羊城刻本　四册

440000－2543－0002503　O/821.07/765.1－2
荔村草堂詩鈔十卷　(清)譚宗浚撰　清光緒十八年(1892)刻本　五册

440000－2543－0002504　O/821.07/765.2
聽雲樓詩鈔十卷補遺一卷　(清)譚敬昭撰　清光緒十七年(1891)廣州古經閣刻本　四册

440000－2543－0002505　O/821.07/775
集義軒詠史詩鈔六十卷　(清)羅惇衍撰　清同治十三年(1874)刻本　十二册

440000－2543－0002506　O/821.07/775－2
羅文恪公遺集三卷　(清)羅惇衍撰　清刻本　三册

440000－2543－0002507　O/821.07/775.2
雲根老屋詩鈔十二卷附一卷　(清)羅嘉蓉撰　清光緒十四年(1888)鳳凰臺畔神山閣刻本　四册

440000－2543－0002508　O/821.07/775.3
羅山遺集八卷年譜二卷　(清)羅澤南撰　清同治二年(1863)長沙刻本　四册

440000－2543－0002509　O/821.07/784
守柔齋詩鈔四卷續四卷　(清)蘇廷魁撰　清同治十三年(1874)都門刻本　二册

440000－2543－0002510　O/821.07/791－5
亭林文集六卷詩集五卷　(清)顧炎武撰　清宣統元年(1909)上海掃葉山房石印本　四册

440000－2543－0002511　O/821.07/791－6
亭林詩集五卷　(清)顧炎武撰　清光緒二年(1876)湖南書局刻本　二册

440000－2543－0002512　O/821.07/791.1
思適齋集十八卷　(清)顧廣圻撰　清道光二十九年(1849)上海徐氏刻本　八册

440000－2543－0002513　VO/821.07/791.2
小奄羅集六卷　(明)顧斗英著　(清)曹炳曾編　**拾香草一卷**　(明)顧昉之著　(清)曹炳曾編　清康熙五十五年(1716)曹氏城書室刻本　四册

440000－2543－0002514　O/821.07/791.3
白茅堂集四十六卷附耳提錄一卷　(清)顧景星撰　清光緒二十八年(1902)刻本　二十册

440000－2543－0002515　O/821.07/795
定盦文集三卷續集四卷文集補五卷文集補編四卷　(清)龔自珍撰　清光緒二十三年(1897)萬本書堂刻本　六册

440000－2543－0002516　O/821.07/795(3)
定盦文集三卷續集四卷文集補五卷文集補編四卷　(清)龔自珍撰　清光緒二十三年(1897)萬本書堂刻本　六册

440000－2543－0002517　O/821.07/795(4)
定盦文集三卷續集四卷文集補五卷文集補編四卷　(清)龔自珍撰　清光緒二十三年(1897)萬本書堂刻本　六册

440000－2543－0002518　O/821.07/795－5
定盦文集三卷續集四卷續錄一卷古今體詩二卷文集補編四卷雜詩一卷詞選一卷詞錄一卷　(清)龔自珍撰　清光緒三十四年(1908)成都官書局刻本　六册

440000－2543－0002519　O/821.07/795－8
定盦文集三卷續集四卷文集補編四卷續錄一卷古近體詩二卷己亥雜詩一卷詞選一卷詞錄一卷孝珙手抄詞一卷文拾遺一卷年譜一卷　(清)龔自珍撰　清宣統二年(1910)國學扶輪社鉛印本　七冊

440000－2543－0002520　O/821.07/795.1
定山堂詩集四十三卷詩餘四卷古文小品二卷續集一卷古文補遺三卷奏疏九卷浠川政譜四卷　(清)龔鼎孳撰　**芳草詞一卷**　(清)龔士稚撰　清光緒九年至十二年(1883－1886)刻本　二十六冊

440000－2543－0002521　O/821.07/961
千山詩集二十卷首一卷補遺一卷　(清)釋函可撰　清道光刻本　四冊

440000－2543－0002522　O/821.07/961(2)
千山詩集二十卷首一卷補遺一卷　(清)釋函可撰　清道光刻本　四冊

440000－2543－0002523　O/821.07/965
綠筠堂詩草一卷　(清)釋石夔撰　清光緒二十四年(1898)刻本　一冊

440000－2543－0002524　O/821.07/966
詒晉齋集八卷後集一卷隨筆一卷　(清)永瑆撰　清道光二十八年(1848)刻本　二冊

440000－2543－0002525　O/821.07/966(2)
詒晉齋集八卷後集一卷隨筆一卷　(清)永瑆撰　清道光二十八年(1848)刻本　三冊

440000－2543－0002526　O/821.07/970－2
倭文端公遺書十卷首二卷　(清)倭仁撰　清光緒三年(1877)粵東翰元樓刻本　三冊

440000－2543－0002527　O/821.07/971
御製詩文十全集五十四卷首一卷　(清)高宗弘曆撰　清光緒二十五年(1899)廣雅書局刻武英殿聚珍版書本　十二冊

440000－2543－0002528　O/821.07/971－2
樂善堂全集定本三十卷　(清)高宗弘曆撰　清刻本　六冊

440000－2543－0002529　VO/821.07/971－3
樂善堂全集定本三十卷　(清)高宗弘曆撰　清乾隆二十四年(1759)刻本　八冊

440000－2543－0002530　O/821.07/971－4
御製詩餘集六卷　(清)高宗弘曆撰　清刻本　八冊

440000－2543－0002531　O/821.07/981
梅庵詩鈔五卷　(清)鐵保撰　清嘉慶十年(1805)刻本　二冊

440000－2543－0002532　O/821.08/22.1
湘綺樓文集八卷詩集十四卷箋啟八卷　王闓運撰　清宣統二年(1910)上海國學扶輪社石印本　十二冊

440000－2543－0002533　O/821.08/135.1
微尚齋詩二卷詞一卷　汪兆鏞撰　清宣統三年(1911)刻本　一冊

440000－2543－0002534　O/821.08/352－2
抱潤軒文集十卷　馬其昶撰　清宣統元年(1909)安徽石印本　一冊

440000－2543－0002535　O/821.08/402－2
新編分類飲冰室文集全編二十卷　梁啟超撰　清廣益書局石印本　二十冊

440000－2543－0002536　O/821.08/420
復盦類稿八卷鬻字齋詩畧四卷公牘四卷　曹允源撰　清光緒至宣統刻本　四冊

440000－2543－0002537　O/821.08/429.1
順所然齋文集二卷　張雲錦著　清光緒三十四年(1908)武昌刻本　二冊

440000－2543－0002538　O/821.08/442.4
木庵居士詩四卷補遺一卷　(清)陳書撰　清光緒三十二年(1906)武昌刻本　一冊

440000－2543－0002539　O/821.1/151
金元明八大家文選五十四卷　(清)李祖陶評點　清道光二十五年(1845)刻本　二十二冊

440000－2543－0002540　O/821.1/151.1
八代文鈔一百六種一百六卷　(明)李賓編　明末刻本　三十冊　缺四十七種四十七卷

(嵇康一卷、阮籍一卷、潘岳一卷、陸機一卷、陸雲一卷、王羲之一卷、陶潛一卷、陳子昂一卷、張說一卷、張九齡一卷、王績一卷、王勃一卷、楊炯一卷、盧照鄰一卷、駱賓王一卷、王維一卷、李白一卷、元結一卷、劉禹錫一卷、李德裕一卷、李翺一卷、孫樵一卷、李華一卷、皇甫湜一卷、元稹一卷、白居易一卷、沈亞之一卷、段成式一卷、杜牧一卷、李商隱一卷、皮日休一卷、陸龜蒙一卷、羅隱一卷、司空圖一卷、劉蛻一卷、劉珂一卷、蘇軾一卷、秦觀一卷、黃庭堅一卷、李廌一卷、陸游一卷、蔡襄一卷、崔銑一卷、李夢陽一卷、何景明一卷、李攀龍一卷、王世貞一卷)

440000－2543－0002541　O/821.1/211
東萊集注類編觀瀾文集甲集二十五卷附札記乙集二十五卷附考丙集二十卷附考　(宋)林之奇編　清光緒十年(1884)碧琳琅館刻本　六冊

440000－2543－0002542　VO/821.1/329
古文眉詮七十九卷首一卷　(清)浦起龍評選　清乾隆三吳書院刻本　十六冊

440000－2543－0002543　O/821.1/351
西山先生真文忠公文章正宗二十四卷　(宋)真德秀編　清刻本　十二冊

440000－2543－0002544　O/821.1/372
續古文苑二十卷　(清)孫星衍輯　清嘉慶十七年(1812)刻本　四冊

440000－2543－0002545　O/821.1/372(2)
續古文苑二十卷　(清)孫星衍輯　清嘉慶十七年(1812)刻本　八冊

440000－2543－0002546　O/821.1/372(3)
續古文苑二十卷　(清)孫星衍輯　清嘉慶十七年(1812)刻本　八冊

440000－2543－0002547　O/821.1/428
古詩類苑一百三十卷　(明)張之象編　明刻本　十四冊　存四十二卷(七十一至八十一、八十五至九十三、九十六至一百十一、一百十六至一百二十一)

440000－2543－0002548　VO/821.1/477
秦漢文鈔不分卷　(明)馮有翼輯　明萬曆十一年(1583)刻本　十二冊

440000－2543－0002549　VO/821.1/535
古今文英四卷　(明)程自明輯　明崇禎刻本　四冊

440000－2543－0002550　VO/821.1/674－1
廣文選六十卷　(明)劉節編　(明)陳蕙重編　明嘉靖十六年(1537)陳蕙刻本　十六冊

440000－2543－0002551　O/821.1/675
文致不分卷　(明)劉士鏻選輯　清刻本　一冊　存八類(賦、辭、騷、文、彈文、檄、書、序)

440000－2543－0002552　O/821.1/787
全上古三代秦漢三國六朝文七百四十六卷　(清)嚴可均輯　清光緒十三年(1887)黃岡王氏廣州刻本　七十九冊

440000－2543－0002553　O/821.1/787(2)
全上古三代秦漢三國六朝文七百四十六卷　(清)嚴可均輯　清光緒十三年(1887)黃岡王氏廣州刻本　六十七冊

440000－2543－0002554　O/821.1/787(3)
全上古三代秦漢三國六朝文七百四十六卷　(清)嚴可均輯　清光緒十三年(1887)黃岡王氏廣州刻本　一百冊

440000－2543－0002555　O/821.1/787－3
全上古三代秦漢三國晉南北朝文編目一百三卷　(清)嚴可均輯　(清)蔣壑校　清光緒五年(1879)刻本　十冊

440000－2543－0002556　O/821.1/964
悅心集五卷　(清)世宗胤禛輯　清光緒二十五年(1899)廣雅書局刻武英殿聚珍版書本　二冊

440000－2543－0002557　O/821.1/965
四忠遺集三十九卷　(□)□□輯　清光緒二十三年(1897)湘南書局刻本　十五冊

440000－2543－0002558　VO/821.1/970
御選唐宋文醇五十八卷　(清)高宗弘曆選

清乾隆三年(1738)内府刻四色套印本　二十冊

440000－2543－0002559　VO/821.15/494
六藝流別二十卷　(明)黄佐輯　清康熙二十六年(1687)刻本　八冊

440000－2543－0002560　O/821.15/622
乾坤正氣集五百七十四卷首一卷　(清)潘錫恩輯　清光緒十八年(1892)潘氏刻本　一百九十九冊

440000－2543－0002561　O/821.17/98
朱氏傳芳集八卷首三卷　(清)朱次琦編　清咸豐十一年(1861)刻本　四冊

440000－2543－0002562　O/821.17/530
八旗文經六十卷　(清)盛昱編　清光緒二十八年(1902)刻本　十六冊

440000－2543－0002563　O/821.17/740
舊德集十四卷　繆荃孫輯　清光緒二十二年(1896)繆氏刻本　四冊

440000－2543－0002564　O/821.2/2
漢魏六朝名家集初刻四十家　丁福保編　清宣統三年(1911)上海文明書局鉛印本　十六冊

440000－2543－0002565　O/821.2/428－2
漢魏六朝百三家集一百三集　(明)張溥輯　清刻本　八十八冊

440000－2543－0002566　O/821.2/431
兩漢文選四十卷　(明)張采輯　明刻本　二十四冊

440000－2543－0002567　O/821.2/727
文選六十卷　(南朝梁)蕭統輯　(唐)李善注　**文選考異十卷**　(清)胡克家撰　清同治八年(1869)潯陽萬本儀廣州刻本　二十四冊

440000－2543－0002568　O/821.2/727(2)
文選六十卷　(南朝梁)蕭統輯　(唐)李善注　**文選考異十卷**　(清)胡克家撰　清同治八年(1869)潯陽萬本儀廣州刻本　二十四冊

440000－2543－0002569　O/821.2/727(4)
文選六十卷　(南朝梁)蕭統輯　(唐)李善注　**文選考異十卷**　(清)胡克家撰　清同治八年(1869)潯陽萬本儀廣州刻本　二十四冊

440000－2543－0002570　O/821.2/727(5)
文選六十卷　(南朝梁)蕭統輯　(唐)李善注　**文選考異十卷**　(清)胡克家撰　清同治八年(1869)潯陽萬本儀廣州刻本　二十四冊

440000－2543－0002571　O/821.2/727(6)
文選六十卷　(南朝梁)蕭統輯　(唐)李善注　**文選考異十卷**　(清)胡克家撰　清同治八年(1869)潯陽萬本儀廣州刻本　二十四冊

440000－2543－0002572　O/821.2/727－2
文選六十卷　(南朝梁)蕭統輯　(唐)李善注　**文選考異十卷**　(清)胡克家撰　清同治八年(1869)湖北崇文書局刻本　十二冊

440000－2543－0002573　O/821.2/727－4
文選六十卷　(南朝梁)蕭統輯　(唐)李善注　清同治八年(1869)金陵書局刻本　九冊

440000－2543－0002574　VO/821.2/727－5
文選六十卷　(南朝梁)蕭統輯　(唐)李善注　清乾隆三十四年至三十七年(1769－1772)長洲葉氏海錄軒刻朱墨套印本　十二冊

440000－2543－0002575　VO/821.2/727－5(2)
文選六十卷　(南朝梁)蕭統輯　(唐)李善注　清乾隆三十四年至三十七年(1769－1772)長洲葉氏海錄軒刻朱墨套印本　十六冊

440000－2543－0002576　VO/821.2/727－5(3)
文選六十卷　(南朝梁)蕭統輯　(唐)李善注　清乾隆三十四年至三十七年(1769－1772)長洲葉氏海錄軒刻朱墨套印本　十一冊

440000－2543－0002577　VO/821.2/727－5(4)
文選六十卷　(南朝梁)蕭統輯　(唐)李善注　清乾隆三十四年至三十七年(1769－1772)長洲葉氏海錄軒刻朱墨套印本　十冊

440000－2543－0002578　O/821.2/727－12
文選六十卷　(南朝梁)蕭統輯　(唐)李善注　**文選考異十卷**　(清)胡克家撰　清宣統三

年(1911)上海會文堂書局石印本　十六冊

440000－2543－0002579　O/821.2/727－13
文選六十卷　(南朝梁)蕭統輯　(唐)李善注　清光緒元年(1875)刻本　十冊

440000－2543－0002580　O/821.2/727－14
文選六十卷　(南朝梁)蕭統輯　(唐)李善註　(清)何焯評點　清乾隆三十四年至三十七年(1769－1772)長洲葉氏海錄軒刻朱墨套印本　二十四冊

440000－2543－0002581　VO/821.2/727－15
六家文選六十卷　(南朝梁)蕭統輯　(唐)李善等注　明嘉靖二十八年(1549)刻本　三十二冊

440000－2543－0002582　O/821.2/727－16
文選古字通疏證六卷　(清)薛傳均撰　清光緒十二年(1886)還讀樓刻本　二冊

440000－2543－0002583　O/821.2/727－17
文選理學權輿八卷　(清)汪師韓撰　**文選理學權輿補一卷文選考異四卷李註補正四卷**　(清)孫志祖撰　清光緒十五年(1889)刻本　八冊

440000－2543－0002584　O/821.21/444
文選補遺四十卷　(宋)陳仁子輯誦　(宋)譚紹烈纂類　清道光二十五年(1845)刻本　十冊

440000－2543－0002585　O/821.21/444－2
文選補遺四十卷　(宋)陳仁子輯誦　(宋)譚紹烈纂類　清同治十年(1871)刻本　十一冊

440000－2543－0002586　O/821.3/22(2)
初唐四傑集三十七卷　(清)項家達輯　清同治十二年(1873)馥雅居刻本　十冊

440000－2543－0002587　VO/821.3/22－3
初唐四傑集三十七卷　(清)項家達輯　清乾隆四十六年(1781)星渚項氏刻本　六冊

440000－2543－0002588　VO/821.3/153
文苑英華一千卷　(宋)李昉等輯　明隆慶元年(1567)胡維新、戚繼光刻萬曆遞修本　八十冊

440000－2543－0002589　O/821.3/153－2(3)
文苑英華辨證十卷首一卷　(宋)彭叔夏撰　清乾隆武英殿木活字印本　三冊

440000－2543－0002590　O/821.3/316
唐文粹一百卷　(宋)姚鉉纂　清光緒九年(1883)江蘇書局刻本　十六冊

440000－2543－0002591　O/821.3/316(3)
唐文粹一百卷　(宋)姚鉉纂　清光緒九年(1883)江蘇書局刻本　十六冊

440000－2543－0002592　O/821.3/316－2
文粹一百卷　(宋)姚鉉纂　清光緒十六年至十八年(1890－1892)杭州許氏榆園刻本　二十冊

440000－2543－0002593　O/821.3/568
欽定全唐文一千卷　(清)董誥纂輯　清光緒二十七年(1901)廣雅書局刻本　一百九十四冊

440000－2543－0002594　O/821.4/170
宋文鑑一百五十卷　(宋)呂祖謙編　清光緒十二年(1886)江蘇書局刻本　十六冊

440000－2543－0002595　O/821.4/170(2)
宋文鑑一百五十卷　(宋)呂祖謙編　清光緒十二年(1886)江蘇書局刻本　二十冊

440000－2543－0002596　O/821.4/170(3)
宋文鑑一百五十卷　(宋)呂祖謙編　清光緒十二年(1886)江蘇書局刻本　二十四冊

440000－2543－0002597　O/821.4/281
三宋人集四十八卷　(清)方功惠輯　清光緒七年(1881)碧琳琅館刻本　六冊

440000－2543－0002598　O/821.4/351
西山先生真文忠公續文章正宗二十卷　(宋)真德秀編　清刻本　十冊

440000－2543－0002599　O/821.4/784－2
嘉樂齋三蘇文範十八卷　(明)楊慎選　(明)袁宏道參閱　清刻本　八冊

440000－2543－0002600　VO/821.4/784－3
新刊許海嶽精選三蘇文粹四卷　(宋)蘇洵等撰　(明)許國精選　明嘉靖四十四年(1565)刻本　六冊

440000－2543－0002601　O/821.4/784－4
三蘇全集二百四卷　(宋)蘇洵等撰　(清)弓翊清編　清道光十二年至十三年(1832－1833)刻本　六十八冊

440000－2543－0002602　VO/821.4/791
辟疆園宋文選三十卷　(清)顧宸輯　(清)李贇元鑒定　清順治十八年(1661)顧氏辟疆園刻本　三十冊

440000－2543－0002603　O/821.4/973
聖宋文選三十二卷　(宋)□□輯　清光緒八年(1882)刻本　四冊　缺七卷(一至七)

440000－2543－0002604　O/821.42/454
南宋文範七十卷外編四卷作者考二卷　(清)莊仲方編　清光緒十四年(1888)江蘇書局刻本　十六冊

440000－2543－0002605　O/821.44/740
遼文存六卷　繆荃孫輯　清光緒二十二年(1896)刻本　二冊

440000－2543－0002606　O/821.45/454
金文雅十六卷　(清)莊仲方編　清光緒十七年(1891)江蘇書局刻本　四冊

440000－2543－0002607　O/821.5/784
元文類七十卷　(元)蘇天爵編　清光緒十五年(1889)江蘇書局刻本　十冊

440000－2543－0002608　O/821.6/81
邱海二公合集十六卷　(清)邱啟焜編　清同治十年(1871)刻本　十冊

440000－2543－0002609　O/821.6/81(2)
邱海二公合集十六卷　(清)邱啟焜編　清同治十年(1871)刻本　八冊

440000－2543－0002610　O/821.6/375
山曉閣選明文全集二十四卷　(清)孫琮輯評　清康熙十六年(1677)刻本　十二冊

440000－2543－0002611　VO/821.6/491－1
明文授讀六十二卷　(清)黃宗羲輯　清康熙三十八年(1699)味芹堂刻本　二十四冊

440000－2543－0002612　O/821.6/731
明文在一百卷　(清)薛熙纂　清光緒十五年(1889)江蘇書局刻本　十冊

440000－2543－0002613　O/821.6/731(2)
明文在一百卷　(清)薛熙纂　清光緒十五年(1889)江蘇書局刻本　十冊

440000－2543－0002614　O/821.6/731(3)
明文在一百卷　(清)薛熙纂　清光緒十五年(1889)江蘇書局刻本　十冊

440000－2543－0002615　O/821.7/98
國朝古文彙鈔初集一百七十六卷二集一百卷　(清)朱珔輯　清道光二十七年至咸豐二年(1847－1852)吳江沈氏世美堂刻本　一百三十冊

440000－2543－0002616　O/821.7/128
國朝文匯甲前集二十卷甲集六十卷乙集七十卷丙集三十卷丁集二十卷　沈粹芬等編　清宣統元年至二年(1909－1910)上海國學扶輪社石印本　一百冊

440000－2543－0002617　O/821.7/210
詞科掌錄十七卷餘話七卷　(清)杭世駿編　清道古堂刻本　七冊

440000－2543－0002618　O/821.7/210(2)
詞科掌錄十七卷餘話七卷　(清)杭世駿編　清道古堂刻本　六冊

440000－2543－0002619　O/821.7/210(3)
詞科掌錄十七卷餘話七卷　(清)杭世駿編　清道古堂刻本　六冊

440000－2543－0002620　O/821.7/213
寧都三魏全集八十卷　(清)林時益輯　清易堂刻本　四十六冊

440000－2543－0002621　O/821.7/288
同人集十二卷　(清)冒襄輯　清光緒八年(1882)刻本　十二冊

440000－2543－0002622　VO/821.7/288－2
同人集十二卷　（清）冒襄輯　清康熙十四年(1675)刻本　十二冊

440000－2543－0002623　O/821.7/316
國朝文錄八十二卷　（清）姚椿輯　清咸豐元年(1851)終南山館刻本　三十冊

440000－2543－0002624　O/821.7/393
國朝二十四家文鈔二十四卷　（清）徐斐然輯　清嘉慶元年(1796)刻本　四冊

440000－2543－0002625　O/821.7/393(2)
國朝二十四家文鈔二十四卷　（清）徐斐然輯　清嘉慶元年(1796)刻本　六冊

440000－2543－0002626　O/821.7/393.1
香海盦叢書九種十八卷　徐琪輯　清仁和徐氏刻光緒二十年(1894)彙印本　一冊　缺二種七卷(蒼葡花館詩集二卷、詩補遺一卷、詞集一卷,蓮因室詩集二卷、詞集一卷)

440000－2543－0002627　O/821.7/441
菊坡精舍集二十卷　（清）陳澧選　清光緒二十三年(1897)刻本　六冊

440000－2543－0002628　O/821.7/442
國朝嶺南文鈔十八卷　（清）陳在謙評輯　清刻本　六冊

440000－2543－0002629　O/821.7/449
海虞三陶先生集二十五卷　（清）楊沂孫輯　清光緒七年(1881)楊同福貴池邑署刻本　六冊

440000－2543－0002630　O/821.7/588
齊太史移居倡詶集四卷首一卷末一卷　（清）齊毓川編輯　清宣統二年(1910)上海國學扶輪社石印本　一冊

440000－2543－0002631　O/821.7/650
莫如樓詩選合刻六卷　（清）蔣湘培撰　清同治六年(1867)刻本　四冊

440000－2543－0002632　O/821.912/0－1
容城三賢集十二卷　（清）張斐然　（清）楊蓰編　清光緒二十二年(1896)刻本　十二冊

440000－2543－0002633　O/821.917/0－1
國朝中州名賢集十卷首一卷末一卷　（清）黃舒昺編　清光緒十九年(1893)刻本　十二冊

440000－2543－0002634　O/821.919/0－1
淮安藝文志十卷　（清）□□輯　清同治十二年(1873)刻本　八冊

440000－2543－0002635　O/821.919/0－2
國朝金陵文鈔十六卷首一卷末一卷　陳作霖輯　清光緒二十三年(1897)刻本　十六冊

440000－2543－0002636　O/821.923/0－1
呂東萊先生文集二十卷　（宋）呂祖謙撰　（清）胡鳳丹校　**忠簡公集七卷附辨譌考異**　（宋）宗澤撰　（清）胡鳳丹校　清同治八年(1869)退補齋刻金華文萃本　十一冊　缺二卷(東萊集一至二)

440000－2543－0002637　O/821.924/0－1
漢上消閒社主詩餘一卷文鈔二卷外編四卷　宧應清撰　**漢上消閒集十六卷**　宧應清輯　清宣統二年(1910)漢上振華印書館鉛印本　三冊　缺五卷(漢上消閒集一至五)

440000－2543－0002638　O/821.928/0－1
西疆雜述詩四卷　（清）蕭雄撰　清光緒十八年(1892)鉛印本　二冊

440000－2543－0002639　O/821.929/0－1
全蜀藝文志六十四卷　（明）楊慎輯　清光緒十五年(1889)雨餘山房刻本　十六冊

440000－2543－0002640　VO/821.93/0－1
廣東文選四十卷　（清）屈大均輯　清康熙二十六年(1687)刻本　十二冊

440000－2543－0002641　O/821.93/0－2
廣東文獻初集十八卷二集九卷三集十七卷四集二十六卷　（清）羅學鵬輯　清嘉慶十九年(1814)春暉堂刻本　二十四冊　缺一卷(三集六)

440000－2543－0002642　O/821.93/0－3
學海堂初集十六卷　（清）阮元編　**學海堂二集二十二卷**　（清）吳蘭修輯　**學海堂三集二**

十四卷　(清)張維屏輯　**學海堂四集二十八卷**　(清)金錫齡輯　清道光五年至光緒十二年(1825－1886)刻本　四十冊

440000－2543－0002643　O/821.93/0－3(2)
學海堂初集十六卷　(清)阮元編　**學海堂二集二十二卷**　(清)吳蘭修輯　**學海堂三集二十四卷**　(清)張維屏輯　**學海堂四集二十八卷**　(清)金錫齡輯　清道光五年至光緒十二年(1825－1886)刻本　三十一冊　缺一卷(二集十二)

440000－2543－0002644　O/821.93/0－3(3)
學海堂初集十六卷　(清)阮元編　**學海堂二集二十二卷**　(清)吳蘭修輯　**學海堂三集二十四卷**　(清)張維屏輯　**學海堂四集二十八卷**　(清)金錫齡輯　清道光五年至光緒十二年(1825－1886)刻本　四十冊

440000－2543－0002645　O/821.93/0－4
學海堂初集十六卷　(清)阮元輯　清啟秀山房刻本　六冊

440000－2543－0002646　O/821.93/0－6
學海堂三集二十四卷　(清)張維屏輯　清咸豐九年(1859)刻本　八冊

440000－2543－0002647　O/821.93/0－7
學海堂四集二十八卷　(清)金錫齡編　清光緒十二年(1886)刻本　十六冊

440000－2543－0002648　VO/822.07/22.1
樓邨詩集二十五卷　(清)王式丹撰　清雍正四年(1726)刻本　八冊

440000－2543－0002649　O/822.1/22
漁洋山人古詩選三十二卷　(清)王士禎選　**惜抱軒今體詩鈔十八卷**　(清)姚鼐選　清同治五年(1866)金陵書局刻本　十冊

440000－2543－0002650　O/822.1/22(2)
漁洋山人古詩選三十二卷　(清)王士禎選　清同治五年(1866)金陵書局刻本　八冊

440000－2543－0002651　O/822.1/22－2
漁洋山人古詩選三十二卷　(清)王士禎選　清同治七年(1868)湘鄉曾氏刻本　八冊

440000－2543－0002652　O/822.1/22－2(2)
漁洋山人古詩選三十二卷　(清)王士禎選　清同治七年(1868)湘鄉曾氏刻本　十二冊

440000－2543－0002653　O/822.1/22－4
古詩箋十七卷　(清)王士禛選　(清)聞人倓箋　清芷蘭堂刻本　八冊

440000－2543－0002654　O/822.1/23
八代詩選二十卷　王闓運輯　清光緒七年(1881)四川尊經書局刻本　八冊

440000－2543－0002655　O/822.1/23－2
八代詩選二十卷　王闓運輯　清光緒十六年(1890)江蘇書局刻本　八冊

440000－2543－0002656　VO/822.1/52－2
詩詞雜俎二十四卷　(明)毛晉編　明天啓五年(1625)汲古閣刻本　八冊

440000－2543－0002657　O/822.1/52－3
宮詞五卷　(明)毛晉編　清宣統三年(1911)上海掃葉山房石印本　一冊

440000－2543－0002658　O/822.1/52－4
宮詞五卷　(明)毛晉編　清同治十二年(1873)淮南書局刻本　一冊

440000－2543－0002659　O/822.1/52－5
宮詞五卷　(明)毛晉編　清刻本　二冊

440000－2543－0002660　VO/822.1/98
十家宮詞十二卷　(清)朱彝尊輯　清乾隆八年(1743)刻本　四冊

440000－2543－0002661　O/822.1/128
五朝詩別裁集八十一卷　(清)沈德潛編　清刻本　四十冊

440000－2543－0002662　O/822.1/135
詩倫二卷　(清)汪薇編　清光緒二十五年(1899)廣雅書局刻武英殿聚珍版書本　二冊

440000－2543－0002663　O/822.1/316－2
惜抱軒今體詩鈔十八卷　(清)姚鼐選　清同治五年(1866)金陵書局刻本　二冊

440000－2543－0002664　O/822.1/393
本事詩十二卷　(清)徐釚編　清光緒十四年(1888)邵武徐氏刻本　二册

440000－2543－0002665　O/822.1/527－3
十八家詩鈔二十八卷　(清)曾國藩輯　清同治十三年(1874)傳忠書局刻本　二十册

440000－2543－0002666　O/822.1/527－3(2)
十八家詩鈔二十八卷　(清)曾國藩輯　清同治十三年(1874)傳忠書局刻本　二十八册

440000－2543－0002667　O/822.1/527－4
十八家詩鈔二十八卷　(清)曾國藩輯　清光緒二十九年(1903)鴻寶書局石印本　六册

440000－2543－0002668　O/822.1/527－6
三十家詩鈔六卷首一卷末一卷　(清)曾國藩纂　(清)王定安增輯　清同治十三年(1874)傳忠書局刻本　六册

440000－2543－0002669　O/822.1/527－6(2)
三十家詩鈔六卷首一卷末一卷　(清)曾國藩纂　(清)王定安增輯　清同治十三年(1874)傳忠書局刻本　六册

440000－2543－0002670　O/822.1/575
歷朝二十五家詩録三十七卷首一卷　(清)鄒湘倜編　清光緒元年(1875)新化鄒氏得頤堂刻本　三十册

440000－2543－0002671　O/822.1/675
歷朝詩約選九十二卷　(清)劉大櫆輯　清光緒二十三年(1897)文徵閣刻本　二十二册

440000－2543－0002672　VO/822.1/675.1
詩宿二十八卷詩人考世二卷　(明)劉一相輯　明萬曆三十六年(1608)刻本　二十一册　缺五卷(十四至十八)

440000－2543－0002673　VO/822.1/727
選詩八卷續編四卷　(明)劉履補註　明刻本　十册

440000－2543－0002674　VO/822.1/791
詩林韶濩二十卷　(清)顧嗣立類選　清康熙四十四年(1705)秀野草堂刻本　六册

440000－2543－0002675　O/822.1/791－2
詩林韶濩選二十卷　(清)顧嗣立原本　(清)周煌重選　清乾隆二十九年(1764)刻本　四册

440000－2543－0002676　O/822.1/971
御選唐宋詩醇四十七卷　(清)高宗弘曆編　清光緒七年(1881)浙江書局刻本　二十册

440000－2543－0002677　O/822.1/971(2)
御選唐宋詩醇四十七卷　(清)高宗弘曆編　清光緒七年(1881)浙江書局刻本　二十册

440000－2543－0002678　O/822.1/971－2
御選唐宋詩醇四十七卷　(清)高宗弘曆編　清光緒十九年(1893)湖南思賢講舍刻本　二十册

440000－2543－0002679　O/822.1/971－3
御選唐宋詩醇四十七卷　(清)高宗弘曆編　清乾隆二十五年(1760)江蘇巡撫陳宏謀刻朱墨套印本　二十四册

440000－2543－0002680　O/822.105/210
禁林集八卷　(清)杭世駿輯　清乾隆二十三年(1758)刻本　四册

440000－2543－0002681　VO/822.105/393－2
玉臺新詠十卷　(南朝陳)徐陵輯　清康熙五十三年(1714)刻本　六册

440000－2543－0002682　VO/822.105/444
佩文齋詠物詩選不分卷　(清)陳廷敬等編　清康熙四十五年(1706)刻本　三十六册

440000－2543－0002683　VO/822.105/444(2)
佩文齋詠物詩選不分卷　(清)陳廷敬等編　清康熙四十五年(1706)刻本　六十四册

440000－2543－0002684　VO/822.105/444.1
御定歷代題畫詩類一百二十卷　(清)陳邦彦輯　清康熙四十六年(1707)刻本　二十册

440000－2543－0002685　O/822.106/434
歷朝名媛詩詞十二卷　(清)陸昶評選　清乾隆三十八年(1773)刻本　八册

440000－2543－0002686　O/822.106/434(2)

歷朝名媛詩詞十二卷　（清）陸昶評選　清乾隆三十八年（1773）刻本　十冊

440000－2543－0002687　O/822.106/562
返生香一卷　（明）葉小鸞著　**疏香閣附集一卷**　（明）沈自炳等著　**窈聞一卷續窈聞一卷**　（明）葉紹袁譔　清光緒二十二年（1896）刻本　二冊

440000－2543－0002688　O/822.107/98
新安先集二十卷附二卷　（清）朱之榛輯　清同治十三年（1874）朱氏蘇州刻本　九冊

440000－2543－0002689　O/822.107/98（2）
新安先集二十卷附二卷　（清）朱之榛輯　清同治十三年（1874）朱氏蘇州刻本　七冊

440000－2543－0002690　O/822.107/477
馮氏清芬集三卷　（清）馮詢輯　清光緒元年至二年（1875－1876）上海榷署刻本　一冊

440000－2543－0002691　O/822.107/622
番禺潘氏詩畧不分卷　（清）潘儀增編　潘飛聲校　清光緒二十年（1894）潘氏刻本　四冊

440000－2543－0002692　O/822.107/749
瑞芝山房詩鈔八卷　（清）戴燮元輯　清光緒元年（1875）廣陵刻本　三冊

440000－2543－0002693　O/822.12/98
詩集廣序十卷　（清）朱嘉徵論正　（清）許三禮參訂　清刻本　四冊

440000－2543－0002694　VO/822.13/21－3
王荆公唐百家詩選二十卷　（宋）王安石輯　清康熙四十三年（1704）宋犖刻本　四冊

440000－2543－0002695　O/822.13/22（2）
唐賢三昧集箋注三卷　（清）王士禛輯　（清）吳煊等注　清光緒九年（1883）廣州翰墨園刻朱墨套印本　三冊

440000－2543－0002696　O/822.13/22.1－3
古唐詩合解十二卷附四卷　（清）王堯衢注　清雍正十年（1732）刻本　三冊

440000－2543－0002697　VO/822.13/22.2
唐文粹詩選六卷　（清）王士禛輯　清康熙二十六年（1687）刻本　三冊

440000－2543－0002698　O/822.13/24
唐四家詩集二十一卷　（清）胡鳳丹輯　清光緒十三年（1887）湖北官書處刻本　五冊

440000－2543－0002699　VO/822.13/29－2
唐詩鼓吹十卷　（金）元好問輯　（清）錢謙益重校　清乾隆十一年（1746）懷德堂刻本　三冊

440000－2543－0002700　O/822.13/84
唐人五十家小集七十卷　（清）江標輯　清光緒二十一年（1895）元和江氏刻本　十六冊

440000－2543－0002701　O/822.13/128
唐詩觀瀾集二十四卷　（清）沈德潛選定（清）淩應曾編註　清乾隆三十七年（1772）刻本　六冊

440000－2543－0002702　O/822.13/233
國秀集三卷　（唐）芮挺章輯　明毛氏汲古閣刻本　三冊

440000－2543－0002703　O/822.13/260
萬首唐人絕句五十二卷　（宋）洪邁輯　清刻本　八冊

440000－2543－0002704　O/822.13/265
唐詩韻匯二十七卷　（清）施端教輯　清刻本　十二冊

440000－2543－0002705　O/822.13/271
唐四家詩集二十一卷附一卷　（清）胡鳳丹輯　清同治九年（1870）退補齋刻本　六冊

440000－2543－0002706　O/822.13/287
才調集補註十卷　（五代）韋縠選　（清）宋邦綏補註　清乾隆五十八年（1793）刻本　八冊

440000－2543－0002707　O/822.13/332－2
唐中興閒氣集二卷　（唐）高仲武編　清光緒十九年（1893）武進費氏刻本　二冊

440000－2543－0002708　VO/822.13/337
唐詩解五十卷　（明）唐汝詢選釋　明刻本　十八冊

440000－2543－0002709　O/822.13/375
三唐人集三十七卷　(清)馮焌光輯　清光緒二年(1876)讀有用書齋刻本　六册

440000－2543－0002710　O/822.13/375(2)
三唐人集三十七卷　(清)馮焌光輯　清光緒二年(1876)讀有用書齋刻本　六册

440000－2543－0002711　VO/822.13/428
唐詩類苑二百卷　(明)張之象纂輯　明萬曆二十九年(1601)刻本　四十册

440000－2543－0002712　VO/822.13/556
批點唐音十五卷　(元)楊士弘編　(明)顧璘批點　明嘉靖四十年(1561)顧履祥刻四十四年(1565)李袞重修本　五册

440000－2543－0002713　O/822.13/616
應試唐詩類釋十九卷　(清)臧岳編　清乾隆四十年(1775)三樂齋刻本　四册

440000－2543－0002714　O/822.13/690
唐人三家集二十八卷　(清)秦恩復輯　清宣統三年(1911)影印本　八册

440000－2543－0002715　O/822.13/705
唐音審體二十卷　(清)錢良擇編　清光緒九年(1883)後知不足齋刻本　六册

440000－2543－0002716　O/822.13/761
唐詩選不分卷　(清)魏朝俊選　清光緒十年(1884)魏氏古香閣刻本　一册

440000－2543－0002717　O/822.13/973
全唐詩三十二卷　(清)曹寅等輯　清光緒十三年(1887)上海同文書局石印本　六十四册

440000－2543－0002718　O/822.13/973(2)
全唐詩三十二卷　(清)曹寅等輯　清光緒十三年(1887)上海同文書局石印本　三十二册

440000－2543－0002719　O/822.13/973－3
全唐詩九百卷目録十二卷　(清)曹寅等輯　清雙峰書屋刻本　十二册　存八十九卷(第一函第十册楊炯一卷、宋之問三卷、崔湜等一卷;第二函第五册李乂一卷、盧藏用等一卷、富嘉謨等一卷、沈佺期三卷、趙冬曦等一卷;第三函第九册沈宇等一卷、杜儼等一卷、楊賁等一卷、包佶一卷、李嘉祐一卷、包何一卷、賈邕等一卷、皇甫曾一卷;第四函第四册杜甫十四至十九,第八册劉方平一卷、劉太真等一卷、王之渙等一卷、常衮等一卷、蘇源明等一卷、劉眘虚一卷、息夫牧等一卷、崔惠童等一卷、沈千運等一卷、秦系一卷、任華等一卷;第五函第六册劉商二卷、陳翊等一卷、朱灣一卷、丘丹等一卷、張志和等一卷、郭鄖等一卷、于鵠一卷、劉長川等一卷、劉迥等一卷,第九册張薦等一卷、段文昌等一卷、羊士諤一卷、楊巨源一卷、令狐楚一卷、裴度一卷,第十册韓愈十卷;第六函第二册劉禹錫一至五,第四册張弘靖等一卷、張仲素一卷、庾承宣等一卷、李翱等一卷、呂溫二卷;第十一函第七册孫元晏一卷、嚴識玄等一卷、鄭軌等一卷、董初等一卷、宋雍等一卷、趙起等一卷、蕭意等一卷、吉師老等一卷;第十二函第九册褚亮等一卷、嚴維等一卷、杜牧等一卷、皮日休等一卷、曹松等一卷、盧言等一卷、靈澈等一卷)

440000－2543－0002720　O/822.13/973－4
全唐詩九百卷目録十二卷　(清)曹寅等輯　清刻本　一百册　缺十四卷(第一函第二册太宗一卷,第十二函第十册呂巖、伊用昌一卷;目録十二卷)

440000－2543－0002721　O/822.13/973－4(2)
全唐詩九百卷目録十二卷　(清)曹寅等輯　清刻本　一百二十册

440000－2543－0002722　O/822.13/973－4(3)
全唐詩九百卷目録十二卷　(清)曹寅等輯　清刻本　一百二十册

440000－2543－0002723　O/822.14/135
宋詩略十八卷　(清)汪景龍　(清)姚壎輯　清竹雨山房刻本　六册

440000－2543－0002724　VO/822.14/164－2
宋詩鈔初集　(清)吳之振等輯　清康熙十年(1671)刻本　六十册

440000－2543－0002725　VO/822.14/165
宋金元詩選六卷　(清)吳翌鳳輯　清乾隆五

十八年(1793)刻本　六冊

440000－2543－0002726　O/822.14/393
魯兩先生合集兩種　(清)徐宗幹輯　清道光十三年(1833)斯未信齋刻本　一冊

440000－2543－0002727　VO/822.14/420
宋百家詩存二十卷　(清)曹庭棟選　清乾隆六年(1741)刻本　二十冊

440000－2543－0002728　VO/822.142/128
南宋雜事詩七卷　(清)沈嘉轍等撰　清武林芹香齋刻本　二冊

440000－2543－0002729　VO/822.142/128(2)
南宋雜事詩七卷　(清)沈嘉轍等撰　清武林芹香齋刻本　四冊

440000－2543－0002730　VO/822.142/128(3)
南宋雜事詩七卷　(清)沈嘉轍等撰　清武林芹香齋刻本　二冊

440000－2543－0002731　O/822.142/442－2
江湖後集二十四卷　(宋)陳起編　清讀書齋刻本　六冊

440000－2543－0002732　O/822.142/791
南宋群賢小集一百三十卷　(清)顧修輯　清嘉慶六年(1801)讀書齋刻本　二十九冊

440000－2543－0002733　VO/822.145/791
金詩選四卷　(清)顧奎光選輯　(清)陶玉禾參評　清乾隆十六年(1751)刻本　二冊

440000－2543－0002734　VO/822.15/420
石倉十二代詩選五百六卷　(明)曹學佺輯　明崇禎三年(1630)刻本　六冊　存四十六卷(元詩選一至四十六)

440000－2543－0002735　VO/822.15/791
元詩選十集　(清)顧嗣立輯　清康熙三十三年(1694)刻本　二十四冊

440000－2543－0002736　VO/822.15/791－2
元詩選二編八集　(清)顧嗣立輯　清康熙四十一年(1702)刻本　十五冊

440000－2543－0002737　VO/822.15/791－3
元詩選三編七集　(清)顧嗣立輯　清康熙五十九年(1720)刻本　九冊

440000－2543－0002738　O/822.15/791－4
元詩選癸集十卷　(清)顧嗣立輯　清嘉慶秀野草堂刻上海掃葉山房印本　十六冊

440000－2543－0002739　VO/822.15/791－5
元詩選十卷　(清)顧嗣立選　清康熙三十三年(1694)刻本　四十冊

440000－2543－0002740　O/822.16/98
明詩綜一百卷　(清)朱彝尊編　清康熙四十四年(1705)西泠吳氏清來堂刻本　二十冊

440000－2543－0002741　O/822.16/98(3)
明詩綜一百卷　(清)朱彝尊編　清康熙四十四年(1705)西泠吳氏清來堂刻本　三十二冊

440000－2543－0002742　VO/822.16/98－2
明詩綜一百卷　(清)朱彝尊錄　(清)汪森緝評　清康熙四十四年(1705)刻本　三十二冊

440000－2543－0002743　VO/822.16/122
山左明詩鈔三十五卷　(清)宋弼輯　清乾隆三十六年(1771)刻本　十八冊

440000－2543－0002744　VO/822.16/128
明詩別裁集十二卷　(清)沈德潛　(清)周準輯　清乾隆刻本　四冊

440000－2543－0002745　O/822.16/235
遺民詩十六卷附一卷　(清)卓爾堪輯　清末上海有正書局石印本　八冊

440000－2543－0002746　O/822.16/705
列朝詩集八十一卷　(清)錢謙益編　清宣統二年(1910)鉛印本　五十六冊

440000－2543－0002747　O/822.17/21
湖海詩傳四十六卷　(清)王昶輯　清嘉慶八年(1803)刻本　十二冊

440000－2543－0002748　O/822.17/21(2)
湖海詩傳四十六卷　(清)王昶輯　清嘉慶八年(1803)刻本　十六冊

440000－2543－0002749　O/822.17/21(3)

湖海詩傳四十六卷　(清)王昶輯　清嘉慶八年(1803)刻本　十六冊

440000－2543－0002750　VO/822.17/22
感舊集十六卷　(清)王士禛選　清乾隆十七年(1752)盧氏雅雨堂刻本　八冊

440000－2543－0002751　O/822.17/106
楚庭耆舊遺詩前集二十一卷後集二十一卷續集三十二卷　(清)伍崇曜輯　清道光二十三年(1843)南海伍氏刻本　十二冊

440000－2543－0002752　O/822.17/106.1
梅關步武圖題詠一卷　(清)伍長青編　清道光十八年(1838)刻本　一冊

440000－2543－0002753　O/822.17/128
欽定國朝詩別裁集三十二卷　(清)沈德潛纂評　清乾隆二十六年(1761)刻本　十冊

440000－2543－0002754　O/822.17/248
舊雨集八卷　(清)周郁濱輯　清道光二年(1822)澄江官舍刻本　四冊

440000－2543－0002755　O/822.17/335
昭代詩存十四卷　(清)席居中編　清康熙十八年(1679)刻本　二十八冊

440000－2543－0002756　O/822.17/375
道咸同光四朝詩史甲集八卷首一卷　孫雄編　清宣統三年(1911)刻本　四冊

440000－2543－0002757　O/822.17/375(2)
道咸同光四朝詩史甲集八卷首一卷　孫雄編　清宣統三年(1911)刻本　四冊

440000－2543－0002758　O/822.17/428
國朝詩鐸二十六卷首一卷　(清)張應昌選輯　清同治八年(1869)永康應氏刻本　十六冊

440000－2543－0002759　O/822.17/431.2
新春宴遊唱和詩一卷　(清)張維屏輯　清道光二十六年(1846)刻本　一冊

440000－2543－0002760　O/822.17/441
篋衍集十二卷　(清)陳維崧編　清康熙三十一年(1692)羅村蔣氏刻本　四冊

440000－2543－0002761　O/822.17/645
詩觀初集十二卷二集十四卷閨秀別卷一卷三集十三卷閨秀別卷一卷　(清)鄧漢儀輯　清康熙慎墨堂刻乾隆十五年至十七年(1750－1752)仲之琮深柳讀書堂重修本　三十六冊

440000－2543－0002762　VO/822.17/675
國朝六家詩鈔八卷　(清)劉執玉編　清乾隆三十二年(1767)刻本　四冊

440000－2543－0002763　O/822.17/749
靈芝唱答集三卷首一卷　(清)戴肇辰撰　清同治七年(1868)刻本　一冊

440000－2543－0002764　O/822.17/791
江左三大家詩鈔九卷　(清)顧有孝　(清)趙澐輯　清刻本　八冊　缺一卷(梅村詩鈔中)

440000－2543－0002765　O/822.19/12－1
國朝滄州詩鈔十二卷　(清)王國均纂輯　(清)葉圭書編次　清道光二十六年(1846)刻本　四冊

440000－2543－0002766　O/822.19/12－1(2)
國朝滄州詩鈔十二卷　(清)王國均纂輯　(清)葉圭書編次　清道光二十六年(1846)刻本　八冊

440000－2543－0002767　O/822.19/12－1.1
國朝滄州詩續鈔四卷補鈔二卷　(清)王國均纂輯　(清)葉圭書編次　清咸豐七年(1857)刻本　三冊

440000－2543－0002768　O/822.19/12－1.2
滄州明詩鈔一卷　(清)王國均纂輯　(清)葉圭書編次　清道光二十六年(1846)刻本　一冊

440000－2543－0002769　O/822.19/12－2
遵化詩存十卷　(清)孫贊元編　清光緒十三年(1887)刻本　四冊

440000－2543－0002770　O/822.19/12－3
國朝畿輔詩傳六十卷　(清)陶樑輯　清道光十九年(1839)紅豆樹館刻本　十六冊

440000－2543－0002771　O/822.19/16

山左詩鈔六十卷　(清)盧見曾編　清乾隆二十一年(1756)雅雨堂刻本　十四册

440000－2543－0002772　O/822.19/19
江蘇詩徵一百八十三卷　(清)王豫輯　清道光元年(1821)焦山海西庵詩徵閣刻本　四十册

440000－2543－0002773　O/822.19/19(2)
江蘇詩徵一百八十三卷　(清)王豫輯　清道光元年(1821)焦山海西庵詩徵閣刻本　四十册

440000－2543－0002774　O/822.19/19－3
徐州詩徵八卷　(清)桂中行編　清光緒十七年(1891)刻本　四册

440000－2543－0002775　O/822.19/19－3(2)
徐州詩徵八卷　(清)桂中行編　清光緒十七年(1891)刻本　四册

440000－2543－0002776　O/822.19/19－4
石城七子詩鈔十四卷　翁長森輯　清光緒十六年(1890)刻本　三册

440000－2543－0002777　O/822.19/19－5
國朝金陵詩徵四十八卷　(清)朱緒曾編　清光緒十三年(1887)刻本　十六册

440000－2543－0002778　O/822.19/19－6
七子詩選十四卷　(清)沈德潛選　清乾隆十八年(1753)刻本　三册

440000－2543－0002779　O/822.19/19－7
吴會英才集二十四卷　(清)畢沅輯　清刻本　四册

440000－2543－0002780　O/822.19/21
江西詩徵九十四卷　(清)曾燠輯　清嘉慶九年(1804)賞雨茅屋刻本　四十八册

440000－2543－0002781　O/822.19/22
建寧耆舊詩鈔十四卷　(清)張際亮輯　(清)李雲誥續纂　清同治二年(1863)刻本　四册

440000－2543－0002782　O/822.19/22－2
國朝全閩詩録初集二十一卷續集十一卷　(清)鄭杰輯　清同治六年(1867)刻本　八册

440000－2543－0002783　O/822.19/23(2)
兩浙輶軒續録五十四卷補遺六卷　(清)潘衍桐輯　清光緒十七年(1891)浙江書局刻本　四十册

440000－2543－0002784　O/822.19/23(3)
兩浙輶軒續録五十四卷補遺六卷　(清)潘衍桐輯　清光緒十七年(1891)浙江書局刻本　四十册

440000－2543－0002785　O/822.19/23(4)
兩浙輶軒續録五十四卷補遺六卷　(清)潘衍桐輯　清光緒十七年(1891)浙江書局刻本　四十册

440000－2543－0002786　O/822.19/23－2
金華詩録六十卷外集六卷别集四卷　(清)朱琰編　(清)陳焯校　清乾隆五十一年(1786)刻本　十四册

440000－2543－0002787　O/822.19/23.1
兩浙輶軒録四十卷補遺十卷　(清)阮元輯　清光緒十六年(1890)浙江書局刻本　三十二册

440000－2543－0002788　O/822.19/23.2
國朝杭郡詩輯三十二卷　(清)吴顥原本　(清)吴振棫重編　清同治十三年(1874)錢唐丁氏廣州刻本　十六册

440000－2543－0002789　O/822.19/23.2
國朝杭郡詩續輯四十六卷　(清)吴振棫編　清光緒二年(1876)錢唐丁氏刻本　十八册

440000－2543－0002790　O/822.19/24
湖北詩徵傳略四十卷　(清)丁宿章輯　清光緒七年(1881)孝感丁氏涇北草堂刻本　二十册

440000－2543－0002791　O/822.19/30
粵東詩海一百卷補遺六卷　(清)溫汝能輯　清同治五年(1866)刻本　四十册

440000－2543－0002792　O/822.19/30－2
續岡州遺稿八卷　(清)言良鈺編　清道光二十二年(1842)刻本　四册

440000－2543－0002793　O/822.19/30－5(2)
南海百詠續編四卷　(清)樊封撰　清道光二十九年(1849)刻本　二册

440000－2543－0002794　O/822.19/30－5(3)
南海百詠續編四卷　(清)樊封撰　清道光二十九年(1849)刻本　二册

440000－2543－0002795　O/822.19/30－8
南海百詠一卷　(宋)方信孺撰　清光緒八年(1882)刻本　一册

440000－2543－0002796　O/822.19/30.2
粵東三子詩鈔十四卷　(清)黄玉階編　清道光二十二年(1842)廣州黄玉階刻本　四册

440000－2543－0002797　O/822.19/30.2(2)
粵東三子詩鈔十四卷　(清)黄玉階編　清道光二十二年(1842)廣州黄玉階刻本　四册

440000－2543－0002798　O/822.19/30.3
嶺南群雅初集三卷二集三卷初補二卷　(清)劉彬華輯　清嘉慶十八年(1813)刻本　八册

440000－2543－0002799　O/822.19/30.3－2
嶺南群雅初補二卷　(清)劉彬華編　清嘉慶十八年(1813)刻本　二册

440000－2543－0002800　O/822.19/30.5
嶺南三大家詩選二十四卷　(清)王隼編　清同治七年(1868)南海陳氏刻本　六册

440000－2543－0002801　O/822.19/30.5(2)
嶺南三大家詩選二十四卷　(清)王隼編　清同治七年(1868)南海陳氏刻本　三册

440000－2543－0002802　O/822.19/30.5(3)
嶺南三大家詩選二十四卷　(清)王隼編　清同治七年(1868)南海陳氏刻本　四册

440000－2543－0002803　O/822.19/30.6
端人集四卷　(清)彭泰來輯　清同治六年(1867)肇城刻本　二册

440000－2543－0002804　O/822.19/30.7
南園前五先生詩五卷首一卷　(明)陳暹輯　(明)葛徵奇重訂　清同治九年(1870)南海陳氏刻本　二册

440000－2543－0002805　O/822.19/30.7(2)
南園前五先生詩五卷首一卷　(明)陳暹輯　(明)葛徵奇重訂　清同治九年(1870)南海陳氏刻本　八册

440000－2543－0002806　O/822.19/30.8
南園後五先生詩二十五卷首一卷附一卷　(清)陳文藻輯　清同治九年(1870)南海陳氏刻本　四册

440000－2543－0002807　O/822.19/30.9
粵十三家集一百八十五卷　(清)伍元薇輯　清道光二十年(1840)刻本　四十册

440000－2543－0002808　O/822.19/31
粵西詩載二十五卷　(清)汪森輯　清刻本　六册

440000－2543－0002809　O/822.2/21
聲調三譜九卷　(清)王祖源輯　清光緒八年(1882)天壤閣刻本　二册

440000－2543－0002810　VO/822.2/110
漁洋山人精華錄會心偶筆六卷　(清)王士禛撰　(清)伊應鼎注　清乾隆二十三年(1758)刻本　六册

440000－2543－0002811　O/822.2/392
詩法度鍼三十三卷　(清)徐文弼編　清乾隆二十三年(1758)刻本　八册

440000－2543－0002812　O/822.2/392(2)
詩法度鍼三十三卷　(清)徐文弼編　清乾隆二十三年(1758)刻本　八册

440000－2543－0002813　O/822.2/441
詩比興箋四卷　(清)陳沆撰　清光緒九年(1883)刻本　二册

440000－2543－0002814　O/822.2/441(2)
詩比興箋四卷　(清)陳沆撰　清光緒九年(1883)刻本　四册

440000－2543－0002815　O/822.2/565
璇璣碎錦二卷　(清)萬樹撰　清光緒十四年(1888)似靜齋刻本　二册

440000－2543－0002816　O/822.2/580.1

詩學要言三卷　(清)鄔啟祚撰　清宣統三年(1911)鄔慶時刻本　一册

440000－2543－0002817　O/822.3/128
唐詩金粉十卷　(清)沈炳震輯　清雍正二年(1724)冬讀書齋刻本　六册

440000－2543－0002818　O/822.3/135
杜韓詩句集韻八卷　(清)汪文柏輯　清康熙三十五年(1696)刻本　四册

440000－2543－0002819　O/822.3/152
侯鯖集十卷　(清)李友棠輯　清光緒六年(1880)紅杏山房刻本　四册

440000－2543－0002820　O/822.3/352
集聖教字詩四卷　(清)馬慧裕集　清嘉慶五年(1800)刻本　六册

440000－2543－0002821　O/822.4/710
七子詩話二十二卷　(清)鮑廷博等編　清刻本　十二册

440000－2543－0002822　O/822.42/22－2(2)
帶經堂詩話三十卷首一卷　(清)王士禛原本　(清)張宗柟編　清同治十二年(1873)廣州藏脩堂刻本　十册

440000－2543－0002823　O/822.42/22－2(3)
帶經堂詩話三十卷首一卷　(清)王士禛原本　(清)張宗柟編　清同治十二年(1873)廣州藏脩堂刻本　十册

440000－2543－0002824　O/822.42/22－3
分類詩話六卷　(清)王士禛原本　(清)喻端士編　清同治十三年(1874)盱南三餘書屋刻本　六册

440000－2543－0002825　O/822.42/98
靜志居詩話二十四卷　(清)朱彝尊撰　清嘉慶二十四年(1819)扶荔山房刻本　十二册

440000－2543－0002826　O/822.42/162.1
廣陵詩事十卷　(清)阮元撰　清光緒十六年(1890)刻本　二册

440000－2543－0002827　O/822.42/213
海天琴思錄八卷　(清)林昌彝撰　清同治三年(1864)刻本　四册

440000－2543－0002828　O/822.42/359
隨園詩話十六卷補遺十卷　(清)袁枚撰　清末至民國上海文明書局石印本　六册

440000－2543－0002829　O/822.42/442
藝苑叢話十六卷　陳琰編　清宣統三年(1911)上海六藝書局石印本　四册

440000－2543－0002830　O/822.42/489
詩說三卷　(清)惠周惕撰　清嘉慶十七年(1812)璜川吳氏刻本　一册

440000－2543－0002831　O/822.42/491
粵嶽草堂詩話一卷　(清)黄培芳撰　清宣統二年(1910)鉛印繡詩樓叢書本　一册

440000－2543－0002832　O/822.42/494
碧溪詩話十卷　(宋)黄徹撰　清刻武英殿聚珍版書本　一册

440000－2543－0002833　O/822.42/622
緝雅堂詩話二卷　(清)潘衍桐撰　清光緒十七年(1891)杭州刻本　一册

440000－2543－0002834　O/822.42/761
詩人玉屑二十卷　(宋)魏慶之編　清刻本　十二册

440000－2543－0002835　O/822.42/761(2)
詩人玉屑二十卷　(宋)魏慶之編　清刻本　六册

440000－2543－0002836　O/822.43/81
五百石洞天揮麈十二卷　(清)邱煒萲撰　清光緒二十五年(1899)閩漳邱氏粵垣刻本　六册

440000－2543－0002837　O/822.44/449
全浙詩話五十四卷　(清)陶元藻輯　清嘉慶元年(1796)怡雲閣刻本　十六册

440000－2543－0002838　VO/822.44/661
全閩詩話十二卷　(清)鄭方坤編輯　清乾隆十九年(1754)詩話軒刻本　八册

440000－2543－0002839　VO/822.46/33

全唐詩話六卷　(宋)尤袤撰錄　(明)淩子任校定　明萬曆四十二年(1614)刻本　六冊

440000－2543－0002840　VO/822.47/271－2
漁隱叢話前集六十卷後集四十卷　(宋)胡仔編　清耘經樓刻本　十冊

440000－2543－0002841　VO/822.47/271－2(2)
漁隱叢話前集六十卷後集四十卷　(宋)胡仔編　清耘經樓刻本　八冊

440000－2543－0002842　VO/822.47/271－2(4)
漁隱叢話前集六十卷後集四十卷　(宋)胡仔編　清耘經樓刻本　八冊

440000－2543－0002843　O/822.47/271－3
漁隱叢話前集六十卷後集四十卷　(宋)胡仔編　清道光二十六年(1846)海山仙館刻本　十六冊

440000－2543－0002844　O/822.47/429
歲寒堂詩話二卷　(宋)張戒撰　清刻武英殿聚珍版書本　一冊

440000－2543－0002845　O/822.47/429.1
初白菴詩評四卷　(清)查慎行撰　(清)張載華輯　清乾隆刻本　三冊

440000－2543－0002846　O/822.47/644
宋詩紀事一百卷　(清)厲鶚輯　清乾隆十一年(1746)刻本　二十四冊

440000－2543－0002847　O/822.52/24
楚辭十七卷　(漢)劉向集　(漢)王逸章句　清同治十一年(1872)金陵書局刻本　四冊

440000－2543－0002848　O/822.52/24－2
楚辭十七卷　(漢)劉向集　(漢)王逸章句　清毛扆汲古閣刻天德堂印本　六冊

440000－2543－0002849　O/822.52/98－5
楚辭存五卷　(宋)朱熹集注　明刻本　三冊

440000－2543－0002850　O/822.52/212－2
楚辭燈四卷　(清)林雲銘論述　清刻本　二冊

440000－2543－0002851　O/822.52/271
楚辭新注求確十卷　(清)胡濬源增注　清嘉慶二十五年(1820)長沙務本堂刻本　四冊

440000－2543－0002852　O/822.52/795
離騷箋二卷　(清)龔景瀚撰　清乾隆五十九年(1794)龔氏澹靜齋刻本　一冊

440000－2543－0002853　O/822.55/52
天問補註一卷　(清)毛奇齡撰　清刻本　一冊

440000－2543－0002854　VO/822.59/21
賦鈔箋略十五卷　(清)雷琳　(清)張杏濱箋　清乾隆三十一年(1766)刻本　八冊

440000－2543－0002855　O/822.59/352
六朝唐賦二卷　(清)馬傳庚選注　清光緒十三年(1887)同文書局石印本　二冊

440000－2543－0002856　O/822.59/429
七十家賦鈔六卷　(清)張惠言編　清光緒四年(1878)宏達堂刻本　四冊

440000－2543－0002857　O/822.59/429－2
七十家賦鈔六卷　(清)張惠言編　清道光元年(1821)合河康氏刻本　四冊

440000－2543－0002858　O/822.59/429－2(2)
七十家賦鈔六卷　(清)張惠言編　清道光元年(1821)合河康氏刻本　四冊

440000－2543－0002859　O/822.59/442
御定歷代賦彙一百四十卷外集二十卷逸句二卷補遺二十二卷　(清)陳元龍編　清光緒十二年(1886)石印本　十六冊

440000－2543－0002860　O/822.59/442－2
賦彙錄要二十八卷附三卷　(清)吳光昭箋略　清刻本　十二冊

440000－2543－0002861　VO/822.59/442－3
御定歷代賦彙一百四十卷外集二十卷逸句二卷　(清)陳元龍編　清康熙四十五年(1706)刻本　五十冊

440000－2543－0002862　VO/822.59/442－3(2)
御定歷代賦彙一百四十卷外集二十卷逸句二卷　(清)陳元龍編　清康熙四十五年(1706)

刻本　五十二册

440000－2543－0002863　VO/822.59/727
選賦六卷選賦名人世次爵里一卷　(南朝梁)蕭統輯　(明)郭正域評點　明淩氏鳳笙閣刻朱墨套印本　六册

440000－2543－0002864　VO/822.59/727(2)
選賦六卷選賦名人世次爵里一卷　(南朝梁)蕭統輯　(明)郭正域評點　明淩氏鳳笙閣刻朱墨套印本　十二册

440000－2543－0002865　VO/822.594/24
會稽三賦四卷　(宋)王十朋撰　(明)南逢吉註　(明)尹壇補註　明刻本　二册

440000－2543－0002866　O/822.6/423
古樂苑五十二卷目錄二卷衍錄三卷　(明)梅鼎祚編　明刻本　二十二册

440000－2543－0002867　O/822.61/412
樂府詩集一百卷　(宋)郭茂倩輯　清同治十三年(1874)湖北崇文書局刻本　十六册

440000－2543－0002868　O/822.61/412(2)
樂府詩集一百卷　(宋)郭茂倩輯　清同治十三年(1874)湖北崇文書局刻本　十六册

440000－2543－0002869　O/822.61/412(3)
樂府詩集一百卷　(宋)郭茂倩輯　清同治十三年(1874)湖北崇文書局刻本　十六册

440000－2543－0002870　O/823.1/98－2
詞綜三十卷補遺六卷纂補二卷　(清)朱彝尊輯　(清)汪森增定　(清)王昶纂補　清光緒二十八年(1902)金匱浦氏刻本　八册

440000－2543－0002871　O/823.1/98－3
詞綜三十卷補遺六卷　(清)朱彝尊輯　(清)汪森增定　清刻本　十册

440000－2543－0002872　O/823.1/98.1
彊邨所刻詞七十卷　朱祖謀輯　清刻本　十六册

440000－2543－0002873　O/823.1/128－2
御選歷代詩餘一百二十卷　(清)沈辰垣等輯　清刻本　三十九册

440000－2543－0002874　O/823.1/248
絕妙好詞箋七卷　(宋)周密原輯　(清)查為仁　(清)厲鶚箋　**絕妙好詞續鈔一卷**　(宋)周密原本　(清)余集鈔撮　(清)徐楙補錄　清道光八年至九年(1828－1829)錢唐徐楙刻本　五册

440000－2543－0002875　O/823.1/248－3
絕妙好詞箋七卷續鈔一卷　(宋)周密輯　(清)查為仁　(清)厲鶚箋　清乾隆十三年(1748)刻本　三册

440000－2543－0002876　O/823.1/429－2
詞選二卷續二卷附錄二卷　(清)張惠言輯　清道光十年(1830)刻本　一册

440000－2543－0002877　O/823.1/598
花間集十卷　(五代)趙崇祚編　清光緒十四年(1888)邵武徐氏刻本　一册

440000－2543－0002878　O/823.1/598－3
花間集四卷　(五代)趙崇祚編　明萬曆四十八年(1620)刻本　二册

440000－2543－0002879　O/823.1/641
微雲榭詞選五卷附一卷　樊增祥輯　清光緒三十四年(1908)望江誦清閣鉛印本　二册

440000－2543－0002880　VO/823.1/791
類選箋釋草堂詩餘六卷續選二卷國朝詩餘五卷　(明)顧從敬類選　(明)陳繼儒重校　(明)陳仁錫參訂　明萬曆四十二年(1614)刻本　八册

440000－2543－0002881　O/823.1/791－2
類編草堂詩餘四卷　(明)顧從敬編選　明萬曆古吳陳長卿刻本　二册

440000－2543－0002882　O/823.1/964
六家詞十六卷　(清)龔翔麟輯　清刻本　八册

440000－2543－0002883　O/823.12/393
小檀欒室彙刻閨秀詞一百十卷詞鈔十六卷補遺一卷續補遺四卷　徐乃昌輯　清光緒二十一年(1895)南陵徐氏刻本　二十四册

440000－2543－0002884　O/823.12/393(2)
小檀欒室彙刻閨秀詞一百十卷詞鈔十六卷補遺一卷續補遺四卷　徐乃昌輯　清光緒二十一年(1895)南陵徐氏刻本　十六册

440000－2543－0002885　O/823.13/970
唐五代詞選三卷　(清)成肇麐輯　清刻本　一册

440000－2543－0002886　O/823.14/24
宋元三十一家詞三十一卷　(清)王鵬運輯　清光緒十九年(1893)四印齋刻本　四册

440000－2543－0002887　O/823.14/24(2)
宋元三十一家詞三十一卷　(清)王鵬運輯　清光緒十九年(1893)四印齋刻本　四册

440000－2543－0002888　VO/823.14/52
宋六十家詞六十一種六十一卷　(明)毛晉編　明汲古閣刻本　四十八册

440000－2543－0002889　O/823.14/148
宋七家詞選七卷　(清)戈載輯　(清)杜文瀾校注　清光緒十一年(1885)曼陀羅華閣刻本　四册

440000－2543－0002890　O/823.14/248
宋四家詞選不分卷　(清)周濟輯　清道光十二年(1832)刻本　一册

440000－2543－0002891　O/823.14/248(2)
宋四家詞選不分卷　(清)周濟輯　清道光十二年(1832)刻本　一册

440000－2543－0002892　O/823.14/486
宋元名家詞十七卷　(清)江標編　清光緒二十一年(1895)湖南思賢書局刻本　二册

440000－2543－0002893　O/823.14/486(2)
宋元名家詞十七卷　(清)江標編　清光緒二十一年(1895)湖南思賢書局刻本　二册

440000－2543－0002894　O/823.14/598－2
陽春白雪八卷外集一卷　(宋)趙聞禮編　清道光九年(1829)刻本　三册

440000－2543－0002895　O/823.16/21
明詞綜十二卷　(清)王昶輯　清嘉慶七年(1802)刻本　二册

440000－2543－0002896　O/823.17/21
國朝詞綜四十八卷二集八卷　(清)王昶輯　清嘉慶八年(1803)刻本　十册

440000－2543－0002897　O/823.17/24
庚子秋詞二卷　(清)王鵬運撰　清光緒刻本　二册

440000－2543－0002898　O/823.17/201
薇省詞鈔十卷附一卷　況周儀撰錄　清光緒二十四年(1898)廣陵刻本　四册

440000－2543－0002899　O/823.17/491
國朝詞綜續編二十四卷　(清)黄燮清輯　清同治十二年(1873)鄂垣刻本　六册

440000－2543－0002900　VO/823.17/650
昭代詞選三十八卷　(清)蔣重光選輯　清乾隆三十二年(1767)經鉏堂刻本　十六册

440000－2543－0002901　O/823.17/765
篋中詞六卷詞續二卷池上小集一卷　(清)譚獻輯　清光緒八年(1882)刻本　二册

440000－2543－0002902　O/823.17/765(2)
篋中詞六卷詞續二卷池上小集一卷　(清)譚獻輯　清光緒八年(1882)刻本　二册

440000－2543－0002903　O/823.17/791
今詞初集二卷　(清)顧貞觀　(清)納蘭成德選　清光緒二十三年(1897)雪浪山房刻本　二册

440000－2543－0002904　O/823.19/19－1
國朝金陵詞鈔八卷附一卷　陳作霖輯　清光緒二十八年(1902)刻本　四册

440000－2543－0002905　O/823.19/19－1(2)
國朝金陵詞鈔八卷附一卷　陳作霖輯　清光緒二十八年(1902)刻本　二册

440000－2543－0002906　O/823.19/19－1(3)
國朝金陵詞鈔八卷附一卷　陳作霖輯　清光緒二十八年(1902)刻本　四册

440000－2543－0002907　O/823.19/19－2

太湖竹枝詞二卷　(清)葉承桂撰　清咸豐三年(1853)刻本　一册

440000－2543－0002908　O/823.19/23－3
西泠詞萃六種十卷　(清)丁丙輯　清光緒十一年至十三年(1885－1887)錢塘丁氏刻本　四册

440000－2543－0002909　O/823.19/29
蜀十五家詞十七卷　吴虞輯　清宣統二年(1910)鉛印本　四册

440000－2543－0002910　O/823.19/30.2
粤東詞鈔二編　(清)楊永衍輯　清光緒十八年(1892)刻本　二册

440000－2543－0002911　O/823.19/30.3
粤東詞鈔三編　潘飛聲輯　清光緒十九年(1893)刻本　一册

440000－2543－0002912　O/823.19/30.4
粤東詞鈔　(清)許玉彬　(清)沈世良輯　清道光二十九年(1849)刻本　七册

440000－2543－0002913　O/823.24/164－4
夢窗詞四卷補遺一卷札記一卷　(宋)吴文英撰　清光緒三十四年(1908)歸安朱氏刻本　一册

440000－2543－0002914　O/823.24/164－4(2)
夢窗詞四卷補遺一卷札記一卷　(宋)吴文英撰　清光緒三十四年(1908)歸安朱氏刻本　一册

440000－2543－0002915　O/823.24/164－4(3)
夢窗詞四卷補遺一卷札記一卷　(宋)吴文英撰　清光緒三十四年(1908)歸安朱氏刻本　二册

440000－2543－0002916　O/823.24/248－2
草窗詞二卷補二卷　(宋)周密撰　清咸豐十一年(1861)曼陀羅華閣刻本　一册

440000－2543－0002917　O/823.24/260
空同詞一卷　(宋)洪瑹撰　**竹屋癡語一卷**　(宋)高觀國撰　清刻本　一册

440000－2543－0002918　O/823.24/389
琴趣外篇六卷　(宋)晁補之撰　**烘堂詞一卷**　(宋)盧炳撰　清刻本　一册

440000－2543－0002919　O/823.24/428－2
山中白雲詞八卷詞源二卷首一卷　(宋)張炎撰　清光緒八年(1882)娱園刻本　二册

440000－2543－0002920　VO/823.24/491
山谷詞一卷　(宋)黄庭堅撰　明汲古閣刻本　一册

440000－2543－0002921　O/823.24/654
友古詞一卷　(宋)蔡伸撰　**石屏詞一卷**　(宋)戴復古撰　清刻本　一册

440000－2543－0002922　O/823.25/225
蟻術詞選四卷　(元)邵亨貞撰　(明)汪稷校　清光緒十七年(1891)刻本　二册

440000－2543－0002923　O/823.25/429
貞居詞一卷　(元)張天雨撰　**萬柳溪邊舊話一卷**　(元)尤玘撰　清刻知不足齋叢書本　一册

440000－2543－0002924　O/823.27/21
笙月詞五卷　(清)王詒壽撰　清光緒十五年(1889)刻本　二册

440000－2543－0002925　O/823.27/33
百末詞六卷　(清)尤侗撰　清刻本　二册

440000－2543－0002926　O/823.27/98
曝書亭集詞註七卷　(清)朱彝尊撰　(清)李富孫箋　清嘉慶十九年(1814)刻本　四册

440000－2543－0002927　O/823.27/98(2)
曝書亭集詞註七卷　(清)朱彝尊撰　(清)李富孫箋　清嘉慶十九年(1814)刻本　四册

440000－2543－0002928　O/823.27/98(3)
曝書亭集詞註七卷　(清)朱彝尊撰　(清)李富孫箋　清嘉慶十九年(1814)刻本　二册

440000－2543－0002929　O/823.27/98(4)
曝書亭集詞註七卷　(清)朱彝尊撰　(清)李富孫箋　清嘉慶十九年(1814)刻本　七册

440000－2543－0002930　O/823.27/98－2

江湖載酒集三卷 （清）朱彝尊撰　清刻本　一册

440000－2543－0002931　O/823.27/148
采香詞二卷 （清）杜文瀾撰　清咸豐十一年(1861)曼陀羅華閣刻本　一册

440000－2543－0002932　O/823.27/151.1
秋錦山房詞一卷 （清）李良年撰　**柘西精舍集一卷** （清）沈皡日撰　清刻本　一册

440000－2543－0002933　O/823.27/165
百萼紅詞二卷 （清）吴翯撰　清光緒五年(1879)刻本　二册

440000－2543－0002934　O/823.27/166
桐花閣詞一卷補遺一卷 （清）吴蘭修撰　清宣統三年(1911)番禺汪兆鏞刻本　一册

440000－2543－0002935　O/823.27/166－2
桐花閣詞鈔一卷 （清）吴蘭修撰　清光緒七年(1881)學海堂刻本　一册

440000－2543－0002936　O/823.27/166.1
香南雪北詞一卷 （清）吴藻撰　清道光二十四年(1844)刻本　二册

440000－2543－0002937　O/823.27/167
小梅花館詞集二卷 （清）吴廷燮撰　清道光二十一年(1841)刻本　一册

440000－2543－0002938　O/823.27/170
鶴緣詞一卷 （清）吕耀斗撰　清光緒二十六年(1900)刻本　一册

440000－2543－0002939　O/823.27/248
金梁夢月詞二卷附五卷 （清）周之琦撰　清刻本　二册

440000－2543－0002940　O/823.27/248－2
心日齋詞集六卷 （清）周之琦撰　清刻本　四册

440000－2543－0002941　O/823.27/271
苾芻館詞集六卷 （清）胡延撰　清光緒二十九年(1903)金陵糧儲道廨刻朱印本　二册

440000－2543－0002942　O/823.27/300
蝶夢詞一卷 （清）范金鏞撰　清刻本　一册

440000－2543－0002943　O/823.27/347
享帚詞四卷 （清）秦恩復撰　清道光二十五年(1845)秦氏刻本　二册

440000－2543－0002944　O/823.27/393
補恨樓詞二卷 （清）徐佑成撰　清光緒二十一年(1895)刻本　一册

440000－2543－0002945　O/823.27/418
太素齋詞鈔二卷 （清）勒方錡撰　清光緒十年(1884)刻本　一册

440000－2543－0002946　O/823.27/449
叩拙詞一卷 （清）陶維垣撰　清嘉慶二十年(1815)刻本　一册

440000－2543－0002947　O/823.27/535
美人長壽盦詞集六卷 程頌萬著　清光緒二十六年(1900)刻本　二册

440000－2543－0002948　O/823.27/562
秋夢盦詞鈔二卷續二卷 （清）葉衍蘭撰　清光緒十六年(1890)羊城刻本　一册

440000－2543－0002949　O/823.27/562.1
花影吹笙詞鈔二卷附一卷 （清）葉英華撰　清光緒三年(1877)羊城刻本　一册

440000－2543－0002950　O/823.27/562.2
小庚詞存三卷 （清）葉申薌撰　清道光十四年(1834)刻本　二册

440000－2543－0002951　O/823.27/676
麐楥詞一卷 （清）劉恩黻著　清光緒三十四年(1908)刻本　一册

440000－2543－0002952　O/823.27/756
吹月填詞館賸稾三卷 （清）瞿紹堅撰　**鐵琴銅劍樓詞草一卷** （清）瞿鏞撰　清光緒三十三年(1907)鉛印本　一册

440000－2543－0002953　O/823.27/791(2)
彈指詞三卷 （清）顧貞觀撰　清宣統二年(1910)吉林官書刊印局刻本　一册

440000－2543－0002954　O/823.27/791(3)

彈指詞三卷　(清)顧貞觀撰　清宣統二年(1910)吉林官書刊印局刻本　一册

440000－2543－0002955　O/823.28/98
彊邨詞三卷前集一卷別集一卷　朱祖謀撰　清光緒三十一年(1905)刻本　二册

440000－2543－0002956　O/823.28/98(2)
彊邨詞三卷前集一卷別集一卷　朱祖謀撰　清光緒三十一年(1905)刻本　二册

440000－2543－0002957　O/823.28/98(3)
彊邨詞三卷前集一卷別集一卷　朱祖謀撰　清光緒三十一年(1905)刻本　二册

440000－2543－0002958　O/823.28/201
第一生修梅花館詞六卷附一卷　況周儀撰　清刻本　一册

440000－2543－0002959　O/823.3/21
詞譜四十卷　(清)王奕清撰　清末石印本　二十册

440000－2543－0002960　O/823.3/21(2)
詞譜四十卷　(清)王奕清撰　清末石印本　二十册

440000－2543－0002961　VO/823.3/21－2
詞譜四十卷　(清)王奕清等編　清康熙五十四年(1715)內府刻朱墨套印本　四十册

440000－2543－0002962　O/823.41/428
詞源二卷　(宋)張炎編　**樂府指迷一卷**　(宋)沈義父撰　**詞旨一卷**　(元)陸輔之撰　清刻本　一册

440000－2543－0002963　O/823.41/428－2
詞源二卷附補遺一卷續補遺一卷　(宋)張炎撰　清享帚精舍刻本　一册

440000－2543－0002964　O/823.42/565
詞律二十卷　(清)萬樹輯　(清)杜文瀾校　清光緒二年(1876)石印本　八册

440000－2543－0002965　O/823.42/565－2
詞律拾遺八卷補遺一卷　(清)徐本立輯　清末石印本　四册

440000－2543－0002966　O/823.42/565－4
詞律校勘記二卷　(清)杜文瀾撰　清咸豐十一年(1861)曼陀羅華閣刻本　二册

440000－2543－0002967　O/823.42/565－5
詞律二十卷　(清)萬樹輯　清堆絮園刻本　十册

440000－2543－0002968　O/823.42/565－6
詞律拾遺八卷　(清)徐本立輯　清同治刻本　四册

440000－2543－0002969　O/823.43/128－2
樂府指迷一卷　(宋)沈義父撰　**詞源二卷**　(宋)張炎編　**詞旨一卷**　(元)陸輔之撰　清光緒十三年(1887)刻本　一册

440000－2543－0002970　O/823.44/2
聽秋聲館詞話二十卷　(清)丁紹儀撰　清同治八年(1869)刻本　十册

440000－2543－0002971　O/823.44/128
懺盦詞話一卷　沈澤棠撰　清宣統三年(1911)刻本　一册

440000－2543－0002972　O/823.44/167
蓮子居詞話四卷　(清)吳衡照撰　清同治六年(1867)錢塘汪氏振綺堂刻本　二册

440000－2543－0002973　O/823.44/444
白雨齋詞話八卷詞存一卷詩鈔一卷　(清)陳廷焯撰　清光緒二十年(1894)刻本　四册

440000－2543－0002974　O/823.44/444(2)
白雨齋詞話八卷詞存一卷詩鈔一卷　(清)陳廷焯撰　清光緒二十年(1894)刻本　四册

440000－2543－0002975　O/823.44/964
六十家詞跋　(清)□□輯　清刻本　二册

440000－2543－0002976　O/823.48/347
詞學叢書二十三卷　(清)秦恩復輯　清嘉慶十五年(1810)刻本　十册

440000－2543－0002977　O/823.73/24.1
遏雲閣曲譜　(清)王錫純輯　清上海著易堂鉛印本　十二册

440000－2543－0002978　O/823.73/24.1(2)
遏雲閣曲譜　(清)王錫純輯　清上海著易堂鉛印本　五冊

440000－2543－0002979　O/823.73/24.1－2
遏雲閣曲譜　(清)王錫純輯　清光緒十九年(1893)鉛印本　十冊

440000－2543－0002980　VO/823.73/562(3)
納書楹曲譜二十二卷　(清)葉堂訂譜　清乾隆五十七年(1792)刻本　四十冊

440000－2543－0002981　O/823.73/562－2
納書楹曲譜二十二卷　(清)葉堂訂譜　清道光二十八年(1848)刻本　二十一冊

440000－2543－0002982　O/823.73/562－3
納書楹曲譜二十二卷　(清)葉堂訂譜　清道光二十八年(1848)刻本　二十冊

440000－2543－0002983　O/823.73/562－3(4)
納書楹曲譜二十二卷　(清)葉堂訂譜　清道光二十八年(1848)刻本　六冊

440000－2543－0002984　O/823.8/968
繪圖綴白裘十二集四十八卷　題(清)玩花主人輯　清末上海廣雅書局石印本　十二冊

440000－2543－0002985　O/823.8/968－3
綴白裘新集合編十二集四十八卷　題(清)玩花主人　(清)錢德蒼增輯　清乾隆四十一年(1776)寶仁堂刻本　二十四冊

440000－2543－0002986　VO/824.31/616－2
元曲選十集一百種一百卷　(明)臧懋循輯　明萬曆四十四年(1616)刻本　四十一冊

440000－2543－0002987　O/824.35/1－2
西廂記附董解元西廂記論十則　(元)王實甫撰　(清)吳蘭修校　清道光二年(1822)長白秀琨刻本　四冊

440000－2543－0002988　O/824.35/2
繪像增注第六才子書釋解八卷　(元)王實甫撰　(清)金人瑞批點　清光緒十三年(1887)上海石印本　四冊

440000－2543－0002989　O/824.35/2－2
繪像第六才子書西廂記八卷才子西廂文一卷　(元)王實甫撰　(清)金人瑞評　清光緒十年(1884)刻朱墨套印本　六冊

440000－2543－0002990　O/824.35/2－4
繪像第六才子書西廂記八卷醉心篇一卷　(元)王實甫撰　(清)金人瑞評　清光緒十年(1884)廣州刻本　六冊

440000－2543－0002991　O/824.35/2－5
合訂西廂記文機活趣全解八卷　(元)王實甫撰　(清)金人瑞批點　清刻本　二冊

440000－2543－0002992　O/824.35/4
西廂記十則五卷附十卷　(元)王實甫撰　(元)關漢卿續撰　清宣統二年(1910)夢鳳樓暖紅室刻本　十冊

440000－2543－0002993　O/824.35/5－4
樓外樓訂正妥注第六才子書西廂記六卷首一卷　(元)王實甫撰　(清)金人瑞評　(清)鄒聖脈妥注　(清)鄧汝寧音義　清九如堂刻本　一冊

440000－2543－0002994　O/824.5/52－2
六十種曲　(明)毛晉輯　明汲古閣刻本　一百二十四冊

440000－2543－0002995　O/824.56/471
吳吳山三婦合評牡丹亭還魂記二卷　(明)湯顯祖撰　(清)陳同等評點　清刻本　四冊

440000－2543－0002996　VO/824.56/471－2
玉茗堂四種傳奇八卷　(明)湯顯祖撰　清乾隆二十六年(1761)刻本　四冊

440000－2543－0002997　VO/824.56/471－3
納書楹四夢全譜八卷　(清)葉堂訂譜　清乾隆五十七年(1792)刻本　八冊

440000－2543－0002998　O/824.57/22
鳴鳳記二卷　(明)王世貞撰　清刻本　四冊

440000－2543－0002999　VO/824.57/37
桃花扇傳奇二本四卷　(清)孔尚任撰　清蘭雪堂刻本　四冊

440000－2543－0003000　VO/824.57/37(2)

桃花扇傳奇二本四卷　(清)孔尚任撰　清蘭雪堂刻本　四冊

440000－2543－0003001　O/824.57/37－2
桃花扇傳奇二卷　(清)孔尚任撰　清刻本　四冊

440000－2543－0003002　O/824.57/151
笠翁十種曲二十卷　(清)李漁撰　清刻本　十冊

440000－2543－0003003　O/824.57/151(2)
笠翁十種曲二十卷　(清)李漁撰　清刻本　三十冊

440000－2543－0003004　O/824.57/428
梅花夢二卷　(清)張道撰　清光緒二十年(1894)刻本　二冊

440000－2543－0003005　O/824.57/429
芙蓉碣傳奇二卷　(清)張雲驤撰　清光緒九年(1883)刻本　一冊

440000－2543－0003006　O/824.57/429.1
梅花簪二卷　(清)張堅撰　清玉燕堂刻本　二冊

440000－2543－0003007　O/824.57/441－2
玉獅堂十種曲　(清)陳烺撰　清光緒十七年(1891)刻本　十冊

440000－2543－0003008　O/824.57/444
紅樓夢傳奇八卷　(清)陳鍾麟撰　清粤東省城西湖街汗青齋刻本　三冊　缺二卷(三至四)

440000－2543－0003009　O/824.57/491
帝女花二卷　(清)黄憲清撰　清道光十三年(1833)刻本　二冊

440000－2543－0003010　O/824.57/556
蓬道人傳奇六種　(清)楊恩壽撰　(清)楊彤壽正譜　王先謙評文　清光緒元年(1875)刻本　四冊

440000－2543－0003011　O/824.57/568
芝龕記六卷　(清)董榕撰　清光緒十五年(1889)資中刻本　六冊

440000－2543－0003012　O/824.57/650
藏園九種曲　(清)蔣士銓撰　清漁古堂刻本　十冊

440000－2543－0003013　O/824.57/650－3
清容外集九種　(清)蔣士銓撰　清紅雪樓刻本　十冊

440000－2543－0003014　O/824.57/650－3(2)
清容外集九種　(清)蔣士銓撰　清紅雪樓刻本　十冊

440000－2543－0003015　VO/825.1/21
名世文宗二十二卷　(明)王世貞輯　(明)鍾惺增訂　明刻本　九冊　缺一卷(一)

440000－2543－0003016　O/825.1/164
涵芬樓古今文鈔一百卷　吴曾祺輯　清宣統二年(1910)上海商務印書館鉛印本　九十四冊　缺六卷(一、二十三、四十五、五十一、七十六至七十七)

440000－2543－0003017　O/825.1/164(2)
涵芬樓古今文鈔一百卷　吴曾祺輯　清宣統二年(1910)上海商務印書館鉛印本　九十九冊　缺一卷(一)

440000－2543－0003018　VO/825.1/431
古文載道編十八卷　(清)張伯行選輯　清康熙四十九年(1710)刻本　十二冊

440000－2543－0003019　VO/825.1/536
新刊名世文選六卷　(明)程敏政輯　明隆慶元年(1567)新安黄及泉刻本　十冊

440000－2543－0003020　VO/825.1/675
刪補古今文致十卷　(明)劉士鏻原選　(清)王宇增刪　明天啓三年(1623)刻本　四冊

440000－2543－0003021　VO/825.1/749
二十一史文鈔三百二十卷　(明)戴羲輯　明崇禎十二年(1639)刻本　五十二冊

440000－2543－0003022　O/825.1/758
八代文粹二百二十卷　(清)簡燊　(清)陳崇哲編　清光緒十一年(1885)富順考雋堂刻本　八十冊

440000－2543－0003023　O/825.103/211－2
古文析義初編六卷二編八卷　（清）林雲銘評注　清光緒二十四年（1898）益元書局刻本　十四冊　缺二卷（初編一至二）

440000－2543－0003024　O/825.103/316－2
古文辭類纂七十四卷　（清）姚鼐編　清道光合河康氏家塾刻本　十冊　缺十卷（一至十）

440000－2543－0003025　O/825.103/316－3
古文辭類纂七十四卷續編三十四卷　（清）姚鼐編　清光緒十年（1884）上海朱氏校經山房刻本　十二冊

440000－2543－0003026　O/825.103/316－6
古文辭類纂七十四卷　（清）姚鼐編　清光緒十年（1884）行素草堂刻本　十四冊

440000－2543－0003027　O/825.103/316－8
古文辭類纂七十五卷　（清）姚鼐編　清道光五年（1825）金陵吴氏刻本　十二冊

440000－2543－0003028　O/825.103/316－9
古文辭類纂七十四卷　（清）姚鼐編　清光緒二十年（1894）湖南書局刻本　十六冊

440000－2543－0003029　O/825.103/393
古香齋新刻袖珍古文淵鑒六十四卷　（清）徐乾學等編　清光緒十年至十一年（1884－1885）南海孔氏刻五色套印本　三十六冊

440000－2543－0003030　O/825.103/393(2)
古香齋新刻袖珍古文淵鑒六十四卷　（清）徐乾學等編　清光緒十年至十一年（1884－1885）南海孔氏刻五色套印本　三十四冊

440000－2543－0003031　VO/825.103/393－2
古文淵鑒六十四卷　（清）徐乾學等編　清康熙二十四年（1685）刻五色套印本　二十八冊

440000－2543－0003032　VO/825.103/393－2(2)
古文淵鑒六十四卷　（清）徐乾學等編　清刻五色套印本　四十八冊

440000－2543－0003033　VO/825.103/393－2(3)
古文淵鑒六十四卷　（清）徐乾學等編　清刻五色套印本　二十冊

440000－2543－0003034　VO/825.103/393－2(4)
古文淵鑒六十四卷　（清）徐乾學等編　清刻五色套印本　二十四冊

440000－2543－0003035　VO/825.103/393－2(5)
古文淵鑒六十四卷　（清）徐乾學等編　清刻五色套印本　三十二冊

440000－2543－0003036　O/825.104/22
唐宋八大家公暇錄六卷　（清）王霖蒼選　清嘉慶六年（1801）文盛堂刻本　二冊

440000－2543－0003037　O/825.104/128－3
唐宋八家文讀本十卷　（清）沈德潛編　清光緒二十四年（1898）上海鴻文書局石印本　四冊

440000－2543－0003038　O/825.104/170.1
東萊先生古文關鍵二卷　（宋）吕祖謙評（宋）蔡文子註　（清）徐樹屏考異　清刻本　二冊

440000－2543－0003039　O/825.104/170.1－2
東萊先生古文關鍵二卷　（宋）吕祖謙評（宋）蔡文子註　（清）徐樹屏考異　清光緒元年（1875）番禺韓氏經畬草堂刻本　二冊

440000－2543－0003040　O/825.104/170.1－3
東萊先生古文關鍵二卷　（宋）吕祖謙評（宋）蔡文子註　（清）徐樹屏考異　清光緒二十四年（1898）江蘇書局刻本　二冊

440000－2543－0003041　VO/825.104/760
唐宋十大家全集錄五十二卷首一卷　（清）儲欣編　清康熙四十四年（1705）刻本　三十冊

440000－2543－0003042　O/825.104/760－2
唐宋十大家全集錄五十二卷首一卷　（清）儲欣編　清光緒八年（1882）江蘇書局刻本　三十二冊

440000－2543－0003043　O/825.13/412
文粹補遺二十六卷　（清）郭麐編　清光緒十六年（1890）杭州許氏榆園刻本　四冊

440000－2543－0003044　O/825.14/784－4
三蘇策論十二卷　（宋）蘇洵等撰　清光緒二

十七年(1901)鴻寶書局石印本　六冊

440000－2543－0003045　VO/825.14/791
辟疆園宋文選三十卷　(清)顧宸輯　(清)李贊元鑒定　清順治十八年(1661)顧氏辟疆園刻本　十四冊

440000－2543－0003046　O/825.145/431
金文最一百二十卷　(清)張金吾輯　清光緒七年(1881)粤雅堂刻本　二十四冊

440000－2543－0003047　O/825.145/431－2
金文最六十卷　(清)張金吾輯　清光緒二十一年(1895)蘇州書局刻本　十二冊

440000－2543－0003048　O/825.145/431－2(2)
金文最六十卷　(清)張金吾輯　清光緒二十一年(1895)蘇州書局刻本　十六冊

440000－2543－0003049　O/825.17/21
湖海文傳七十五卷　(清)王昶編　清道光十七年(1837)經訓堂刻本　十二冊

440000－2543－0003050　O/825.17/21(2)
湖海文傳七十五卷　(清)王昶編　清道光十七年(1837)經訓堂刻本　十二冊

440000－2543－0003051　O/825.17/21(3)
湖海文傳七十五卷　(清)王昶編　清道光十七年(1837)經訓堂刻本　十四冊

440000－2543－0003052　O/825.17/98
國朝古文彙鈔初集一百七十六卷二集一百卷　(清)朱珔編　清道光二十七年至咸豐二年(1847－1852)吳江沈氏世美堂刻本　八十冊

440000－2543－0003053　VO/825.17/311
國朝三家文鈔三十二卷　(清)宋犖等編　清康熙三十三年(1694)刻本　八冊

440000－2543－0003054　O/825.18/214
林嚴文鈔四卷　林紓　嚴復撰　清宣統元年(1909)上海國學扶輪社鉛印本　四冊

440000－2543－0003055　O/825.19/19
常郡八邑藝文志十二卷　(清)盧文弨編　(清)莊翊昆校補　清光緒十六年(1890)刻本　八冊

440000－2543－0003056　O/825.19/25
湖南文徵一百九十卷　(清)羅汝懷編　清同治十年(1871)刻本　四十四冊

440000－2543－0003057　O/825.19/30
粵東文海六十六卷　(清)溫汝能編　清嘉慶十八年(1813)刻本　八十四冊

440000－2543－0003058　O/825.19/30.2
國朝嶺南文鈔十八卷　(清)陳在謙編　清富文齋刻本　六冊

440000－2543－0003059　O/825.81/22
忠雅堂評選四六法海八卷　(清)蔣士銓評選　清同治十年(1871)雲林閣刻朱墨套印本　八冊

440000－2543－0003060　O/825.81/22－2(2)
忠雅堂評選四六法海八卷　(清)蔣士銓評選　清同治十三年(1874)刻本　八冊

440000－2543－0003061　O/825.81/24
駢文類纂四十六卷　王先謙撰　清光緒二十八年(1902)思賢書局刻本　二十六冊

440000－2543－0003062　O/825.81/24(2)
駢文類纂四十六卷　王先謙撰　清光緒二十八年(1902)思賢書局刻本　二十四冊

440000－2543－0003063　O/825.81/151
駢體文鈔三十一卷　(清)李兆洛編　清光緒三十四年(1908)刻本　六冊　缺十一卷(四至十四)

440000－2543－0003064　O/825.814/420
宋四六選二十四卷　(清)曹振鏞編　清宣統二年(1910)南通州翰墨林書局鉛印本　十冊

440000－2543－0003065　VO/825.814/420－2
宋四六選二十四卷　(清)曹振鏞編　清乾隆四十二年(1777)刻本　十二冊

440000－2543－0003066　VO/825.814/420－2(2)
宋四六選二十四卷　(清)曹振鏞編　清乾隆四十二年(1777)刻本　十二冊

440000－2543－0003067　O/825.817/24
國朝十家四六文鈔　王先謙編　清光緒十五

年(1889)長沙王氏刻本　四册

440000－2543－0003068　O/825.817/165
八家四六文注八卷補注一卷　(清)吳鼒編　(清)許貞幹注　清光緒十年(1884)掃葉山房石印本　四册

440000－2543－0003069　O/825.817/165(2)
八家四六文注八卷補注一卷　(清)吳鼒編　(清)許貞幹注　清光緒十年(1884)掃葉山房石印本　八册

440000－2543－0003070　O/825.817/165－2
國朝八家四六文鈔　(清)吳鼒編　清乾隆紫文閣刻嘉慶二十四年(1819)補刻本　四册

440000－2543－0003071　O/825.817/165－3
八家四六文注八卷首一卷　(清)吳鼒編　(清)許貞幹注　清光緒十七年(1891)刻本　八册

440000－2543－0003072　O/825.817/505
國朝常州駢體文錄三十一卷　屠寄編　**結一宧駢體文一卷**　屠寄撰　清光緒十六年(1890)廣州富文齋刻本　六册

440000－2543－0003073　O/825.817/527
國朝駢體正宗十二卷　(清)曾燠輯　清刻本　六册

440000－2543－0003074　O/825.817/527(2)
國朝駢體正宗十二卷　(清)曾燠輯　清刻本　六册

440000－2543－0003075　O/825.817/527－2
國朝駢體正宗評本十二卷　(清)曾燠編　(清)姚燮評　清光緒十一年(1885)花雨樓刻朱墨套印本　六册

440000－2543－0003076　O/825.817/527－2(2)
國朝駢體正宗評本十二卷　(清)曾燠編　(清)姚燮評　清光緒十一年(1885)花雨樓刻朱墨套印本　六册

440000－2543－0003077　O/825.817/527－3
國朝駢體正宗續編八卷　(清)張鳴珂編　清光緒十四年(1888)寒松閣刻本　四册

440000－2543－0003078　O/825.817/568
移華館駢體文四卷　(清)董基誠　(清)董祐誠撰　清光緒十四年(1888)刻本　二册

440000－2543－0003079　O/825.827/167
有正味齋駢文箋注十六卷補注一卷　(清)吳錫麟撰　(清)葉聯芬箋注　清同治七年(1868)慈北葉氏刻本　六册

440000－2543－0003080　O/825.827/167－2
有正味齋駢文二十四卷　(清)吳錫麟撰　(清)葉聯芬箋注　清咸豐九年(1859)青箱塾刻本　六册

440000－2543－0003081　O/825.827/260
洪北江駢體文八卷卷施閣駢體文續編一卷更生齋駢體文四卷　(清)洪亮吉撰　清光緒二十一年(1895)上海鴻章書局石印本　一册

440000－2543－0003082　O/825.827/312
賓萌外集四卷　(清)俞樾撰　清同治五年(1866)蘇城陶氏刻本　一册

440000－2543－0003083　O/825.827/359
隨園駢體文注十六卷　(清)袁枚撰　(清)黎光地注　清光緒五年(1879)長沙刻本　八册

440000－2543－0003084　VO/825.827/406
思綺堂文集十卷　(清)章藻功撰註　清刻本　十册

440000－2543－0003085　O/825.827/444
陳檢討四六箋注二十卷　(清)陳維崧撰　(清)程師恭注　清末民國間上海鴻章書局石印本　四册

440000－2543－0003086　O/825.827/444－2
陳檢討集二十卷　(清)陳維崧撰　(清)程師恭注　清刻本　四册

440000－2543－0003087　O/825.84/375
四六叢話三十三卷附一卷　(清)孫梅撰　清光緒七年(1881)刻本　六册　缺十三卷(一至十三)

440000－2543－0003088　VO/825.86/469
四六雕龍八卷　(明)游日章撰　明萬曆十七

年(1589)刻本　八册

440000－2543－0003089　VO/826/423
書記洞詮一百十六卷目錄十卷　(明)梅鼎祚纂輯　明萬曆刻本　三十册

440000－2543－0003090　O/826.1/164
歷代名人小簡二卷　吳曾祺編　清宣統元年(1909)上海商務印書館鉛印本　二册

440000－2543－0003091　O/826.1/164(2)
歷代名人小簡二卷　吳曾祺編　清宣統元年(1909)上海商務印書館鉛印本　一册

440000－2543－0003092　O/826.1/248
重刻賴古堂尺牘新鈔三選結鄰集十六卷　(清)周在浚等編　清道光六年(1826)北平雷學淦刻本　六册

440000－2543－0003093　O/826.1/248(2)
重刻賴古堂尺牘新鈔三選結鄰集十六卷　(清)周在浚等編　清道光六年(1826)北平雷學淦刻本　十六册

440000－2543－0003094　O/826.1/248－3
重刻賴古堂尺牘新鈔三十二卷　(清)周在浚等編　清道光十九年(1839)北平雷學淦刻本　六册

440000－2543－0003095　O/826.17/412
名賢手劄八卷　(清)郭慶藩編　清光緒十年(1884)湘陰郭氏岵瞻堂刻本　二册

440000－2543－0003096　O/826.26/420
繡虎軒尺牘二十四卷　(清)曹煜撰　清刻本　四册　存四卷(二集五、三集五至七)

440000－2543－0003097　O/826.26/471
玉茗堂尺牘六卷　(明)湯顯祖撰　清刻本　六册

440000－2543－0003098　O/826.27/151
李文忠公朋僚函稿二十四卷　(清)李鴻章撰　(清)吳汝綸編　清光緒二十八年(1902)蓮池書社鉛印本　六册

440000－2543－0003099　O/826.27/151(2)
李文忠公朋僚函稿二十四卷　(清)李鴻章撰　(清)吳汝綸編　清光緒二十八年(1902)蓮池書社鉛印本　三册

440000－2543－0003100　O/826.27/316－2
惜抱先生尺牘八卷　(清)姚鼐撰　(清)陳用光輯　清宣統元年(1909)小萬柳堂刻本　四册

440000－2543－0003101　O/826.27/316－3
惜抱先生尺牘八卷　(清)姚鼐撰　清咸豐五年(1855)海源閣刻本　四册

440000－2543－0003102　O/827.11/434
古今說海一百四十二卷　(明)陸楫輯　清道光元年(1821)苕溪邵氏酉山堂刻本　二十册

440000－2543－0003103　VO/827.12/128
皇明百家小說一百二十帙　(明)沈廷松編　明崇禎刻本　十册

440000－2543－0003104　O/827.12/428
虞初新志二十卷　(清)張潮輯　清康熙三十九年(1700)刻本　六册

440000－2543－0003105　O/827.14/443
唐人說薈一百六十四帙　(清)陳世熙輯　清嘉慶十一年(1806)刻本　十八册

440000－2543－0003106　O/827.14/443－2
唐人說薈二十卷　(清)陳世熙輯　清刻本　二十册

440000－2543－0003107　O/827.14/443－3
唐人說薈十六集　(清)陳世熙輯　清宣統三年(1911)上海掃葉山房石印本　十六册

440000－2543－0003108　O/827.15/166
說鈴前集三十三種後集十九種　(清)吳震方輯　清刻本　十二册

440000－2543－0003109　O/827.2/791
說略三十二卷　(明)顧起元輯　清刻本　五册

440000－2543－0003110　O/827.207/966
血性男子　(日本)□□著　題(清)聽雨窗主人編譯　清光緒二十八年(1902)上海時務書局鉛印本　一册

440000－2543－0003111　O/827.22/674
世說新語三卷　(南朝宋)劉義慶撰　(南朝梁)劉孝標注　清光緒十四年(1888)長沙惜陰書局刻本　四冊

440000－2543－0003112　VO/827.22/674－3
世說新語三卷　(南朝宋)劉義慶撰　(南朝梁)劉孝標注　明嘉靖刻萬曆修補本　六冊

440000－2543－0003113　O/827.22/674－4
世說新語補二十卷　(南朝宋)劉義慶撰　(南朝梁)劉孝標注　(宋)劉應登評　(明)何良俊增　(明)王世貞刪　(明)王世懋評　(明)張文柱注　(清)黃汝琳補訂　清刻本　十冊

440000－2543－0003114　O/827.23/322－2
酉陽雜俎二十卷　(唐)段成式撰　清光緒三年(1877)湖北崇文書局刻本　四冊

440000－2543－0003115　O/827.24/494
茅亭客話十卷　(宋)黃休復撰　明末汲古閣刻本　二冊

440000－2543－0003116　O/827.24/562
石林燕語十卷　(宋)葉夢得撰　(宋)宇文紹奕考異　清咸豐四年(1854)木活字印本　四冊

440000－2543－0003117　VO/827.24/562－3
石林燕語十卷　(宋)葉夢得撰　明正德元年(1506)楊武刻本　五冊

440000－2543－0003118　VO/827.26/444
說儲八卷　(明)陳禹謨撰　明萬曆刻本　四冊

440000－2543－0003119　VO/827.26/525
焦氏類林八卷　(明)焦竑撰　(明)王元貞校　明萬曆十五年(1587)刻本　四冊

440000－2543－0003120　O/827.27/22
漁洋說部精華十二卷　(清)王士禛撰　(清)劉堅輯　清刻本　四冊

440000－2543－0003121　O/827.27/22(2)
漁洋說部精華十二卷　(清)王士禛撰　(清)劉堅輯　清刻本　八冊

440000－2543－0003122　VO/827.27/22－3
香祖筆記十二卷　(清)王士禛撰　清康熙四十四年(1705)刻本　二冊

440000－2543－0003123　VO/827.27/22－5
香祖筆記十二卷　(清)王士禛撰　清康熙四十四年(1705)刻本　四冊

440000－2543－0003124　VO/827.27/122
巾經纂二十卷　(清)宋宗元撰　清乾隆十六年(1751)網師園刻本　五冊

440000－2543－0003125　O/827.27/283
人海記二卷　(清)查慎行撰　清宣統二年(1910)掃葉山房石印本　二冊

440000－2543－0003126　O/827.27/312
右台仙館筆記十二卷東瀛詩記二卷　(清)俞樾撰　清光緒九年(1883)刻本　四冊

440000－2543－0003127　O/827.27/320
閱微草堂筆記二十四卷　(清)紀昀撰　清道光十五年(1835)刻本　十冊

440000－2543－0003128　O/827.27/320(2)
閱微草堂筆記二十四卷　(清)紀昀撰　清道光十五年(1835)刻本　十冊

440000－2543－0003129　O/827.27/320－2
閱微草堂筆記二十四卷　(清)紀昀撰　清道光十三年(1833)羊城刻本　十冊

440000－2543－0003130　VO/827.27/352
冬夏紀略一卷　(清)馬文熙撰　清稿本　一冊

440000－2543－0003131　O/827.27/402
池上草堂筆記二十四卷　(清)梁恭辰撰　清道光刻本　四冊

440000－2543－0003132　O/827.27/518
觚賸八卷續四卷　(清)鈕琇撰　清宣統三年(1911)上海國學扶輪社鉛印本　六冊

440000－2543－0003133　O/827.27/518－2
觚賸八卷續四卷　(清)鈕琇撰　清康熙四十

一年(1702)臨野堂刻本　三冊

440000－2543－0003134　O/827.27/749
藤陰雜記十二卷　(清)戴璐撰　清光緒三年(1877)吳興會館刻本　二冊

440000－2543－0003135　O/827.28/393
宋艷十二卷　徐士鑾輯　清光緒十九年(1893)刻本　六冊

440000－2543－0003136　O/827.37/22
繪圖後聊齋志異不分卷　(清)王韜撰　清光緒十七年(1891)上海鴻文書局石印本　八冊

440000－2543－0003137　O/827.37/407
里乘十卷　(清)許奉恩撰　清光緒五年(1879)常熟抱芳閣刻本　十冊

440000－2543－0003138　O/827.37/608－5
聊齋志異新評十六卷　(清)蒲松齡撰　(清)但明倫新評　清同治八年(1869)刻朱墨套印本　十六冊

440000－2543－0003139　O/827.37/608－5(2)
聊齋志異新評十六卷　(清)蒲松齡撰　(清)但明倫新評　清同治八年(1869)刻朱墨套印本　十六冊

440000－2543－0003140　O/827.37/608－6
聊齋志異新評十六卷　(清)蒲松齡撰　(清)王士正評　(清)但明倫新評　清道光二十二年(1842)廣順但氏刻朱墨套印本　八冊

440000－2543－0003141　O/827.37/608－7
聊齋志異新評十六卷　(清)蒲松齡撰　(清)王士正評　(清)但明倫新評　清道光二十二年(1842)廣順但氏刻朱墨套印本　十六冊

440000－2543－0003142　O/827.37/608－8
詳注聊齋志異圖咏十六卷　(清)蒲松齡撰　(清)呂湛恩注　清末上海同文書局石印本　八冊

440000－2543－0003143　O/827.42/2－2
繡像漢宋奇書(三國水滸合傳)三十七卷　(清)金人瑞評　清右文堂刻本　二十冊

440000－2543－0003144　O/827.42/2－3
評論出像水滸傳二十卷　(元)施耐庵撰　(清)金人瑞評　清刻本　二十冊

440000－2543－0003145　O/827.42/2－7
繪圖增像第五才子書水滸全傳十卷七十回　(元)施耐庵撰　(清)金人瑞評　清光緒二十二年(1896)上海圖書集成書局石印本　十冊

440000－2543－0003146　O/827.42/6－2
水滸畫像一卷　(清)陳洪綬繪　清光緒十年(1884)上海同文書局石印本　一冊

440000－2543－0003147　O/827.42/6－4
水滸全圖一卷　(明)杜堇繪　(清)劉晚榮輯　清光緒六年(1880)粵東藏修堂刻本　一冊

440000－2543－0003148　O/827.44/5
西遊真詮一百回　(清)陳士斌撰　清刻本　二十冊

440000－2543－0003149　O/827.44/6
新說西遊記一百回　(清)張書紳注　清光緒十四年(1888)味潛齋石印本　八冊

440000－2543－0003150　VO/827.45/22
皋鶴堂批評第一奇書金瓶梅一百回　(清)張竹坡批點　清康熙三十四年(1695)皋鶴堂刻本　二十四冊

440000－2543－0003151　O/827.45/22－3
續金瓶梅十二卷　題(清)紫陽道人編　清刻本　十三冊　缺一卷(十)

440000－2543－0003152　O/827.45/393
繡像京本雲合奇蹤玉茗英烈全傳十卷八十回　(明)徐渭撰　清經國堂刻本　十冊

440000－2543－0003153　O/827.45/393－2
繡像京本雲合奇蹤玉茗英烈全傳十卷八十回　(明)徐渭撰　清光緒十九年(1893)醉六堂刻本　十冊

440000－2543－0003154　O/827.45/407
繡像封神演義一百回　(明)許仲琳編　(明)李雲翔改編　清光緒十六年(1890)珍藝書局鉛印本　十冊

440000－2543－0003155　O/827.45/407－3

新刻鍾伯敬先生批評封神演義十九卷一百回 （明）許仲琳撰 （明）鍾惺批評 清善成堂刻本 二十冊

440000－2543－0003156 O/827.46/2
繡像批點紅樓夢一百二十回 （清）曹雪芹撰 清刻本 二十冊

440000－2543－0003157 O/827.46/6－2
繡像紅樓夢一百二十卷 （清）曹雪芹撰 清刻本 三十二冊

440000－2543－0003158 O/827.46/7
石頭記評贊不分卷 （清）王希廉撰 清刻本 二冊

440000－2543－0003159 O/827.48/57
增圖七俠五義傳六卷一百二十四回 （清）石玉崑撰 清光緒二十四年（1898）三槐書屋鉛印本 六冊

440000－2543－0003160 O/827.48/57.1
品花寶鑑六十回 （清）陳森撰 清宣統元年（1909）刻本 二十冊

440000－2543－0003161 O/827.48/57.1(2)
品花寶鑑六十回 （清）陳森撰 清宣統元年（1909）刻本 二十四冊

440000－2543－0003162 O/827.48/151
繪圖鏡花緣一百回 （清）李汝珍撰 清光緒十四年（1888）上海點石齋石印本 六冊

440000－2543－0003163 O/827.48/151.1
廻文傳十六卷 （清）李漁撰 （清）鐵華山人重輯 清道光六年（1826）刻本 六冊

440000－2543－0003164 O/827.48/166.1－2
齊省堂增訂儒林外史五十六回 （清）吳敬梓撰 清同治十三年（1874）刻本 十冊

440000－2543－0003165 O/827.48/370
野叟曝言二十卷一百五十四回 （清）夏敬渠撰 清光緒八年（1882）鉛印本 九冊 缺二卷十六回（卷九至十：五十七至七十二回）

440000－2543－0003166 O/827.48/370－2
野叟曝言二十卷 （清）夏敬渠撰 清末石印本 二十冊

440000－2543－0003167 O/827.48/442
燕山外史二卷 （清）陳球撰 清宣統元年（1909）鑄記書局石印本 一冊

440000－2543－0003168 O/827.48/761
花月痕全書十六卷 （清）魏秀仁撰 清咸豐八年（1858）著易堂鉛印本 四冊

440000－2543－0003169 O/827.48/966
繡像醒世姻緣傳一百回 （清）西周生撰 清光緒二十年（1894）上海書局石印本 十冊

440000－2543－0003170 O/827.48/975－2
繡像綠野仙蹤全傳八十回 （清）李百川撰 清光緒七年（1881）刻本 八冊

440000－2543－0003171 O/827.48/975.1
新刻天花藏批評平山冷燕四卷 （清）荻岸散人編次 清明堂刻本 四冊

440000－2543－0003172 O/827.48/976
第九才子書平鬼傳四卷 （清）樵雲山人撰 清江左書林刻本 四冊

440000－2543－0003173 O/827.48/977
繪圖評點兒女英雄傳四十回首一回 （清）文康撰 （清）還讀我書室主人評 清光緒十八年（1892）上海書局石印本 六冊

440000－2543－0003174 O/827.48/979
曇花偶見十二卷首一卷六十四回 題嶺南韜晦子少植輯編 題醉紅客硯農訂訛 清光緒二十二年（1896）刻本 十二冊

440000－2543－0003175 O/827.48/979.1
繪圖繪芳錄八卷 題（清）西泠野樵撰 清光緒二十年（1894）上海書局石印本 八冊

440000－2543－0003176 O/827.48/979.1－2
繪芳錄八十回 題（清）西泠野樵撰 清光緒四年（1878）上海申報館鉛印本 十六冊

440000－2543－0003177 O/827.5/980
繡像海上繁華夢十二卷 孫家振撰 清光緒三十年（1904）笑林報館鉛印本 十二冊

440000－2543－0003178　O/827.6/170
精訂綱鑑二十四史通俗衍義六卷　(清)呂撫編　清光緒十三年(1887)富華圖書館石印本　六冊

440000－2543－0003179　O/827.61/477
東周列國全志二十三卷　(明)馮夢龍撰　(清)蔡界評點　清咸豐四年(1854)書成山房刻朱墨套印本　十二冊

440000－2543－0003180　O/827.61/477－2
東周列國志二十三卷　(明)馮夢龍撰　(清)蔡界評點　清光緒九年(1883)上海刻本　十二冊

440000－2543－0003181　O/827.61/477－3
東周列國全志二十三卷　(明)馮夢龍撰　(清)蔡界評點　清乾隆十七年(1752)刻本　二十四冊

440000－2543－0003182　O/827.61/477－3(2)
東周列國全志二十三卷　(明)馮夢龍撰　(清)蔡界評點　清乾隆十七年(1752)刻本　二十四冊

440000－2543－0003183　O/827.61/477－5
繡像東周列國全志二十三卷一百八回　(明)馮夢龍撰　(清)蔡界評點　清英德堂刻本　二十三冊

440000－2543－0003184　O/827.61/477－6
繡像東周列國志二十三卷一百八回　(明)馮夢龍撰　(清)蔡界評點　清光緒十二年(1886)上海江左書林刻本　二十四冊

440000－2543－0003185　O/827.62/602
新刻劍嘯閣批評東西漢演義十六卷　(明)甄偉　(明)謝詔編　(明)鍾惺評　清同文堂刻本　十四冊

440000－2543－0003186　O/827.62/966
繡像西漢演義十卷　(□)□□撰　清光緒十八年(1892)上海廣百宋齋鉛印本　六冊

440000－2543－0003187　O/827.623/775－2
第一才子書六十卷一百二十回首一卷　(明)羅貫中撰　(清)毛宗崗評　清光緒二十一年(1895)上海十萬卷樓石印本　八冊

440000－2543－0003188　O/827.623/775－3
四大奇書第一種十九卷一百二十回首一卷　(明)羅貫中撰　(清)毛宗崗評　清敦化堂刻本　二十冊

440000－2543－0003189　O/827.623/775－4
第一才子書六十卷一百二十回首一卷　(明)羅貫中撰　(清)毛宗崗評　清光緒十一年(1885)上海同文書局石印本　十二冊

440000－2543－0003190　O/827.623/775－5
四大奇書第一種五十一卷一百二十回首一卷　(明)羅貫中撰　(清)毛宗崗評　(清)鄒梧岡參訂　清光緒三十三年(1907)澹雅書局刻本　二十冊

440000－2543－0003191　O/827.623/775－7
四大奇書第一種十九卷一百二十回首一卷　(明)羅貫中撰　(清)毛宗崗評　清刻本　二十冊

440000－2543－0003192　O/827.623/775－8
四大奇書第一種十九卷一百二十回首一卷　(明)羅貫中撰　(清)毛宗崗評　清刻本　二十冊

440000－2543－0003193　O/827.623/964
繡像三國演義續編八卷　(明)太和室主人撰　(明)陳氏尺蠖齋評釋　清光緒十九年(1893)上海書局石印本　八冊

440000－2543－0003194　O/827.624/964
新鋟續編繡像五虎平南狄青後傳六卷　(□)□□撰　清聚錦堂刻本　五冊　缺一卷(一)

440000－2543－0003195　O/827.624/964－2
新鋟異説五虎平西珍珠旗演義狄青前傳十四卷　(□)□□撰　清奎壁堂刻本　十四冊

440000－2543－0003196　O/827.635/775
殘唐五代史演義傳六卷　(明)羅貫中編　(明)湯顯祖評　清刻本　六冊

440000－2543－0003197　O/827.635/972

景宋殘本五代平話十卷 （宋）□□撰 清宣統三年（1911）毗陵董氏誦芬室刻本 二册 缺二卷（梁史下、漢史下）

440000－2543－0003198 O/827.64/618
新鐫玉茗堂批評按鑒參補南宋志傳十卷 （明）熊大木編 （□）研石山樵訂正 清刻本 四册

440000－2543－0003199 O/827.64/618－2
新鐫玉茗堂批點按鑒參補北宋楊家將傳十卷 （明）熊大木編 （□）研石山樵訂正 清體元堂刻本 四册

440000－2543－0003200 O/828.41/81－2
繪圖筆生花十六卷 （清）邱心如撰 清光緒二十年（1894）上海書局石印本 十六册

440000－2543－0003201 O/828.41/441
再生緣二十卷 （清）陳端生撰 清光緒二年（1876）刻本 二十册

440000－2543－0003202 O/828.41/443
芙蓉洞十卷 （清）陳遇乾撰 清道光十六年（1836）刻本 十册

440000－2543－0003203 O/828.41/556
廿一史彈詞原本二卷 （明）楊慎撰 （清）李清 （清）宮偉鏐校正 清道光五年（1825）刻本 二册

440000－2543－0003204 O/828.41/556－2
廿一史彈詞注十一卷 （明）楊慎撰 （清）張仲璜注 清視履堂刻本 八册

440000－2543－0003205 O/828.41/556－2(2)
廿一史彈詞注十一卷 （明）楊慎撰 （清）張仲璜注 清視履堂刻本 八册

440000－2543－0003206 O/828.41/556－2(3)
廿一史彈詞注十一卷 （明）楊慎撰 （清）張仲璜注 清視履堂刻本 八册

440000－2543－0003207 O/828.41/966
安邦定國全志四十卷 （清）□□撰 清光緒三十四年（1908）文賢堂刻本 八十册

440000－2543－0003208 O/828.41/970
娱萱草彈詞三十二卷 （清）橘道人撰 清光緒二十年（1894）刻本 六册

440000－2543－0003209 O/828.41/970.1
新增笑中緣圖詠四卷七十五回 （清）曹春江撰 清光緒十四年（1888）上海書局石印本 八册

440000－2543－0003210 O/828.41/972
新造隋唐演義右調彈詞全歌七十四卷 （□）□□撰 清末民初潮州李萬利刻本 十二册

440000－2543－0003211 O/828.5/962
新造八仙圖全歌十卷 （□）□□撰 清末民初潮州李萬利刻本 二册

440000－2543－0003212 O/828.5/962.1
新造八寶金鐘下全歌十卷 （□）□□撰 清末民初潮州李萬利刻本 二册

440000－2543－0003213 O/828.5/962.1(2)
新造八寶金鐘下全歌十卷 （□）□□撰 清末民初潮州李萬利刻本 二册

440000－2543－0003214 O/828.5/963
新造三國劉叔皇招親下全歌十三卷 （□）□□撰 清末民初潮州李萬利刻本 二册

440000－2543－0003215 O/828.5/963.1
新造小紅袍黃元豹全歌四卷 （□）□□撰 清末民初潮州李萬利刻本 一册

440000－2543－0003216 O/828.5/963.2
新造小英雄掃北全歌四卷 （□）□□撰 清末民初潮州李萬利刻本 一册

440000－2543－0003217 O/828.5/964
新造反唐開墳全歌十九卷 （□）□□撰 清末民初潮州李萬利刻本 九册

440000－2543－0003218 O/828.5/964.1
新造五星圖全歌八卷 （□）□□撰 清末民初潮州李萬利刻本 二册

440000－2543－0003219 O/828.5/964.2
新造五虎平南全歌十六卷 （□）□□撰 清末民初潮州李萬利刻本 四册

440000－2543－0003220　O/828.5/964.3
新造六奇陣全歌十二卷　(□)□□撰　清末民初潮州李萬利刻本　二册

440000－2543－0003221　O/828.5/964.3(2)
新造六奇陣全歌十二卷　(□)□□撰　清末民初潮州李萬利刻本　二册

440000－2543－0003222　O/828.5/964.4
新造水蛙記二卷　(□)□□撰　清末民初潮州李萬利刻本　一册

440000－2543－0003223　O/828.5/964.5
新造五虎平西珍珠旗全歌二十七卷　(□)□□撰　清至民國刻本　六册

440000－2543－0003224　O/828.5/965
新造白蓮花全歌八卷　(□)□□撰　清末民初潮州李萬利刻本　二册

440000－2543－0003225　O/828.5/965.1
新造玉樓春全歌十四卷　(□)□□撰　清末民初潮州李萬利刻本　三册

440000－2543－0003226　O/828.5/965.2
玉釧緣謝玉輝平金番全歌三十三卷　(□)□□撰　清末民初潮州李萬利刻本　六册

440000－2543－0003227　O/828.5/965.3
新造玉如意全歌六卷　(□)□□撰　清至民國潮城王生記刻本　一册

440000－2543－0003228　O/828.5/965.4
新造玉釧緣全歌十卷　(□)□□撰　清末民初潮州李萬利刻本　三册

440000－2543－0003229　O/828.5/965.5
新造玉盒仙琴金寶扇八卷　(□)□□撰　清末民初潮州李萬利刻本　二册

440000－2543－0003230　O/828.5/965.6
新造玉沙蛖全歌四卷　(□)□□撰　清末民初潮州李萬利刻本　一册

440000－2543－0003231　O/828.5/966
新撰玉釧環再生緣三十卷　(□)□□撰　清末民初潮州李萬利刻本　六册

440000－2543－0003232　O/828.5/967
新造狄龍狄虎下棚平北二十九卷　(□)□□撰　清末民初潮州李萬利刻本　七册

440000－2543－0003233　O/828.5/967.1
新造青平東包公出世十二卷　(□)□□撰　清至民國刻本　三册

440000－2543－0003234　O/828.5/967.2
新造李旦仔全歌八卷　(□)□□撰　清末民初潮州李萬利刻本　二册

440000－2543－0003235　O/828.5/967.3
新造宋帝昺全歌十卷　(□)□□撰　清末民初潮州李萬利刻本　二册

440000－2543－0003236　O/828.5/967.4
新造李春鳳全歌十八卷　(□)□□撰　清末民初潮州李萬利刻本　三册

440000－2543－0003237　O/828.5/968
粵謳一卷　(清)招子庸撰　清光緒佛山翰文堂石印本　一册

440000－2543－0003238　O/828.5/968.1
新造雙錯誤奇中奇全歌五卷　(□)□□撰　清末民初潮州李萬利刻本　一册

440000－2543－0003239　O/828.5/968.2
新造宋朝明珠記全歌五卷　(□)□□撰　清末民初潮州李萬利刻本　一册

440000－2543－0003240　O/828.5/968.2(2)
新造宋朝明珠記全歌五卷　(□)□□撰　清末民初潮州李萬利刻本　一册

440000－2543－0003241　O/828.5/968.3
新造忠義節全歌七卷　(□)□□撰　清末民初潮州李萬利刻本　二册

440000－2543－0003242　O/828.5/968.4
新造花會歌六卷　(□)□□撰　清至民國刻本　三册

440000－2543－0003243　O/828.5/968.5
新造金燕媒全歌二十卷　(□)□□撰　清至民國潮安王生記刻本　五册

440000－2543－0003244　O/828.5/968.6
新造東漢劉秀全歌十二卷　(□)□□撰　清末民初潮州李萬利刻本　四冊

440000－2543－0003245　O/828.5/968.7
新造昇仙圖全歌五卷　(□)□□撰　清末民初潮州李萬利刻本　二冊

440000－2543－0003246　O/828.5/968.8
新造金釵羅帕記三卷　(□)□□撰　清末民初潮州李萬利刻本　一冊

440000－2543－0003247　O/828.5/969
新造柳世清雙鱷魚全歌十卷　(□)□□撰　清末至民國抄本　二冊

440000－2543－0003248　O/828.5/969.1
新造珊瑚寶楊大貴全歌十卷　(□)□□撰　清末民初潮州李萬利刻本　三冊

440000－2543－0003249　O/828.5/969.2
新造柳樹春八美圖全歌十八卷　(□)□□撰　清至民國刻本　三冊

440000－2543－0003250　O/828.5/970
新造秦雪梅全歌八卷　(□)□□撰　清至民國刻本　二冊

440000－2543－0003251　O/828.5/970.1
新造紙容記全歌九卷　(□)□□撰　清末民初潮州李萬利刻本　三冊

440000－2543－0003252　O/828.5/970.2
新造秦鳳蘭忠義亭全歌十卷　(□)□□撰　清末民初潮州李萬利刻本　四冊

440000－2543－0003253　O/828.5/970.3
新造秦世美全歌六卷　(□)□□撰　清末民初潮州李萬利刻本　一冊

440000－2543－0003254　O/828.5/970.4
新造粉妝樓五十三卷　(□)□□撰　清末民初潮州李萬利刻本　九冊

440000－2543－0003255　O/828.5/971
新造乾隆游江南全歌十卷　(□)□□撰　清至民國刻本　二冊

440000－2543－0003256　O/828.5/971.1
新造崔鳴鳳薦佛衣全歌二十一卷　(□)□□撰　清末民初潮州李萬利刻本　四冊

440000－2543－0003257　O/828.5/971.2
新造梨花征西全歌二十八卷　(□)□□撰　清末民初潮州李萬利刻本　四冊

440000－2543－0003258　O/828.5/971.3
新造陰陽會鐵扇記六卷　(□)□□撰　清末民初潮州李萬利刻本　二冊

440000－2543－0003259　O/828.5/971.4
新造梅良玉下棚兩度星十四卷　(□)□□撰　清末民初潮州李萬利刻本　三冊

440000－2543－0003260　O/828.5/972
新造馮長春四卷　(□)□□撰　清末民初潮州李萬利刻本　一冊

440000－2543－0003261　O/828.5/972.1
新造黄雙孝瓊花記六卷　(□)□□撰　清末民初潮州李萬利刻本　二冊

440000－2543－0003262　O/828.5/972.2
新造萬花樓玉鴛鴦全歌十二卷　(□)□□撰　清末民初潮州李萬利刻本　四冊

440000－2543－0003263　O/828.5/972.3
新造溫凉寶盞全歌五卷　(□)□□撰　清末民初潮州李萬利刻本　二冊

440000－2543－0003264　O/828.5/973
新造楊文廣平南蠻十八洞三十八卷　(□)□□撰　清末民初潮州李萬利刻本　八冊

440000－2543－0003265　O/828.5/974
新造宋朝賣油郎全歌五卷　(□)□□撰　清末民初潮州李萬利刻本　一冊

440000－2543－0003266　O/828.5/974.1
新造趙匡胤下南唐收余鴻十八卷　(□)□□撰　清至民國潮州瑞文堂刻本　四冊

440000－2543－0003267　O/828.5/975
新造劉龍圖騎竹馬全歌十二卷　(□)□□撰　清末民初潮州李萬利刻本　二冊

440000－2543－0003268　O/828.5/975.1
新造潘葛子六卷　(□)□□撰　清末民初潮州李萬利刻本　三冊

440000－2543－0003269　O/828.5/975.2
最新潮州柳知府全歌五卷　(□)□□撰　清至民國潮安王生記刻本　一冊

440000－2543－0003270　O/828.5/975.3
新造劉明珠穿珠衫全歌二十一卷　(□)□□撰　清末民初潮州李萬利刻本　四冊

440000－2543－0003271　O/828.5/975.4
新造鬧嚴府打破玉花瓶二卷　(□)□□撰　清至民國刻本　一冊

440000－2543－0003272　O/828.5/975.5
新造綠牡丹全歌二十八卷　(□)□□撰　清末民初潮州李萬利刻本　五冊

440000－2543－0003273　O/828.5/975.6
新造蔣大哥重會珍珠衫四卷　(□)□□撰　清末民初潮州李萬利刻本　一冊

440000－2543－0003274　O/828.5/977
新造薛仁貴征東二十四卷　(□)□□撰　清至民國刻本　五冊

440000－2543－0003275　O/828.5/977.1
新造臨江樓全歌四卷　(□)□□撰　清末民初潮州李萬利刻本　二冊

440000－2543－0003276　O/828.5/977.2
新造臨江樓下卷雙寶扇全歌六卷　(□)□□撰　清末民初潮州李萬利刻本　二冊

440000－2543－0003277　O/828.5/977.3
新造轅龍鏡下棚紅書劍十卷　(□)□□撰　清末民初潮州李萬利刻本　二冊

440000－2543－0003278　O/828.5/977.4
新造蕭光祖下棚寶魚蘭十二卷　(□)□□撰　清末民初潮州李萬利刻本　二冊

440000－2543－0003279　O/828.5/978
新造雙玉鳳全歌十五卷　(□)□□撰　清末民初潮州李萬利刻本　五冊

440000－2543－0003280　O/828.5/978.1
新造雙狀元英台子全歌十卷　(□)□□撰　清至民國潮州李萬利刻本　三冊

440000－2543－0003281　O/828.5/978.2
新造雙白燕二十二卷　(□)□□撰　清末民初潮州李萬利刻本　七冊

440000－2543－0003282　O/828.5/978.3
新造雙如意全歌六卷　(□)□□撰　清末民初潮州李萬利刻本　一冊

440000－2543－0003283　O/828.5/978.4
新造雙金龍全歌六卷　(□)□□撰　清末民初潮州李萬利刻本　三冊

440000－2543－0003284　O/828.5/978.5
新造雙太子紅羅衣二十卷　(□)□□撰　清末民初潮州李萬利刻本　四冊

440000－2543－0003285　O/828.5/978.6
新造雙退婚下紫荆亭全歌八卷　(□)□□撰　清末民初潮州李萬利刻本　二冊

440000－2543－0003286　O/828.5/978.7
新造雙鳳釵全歌四卷　(□)□□撰　清至民國刻本　二冊

440000－2543－0003287　O/828.5/978.7(2)
新造雙鳳釵全歌四卷　(□)□□撰　清至民國刻本　二冊

440000－2543－0003288　O/828.5/978.8
新造雙太子下棚禹龍山全歌八卷　(□)□□撰　清至民國潮州李萬利刻本　二冊

440000－2543－0003289　O/828.5/978.9
新造雙駙馬全歌六卷　(□)□□撰　清至民國潮州李萬利刻本　三冊

440000－2543－0003290　O/828.5/978.10
新造雙鸚鵡全歌五十卷　(□)□□撰　清至民國刻本　十冊

440000－2543－0003291　O/828.5/979
新造麒麟圖全歌十六卷　(□)□□撰　清至民國刻本　五冊

440000－2543－0003292　O/828.5/979.2
新造麗卓花十一卷　(□)□□撰　清末至民國抄本　二册

440000－2543－0003293　O/828.5/980
最新饒安案全歌八卷　(□)□□撰　清末至民國抄本　二册

440000－2543－0003294　O/828.5/981
新造鐵扇記下棚五卷　(□)□□撰　清刻本　二册

440000－2543－0003295　O/829/705
屑玉叢譚四集二十四卷　(清)錢徵　蔡爾康輯　清光緒四年(1878)上海申報館鉛印本　二十四册

440000－2543－0003296　VO/829.1/22
分甘餘話四卷　(清)王士禛撰　清康熙程哲七略書堂刻本　四册

440000－2543－0003297　O/829.1/162
定香亭筆談四卷　(清)阮元撰　清光緒二十五年(1899)浙江書局刻本　二册

440000－2543－0003298　O/829.1/260
洪北江先生雜著四種四卷　(清)洪亮吉撰　清咸豐五年(1855)番禺徐灝刻本　一册

440000－2543－0003299　O/829.1/434
嗇庵隨筆六卷末一卷　(清)陸文衡撰　清光緒二十三年(1897)吳江陸同壽刻本　二册

440000－2543－0003300　O/829.3/284
謎拾二卷　(清)唐景崧撰　**謎學一卷**　(清)唐運溥撰　清光緒十九年(1893)刻本　一册

440000－2543－0003301　O/829.3/284－2
詩畸八卷外編二卷　(清)唐景崧輯　清光緒十九年(1893)刻本　四册

440000－2543－0003302　O/829.3/312
酒令叢鈔四卷　(清)俞敦培輯　清光緒四年(1878)藝雲軒刻本　二册

440000－2543－0003303　O/829.3/312(2)
酒令叢鈔四卷　(清)俞敦培輯　清光緒四年(1878)藝雲軒刻本　一册　存二卷(一至二)

440000－2543－0003304　O/829.4/972
新刻笑林廣記四卷　題(清)遊戲主人輯　清宏道堂刻本　二册

440000－2543－0003305　O/829.5/527(2)
曾文正公手書日記不分卷　(清)曾國藩撰　清宣統元年(1909)上海中國圖書公司石印本　四十册

440000－2543－0003306　VO/829.5/562.1
水東日記四十卷　(明)葉盛著　清康熙十九年(1680)賜書樓刻本　四册

440000－2543－0003307　O/857/963
巴黎茶花女遺事一卷　(法國)小仲馬撰　曉齋主人述　冷紅生(林紓)筆記　清光緒二十七年(1901)玉情瑤怨館石印本　一册

440000－2543－0003308　O/901.31/242
歷代史事政治論三百八卷　(清)金詠榴等編　清光緒三十年(1904)上海點石齋石印本　九册

440000－2543－0003309　O/901.32/406－2
文史通義八卷　(清)章學誠撰　清咸豐元年(1851)粵雅堂刻本　五册

440000－2543－0003310　O/901.32/406－4
文史通義八卷　(清)章學誠撰　清光緒十九年(1893)粵東菁華閣刻本　七册

440000－2543－0003311　O/901.32/406－6
文史通義八卷　(清)章學誠撰　清道光十三年(1833)刻本　四册

440000－2543－0003312　O/901.32/406－7
文史通義八卷　(清)章學誠撰　清刻本　一册　存一卷(七)

440000－2543－0003313　O/901.32/677－2
史通通釋二十卷本傳一卷　(唐)劉知幾撰　(清)浦起龍釋　清光緒十一年(1885)刻本　六册

440000－2543－0003314　O/901.32/677－2(2)
史通通釋二十卷本傳一卷　(唐)劉知幾撰　(清)浦起龍釋　清光緒十一年(1885)刻本

八冊

440000－2543－0003315　O/901.32/677－2(3)
史通通釋二十卷本傳一卷　(唐)劉知幾撰　(清)浦起龍釋　清光緒十一年(1885)刻本　六冊

440000－2543－0003316　O/901.32/677－2(4)
史通通釋二十卷本傳一卷　(唐)劉知幾撰　(清)浦起龍釋　清光緒十一年(1885)刻本　八冊

440000－2543－0003317　O/901.32/677－2(5)
史通通釋二十卷本傳一卷　(唐)劉知幾撰　(清)浦起龍釋　清光緒十一年(1885)刻本　六冊

440000－2543－0003318　O/901.32/677－3
史通削繁四卷　(唐)劉知幾撰　(清)紀昀評　清道光十三年(1833)刻本　四冊

440000－2543－0003319　O/901.32/677－3(2)
史通削繁四卷　(唐)劉知幾撰　(清)紀昀評　清道光十三年(1833)刻本　四冊

440000－2543－0003320　O/901.32/677－3(5)
史通削繁四卷　(唐)劉知幾撰　(清)紀昀評　清道光十三年(1833)刻本　四冊

440000－2543－0003321　O/901.32/677－3(6)
史通削繁四卷　(唐)劉知幾撰　(清)紀昀評　清道光十三年(1833)刻本　四冊

440000－2543－0003322　O/901.32/677－5
史通通釋二十卷　(唐)劉知幾撰　(清)浦起龍釋　清刻本　四冊

440000－2543－0003323　O/906.22/212
啓東錄六卷　(清)林壽圖撰　清光緒五年(1879)黃鵠山人歐齋刻本　一冊

440000－2543－0003324　O/906.22/938－2
欽定滿洲源流考二十卷　(清)阿桂等撰　清光緒十九年(1893)杭州便益書局石印本　四冊

440000－2543－0003325　O/906.22/938－3
欽定滿洲源流考二十卷　(清)阿桂等撰　清刻本　八冊

440000－2543－0003326　O/907.1/211
元和姓纂十卷　(唐)林寶撰　清光緒六年(1880)金陵書局刻本　二冊

440000－2543－0003327　O/907.1/211－2
元和姓纂十卷　(唐)林寶撰　清光緒六年(1880)金陵書局刻本　四冊

440000－2543－0003328　VO/907.1/343
古今萬姓統譜一百四十卷　(明)淩廸知編　明萬曆七年(1579)刻本　六十八冊

440000－2543－0003329　O/907.1/618
新纂氏族箋釋八卷　(清)熊峻運撰　清刻本　四冊

440000－2543－0003330　O/907.2/98
南海九江朱氏家譜十二卷　(清)朱學懋輯　(清)朱次琦續脩　清同治八年(1869)刻本　十二冊

440000－2543－0003331　O/907.2/98(2)
南海九江朱氏家譜十二卷　(清)朱學懋輯　(清)朱次琦續脩　清同治八年(1869)刻本　十二冊

440000－2543－0003332　O/907.2/122
[廣東鶴山]宋氏族譜二十卷　(明)宋容恭輯　(清)宋章郁增輯　清光緒三年(1877)刻本　二十冊

440000－2543－0003333　O/907.2/164
翠微渤海吳氏族譜六卷　(清)吳祖治重修　清咸豐八年(1858)翠微仁本堂刻本　六冊

440000－2543－0003334　O/907.2/402
南海蘆排梁氏家譜四卷　(清)梁文選編　清宣統三年(1911)刻本　四冊

440000－2543－0003335　O/907.2/441
陳氏族譜二十四卷宗支圖不分卷　(清)陳拔儒纂修　清同治四年(1865)刻本　二十冊

440000－2543－0003336　O/907.2/441－2
[廣東高要]陳氏家譜十二卷　(清)陳銘恩修　清光緒三十三年(1907)刻本　十二冊

440000－2543－0003337　O/907.2/491
南海學正黄氏家譜十二卷末一卷　黄任恒編　清宣統三年(1911)保粹堂刻本　八册

440000－2543－0003338　O/907.2/509
無錫華氏宗譜十七卷首一卷文獻志一卷　(清)華文匯修　清光緒三十二年至三十三年(1906－1907)延緑閣刻本　十八册

440000－2543－0003339　O/907.2/527
宗聖志二卷　(清)曾國荃重修　(清)王定安編輯　清光緒十六年(1890)金陵刻本　六册

440000－2543－0003340　O/907.2/556
高明楊氏族譜二十一卷首一卷　(清)楊進修編　清光緒二十年(1894)刻本　二十二册

440000－2543－0003341　O/907.2/784
蘇氏族譜十卷　(清)蘇廷鑑輯　清光緒二十六年(1900)刻本　四册

440000－2543－0003342　O/907.3/206
皇朝藩部世系表四卷　(清)祁韻士纂　(清)宋景昌增輯　清筠淥山房刻本　一册

440000－2543－0003343　O/907.3/441
魏書官氏志疏證一卷　(清)陳毅撰　清光緒二十三年(1897)刻本　一册

440000－2543－0003344　O/908.2/37
孔子編年五卷　(宋)胡仔撰　清同治九年(1870)刻本　一册

440000－2543－0003345　O/908.2/37－2
至聖編年世紀二十四卷　(清)李灼　(清)黄晟輯　清乾隆十六年(1751)刻本　十册　缺三卷(二十二至二十四)

440000－2543－0003346　O/908.2/81
丘文莊公[濬]年譜一卷　(清)王國棟輯　清光緒二十四年(1898)研經書院刻本　一册

440000－2543－0003347　O/908.2/93
成吉思汗少年史　(日本)坂口楧次郎撰　吳檮譯　清光緒二十九年(1903)上海人演譯社鉛印本　一册

440000－2543－0003348　VO/908.2/98
紫陽文公先生[朱熹]年譜五卷　(宋)李方子原編　(明)李默重訂　明嘉靖三十六年(1557)建寧董燧刻本　四册

440000－2543－0003349　VO/908.2/98－2
朱子年譜四卷考異四卷附録二卷　(清)王懋竑纂訂　清乾隆十七年(1752)王氏白田草堂刻本　六册

440000－2543－0003350　VO/908.2/98－2(2)
朱子年譜四卷考異四卷附録二卷　(清)王懋竑纂訂　清乾隆十七年(1752)王氏白田草堂刻本　六册

440000－2543－0003351　O/908.2/135
雙池先生[汪紱]年譜四卷　(清)余龍光撰　清光緒二十二年(1896)刻本　二册

440000－2543－0003352　O/908.2/178
何璟行狀一卷　(清)張之萬撰　清刻本　一册

440000－2543－0003353　O/908.2/214
德慶州學正林月亭先生鄉賢録不分卷　(清)□□撰　清刻本　一册

440000－2543－0003354　O/908.2/228
重纂三遷志十卷　(清)孟廣均纂　(清)陳錦重纂　清光緒十三年(1887)山東書局刻本　六册

440000－2543－0003355　O/908.2/248
濂溪志七卷遺芳集一卷　(清)周誥輯　清道光十九年(1839)刻本　四册

440000－2543－0003356　O/908.2/260
洪文敏公[邁]年譜一卷陸放翁先生[游]年譜一卷深寧先生[王應麟]年譜一卷　(清)錢大昕編　清嘉慶稻香吟館刻本　一册

440000－2543－0003357　O/908.2/260－2
四洪年譜四卷　(清)洪汝奎編　清宣統三年(1911)晦木齋刻本　四册

440000－2543－0003358　O/908.2/348
中國大探險家泰伯傳一卷　吳貫因撰　清末至民國抄本　一册

440000－2543－0003359　VO/908.2/388－2
晏子春秋七卷音義二卷　(清)孫星衍音義　清乾隆五十三年(1788)刻本　四册

440000－2543－0003360　O/908.2/486
彭剛直公榮哀録不分卷　(清)□□輯　清光緒十六年(1890)刻本　二册

440000－2543－0003361　O/908.2/688－3
忠武侯諸葛孔明先生全集十八卷　(清)張澍編　清同治元年(1862)聚珍齋木活字印本　十册

440000－2543－0003362　O/908.2/722
韓文類譜七卷　(宋)魏仲舉輯　**柳先生年譜一卷**　(宋)文安禮撰　清光緒元年(1875)隸釋齋刻本　一册

440000－2543－0003363　O/908.2/741
陋巷志八卷　(明)陳鎬輯　(明)楊光訓重輯　清至民國孝友堂刻本　三册

440000－2543－0003364　O/908.21/22
齊名紀數十二卷集對一卷　(清)王承烈輯　清嘉慶十八年(1813)刻二十三年(1818)增刻本　十二册

440000－2543－0003365　O/908.21/135
二十四史姓氏韻編六十四卷　(清)汪輝祖輯　(清)馮祖憲校勘　清光緒十年(1884)上海中西書局石印本　四册

440000－2543－0003366　O/908.21/135(2)
二十四史姓氏韻編六十四卷　(清)汪輝祖輯　(清)馮祖憲校勘　清光緒十年(1884)上海中西書局石印本　四册

440000－2543－0003367　O/908.21/135－2
史姓韻編六十四卷　(清)汪輝祖述　清乾隆四十九年(1784)刻本　二十六册

440000－2543－0003368　O/908.21/135－3(2)
史姓韻編二十四卷　(清)汪輝祖輯　清光緒二十九年(1903)上海文瀾書局石印本　八册

440000－2543－0003369　O/908.21/135－4
史姓韻編六十四卷　(清)汪輝祖輯　清光緒十年(1884)耕餘樓書局鉛印本　十六册

440000－2543－0003370　O/908.21/675
歷代同姓名録二十三卷　(清)劉長華編　清光緒五年(1879)刻本　八册

440000－2543－0003371　VO/908.22/22
古懽録八卷　(清)王士禛撰　清康熙三十九年(1700)快宜堂刻本　二册

440000－2543－0003372　O/908.22/98
歷代名臣言行録二十四卷　(清)朱桓編　清嘉慶七年(1802)刻本　二十四册

440000－2543－0003373　O/908.22/98－2
歷代名臣言行録二十四卷　(清)朱桓編　清光緒二十九年(1903)上海醉六堂石印本　十册

440000－2543－0003374　O/908.22/98－3
歷代名臣言行録二十四卷　(清)朱桓編　清同治四年(1865)刻本　二十六册

440000－2543－0003375　O/908.22/98－4
歷代名臣言行録二十四卷　(清)朱桓編　清嘉慶十二年(1807)刻本　三十二册

440000－2543－0003376　O/908.22/170
聖賢像贊三卷　(明)呂維祺撰　清光緒四年(1878)刻本　四册

440000－2543－0003377　O/908.22/337
歷代史纂左編一百四十二卷　(明)唐順之編　明刻本　五十一册　存九十一卷(一至七十四、一百九至一百十、一百十三至一百二十一、一百二十四至一百二十五、一百二十八至一百二十九、一百三十二至一百三十三)

440000－2543－0003378　O/908.22/442
敏求軒述記十六卷　(清)陳世箴輯　清道光三十年(1850)刻本　八册

440000－2543－0003379　O/908.22/442.1
十五家年譜叢書二十二卷　(清)楊希閔編　清光緒揚州書林陳履恆刻本　十六册

440000－2543－0003380　O/908.22/442.2
史餘二十卷補録一卷　(清)陳堯松撰　清同

治三年(1864)刻本　六冊

440000－2543－0003381　VO/908.22/444
廣諧史十卷　(明)陳邦俊彙編　明萬曆四十三年(1615)刻本　六冊

440000－2543－0003382　O/908.22/454
碧血錄五卷　(清)莊仲方撰　清光緒八年(1882)上海同文書局石印本　五冊

440000－2543－0003383　O/908.22/661
闕里述聞十四卷　(清)鄭曉如撰　清同治五年(1866)刻本　八冊

440000－2543－0003384　O/908.22/661－2
皇朝聖師考七卷　(清)鄭曉如撰　清刻本　四冊

440000－2543－0003385　O/908.22/705
碑傳集一百六十卷末二卷　(清)錢儀吉撰　清光緒十九年(1893)江蘇書局刻本　六十冊

440000－2543－0003386　O/908.22/705(2)
碑傳集一百六十卷末二卷　(清)錢儀吉撰　清光緒十九年(1893)江蘇書局刻本　三十二冊

440000－2543－0003387　O/908.22/705(3)
碑傳集一百六十卷末二卷　(清)錢儀吉撰　清光緒十九年(1893)江蘇書局刻本　四十六冊

440000－2543－0003388　O/908.22/740
續碑傳集八十六卷　繆荃孫纂　清宣統二年(1910)江楚編譯書局刻本　二十四冊

440000－2543－0003389　O/908.222/370
漢名臣言行錄十二卷　(清)夏之芳輯　清乾隆十七年(1752)刻本　八冊

440000－2543－0003390　O/908.222/471
晉諸公別傳一卷　(清)湯球輯　清光緒廣雅書局刻本　一冊

440000－2543－0003391　O/908.224/98
宋名臣言行錄前集十卷後集十四卷　(宋)朱熹纂集　**宋名臣言行錄續集八卷別集上十三卷別集下十三卷外集十七卷**　(宋)李幼武纂集　清道光十三年(1833)丹徒包氏刻本　八冊

440000－2543－0003392　O/908.224/98－2
宋名臣言行錄前集十卷後集十四卷　(宋)朱熹纂集　**宋名臣言行錄續集八卷別集上十三卷別集下十三卷外集十七卷**　(宋)李幼武纂集　清歙縣績學堂洪氏刻本　十六冊

440000－2543－0003393　O/908.224/98－4
宋名臣言行錄前集十卷後集十四卷　(宋)朱熹纂集　**宋名臣言行錄續集八卷別集上十三卷別集下十三卷外集十七卷**　(宋)李幼武纂集　清同治七年(1868)臨川桂氏刻本　十二冊

440000－2543－0003394　O/908.225/784
元朝名臣事略十五卷校勘記一卷　(元)蘇天爵撰　清光緒二十年(1894)刻本　四冊

440000－2543－0003395　O/908.226/170
滇粹一卷　呂志伊　李根源輯　清宣統元年(1909)鉛印本　一冊

440000－2543－0003396　O/908.226/225
東南紀事十二卷　(清)邵延采撰　清光緒十年(1884)邵武徐氏刻本　四冊

440000－2543－0003397　VO/908.226/661
建文遜國臣記八卷建文遜國記一卷　(明)鄭曉撰　明萬曆二十七年(1599)鄭心材刻本　六冊

440000－2543－0003398　O/908.226/970
海東逸史十八卷　題(清)翁洲老民撰　清邵武徐氏刻本　一冊

440000－2543－0003399　O/908.227/152
國朝耆獻類徵七百二十卷　(清)李桓輯　清光緒十六年(1890)刻本　二百九十四冊

440000－2543－0003400　O/908.227/152.1－3
國朝先正事略六十卷　(清)李元度撰　清同治五年(1866)循陔草堂刻本　二十二冊

440000－2543－0003401　O/908.227/431
國朝詩人徵略六十卷　(清)張維屏輯　清道

光十年(1830)粵東富文齋刻本　十二册

440000－2543－0003402　O/908.227/431(2)
國朝詩人徵略六十卷　(清)張維屏輯　清道光十年(1830)粵東富文齋刻本　十六册

440000－2543－0003403　O/908.227/431(3)
國朝詩人徵略六十卷　(清)張維屏輯　清道光十年(1830)粵東富文齋刻本　十六册

440000－2543－0003404　O/908.227/431(4)
國朝詩人徵略六十卷　(清)張維屏輯　清道光十年(1830)粵東富文齋刻本　十册

440000－2543－0003405　O/908.227/431(6)
國朝詩人徵略六十卷　(清)張維屏輯　清道光十年(1830)粵東富文齋刻本　十册

440000－2543－0003406　O/908.227/431(7)
國朝詩人徵略六十卷　(清)張維屏輯　清道光十年(1830)粵東富文齋刻本　十册

440000－2543－0003407　O/908.227/441
江表忠略二十卷　陳澹然輯　清光緒二十八年(1902)長沙刻本　六册

440000－2543－0003408　O/908.227/700
漁洋感舊集小傳四卷補遺一卷　(清)盧見曾撰　清光緒四年(1878)上海淞隱閣刻本　四册

440000－2543－0003409　O/908.227/705
文獻徵存錄十卷　(清)錢林輯　(清)王藻編　清咸豐八年(1858)刻本　十二册

440000－2543－0003410　O/908.227/705(2)
文獻徵存錄十卷　(清)錢林輯　(清)王藻編　清咸豐八年(1858)刻本　十册

440000－2543－0003411　O/908.227/808
滿漢名臣傳八十卷　(清)國史館編　清北京琉璃廠刻本　八十册

440000－2543－0003412　O/908.23/19
吴郡名賢圖傳贊二十卷　(清)顧沅輯　清道光九年(1829)長洲顧氏刻本　八册

440000－2543－0003413　VO/908.23/19－2
松陵文獻獻集十五卷　(清)潘檉章撰　清康熙三十二年(1693)潘耒刻本　四册

440000－2543－0003414　O/908.23/23－2
於越先賢像傳贊二卷　(清)王齡撰　(清)任熊繪圖　清咸豐六年(1856)刻光緒三年(1877)印本　四册

440000－2543－0003415　O/908.23/23－3
百越先賢志四卷　(明)歐大任撰　清道光十一年(1831)刻嶺南遺書本　一册

440000－2543－0003416　O/908.23/23－4
兩浙名賢錄六十二卷　(明)徐象梅撰　清光緒二十六年(1900)浙江書局刻本　六十二册

440000－2543－0003417　O/908.23/30－2
粵東名儒言行錄二十四卷　(清)鄧淳編　清道光十一年(1831)刻本　六册

440000－2543－0003418　O/908.23/30－2(2)
粵東名儒言行錄二十四卷　(清)鄧淳編　清道光十一年(1831)刻本　六册

440000－2543－0003419　VO/908.25/248
西漢儒林傳經表二卷　(清)周廷寀輯　清乾隆五十六年(1791)營道堂刻本　二册

440000－2543－0003420　O/908.254/268
無聲詩史七卷　(清)姜紹書輯　清康熙二十九年(1690)藏修書屋刻本　二册

440000－2543－0003421　O/908.254/268－2
無聲詩史七卷　(清)姜紹書輯　清宣統二年(1910)杭州雲林閣石印本　六册

440000－2543－0003422　O/908.254/556
京塵雜錄四種四卷　(清)楊懋建著　清光緒十二年(1886)上海同文書局鉛印本　一册

440000－2543－0003423　O/908.26/2
百將圖傳二卷　(清)丁日昌輯　清同治九年(1870)刻本　四册

440000－2543－0003424　O/908.26/674
歷代説約四卷　(清)劉曾璥撰　清道光十二年(1832)刻本　四册

440000－2543－0003425　O/908.265/98(2)
中興將帥別傳三十卷　朱孔彰撰　清光緒二十三年(1897)江寧刻本　十二册

440000－2543－0003426　O/908.27/756
指月錄三十二卷　(明)瞿汝稷集　清光緒六年(1880)穎勤刻本　十册

440000－2543－0003427　O/908.27/975
繪圖歷代神仙傳二十四卷　(清)□□輯　清宣統元年(1909)上海掃葉山房石印本　八册

440000－2543－0003428　O/908.27/975.1
高僧傳初集十五卷　(南朝梁)釋慧皎撰　清光緒十年(1884)金陵刻本　四册

440000－2543－0003429　O/908.27/975.1－2
高僧傳二集四十卷　(唐)釋道宣撰　清光緒十六年(1890)江北刻經處刻本　十册

440000－2543－0003430　O/908.27/975.1－3
高僧傳三集三十卷　(宋)釋贊寧撰　清光緒十三年(1887)江北刻經處刻本　八册

440000－2543－0003431　VO/908.276/502
廉吏傳不分卷廉吏傳蠹附不分卷　(宋)費樞編　(明)黄汝亨重輯　清雍正十一年(1733)明善堂刻本　十册

440000－2543－0003432　O/908.278/965
四王傳二卷　(□)□□撰　清木活字印本　二册

440000－2543－0003433　O/908.278/970
逆臣傳四卷　(清)國史館編　清末北京琉璃廠半松居士刻本　二册

440000－2543－0003434　O/908.278/970(2)
逆臣傳四卷　(清)國史館編　清末北京琉璃廠半松居士刻本　二册

440000－2543－0003435　O/908.278/970－2
逆臣傳四卷　(清)國史館編　清刻本　二册

440000－2543－0003436　O/908.278/970－3
逆臣傳八卷　(清)國史館編　清刻本　四册

440000－2543－0003437　O/908.278/978
貳臣傳十二卷　(清)國史館編　清末北京琉璃廠半松居士刻本　四册

440000－2543－0003438　O/908.278/978(2)
貳臣傳十二卷　(清)國史館編　清末北京琉璃廠半松居士刻本　六册

440000－2543－0003439　O/908.278/978－2
貳臣傳十二卷　(清)國史館編　清刻本　四册

440000－2543－0003440　O/908.278/978－3
貳臣傳二十卷　(清)國史館編　清刻本　十四册

440000－2543－0003441　O/908.28/677
新編古列女傳八卷　(漢)劉向撰　(晉)顧凱之繪　清道光五年(1825)揚州阮氏刻本　二册

440000－2543－0003442　O/908.28/677－3
列女傳八卷　(漢)劉向撰　清光緒元年(1875)刻本　二册

440000－2543－0003443　O/908.28/677－5
古列女傳八卷　(漢)劉向撰　清光緒元年(1875)湖北崇文書局刻本　一册

440000－2543－0003444　O/909.301/675
金石續錄四卷　(清)劉青藜編　清學古齋刻本　二册

440000－2543－0003445　O/909.301/689－2
金石錄三十卷　(宋)趙明誠編　清順治十年(1653)刻本　六册

440000－2543－0003446　O/909.301/705
潛研堂金石文字目錄八卷　(清)錢大昕編　清嘉慶十年(1805)刻本　二册

440000－2543－0003447　O/909.302/21－2
金石萃編一百六十卷　(清)王昶編　清同治十年(1871)刻本　六十册

440000－2543－0003448　O/909.302/21－4
金石萃編一百六十卷續編二十一卷　(清)王昶撰　清光緒十九年(1893)上海寶善書局石印本　三十二册

440000－2543－0003449　O/909.302/144
金石文字辨異十二卷　(清)邢澍撰　清光緒十九年(1893)貴池劉世珩刻本　十二册

440000－2543－0003450　O/909.302/144(2)
金石文字辨異十二卷　(清)邢澍撰　清光緒十九年(1893)貴池劉世珩刻本　五册

440000－2543－0003451　O/909.302/152(2)
觀妙齋藏金石文攷略十六卷　(清)李光暎纂　清道光十七年(1837)刻本　十六册

440000－2543－0003452　O/909.302/395－2(2)
隨軒金石文字不分卷　(清)徐渭仁編　清同治七年(1868)刻本　四册

440000－2543－0003453　VO/909.302/396
兩漢金石記二十二卷　(清)翁方綱編　清乾隆五十四年(1789)翁氏南昌使院刻本　十二册

440000－2543－0003454　VO/909.302/430
重定金石契不分卷　(清)張燕昌輯　清乾隆三十六年(1771)刻四十三年(1778)重定本　四册

440000－2543－0003455　O/909.302/431
二銘草堂金石聚十六卷　(清)張德容輯　清同治十一年(1872)刻本　十六册

440000－2543－0003456　O/909.302/434
金石續編二十一卷　(清)陸耀遹纂　(清)陸增祥校訂　清同治十三年(1874)毗陵雙白燕堂刻本　十册

440000－2543－0003457　VO/909.302/972
金石癖十五卷　題(□)鈍根老人編　(清)李調元校　清乾隆四十五年(1780)刻本　四册

440000－2543－0003458　O/909.303/444
求古精舍金石圖初集四卷　(清)陳經輯　清嘉慶二十三年(1818)說劍樓刻本　四册

440000－2543－0003459　O/909.303/477
金石索十二卷　(清)馮雲鵬　(清)馮雲鵷輯　清道光元年(1821)刻本　十二册

440000－2543－0003460　O/909.303/477(2)
金石索十二卷　(清)馮雲鵬　(清)馮雲鵷輯　清道光元年(1821)刻本　十二册

440000－2543－0003461　O/909.303/477－2
金石索十二卷　(清)馮雲鵬　(清)馮雲鵷輯　清光緒三十二年(1906)上海文新局石印本　二十四册

440000－2543－0003462　VO/909.303/592
金石圖　(清)牛運震集說　(清)褚峻摹圖　清乾隆十年(1745)拓印本　四册

440000－2543－0003463　O/909.303/966－2
西清古鑒四十卷錢録十六卷　(清)梁詩正等纂　清光緒十四年(1888)上海鴻文書局石印本　二十四册

440000－2543－0003464　O/909.303/966－2(2)
西清古鑒四十卷錢録十六卷　(清)梁詩正等纂　清光緒十四年(1888)上海鴻文書局石印本　四册　存七卷(九至十二、十九至二十、三十一)

440000－2543－0003465　O/909.307/165
金石存十五卷　(清)吳玉搢纂　清嘉慶二十四年(1819)聞妙香室刻本　四册

440000－2543－0003466　O/909.307/207
金石跋一跋四卷二跋四卷三跋二卷　(清)武億撰　清刻本　二册

440000－2543－0003467　O/909.307/396
焦山鼎銘考一卷　(清)翁方綱撰　**瘞鶴銘考一卷**　(清)汪士鋐編　清咸豐二年(1852)刻本　二册

440000－2543－0003468　O/909.307/431
清儀閣題跋不分卷　(清)張廷濟撰　清光緒十九年(1893)刻本　四册

440000－2543－0003469　O/909.307/568
廣川書跋十卷　(宋)董逌著　明崇禎虞山毛氏汲古閣刻本　六册

440000－2543－0003470　O/909.307/705－2
潛研堂金石文跋尾六卷　(清)錢大昕撰　清嘉慶十年(1805)刻本　四册

440000－2543－0003471　O/909.308/98
金石全例不分卷　(清)朱記榮輯　清光緒十八年(1892)槐廬刻朱墨套印本　十六册

440000－2543－0003472　O/909.308/568
學古齋金石叢書十二種　(清)董金南輯　清光緒學古齋刻本　十六册

440000－2543－0003473　O/909.308/700(4)
金石例十卷墓銘舉例四卷金石要例一卷　(清)盧見曾編　清光緒四年(1878)讀有用書齋刻朱墨套印本　四册

440000－2543－0003474　O/909.308/700－2
金石三例續編三種十卷　(清)朱記榮編　清光緒十一年(1885)吳縣朱氏刻本　四册

440000－2543－0003475　O/909.308/700－2(2)
金石全例十一種四十九卷　(清)朱記榮輯　清光緒吳縣朱氏刻十八年(1892)彙印本　十二册　缺一種十卷(碑板廣例十卷)

440000－2543－0003476　O/909.32/731
歷代鐘鼎彝器款識法帖二十卷　(宋)薛尚功編　清嘉慶二年(1797)儀徵阮氏刻本　六册

440000－2543－0003477　O/909.32/731(2)
歷代鐘鼎彝器款識法帖二十卷　(宋)薛尚功編　清嘉慶二年(1797)儀徵阮氏刻本　四册

440000－2543－0003478　O/909.32/731(3)
歷代鐘鼎彝器款識法帖二十卷　(宋)薛尚功編　清嘉慶二年(1797)儀徵阮氏刻本　四册

440000－2543－0003479　VO/909.33/170
三古圖三種四十二卷　(清)黃晟輯　明萬曆三十一年(1603)吳萬化寶古堂刻清乾隆十八年(1753)天都黃晟槐蔭草堂重修本　十四册

440000－2543－0003480　VO/909.33/170(2)
三古圖三種四十二卷　(清)黃晟輯　明萬曆三十一年(1603)吳萬化寶古堂刻清乾隆十八年(1753)天都黃晟槐蔭草堂重修本　四十九册

440000－2543－0003481　VO/909.33/170(3)
三古圖三種四十二卷　(清)黃晟輯　明萬曆三十一年(1603)吳萬化寶古堂刻清乾隆十八年(1753)天都黃晟槐蔭草堂重修本　十八册　缺八卷(博古一至六、考古十、古玉二)

440000－2543－0003482　O/909.33/586(2)
陶齋吉金錄八卷　(清)端方編　清光緒三十四年(1908)端氏石印本　八册

440000－2543－0003483　O/909.33/586(3)
陶齋吉金錄八卷　(清)端方編　清光緒三十四年(1908)端氏石印本　八册

440000－2543－0003484　O/909.33/586(4)
陶齋吉金錄八卷　(清)端方編　清光緒三十四年(1908)端氏石印本　八册

440000－2543－0003485　O/909.33/586－2(2)
陶齋吉金續錄二卷　(清)端方編　清宣統元年(1909)端氏石印本　二册

440000－2543－0003486　O/909.34/162－3
積古齋鐘鼎彝器款識十卷　(清)阮元編錄　清光緒九年(1883)常熟鮑氏後知不足齋刻本　五册

440000－2543－0003487　O/909.34/162－4
積古齋鐘鼎彝器款識十卷　(清)阮元編錄　清光緒五年(1879)武昌刻本　三册

440000－2543－0003488　O/909.34/162－5
積古齋鐘鼎彝器款識十卷　(清)阮元編錄　清光緒十年(1884)羊城鑑古書局刻本　四册

440000－2543－0003489　O/909.34/165
兩罍軒彝器圖釋十二卷　(清)吳雲編　清同治十一年(1872)石印本　六册

440000－2543－0003490　O/909.35/98
古金待問錄四卷　(清)朱楓輯　清光緒十六年(1890)常熟鮑氏後知不足齋刻本　一册

440000－2543－0003491　O/909.35/137
吉金所見錄十六卷首一卷末一卷　(清)初尚齡編　清道光七年(1827)刻本　八册

440000－2543－0003492　O/909.35/154
古泉匯五集六十四卷　(清)李佐賢編　清同治三年(1864)刻本　十二册

440000－2543－0003493　O/909.35/228
泉布統志九卷附一卷　（清）孟麟撰　清道光五年(1825)刻本　三十二册

440000－2543－0003494　O/909.35/228(2)
泉布統志九卷附一卷　（清）孟麟撰　清道光五年(1825)刻本　十六册

440000－2543－0003495　O/909.35/390
古今錢略三十二卷首一卷末一卷　（清）倪模編　清光緒五年(1879)望江倪氏刻本　十六册

440000－2543－0003496　O/909.35/390(2)
古今錢略三十二卷首一卷末一卷　（清）倪模編　清光緒五年(1879)望江倪氏刻本　十五册

440000－2543－0003497　O/909.35/402
欽定錢録十六卷　（清）梁詩正等編　清乾隆五十二年(1787)刻本　六册

440000－2543－0003498　O/909.367/166(2)
封泥考略十卷　（清）吳式芬　（清）陳介祺輯　清光緒三十年(1904)上海石印本　五册

440000－2543－0003499　O/909.4/494
石例簡鈔四卷　黄任恆輯　清光緒三十二年(1906)刻本　一册

440000－2543－0003500　O/909.44/165
古玉圖考不分卷　（清）吳大澂編　清光緒十五年(1889)上海同文書局石印本　四册

440000－2543－0003501　O/909.44/165(2)
古玉圖考不分卷　（清）吳大澂編　清光緒十五年(1889)上海同文書局石印本　四册

440000－2543－0003502　VO/909.44/683
宋淳熙敕編古玉圖譜一百卷　（宋）龍大淵等編纂　清乾隆四十四年(1779)江氏康山草堂刻本　十册

440000－2543－0003503　VO/909.44/683(2)
宋淳熙敕編古玉圖譜一百卷　（宋）龍大淵等編纂　清乾隆四十四年(1779)江氏康山草堂刻本　四十六册　缺四卷(一至四)

440000－2543－0003504　O/909.45/78
漢碑引經考六卷漢碑引緯考一卷　（清）皮錫瑞撰　清光緒三十年(1904)刻本　三册　存四卷(漢碑引經考四至六、漢碑引緯考一卷)

440000－2543－0003505　O/909.45/260
平津讀碑記八卷續一卷　（清）洪頤煊編　清嘉慶二十一年(1816)刻本　四册

440000－2543－0003506　O/909.45/375
寰宇訪碑録十二卷　（清）孫星衍　（清）邢澍撰　清光緒十一年(1885)刻本　六册

440000－2543－0003507　O/909.45/443
寶刻叢編二十卷　（宋）陳思編　清光緒十四年(1888)吳興陸氏十萬卷樓刻本　八册

440000－2543－0003508　O/909.45/598
補寰宇訪碑録五卷失編一卷　（清）趙之謙纂集　**刊誤一卷**　羅振玉撰　清光緒十二年(1886)刻本　二册

440000－2543－0003509　O/909.464/429
石鼓文釋存一卷　（清）張燕昌撰　清光緒二十八年(1902)刻本　一册

440000－2543－0003510　O/909.47/24
墓銘舉例四卷金石要例一卷　（明）王行編　清乾隆二十一年(1756)金匱王氏刻本　四册

440000－2543－0003511　O/909.47/412
金石例補二卷江行日記一卷　（清）郭麐撰　清嘉慶十八年(1813)刻本　一册

440000－2543－0003512　O/909.47/527
石刻鋪敘二卷　（宋）曾宏父纂述　清刻本　一册

440000－2543－0003513　O/909.47/562
語石十卷　葉昌熾撰　清宣統元年(1909)刻本　三册　存七卷(一至七)

440000－2543－0003514　O/909.523/01
吳興金石記十六卷　（清）陸心源輯　清光緒十六年(1890)刻本　四册

440000－2543－0003515　O/909.524/300
荆南萃古編不分卷　（清）周懋琦撰　（清）劉

瀚編　清光緒二十年(1894)鴻寶署齋刻本　二冊

440000－2543－0003516　O/909.526/01

長安獲古編二卷補一卷　(清)劉喜海撰　清東武劉氏刻本　二冊

440000－2543－0003517　O/909.62/971

匋雅二卷　陳瀏撰　清宣統二年(1910)書貴山房刻本　四冊

440000－2543－0003518　VO/909.64/535

秦漢瓦當文字一卷續一卷　(清)程敦著錄　清乾隆五十二年(1787)臨潼横渠書院刻本　三冊

440000－2543－0003519　O/909.817/207

安陽縣金石錄十二卷　(清)武億撰　清刻本　四冊

440000－2543－0003520　O/909.97/966

日本金石年表不分卷　(日本)西田直養輯　清同治至光緒吳縣潘氏八囍齋刻滂喜齋叢書本　一冊

440000－2543－0003521　O/910/937(2)

萬國通史前編十卷　(英國)李思倫白編譯　清光緒二十九年(1903)廣學會鉛印本　二冊　存二卷(六至七)

440000－2543－0003522　O/910/937－2(2)

萬國通史續編十卷附表一卷校勘記一卷　(英國)李思倫白編譯　清光緒三十年(1904)廣學會鉛印本　三冊　存三卷(一、四、十)

440000－2543－0003523　O/910/937－3

萬國通史三編十卷　(英國)李思倫白編譯　清廣學會鉛印本　一冊　存一卷(六)

440000－2543－0003524　O/910.2/938

四裔編年表不分卷　(美國)林樂知　嚴良勳譯　(清)李鳳苞彙編　清光緒二十三年(1897)石印本　四冊

440000－2543－0003525　O/913/970

泰西新史攬要二十四卷　(英國)馬懇西撰　(英國)李提摩太譯　蔡爾康述　清光緒二十六年(1900)廣雅書局刻本　八冊

440000－2543－0003526　VO/920/527

標題詳註史畧補遺大成十卷首一卷　(元)曾先之編　(明)李紀詳註補遺　明刻本　四冊　存四卷(一至四,皆殘損)

440000－2543－0003527　O/920.12/2－2

史記菁華錄六卷　(清)姚祖恩編　清同治十二年(1873)紅杏山房刻朱墨套印本　六冊

440000－2543－0003528　O/920.12/2－2(2)

史記菁華錄六卷　(清)姚祖恩編　清同治十二年(1873)紅杏山房刻朱墨套印本　六冊

440000－2543－0003529　VO/920.12/2－3

東萊先生史記詳節二十卷首一卷　(宋)吕祖謙撰　明正德十一年(1516)劉弘毅刻本　四冊

440000－2543－0003530　O/920.12/2－4

史記鈔四卷　(清)高嵣集評　清刻本　一冊

440000－2543－0003531　O/920.12/3－4

史記評林一百三十卷　(明)淩稚隆輯　清光緒十年(1884)刻本　二十八冊

440000－2543－0003532　O/920.12/3－5

史記一百三十卷　(漢)司馬遷撰　(明)歸有光評點　**方望溪平點史記四卷**　(清)方苞評點　清光緒二年(1876)武昌張氏刻本　十四冊

440000－2543－0003533　O/920.12/3－5(2)

史記一百三十卷　(漢)司馬遷撰　(明)歸有光評點　**方望溪平點史記四卷**　(清)方苞評點　清光緒二年(1876)武昌張氏刻本　二十四冊

440000－2543－0003534　O/920.12/3－5(3)

史記一百三十卷　(漢)司馬遷撰　(明)歸有光評點　**方望溪平點史記四卷**　(清)方苞評點　清光緒二年(1876)武昌張氏刻本　二十冊

440000－2543－0003535　O/920.12/3－6

史記評林一百三十卷　(明)淩稚隆輯　清同

治十三年(1874)長沙魏氏養翮書屋刻本　二十八册

440000－2543－0003536　O/920.12/3－7
桐城吳先生點勘史記一百三十卷附錄一卷諸家史記評語一卷初校本點識一卷　(漢)司馬遷撰　(清)吳汝綸點勘　清宣統元年(1909)南宮邢氏刻本　十六册

440000－2543－0003537　O/920.12/4
史記一百三十卷　(漢)司馬遷撰　(南朝宋)裴駰集解　(唐)司馬貞索隱　(唐)張守節正義　清同治八年(1869)刻本　二十六册

440000－2543－0003538　O/920.12/4－2
史記一百三十卷　(漢)司馬遷撰　清乾隆十二年(1747)刻本　二十五册

440000－2543－0003539　O/920.12/4－5
史記一百三十卷　(漢)司馬遷撰　(南朝宋)裴駰集解　(唐)司馬貞索隱　(唐)張守節正義　清羊城駱氏翰墨園刻本　二十六册

440000－2543－0003540　O/920.12/4－6
校刊史記集解索隱正義札記五卷　(清)張文虎撰　清同治十一年(1872)金陵書局刻本　二册

440000－2543－0003541　O/920.12/4－6(2)
校刊史記集解索隱正義札記五卷　(清)張文虎撰　清同治十一年(1872)金陵書局刻本　二册

440000－2543－0003542　O/920.12/4－7
史記一百三十卷　(漢)司馬遷撰　(南朝宋)裴駰注　清光緒四年(1878)金陵書局刻本　十六册

440000－2543－0003543　O/920.12/4－7(2)
史記一百三十卷　(漢)司馬遷撰　(南朝宋)裴駰注　清光緒四年(1878)金陵書局刻本　十六册

440000－2543－0003544　O/920.12/4－8
史記一百三十卷　(漢)司馬遷撰　(南朝宋)裴駰集解　(唐)司馬貞索隱　(唐)張守節正義　清同治九年(1870)金陵書局刻本　二十册

440000－2543－0003545　O/920.12/4－9
史記索隱三十卷　(唐)司馬貞撰　清光緒十九年(1893)廣雅書局刻本　四册

440000－2543－0003546　O/920.12/4－10
史記一百三十卷司馬貞補史記一卷張守節史記正義論例一卷　(漢)司馬遷撰　(南朝宋)裴駰集解　(唐)司馬貞索隱　(唐)張守節正義　清乾隆四年(1739)刻本　三十册

440000－2543－0003547　O/920.12/4－12
古香齋鑒賞袖珍史記一百三十卷　(漢)司馬遷撰　(南朝宋)裴駰集解　(唐)司馬貞索隱　(唐)張守節正義　清光緒八年(1882)刻本　二十三册　存一百二十七卷(一至一百二十七)

440000－2543－0003548　O/920.12/4－13
史記一百三十卷　(漢)司馬遷撰　(南朝宋)裴駰集解　(唐)司馬貞索隱　(唐)張守節正義　清同治九年(1870)楚北崇文書局刻本　二十四册

440000－2543－0003549　VO/920.12/4－15
史記一百三十卷　(漢)司馬遷撰　(南朝宋)裴駰集解　(唐)司馬貞索隱　(唐)張守節正義　明嘉靖八年至九年(1529－1530)南京國子監刻本　二十四册

440000－2543－0003550　VO/920.12/4－17
史記一百三十卷　(漢)司馬遷撰　(南朝宋)裴駰集解　(唐)司馬貞索隱　(唐)張守節正義　(明)鍾人傑等校　明刻本　四十八册

440000－2543－0003551　O/920.12/7－2
史記志疑三十六卷　(清)梁玉繩撰　清光緒十三年(1887)廣雅書局刻本　十四册

440000－2543－0003552　O/920.12/7－2(2)
史記志疑三十六卷　(清)梁玉繩撰　清光緒十三年(1887)廣雅書局刻本　十四册

440000－2543－0003553　O/920.2/65

司馬溫公稽古錄二十卷　(宋)司馬光撰　清同治十一年(1872)湖北崇文書局刻本　四冊

440000－2543－0003554　O/920.2/65(2)
司馬溫公稽古錄二十卷　(宋)司馬光撰　清同治十一年(1872)湖北崇文書局刻本　四冊

440000－2543－0003555　O/920.2/65－2
稽古錄二十卷校勘記一卷　(宋)司馬光撰　清光緒五年(1879)江蘇書局刻本　二冊

440000－2543－0003556　O/920.21/1(2)
資治通鑑目錄三十卷　(宋)司馬光撰　清同治八年(1869)江蘇書局刻本　八冊

440000－2543－0003557　O/920.21/1－2
資治通鑑目錄三十卷　(宋)司馬光撰　清末石印本　三冊　存二十三卷(八至三十)

440000－2543－0003558　O/920.21/1－5
資治通鑑目錄三十卷　(宋)司馬光撰　清刻本　一冊　存一卷(九)

440000－2543－0003559　O/920.21/3
資治通鑑二百九十四卷　(宋)司馬光撰　(元)胡三省音注　**釋文辯誤十二卷**　(元)胡三省撰　清嘉慶二十一年(1816)鄱陽胡克家刻同治八年(1869)江蘇書局重修本　一百冊

440000－2543－0003560　O/920.21/3(2)
資治通鑑二百九十四卷　(宋)司馬光撰　(元)胡三省音注　**釋文辯誤十二卷**　(元)胡三省撰　清嘉慶二十一年(1816)鄱陽胡克家刻同治八年(1869)江蘇書局重修本　一百冊

440000－2543－0003561　O/920.21/3－3
資治通鑑二百九十四卷　(宋)司馬光撰　(元)胡三省音注　清刻本　三十六冊　存一百十卷(一百八十五至二百九十四)

440000－2543－0003562　O/920.21/3－5
資治通鑑二百九十四卷　(宋)司馬光撰　(元)胡三省音注　**釋文辯誤十二卷**　(元)胡三省撰　清同治十年(1871)湖北崇文書局刻本　一百四冊

440000－2543－0003563　VO/920.21/4
陸狀元增節音註精議資治通鑑一百二十卷目錄三卷　(宋)陸唐老集註　(明)毛晉訂正　明汲古閣刻本　一百冊

440000－2543－0003564　O/920.21/5
資治通鑑刊本識誤三卷　(清)張敦仁撰　清道光七年(1827)陳宗彝刻獨抱廬叢刻本　三冊

440000－2543－0003565　O/920.21/5－2
通鑑宋本校勘記五卷元本校勘記二卷　(清)張瑛撰　清光緒八年(1882)江蘇書局刻本　一冊

440000－2543－0003566　O/920.21/5－4
通鑑釋文辯誤十二卷　(元)胡三省撰　(明)吳勉學校　明吳勉學刻本　六冊

440000－2543－0003567　VO/920.21/5－6
通鑑注辯正二卷　(清)錢大昕撰　清乾隆五十七年(1792)潛研堂刻本　一冊

440000－2543－0003568　O/920.21/6
通鑑觸緒十三卷　(清)易佩紳著　清光緒二十年(1894)刻本　三冊

440000－2543－0003569　O/920.21/6－3
資治通鑑外紀十卷目錄五卷　(宋)劉恕編　(清)胡克家注補　清同治十年(1871)江蘇書局刻本　五冊

440000－2543－0003570　O/920.21/7－2
資治通鑑考異三十卷　(宋)司馬光撰　清光緒十九年(1893)廣雅書局刻本　十冊

440000－2543－0003571　O/920.21/22
重訂王鳳洲先生綱鑑會纂七十三卷　(明)王世貞撰　清光緒十八年(1892)上海點石齋石印本　九冊

440000－2543－0003572　O/920.22/65
資治通鑑補二百九十四卷　(宋)司馬光撰　(元)胡三省音注　(明)嚴衍補　清光緒二年(1876)思補樓木活字印本　六十四冊

440000－2543－0003573　O/920.22/152－2
續資治通鑑長編拾補六十卷　(宋)李燾撰

清光緒九年(1883)浙江書局刻本　十二冊

440000－2543－0003574　O/920.22/460
續資治通鑑二百二十卷　(清)畢沅編　清同治八年(1869)江蘇書局刻本　六十四冊

440000－2543－0003575　O/920.22/460(2)
續資治通鑑二百二十卷　(清)畢沅編　清同治八年(1869)江蘇書局刻本　六十冊

440000－2543－0003576　O/920.22/460(3)
續資治通鑑二百二十卷　(清)畢沅編　清同治八年(1869)江蘇書局刻本　六十冊

440000－2543－0003577　O/920.22/460－2
續資治通鑑二百二十卷　(清)畢沅編　清光緒七年(1881)番禺任氏刻本　六十六冊

440000－2543－0003578　O/920.22/973
資治通鑑節要續編三十卷　(明)張光啟撰　明刻本　二十冊

440000－2543－0003579　O/920.23/35
資治通鑑綱目發明五十九卷　(宋)尹起莘著　清雍正十一年(1733)遂昌樂育堂刻本　六冊

440000－2543－0003580　O/920.23/89
御批資治通鑑綱目全書五十九卷首一卷　(宋)朱熹撰　(清)聖祖玄燁批　清光緒二年(1876)刻本　七十六冊

440000－2543－0003581　O/920.23/152－2
讀通鑑綱目條記二十卷首一卷　(清)李述來撰　清刻本　四冊

440000－2543－0003582　O/920.23/260
史目表二卷　(清)洪飴孫編　清光緒二十五年(1899)京都官書局石印本　一冊

440000－2543－0003583　O/920.23/622
鑑史提綱二卷　(元)潘榮原本　(清)盧文錦注　清刻本　一冊

440000－2543－0003584　O/920.23/622(2)
鑑史提綱二卷　(元)潘榮原本　(清)盧文錦注　清刻本　一冊

440000－2543－0003585　O/920.24/152
歷代通鑑纂要九十二卷　(明)李東陽等撰　清光緒二十三年(1897)廣雅書局刻本　四十八冊

440000－2543－0003586　O/920.24/152(2)
歷代通鑑纂要九十二卷　(明)李東陽等撰　清光緒二十三年(1897)廣雅書局刻本　三十二冊

440000－2543－0003587　O/920.24/352
通鑑類纂二十卷　(清)馬佳松椿撰　清光緒二十三年(1897)上海天章書局石印本　十二冊

440000－2543－0003588　O/920.24/359
袁王加批綱鑑匯纂三十九卷資治明紀綱目二十卷明紀福唐桂王本末三卷　(明)袁黄 (明)王世貞編纂　清末民國間上海掃葉山房石印本　二十四冊

440000－2543－0003589　O/920.24/523－2
御批歷代通鑑輯覽一百二十卷　(清)傅恆等撰　清光緒五年(1879)刻本　五十八冊

440000－2543－0003590　O/920.24/523－3
御批歷代通鑑輯覽一百二十卷　(清)傅恆等撰　清光緒二十年(1894)湖南澹雅書局刻本　六十冊

440000－2543－0003591　O/920.24/523－4
御批歷代通鑑輯覽一百二十卷　(清)傅恆等撰　清同治十年(1871)浙江書局刻本　五十八冊

440000－2543－0003592　O/920.24/523－5
御批歷代通鑑輯覽一百二十卷　(清)傅恆等撰　清同治十三年(1874)刻本　五十四冊

440000－2543－0003593　O/920.24/755
鑑撮四卷讀史論略一卷　(清)曠敏本編　清刻本　五冊

440000－2543－0003594　O/920.24/976
綱鑑總論二卷　(清)□□編　清光緒二十七年(1901)上海煥文書局石印本　四冊

440000－2543－0003595　O/920.25/19
紀元編三卷末一卷　(清)李兆洛撰　(清)六承如編　清同治十年(1871)合肥李氏刻本　一冊

440000－2543－0003596　O/920.25/128
歷代世系紀年編一卷　(清)沈炳震撰　清抄本　一冊

440000－2543－0003597　O/920.25/128－2
廿一史四譜五十四卷　(清)沈炳震撰　清同治十年(1871)武林吳氏清來堂刻本　十六冊

440000－2543－0003598　O/920.25/443
紀元要略二卷　(清)陳景雲撰　**補一卷**　(清)陳黄中輯　清刻本　二冊

440000－2543－0003599　O/920.25/562
紀元通攷十二卷　(清)葉維庚撰　清同治十年(1871)刻本　四冊

440000－2543－0003600　O/920.25/565－2
歷代史表五十九卷　(清)萬斯同編　清光緒十五年(1889)廣雅書局刻本　六冊

440000－2543－0003601　O/920.25/565－3
歷代史表五十九卷　(清)萬斯同編　清刻本　八冊

440000－2543－0003602　O/920.25/588－2
歷代帝王年表三卷　(清)齊召南編　清咸豐五年(1855)南海伍氏刻本　三冊

440000－2543－0003603　O/920.25/588－3
歷代帝王年表十四卷　(清)齊召南編　(清)阮福續編　**帝王廟謚年諱譜一卷**　(清)陸費墀撰　清道光四年(1824)刻本　四冊

440000－2543－0003604　O/920.25/588－4
歷代帝王年表十四卷　(清)齊召南編　(清)阮福續編　**帝王廟謚年諱譜一卷**　(清)陸費墀撰　清道光四年(1824)刻本　四冊　缺二卷(二至三)

440000－2543－0003605　O/920.3/98
歷朝紀事本末九種六百五十八卷　(清)朱記榮編　清光緒二十八年(1902)上海捷記書局石印本　五十三冊

440000－2543－0003606　O/920.3/98－2
歷朝紀事本末九種六百五十八卷　(清)朱記榮編　清光緒十四年(1888)上海書業公所鉛印本　五十六冊　缺一種二十二卷(三藩紀事本末二十二卷)

440000－2543－0003607　O/920.3/352－2
馬氏繹史一百六十卷　(清)馬驌撰　清同治七年(1868)刻本　二十八冊

440000－2543－0003608　O/920.3/352－2(2)
馬氏繹史一百六十卷　(清)馬驌撰　清同治七年(1868)刻本　四十四冊

440000－2543－0003609　O/920.3/359(2)
通鑑紀事本末二百三十九卷　(宋)袁樞撰　(明)張溥論正　清光緒十三年(1887)廣雅書局刻本　三十九冊　缺五十九卷(一百三十八至一百九十六)

440000－2543－0003610　O/920.3/359－2
通鑑紀事本末二百三十九卷　(宋)袁樞撰　(明)張溥論正　清同治十二年(1873)江西書局刻本　六十四冊

440000－2543－0003611　O/920.3/359－2(2)
通鑑紀事本末二百三十九卷　(宋)袁樞撰　(明)張溥論正　清同治十二年(1873)江西書局刻本　八十冊

440000－2543－0003612　O/920.3/359－2(3)
通鑑紀事本末二百三十九卷　(宋)袁樞撰　(明)張溥論正　清同治十二年(1873)江西書局刻本　八十冊

440000－2543－0003613　O/920.3/359－3
通鑑紀事本末二百三十九卷　(宋)袁樞撰　(明)張溥論正　(清)張永錫重校　清正雅堂刻本　六十冊

440000－2543－0003614　O/920.3/359－5
通鑑紀事本末二百三十九卷　(宋)袁樞撰　(明)張溥論正　清刻本　五十冊

440000－2543－0003615　O/920.41/01

九通二千三百十四卷 (清)□□編 清光緒二十二年(1896)浙江書局刻本 八百六十册

440000-2543-0003616 O/920.41/03
九通二千三百十七卷 (清)□□編 清光緒二十八年(1902)上海鴻寶書局石印本 二百四册

440000-2543-0003617 O/920.41/135
九通分類總纂二百四十卷 汪鍾霖纂 清光緒二十八年(1902)上海文瀾書局石印本 八十册

440000-2543-0003618 O/920.42/148
三通序三卷 (清)□□編 清道光十年(1830)刻本 三册

440000-2543-0003619 O/920.42/471
三通考輯要七十六卷 湯壽潛編 清光緒二十五年(1899)圖書集成局鉛印本 二十一册

440000-2543-0003620 O/920.42/471(2)
三通考輯要七十六卷 湯壽潛編 清光緒二十五年(1899)圖書集成局鉛印本 二十二册

440000-2543-0003621 O/920.42/471(3)
三通考輯要七十六卷 湯壽潛編 清光緒二十五年(1899)圖書集成局鉛印本 三十册

440000-2543-0003622 O/920.45/01
通典二百卷 (唐)杜佑纂 清咸豐九年(1859)崇仁謝氏刻本 二十四册

440000-2543-0003623 O/920.45/01-2
通典二百卷 (唐)杜佑纂 清同治十年(1871)學海堂刻本 四十册

440000-2543-0003624 O/920.45/01-2(2)
通典二百卷 (唐)杜佑纂 清同治十年(1871)學海堂刻本 四十册

440000-2543-0003625 O/920.45/01-4
通典二百卷 (唐)杜佑纂 清刻本 五十册

440000-2543-0003626 O/920.45/02
通志二百卷 (宋)鄭樵撰 清咸豐九年(1859)崇仁謝氏刻本 七十册

440000-2543-0003627 O/920.45/02(2)
通志二百卷 (宋)鄭樵撰 清咸豐九年(1859)崇仁謝氏刻本 二十八册

440000-2543-0003628 O/920.45/02-4
通志畧五十一卷 (宋)鄭樵撰 (明)陳宗夔校 清乾隆十三年(1748)刻本 三十二册

440000-2543-0003629 O/920.45/03
文獻通考三百四十八卷 (元)馬端臨撰 清咸豐九年(1859)崇仁謝氏刻本 六十二册 缺一百五十五卷(一至三十三、四十一至六十、六十七至九十一、一百至一百二十一、一百五十六至一百六十五、一百八十一至一百八十四、二百七十八至三百十五、三百十九至三百二十一)

440000-2543-0003630 O/920.45/03-2
文獻通考三百四十八卷 (元)馬端臨撰 清咸豐九年(1859)崇仁謝氏刻本 五十六册

440000-2543-0003631 O/920.45/03-3
文獻通考三百四十八卷 (元)馬端臨撰 清乾隆十三年(1748)刻本 九十册

440000-2543-0003632 O/920.45/03-4
文獻通考三百四十八卷 (元)馬端臨撰 清光緒十一年(1885)上海點石齋石印本 二十册

440000-2543-0003633 O/920.45/03-5
文獻通考纂二十二卷 (元)馬端臨撰 (清)宋維祺定 清康熙金匱山房刻文獻通考正續合纂本 八册

440000-2543-0003634 O/920.45/03-6
文獻通考詳節二十四卷 (元)馬端臨撰 (清)嚴虞惇輯 清乾隆二十九年(1764)刻本 八册

440000-2543-0003635 O/920.45/04
續通典一百五十卷 (清)嵇璜等纂 清光緒十二年(1886)浙江書局刻本 二十四册

440000-2543-0003636 O/920.45/04-2
續通典一百五十卷 (清)嵇璜等纂 清光緒

元年(1875)學海堂刻本　四十册

440000－2543－0003637　O/920.45/04－2(2)
續通典一百五十卷　(清)嵇璜等纂　清光緒元年(1875)學海堂刻本　四十册

440000－2543－0003638　O/920.45/05
續通志六百四十卷　(清)嵇璜等纂　清光緒十二年(1886)浙江書局刻本　九十六册

440000－2543－0003639　O/920.45/05(2)
續通志六百四十卷　(清)嵇璜等纂　清光緒十二年(1886)浙江書局刻本　一百四十册

440000－2543－0003640　O/920.45/05(3)
續通志六百四十卷　(清)嵇璜等纂　清光緒十二年(1886)浙江書局刻本　一册　存八卷(一百三至一百十)

440000－2543－0003641　O/920.45/06
續文獻通考二百五十卷　(清)嵇璜等纂　清光緒十三年(1887)浙江書局刻本　六十册

440000－2543－0003642　O/920.45/09
皇朝續文獻通考三百二十卷　劉錦藻修　清光緒三十一年(1905)堅匏盦鉛印本　八十八册

440000－2543－0003643　O/920.5/23
衡湘稽古五卷湖南陽秋十六卷　(清)王萬澍撰　**湖南陽秋續編十三卷**　(清)王國牧撰　清同治九年(1870)雙遵書院刻本　六册

440000－2543－0003644　O/920.6/24
王先生十七史蒙求十六卷　(宋)王令編　清道光二十八年(1848)刻本　六册

440000－2543－0003645　O/920.6/98
史學提要十三卷　(清)朱紹禧撰　清光緒七年(1881)刻本　十册

440000－2543－0003646　O/920.6/128
二十一史論贊三十六卷　(明)沈國元編　明崇禎十年(1637)刻本　二十四册

440000－2543－0003647　O/920.6/622
讀史鏡古編三十二卷　(清)潘世恩撰　清同治十三年(1874)冶城飛霞閣刻本　六册

440000－2543－0003648　O/920.7/152
汲冢紀年存真二卷附周年表一卷　(清)朱右曾撰　清歸硯齋刻本　二册

440000－2543－0003649　O/920.7/260
歷朝史案二十卷　(清)洪亮吉編　清刻本　六册

440000－2543－0003650　O/920.7/260(2)
歷朝史案二十卷　(清)洪亮吉編　清刻本　六册

440000－2543－0003651　O/920.7/965
欽定古今儲貳金鑑六卷　(清)高宗弘曆編　清刻本　四册

440000－2543－0003652　O/920.74/22－2
讀通鑒論三十卷末一卷　(清)王夫之撰　清刻本　十二册

440000－2543－0003653　O/920.74/138
讀史大畧六十卷　(清)沙張白撰　**小沙子史畧一卷**　(清)沙晉撰　清道光二十六年(1846)刻本　十六册

440000－2543－0003654　O/920.74/138(2)
讀史大畧六十卷　(清)沙張白撰　**小沙子史畧一卷**　(清)沙晉撰　清道光二十六年(1846)刻本　十六册

440000－2543－0003655　O/920.74/138(3)
讀史大畧六十卷　(清)沙張白撰　**小沙子史畧一卷**　(清)沙晉撰　清咸豐七年(1857)邵綬名刻本　十二册

440000－2543－0003656　VO/920.74/271
讀史管見三十卷　(宋)胡寅撰　明張溥刻本　十六册

440000－2543－0003657　O/920.74/428
歷代史論十二卷宋史論三卷元史論一卷　(明)張溥撰　(清)孫執升評點　**明史論四卷**　(清)谷應泰撰　**左傳史論二卷**　(清)高士奇撰　清光緒十一年(1885)粵東文陞閣刻本　八册

440000－2543－0003658　O/920.74/428－2

歷代史論十二卷宋史論三卷元史論一卷 (明)張溥論正 **明史論四卷** (清)谷應泰論正 **左傳史論二卷** (清)高士奇論正 清光緒五年(1879)西江藚氏刻本 八冊

440000 - 2543 - 0003659 O/920.74/428 - 2(2)
歷代史論十二卷宋史論三卷元史論一卷 (明)張溥論正 **明史論四卷** (清)谷應泰論正 **左傳史論二卷** (清)高士奇論正 清光緒五年(1879)西江藚氏刻本 十二冊

440000 - 2543 - 0003660 VO/920.74/735
史懷十七卷 (明)鍾惺撰 (明)陶珽評 (明)李國木等校 明刻本 十冊

440000 - 2543 - 0003661 O/920.75/23
十七史商榷一百卷 (清)王鳴盛撰 清光緒十九年(1893)廣雅書局刻本 十四冊

440000 - 2543 - 0003662 O/920.75/428
讀史舉正八卷 (清)張熷撰 清光緒十七年(1891)廣雅書局刻本 二冊

440000 - 2543 - 0003663 O/920.75/598 - 3
廿二史劄記三十六卷首一卷補遺一卷 (清)趙翼撰 清光緒二十年(1894)廣雅書局刻本 十冊

440000 - 2543 - 0003664 O/920.76/9
于文定公讀史漫錄二十卷 (明)于慎行撰 (清)黄恩彤參訂 清道光二十六年(1846)刻本 十冊

440000 - 2543 - 0003665 O/920.76/9(2)
于文定公讀史漫錄二十卷 (明)于慎行撰 (清)黄恩彤參訂 清道光二十六年(1846)刻本 十冊

440000 - 2543 - 0003666 O/920.8/151
藏書六十八卷 (明)李贄輯著 (明)陳仁錫評正 明刻本 三十四冊

440000 - 2543 - 0003667 VO/920.8/170
東萊先生十七史詳節二百七十三卷 (宋)吕祖謙撰 明正德劉弘毅刻本 一百冊 存一百六十八卷(史記詳節二十卷、西漢書詳節十一至二十、東漢書三十卷、三國志詳節二十卷、晉書詳節三十卷、南史詳節二十八卷、隋書詳節二十卷、唐書詳節十卷)

440000 - 2543 - 0003668 O/920.8/443
二十四史論贊七十八卷 (清)陳闓編 清光緒二十年(1894)刻本 十六冊

440000 - 2543 - 0003669 VO/920.8/645
函史上編二十八卷 (明)鄧元錫撰 明萬曆元年(1573)刻本 十二冊

440000 - 2543 - 0003670 VO/920.8/650
同菴史彙十卷 (清)蔣善選評 清康熙思永堂刻本 八冊

440000 - 2543 - 0003671 VO/920.8/674
二十一史二千五百六十七卷 (明)劉應秋等校 明萬曆二十四年至三十年(1596 - 1602)北京國子監刻本 五百三十四冊

440000 - 2543 - 0003672 O/920.8/965
史學叢書四十三種 (清)□□輯 清光緒二十八年(1902)上海文瀾書局石印本 三十二冊

440000 - 2543 - 0003673 O/920.8/965 - 2
史學叢書三十七種 (清)□□輯 清光緒二十八年(1902)上海煥文書局石印本 三十二冊

440000 - 2543 - 0003674 O/920.81/24 - 3
二十四史二十四種 (清)弘晝等輯 清光緒二十年(1894)上海同文書局石印本 七百九冊

440000 - 2543 - 0003675 VO/920.9/352
史書纂略二百十七卷 (明)馬維銘纂 明萬曆四十三年(1615)刻本 四十冊

440000 - 2543 - 0003676 O/921/154
尚史世系圖一卷本紀五卷世家十三卷列傳三十四卷系四卷年表四卷志十卷序傳一卷 (清)李鍇撰 清乾隆三十八年(1773)刻本 二十冊

440000 - 2543 - 0003677 O/921/154(2)

尚史世系圖一卷本紀五卷世家十三卷列傳三十四卷系四卷年表四卷志十卷序傳一卷 (清)李鍇撰 清乾隆三十八年(1773)刻本 三十冊

440000-2543-0003678 O/921/784
古史六十卷 (宋)蘇轍撰 清嘉慶元年(1796)刻本 六冊

440000-2543-0003679 O/921.02/444
竹書紀年集證五十卷首一卷 (清)陳逢衡撰 清嘉慶十八年(1813)刻本 十二冊

440000-2543-0003680 O/921.06/94
重刻天傭子全集十卷首一卷末一卷 (明)艾南英撰 清光緒五年(1879)刻本 五冊

440000-2543-0003681 O/921.4/375
周書斠補四卷 (清)孫詒讓撰 清光緒二十六年(1900)石印本 二冊

440000-2543-0003682 O/921.4/375(2)
周書斠補四卷 (清)孫詒讓撰 清光緒二十六年(1900)石印本 二冊

440000-2543-0003683 O/921.4/375(3)
周書斠補四卷 (清)孫詒讓撰 清光緒二十六年(1900)石印本 一冊

440000-2543-0003684 O/921.4/375(4)
周書斠補四卷 (清)孫詒讓撰 清光緒二十六年(1900)石印本 一冊

440000-2543-0003685 O/921.4/491
周季編略九卷 (清)黃式三撰 清同治十二年(1873)浙江書局刻本 四冊

440000-2543-0003686 O/921.5/477
春秋名號歸一圖二卷 (五代)馮繼先撰 (宋)岳珂重編 清同治三年(1864)南海鄺九我堂刻本 一冊

440000-2543-0003687 O/921.55/135
國語明道本攷異四卷 (清)汪遠孫著 清光緒二年(1876)刻本 一冊

440000-2543-0003688 O/921.55/135-2(2)
國語三君注輯存四卷國語發正二十一卷國語明道本攷異四卷 (清)汪遠孫撰 清道光二十六年(1846)汪氏振綺堂刻本 六冊

440000-2543-0003689 O/921.55/135-2(3)
國語三君注輯存四卷國語發正二十一卷國語明道本攷異四卷 (清)汪遠孫撰 清道光二十六年(1846)汪氏振綺堂刻本 六冊

440000-2543-0003690 O/921.55/135-3
國語明道本考異四卷 (清)汪遠孫撰 清刻本 一冊

440000-2543-0003691 O/921.55/164
國語韋解補正二十一卷 吳曾祺補正 清宣統三年(1911)上海商務印書館鉛印本 四冊

440000-2543-0003692 O/921.55/164(2)
國語韋解補正二十一卷 吳曾祺補正 清宣統三年(1911)上海商務印書館鉛印本 二冊

440000-2543-0003693 O/921.55/287
國語二十一卷 (三國吳)韋昭解 **校刊明道本韋氏解國語札記一卷** (清)黃丕烈撰 **明道本攷異四卷** (清)汪遠孫撰 清同治八年(1869)湖北崇文書局刻本 四冊

440000-2543-0003694 O/921.55/287(3)
國語二十一卷 (三國吳)韋昭解 **校刊明道本韋氏解國語札記一卷** (清)黃丕烈撰 **明道本攷異四卷** (清)汪遠孫撰 清同治八年(1869)湖北崇文書局刻本 五冊

440000-2543-0003695 O/921.55/287(4)
國語二十一卷 (三國吳)韋昭解 **校刊明道本韋氏解國語札記一卷** (清)黃丕烈撰 **明道本攷異四卷** (清)汪遠孫撰 清同治八年(1869)湖北崇文書局刻本 五冊

440000-2543-0003696 O/921.55/287(6)
國語二十一卷 (三國吳)韋昭解 **校刊明道本韋氏解國語札記一卷** (清)黃丕烈撰 **明道本攷異四卷** (清)汪遠孫撰 清同治八年(1869)湖北崇文書局刻本 五冊

440000-2543-0003697 O/921.55/287(7)
國語二十一卷 (三國吳)韋昭解 **校刊明道**

本韋氏解國語札記一卷 （清）黄丕烈撰 **明道本攷異四卷** （清）汪遠孫撰 清同治八年(1869)湖北崇文書局刻本 四册 缺四卷(明道本攷異四卷)

440000－2543－0003698 O/921.55/287－3
國語二十一卷 （三國吳）韋昭解 **校刊明道本韋氏解國語札記一卷** （清）黄丕烈撰 清光緒二年(1876)刻本 四册

440000－2543－0003699 VO/921.55/287－4
國語二十一卷 （三國吳）韋昭注 （宋）宋庠補音 明張一鯤刻本 十二册

440000－2543－0003700 O/921.55/287－5
國語評苑六卷 （三國吳）韋昭解 （宋）宋庠補音 （明）穆文熙編 清刻本 二册

440000－2543－0003701 VO/921.55/471
新刻湯會元精遴評釋國語狐白四卷 （明）湯賓尹輯 （明）李廷機校 明萬曆二十四年(1596)余氏刻本 一册

440000－2543－0003702 O/921.55/568
國語正義二十一卷 （清）董增齡撰 清光緒六年(1880)會稽章氏式訓堂刻本 六册

440000－2543－0003703 O/921.55/568(2)
國語正義二十一卷 （清）董增齡撰 清光緒六年(1880)會稽章氏式訓堂刻本 八册

440000－2543－0003704 O/921.61/332
戰國策三十三卷 （漢）高誘注 （宋）姚宏校 **札記三卷** （清）黄丕烈撰 清同治八年(1869)湖北崇文書局刻本 四册

440000－2543－0003705 O/921.61/332(2)
戰國策三十三卷 （漢）高誘注 （宋）姚宏校 **札記三卷** （清）黄丕烈撰 清同治八年(1869)湖北崇文書局刻本 五册

440000－2543－0003706 O/921.61/332(3)
戰國策三十三卷 （漢）高誘注 （宋）姚宏校 **札記三卷** （清）黄丕烈撰 清同治八年(1869)湖北崇文書局刻本 五册

440000－2543－0003707 O/921.61/332(4)
戰國策三十三卷 （漢）高誘注 （宋）姚宏校 **札記三卷** （清）黄丕烈撰 清同治八年(1869)湖北崇文書局刻本 五册

440000－2543－0003708 O/921.61/332－2
戰國策三十三卷 （漢）高誘注 **重刻剡川姚氏本戰國策札記三卷** （清）黄丕烈撰 清光緒二年(1876)刻本 五册

440000－2543－0003709 VO/921.61/332－5
戰國策三十三卷序後一卷 （漢）高誘注 清乾隆二十一年(1756)雅雨堂刻本 六册

440000－2543－0003710 O/921.61/429
戰國策釋地二卷 （清）張琦撰 清嘉慶二十四年(1819)宛鄰書屋刻本 二册

440000－2543－0003711 VO/921.61/677
戰國策十二卷附元本目錄一卷 （漢）劉向輯 （明）閔齊伋裁注 明萬曆四十八年(1620)閔齊伋刻三色套印本 八册

440000－2543－0003712 O/921.61/710
戰國策注十卷 （宋）鮑彪注 （元）吳師道校 清乾隆二十七年(1762)刻本 六册

440000－2543－0003713 O/921.61/710(2)
戰國策注十卷 （宋）鮑彪注 （元）吳師道校 清乾隆二十七年(1762)刻本 十六册

440000－2543－0003714 O/921.9/775－2
路史前紀九卷後紀十四卷國名紀八卷發揮六卷餘論十卷 （宋）羅泌撰 清刻本 十四册

440000－2543－0003715 O/921.9/775－3
路史前紀九卷後紀十四卷餘論十卷發揮六卷國姓衍慶紀原一卷國名紀七卷 （宋）羅泌撰 清光緒二年(1876)紅杏山房刻本 十六册

440000－2543－0003716 O/921.9/775－4
路史前紀九卷後紀十三卷國姓衍慶紀原一卷國名紀七卷發揮六卷餘論十卷 （宋）羅泌撰 清同治四年(1865)刻本 二十册

440000－2543－0003717 O/922/167
兩漢刊誤補遺十卷 （宋）吳仁傑撰 清同治七年(1868)金陵書局木活字印本 二册

440000－2543－0003718　VO/922/214
兩漢雋言十六卷　（宋）林鉞輯　（明）淩迪知增輯　明萬曆四年(1576)刻本　五册

440000－2543－0003719　O/922/332
硃批兩漢菁華錄六卷　（清）高嵣編　清光緒二十八年(1902)刻朱墨套印本　六册

440000－2543－0003720　O/922.02/384
兩漢紀六十卷　（宋）王銍輯　**校記二卷**　（清）陳璞撰　清光緒二年(1876)嶺南學海堂刻本　十四册

440000－2543－0003721　O/922.06/164
兩漢韻珠十卷　（清）吳章澧編　清光緒十八年(1892)刻本　十册

440000－2543－0003722　O/922.1/98
漢書管見四卷　（清）朱一新撰　清刻本　四册

440000－2543－0003723　VO/922.1/170
東萊先生西漢詳節三十卷　（宋）吕祖謙撰　清刻本　五册　存十卷(十一至二十)

440000－2543－0003724　VO/922.1/214
漢雋十卷　（宋）林鉞輯　（明）吕元校　明萬曆十二年(1584)刻本　二册

440000－2543－0003725　VO/922.1/214－2
漢雋十卷　（宋）林鉞輯　（明）吳繼安校　明萬曆吳氏刻本　四册

440000－2543－0003726　O/922.1/337
荆川先生批點精選漢書三卷　（明）唐順之選　明刻本　六册

440000－2543－0003727　VO/922.1/337－2
荆川先生批點精選漢書六卷　（明）唐順之選　明刻本　二册

440000－2543－0003728　O/922.1/350－2
前漢書一百二十卷　（漢）班固撰　（唐）顏師古注　清同治八年(1869)刻本　三十二册

440000－2543－0003729　O/922.1/350－2(2)
前漢書一百二十卷　（漢）班固撰　（唐）顏師古注　清同治八年(1869)金陵書局刻本　十八册

440000－2543－0003730　O/922.1/350－3
前漢書一百二十卷　（漢）班固撰　（唐）顏師古注　清光緒十年(1884)上海同文書局石印本　三十一册

440000－2543－0003731　O/922.1/350－5
前漢書補注一百卷　（漢）班固撰　（唐）顏師古注　王先謙補注　清光緒二十六年(1900)長沙王氏刻本　三十册

440000－2543－0003732　O/922.1/350－7
漢書評林一百卷　（漢）班固撰　（唐）顏師古注　（明）淩稚隆校　清光緒十年(1884)刻本　三十八册

440000－2543－0003733　O/922.1/350－8
漢書評林一百卷　（漢）班固撰　（唐）顏師古注　（明）淩稚隆校　清同治十三年(1874)長沙魏氏養翮書屋刻本　三十二册

440000－2543－0003734　O/922.1/350－9
前漢書一百二十卷　（漢）班固撰　（唐）顏師古注　清光緒十三年(1887)金陵書局刻本　二十册

440000－2543－0003735　O/922.1/350－9(2)
前漢書一百二十卷　（漢）班固撰　（唐）顏師古注　清光緒十三年(1887)金陵書局刻本　二十册

440000－2543－0003736　O/922.1/350－12
前漢書表八卷　（清）夏燮撰　清光緒十六年(1890)江城公所刻本　六册

440000－2543－0003737　O/922.1/350－12(2)
前漢書表八卷　（清）夏燮撰　清光緒十六年(1890)江城公所刻本　六册

440000－2543－0003738　O/922.1/350－13
前漢書一百二十卷　（漢）班固撰　（唐）顏師古注　清同治八年(1869)金陵書局刻本　十六册

440000－2543－0003739　O/922.1/350－15
漢書注校補五十卷　（清）周壽昌撰　清光緒

十七年(1891)廣雅書局刻本　十冊

440000－2543－0003740　VO/922.1/407
史漢方駕三十五卷　(明)許相卿撰　(明)徐禾校　明萬曆十五年(1587)刻本　四冊

440000－2543－0003741　O/922.1/705
漢書辨疑二十二卷　(清)錢大昭撰　清光緒十三年(1887)廣雅書局刻本　五冊

440000－2543－0003742　O/922.1/705(2)
漢書辨疑二十二卷　(清)錢大昭撰　清光緒十三年(1887)廣雅書局刻本　五冊

440000－2543－0003743　VO/922.102/384－2
前漢紀三十卷　(漢)荀悦撰　明嘉靖二十七年(1548)黄姬水刻本　五冊

440000－2543－0003744　O/922.104/393
西漢會要七十卷　(宋)徐天麟撰　清光緒二十五年(1899)廣雅書局刻武英殿聚珍版書本　十冊

440000－2543－0003745　O/922.104/393－2
西漢會要七十卷　(宋)徐天麟撰　清光緒十年(1884)江蘇書局刻本　十冊

440000－2543－0003746　VO/922.106/305
漢書鈔九十三卷　(明)茅坤輯　明萬曆十七年(1589)刻本　二十四冊

440000－2543－0003747　VO/922.2/170
東萊先生東漢詳節三十卷首一卷　(宋)呂祖謙撰　明劉弘毅刻本　五冊

440000－2543－0003748　O/922.2/300－4
後漢書九十卷　(南朝宋)范曄撰　(唐)李賢注　**續漢書志三十卷**　(晉)司馬彪撰　(南朝梁)劉昭注補　清光緒十年(1884)上海同文書局石印本　二十六冊

440000－2543－0003749　O/922.2/300－5
後漢書九十卷　(南朝宋)范曄撰　(唐)李賢注　**續漢書志三十卷**　(晉)司馬彪撰　(南朝梁)劉昭注補　清同治八年(1869)刻本　二十八冊

440000－2543－0003750　O/922.2/300－6
後漢書九十卷　(南朝宋)范曄撰　(唐)李賢注　**續漢書志三十卷**　(晉)司馬彪撰　(南朝梁)劉昭注補　清光緒十三年(1887)金陵書局刻本　十六冊

440000－2543－0003751　O/922.2/300－6(2)
後漢書九十卷　(南朝宋)范曄撰　(唐)李賢注　**續漢書志三十卷**　(晉)司馬彪撰　(南朝梁)劉昭注補　清光緒十三年(1887)金陵書局刻本　二十冊

440000－2543－0003752　O/922.2/300－6(3)
後漢書九十卷　(南朝宋)范曄撰　(唐)李賢注　**續漢書志三十卷**　(晉)司馬彪撰　(南朝梁)劉昭注補　清光緒十三年(1887)金陵書局刻本　十六冊

440000－2543－0003753　O/922.2/300－7
後漢書注又補一卷　(清)沈銘彝撰　清光緒十四年(1888)廣雅書局刻本　一冊

440000－2543－0003754　O/922.2/300－8
後漢書九十卷　(南朝宋)范曄撰　(唐)李賢注　**續漢書志三十卷**　(晉)司馬彪撰　(南朝梁)劉昭注補　清同治十二年(1873)嶺東使署刻本　十六冊

440000－2543－0003755　O/922.2/300－9
後漢書九十卷　(南朝宋)范曄撰　(唐)李賢注　**續漢書志三十卷**　(晉)司馬彪撰　(南朝梁)劉昭注補　清同治八年(1869)金陵書局刻本　十六冊

440000－2543－0003756　O/922.2/300－10
後漢書注補正八卷　(清)周壽昌撰　清光緒十七年(1891)廣雅書局刻本　一冊

440000－2543－0003757　O/922.2/489
後漢書補注二十四卷　(清)惠棟撰　**後漢書補表八卷**　(清)錢大昭撰　清咸豐元年至二年(1851－1852)刻粵雅堂叢書本　八冊

440000－2543－0003758　O/922.2/675
東觀漢記二十四卷　(漢)劉珍撰　清乾隆六十年(1795)掃葉山房刻本　二冊

440000－2543－0003759　O/922.2/675(2)
東觀漢記二十四卷　(漢)劉珍撰　清乾隆六十年(1795)掃葉山房刻本　四册

440000－2543－0003760　O/922.2/675－3
東觀漢記二十四卷　(漢)劉珍撰　清乾隆六十年(1795)掃葉山房刻本　四册

440000－2543－0003761　O/922.2/705
後漢書補表八卷　(清)錢大昭撰　清光緒十七年(1891)廣雅書局刻本　三册

440000－2543－0003762　O/922.2/705－2
後漢書辨疑十一卷　(清)錢大昭撰　清光緒十三年(1887)廣雅書局刻本　二册

440000－2543－0003763　O/922.2/705－3
續漢書辨疑九卷　(清)錢大昭撰　清光緒十三年(1887)廣雅書局刻本　一册

440000－2543－0003764　O/922.2/705－4
後漢書補表八卷　(清)錢大昭撰　清嘉慶三年(1798)刻本　三册

440000－2543－0003765　O/922.204/393
東漢會要四十卷　(宋)徐天麟撰　清光緒十年(1884)江蘇書局刻本　八册

440000－2543－0003766　O/922.204/393－2
東漢會要四十卷　(宋)徐天麟撰　清光緒二十五年(1899)廣雅書局刻武英殿聚珍版書本　八册

440000－2543－0003767　VO/922.3/170
東萊先生三國志詳節二十卷首一卷　(宋)呂祖謙撰　明劉弘毅刻本　三册

440000－2543－0003768　O/922.3/211
三國志裴注述二卷　(清)林國贊撰　清光緒十六年(1890)學海堂刻本　一册

440000－2543－0003769　O/922.3/362
續後漢書九十卷　(元)郝經撰　清刻本　二十四册

440000－2543－0003770　O/922.3/402
三國志旁證三十卷　(清)梁章鉅撰　清光緒十五年(1889)廣雅書局刻本　六册

440000－2543－0003771　O/922.3/442
三國志六十五卷　(晉)陳壽撰　(南朝宋)裴松之注　清刻本　十四册

440000－2543－0003772　O/922.3/442－2
三國志六十五卷　(晉)陳壽撰　(南朝宋)裴松之注　清同治九年(1870)金陵書局刻本　八册

440000－2543－0003773　O/922.3/442－2(2)
三國志六十五卷　(晉)陳壽撰　(南朝宋)裴松之注　清同治九年(1870)金陵書局刻本　八册

440000－2543－0003774　O/922.3/442－3
三國志六十五卷　(晉)陳壽撰　(南朝宋)裴松之注　(明)陳仁錫評閱　清刻本　二十九册　缺二十二卷(魏書一、八、十二至十四,蜀書一至十四,吳書十八至二十)

440000－2543－0003775　O/922.3/442－4
三國志六十五卷　(晉)陳壽撰　(南朝宋)裴松之注　清光緒十一年(1885)上海同文書局石印本　十六册

440000－2543－0003776　O/922.3/442－5
三國志六十五卷　(晉)陳壽撰　(南朝宋)裴松之注　清光緒十三年(1887)江南書局刻本　八册

440000－2543－0003777　O/922.3/442－7
三國志六十五卷　(晉)陳壽撰　清刻本　十二册

440000－2543－0003778　O/922.3/598
三國志注補六十五卷　(清)趙一清撰　清光緒廣雅書局刻本　十册

440000－2543－0003779　O/922.3/705
三國志證聞三卷　(清)錢儀吉撰　清光緒十一年(1885)江蘇書局刻本　一册

440000－2543－0003780　O/922.304/556
三國會要二十二卷　楊晨撰　清光緒二十六年(1900)江蘇書局刻本　六册

440000－2543－0003781　O/922.33/407

建康實録二十卷 （唐）許嵩撰　清光緒二十八年（1902）刻本　六冊

440000－2543－0003782　O/922.4/152－2
晉書一百三十卷 （唐）房玄齡等撰　**晉書音義三卷** （唐）何超撰　清同治十年（1871）金陵書局刻本　十六冊

440000－2543－0003783　O/922.4/152－2(2)
晉書一百三十卷 （唐）房玄齡等撰　**晉書音義三卷** （唐）何超撰　清同治十年（1871）金陵書局刻本　二十冊

440000－2543－0003784　VO/922.4/170
東萊先生晉書詳節三十卷首一卷 （宋）呂祖謙撰　明劉弘毅刻本　五冊

440000－2543－0003785　O/922.4/248
晉略不分卷 （清）周濟撰　清光緒二年（1876）味雋齋刻本　十冊

440000－2543－0003786　O/922.4/248(2)
晉略不分卷 （清）周濟撰　清光緒二年（1876）味雋齋刻本　十冊

440000－2543－0003787　O/922.4/248(4)
晉略不分卷 （清）周濟撰　清光緒二年（1876）味雋齋刻本　十冊

440000－2543－0003788　O/922.4/248(5)
晉略不分卷 （清）周濟撰　清光緒二年（1876）味雋齋刻本　十冊

440000－2543－0003789　O/922.49/450
華陽國志十二卷附補華陽國志三州郡縣目録 （晉）常璩撰　清嘉慶九年（1804）刻本　四冊

440000－2543－0003790　O/922.5/462
十六國春秋一百卷 （北魏）崔鴻撰　（清）汪日桂重訂　清乾隆四十六年（1781）欣託山房刻本　三十二冊

440000－2543－0003791　O/922.5/462(2)
十六國春秋一百卷 （北魏）崔鴻撰　（清）汪日桂重訂　清乾隆四十六年（1781）欣託山房刻本　二十冊

440000－2543－0003792　O/922.5/462(3)
十六國春秋一百卷 （北魏）崔鴻撰　（清）汪日桂重訂　清乾隆四十六年（1781）欣託山房刻本　二十四冊

440000－2543－0003793　O/922.5/462－4
十六國春秋一百卷 （北魏）崔鴻撰　（清）汪日桂重訂　清乾隆四十六年（1781）竹素山房刻本　二十冊

440000－2543－0003794　O/922.56/128
南北史識小録十四卷 （清）沈潤芳　（清）朱昆田撰　（清）張應昌補正　清同治十年（1871）武林吳氏清來堂刻本　六冊

440000－2543－0003795　O/922.56/128(2)
南北史識小録十四卷 （清）沈潤芳　（清）朱昆田撰　（清）張應昌補正　清同治十年（1871）武林吳氏清來堂刻本　十二冊

440000－2543－0003796　O/922.56/128(3)
南北史識小録十四卷 （清）沈潤芳　（清）朱昆田撰　（清）張應昌補正　清同治十年（1871）武林吳氏清來堂刻本　十一冊

440000－2543－0003797　O/922.56/135
南北史補志十四卷 （清）汪士鐸編　清光緒四年（1878）淮南書局刻本　六冊

440000－2543－0003798　O/922.56/248
南北史捃華八卷 （清）周嘉猷輯　清刻本　四冊

440000－2543－0003799　O/922.56/248(2)
南北史捃華八卷 （清）周嘉猷輯　清刻本　四冊

440000－2543－0003800　O/922.56/248(3)
南北史捃華八卷 （清）周嘉猷輯　清刻本　四冊

440000－2543－0003801　O/922.56/248(4)
南北史捃華八卷 （清）周嘉猷輯　清刻本　四冊

440000－2543－0003802　O/922.56/248－2
南北史捃華八卷 （清）周嘉猷輯　清刻本

四册

440000－2543－0003803　O/922.56/705
南北史纂二十四卷　(明)錢岱纂　清掃葉山房刻本　十册

440000－2543－0003804　O/922.6/128
南史識小錄十四卷　(清)沈名蓀　(清)朱昆田編　(清)張應昌補正　清刻本　六册

440000－2543－0003805　O/922.6/154－2
南史八十卷　(唐)李延壽撰　清同治十一年(1872)金陵書局刻本　十二册

440000－2543－0003806　O/922.6/154－2(2)
南史八十卷　(唐)李延壽撰　清同治十一年(1872)金陵書局刻本　十二册

440000－2543－0003807　O/922.6/154－3
南史八十卷　(唐)李延壽撰　明崇禎十三年(1640)琴川毛氏刻本　十四册

440000－2543－0003808　VO/922.6/170
東萊先生南史詳節二十五卷首一卷　(宋)呂祖謙撰　明劉弘毅刻本　四册

440000－2543－0003809　O/922.61/128－2
宋書一百卷　(南朝梁)沈約撰　清同治十一年(1872)金陵書局刻本　十六册

440000－2543－0003810　O/922.61/128－2(2)
宋書一百卷　(南朝梁)沈約撰　清同治十一年(1872)金陵書局刻本　十六册

440000－2543－0003811　O/922.62/727－2
南齊書五十九卷　(南朝梁)蕭子顯撰　清同治十三年(1874)金陵書局刻本　六册

440000－2543－0003812　O/922.62/727－2(2)
南齊書五十九卷　(南朝梁)蕭子顯撰　清同治十三年(1874)金陵書局刻本　六册

440000－2543－0003813　O/922.63/316－2
梁書五十六卷　(唐)姚思廉撰　清同治十一年(1872)金陵書局刻本　四册

440000－2543－0003814　O/922.63/316－2(2)
梁書五十六卷　(唐)姚思廉撰　清同治十一年(1872)金陵書局刻本　六册

440000－2543－0003815　O/922.64/316－2
陳書三十六卷　(唐)姚思廉撰　清同治十一年(1872)金陵書局刻本　四册

440000－2543－0003816　O/922.64/316－2(2)
陳書三十六卷　(唐)姚思廉撰　清同治十一年(1872)金陵書局刻本　四册

440000－2543－0003817　O/922.7/154－3
北史一百卷　(唐)李延壽撰　清同治十一年(1872)金陵書局刻本　十六册

440000－2543－0003818　O/922.7/154－3(2)
北史一百卷　(唐)李延壽撰　清同治十一年(1872)金陵書局刻本　二十册

440000－2543－0003819　O/922.7/154－4
北史一百卷　(唐)李延壽撰　明崇禎十二年(1639)琴川毛氏刻本　二十册

440000－2543－0003820　O/922.7/170
東萊先生北史詳節二十八卷　(宋)呂祖謙撰　清刻本　四册

440000－2543－0003821　O/922.71/761－2
魏書一百十四卷　(北齊)魏收撰　清同治十一年(1872)金陵書局刻本　十六册

440000－2543－0003822　O/922.71/761－2(2)
魏書一百十四卷　(北齊)魏收撰　清同治十一年(1872)金陵書局刻本　二十册

440000－2543－0003823　O/922.71/761－3
魏書一百十四卷　(北齊)魏收撰　明萬曆二十四年(1596)刻本　三十册

440000－2543－0003824　O/922.74/717
西魏書二十四卷　(清)謝啟昆撰　清光緒九年(1883)樹經堂刻本　六册

440000－2543－0003825　O/922.74/717－2
西魏書二十四卷附錄一卷　(清)謝啟昆撰　清光緒十八年(1892)溧陽繆氏小岯山館刻本　六册

440000－2543－0003826　O/922.75/152－2

北齊書五十卷　(隋)李百藥撰　清同治十三年(1874)金陵書局刻本　六册

440000－2543－0003827　O/922.75/152－2(2)
北齊書五十卷　(隋)李百藥撰　清同治十三年(1874)金陵書局刻本　四册

440000－2543－0003828　O/922.75/152－4
北齊書五十卷　(隋)李百藥撰　明萬曆十六年(1588)刻本　八册

440000－2543－0003829　O/922.76/78－2
周書五十卷　(唐)令狐德棻等撰　清同治十三年(1874)金陵書局刻本　四册

440000－2543－0003830　O/922.76/78－2(2)
周書五十卷　(唐)令狐德棻等撰　清同治十三年(1874)金陵書局刻本　四册

440000－2543－0003831　VO/922.8/170
東萊先生隋書詳節二十卷首一卷　(宋)呂祖謙撰　明劉弘毅刻本　四册

440000－2543－0003832　O/922.8/761－2
隋書八十五卷　(唐)魏徵等撰　清同治十年(1871)淮南書局刻本　十二册

440000－2543－0003833　O/922.8/761－2(2)
隋書八十五卷　(唐)魏徵等撰　清同治十年(1871)淮南書局刻本　十二册

440000－2543－0003834　O/922.8/761－4
隋書八十五卷　(唐)魏徵等撰　清刻本　二十册

440000－2543－0003835　O/923/56
舊唐書校勘記六十六卷　(清)岑建功輯　(清)陳立　(清)劉文淇等校訂　清同治十一年(1872)定遠方氏刻本　十六册

440000－2543－0003836　O/923/128
新舊唐書合鈔二百六十卷首一卷補正六卷宰相世系表訂譌十二卷　(清)沈炳震編　清嘉慶海昌查氏刻同治十年(1871)武林吳氏清來堂補刻本　四十八册

440000－2543－0003837　O/923/128(2)
新舊唐書合鈔二百六十卷首一卷補正六卷宰相世系表訂譌十二卷　(清)沈炳震編　清嘉慶海昌查氏刻同治十年(1871)武林吳氏清來堂補刻本　十五册　存五十卷(六十五至六十七、一百八十八至二百十四、二百三十九至二百五十八)

440000－2543－0003838　VO/923/170
東萊先生唐書詳節六十卷首一卷　(宋)呂祖謙撰　明刻本　十二册

440000－2543－0003839　O/923/636
唐書二百二十五卷　(宋)歐陽修等撰　清同治十二年(1873)浙江書局刻本　四十册

440000－2543－0003840　O/923/636(2)
唐書二百二十五卷　(宋)歐陽修等撰　清同治十二年(1873)浙江書局刻本　四十册

440000－2543－0003841　O/923/636－4
唐書二百二十五卷　(宋)歐陽修等撰　元大德九年(1305)建康路儒學刻明清遞修本　三十八册

440000－2543－0003842　O/923/636－5
新唐書糾謬二十卷首一卷　(宋)吳縝纂　清光緒二十年(1894)刻本　四册

440000－2543－0003843　O/923/676
舊唐書二百卷　(五代)劉昫撰　清同治十一年(1872)浙江書局刻本　四十册

440000－2543－0003844　O/923/676(2)
舊唐書二百卷　(五代)劉昫撰　清同治十一年(1872)浙江書局刻本　四十册

440000－2543－0003845　O/923/676－4
舊唐書二百卷　(五代)劉昫撰　清木活字印本　四十八册

440000－2543－0003846　O/923.04/21
唐會要一百卷　(宋)王溥撰　清光緒十年(1884)江蘇書局刻本　十六册

440000－2543－0003847　O/923.07/300
唐鑑二十四卷　(宋)范祖禹撰　清同治十三年(1874)蓉城尊經書院刻本　四册

440000－2543－0003848　O/923.07/300－2

東萊先生音註唐鑑二十四卷　(宋)范祖禹撰　(宋)吕祖謙註　清刻本　八册

440000－2543－0003849　VO/923.12/165－2
貞觀政要十卷　(唐)吴兢撰　(元)戈直集論　明成化元年(1465)内府刻本　八册

440000－2543－0003850　O/923.18/964
開元天寶遺事二卷　(五代)王仁裕撰　清末民國西泠印社木活字印本　一册

440000－2543－0003851　O/923.5/167
五代史纂誤三卷　(宋)吴縝撰　清江西書局刻武英殿聚珍版書本　一册

440000－2543－0003852　O/923.5/636－3
五代史七十四卷　(宋)歐陽修撰　清同治十一年(1872)湖北崇文書局刻本　八册

440000－2543－0003853　O/923.5/636－3(2)
五代史七十四卷　(宋)歐陽修撰　清同治十一年(1872)湖北崇文書局刻本　八册

440000－2543－0003854　O/923.5/636－4
五代史七十四卷　(宋)歐陽修撰　(宋)徐無黨注　明汲古閣刻本　六册

440000－2543－0003855　O/923.5/636－5
五代史七十四卷　(宋)歐陽修撰　(宋)徐無黨注　清光緒十五年(1889)湖南大同書局刻本　十二册

440000－2543－0003856　O/923.5/731－3
舊五代史一百五十卷　(宋)薛居正撰　清同治十一年(1872)湖北崇文書局刻本　十六册

440000－2543－0003857　O/923.5/731－3(2)
舊五代史一百五十卷　(宋)薛居正撰　清同治十一年(1872)湖北崇文書局刻本　十六册

440000－2543－0003858　O/923.504/21－2
五代會要三十卷　(宋)王溥撰　清光緒十二年(1886)江蘇書局刻本　四册

440000－2543－0003859　O/923.504/21－2(2)
五代會要三十卷　(宋)王溥撰　清光緒十二年(1886)江蘇書局刻本　六册

440000－2543－0003860　O/923.505/429
洛陽縉紳舊聞記五卷　(宋)張齊賢撰　清末吴興沈氏抱經樓抄本　一册

440000－2543－0003861　O/923.8/167
十國春秋一百十六卷　(清)吴任臣撰　清嘉慶四年(1799)刻本　十八册

440000－2543－0003862　O/923.8/167－2
十國春秋一百十六卷　(清)吴任臣撰　清康熙十一年(1672)刻本　十四册

440000－2543－0003863　VO/923.82/300
增訂吴越備史六卷　(宋)范坰　(宋)林禹撰　(清)錢時鈺增訂　**雜考一卷**　(清)錢柱峰輯　清乾隆六十年(1795)錢敬業刻本　六册

440000－2543－0003864　O/923.83/402－2
南漢書十八卷文字略四卷叢録二卷　(清)梁廷楠撰　清道光九年(1829)刻本　八册

440000－2543－0003865　O/923.83/402－2(2)
南漢書十八卷文字略四卷叢録二卷　(清)梁廷楠撰　清道光九年(1829)刻本　八册

440000－2543－0003866　O/923.83/402－2(3)
南漢書十八卷文字略四卷叢録二卷　(清)梁廷楠撰　清道光九年(1829)刻本　八册

440000－2543－0003867　O/923.83/402－2(4)
南漢書十八卷文字略四卷叢録二卷　(清)梁廷楠撰　清道光九年(1829)刻本　四册

440000－2543－0003868　O/923.83/402－3
南漢書考異十八卷　(清)梁廷楠撰　清刻本　三册

440000－2543－0003869　O/923.83/674
南漢春秋十三卷　(清)劉應麟編　清道光三十年(1850)刻本　四册

440000－2543－0003870　O/923.83/674(2)
南漢春秋十三卷　(清)劉應麟編　清道光三十年(1850)刻本　四册

440000－2543－0003871　O/923.9/434
南唐書十八卷　(宋)陸游撰　明汲古閣刻本　六册

440000－2543－0003872　O/923.9/434(2)
南唐書十八卷　(宋)陸游撰　明汲古閣刻本　一册　存五卷(十四至十八)

440000－2543－0003873　O/924/465－2
宋史四百九十六卷　(元)脱脱等撰　清光緒元年(1875)浙江書局刻本　一百册

440000－2543－0003874　O/924/465－2(2)
宋史四百九十六卷　(元)脱脱等撰　清光緒元年(1875)浙江書局刻本　一百册

440000－2543－0003875　O/924/465－3
宋史四百九十六卷　(元)脱脱等撰　明成化朱英刻明清遞修本　一百二十册

440000－2543－0003876　O/924/465－4
宋史四百九十六卷　(元)脱脱等撰　明萬曆二十七年(1599)北京國子監刻二十一史本　一百四十册

440000－2543－0003877　O/924.02/21
宋元資治通鑑六十四卷　(明)王宗沐編　(明)路進輯　明崇禎宜興路進刻清補刻本　十五册

440000－2543－0003878　O/924.03/154
宋朝事實二十卷　(宋)李攸撰　清江西書局刻武英殿聚珍版書本　六册

440000－2543－0003879　O/924.03/154(2)
宋朝事實二十卷　(宋)李攸撰　清光緒二十五年(1899)廣雅書局刻武英殿聚珍版書本　五册

440000－2543－0003880　O/924.03/477
宋史紀事本末一百九卷　(明)馮琦編　(明)陳邦瞻增訂　清光緒十三年(1887)廣雅書局刻本　十五册

440000－2543－0003881　O/924.03/477－2
宋史紀事本末一百九卷　(明)馮琦編　(明)陳邦瞻增訂　(明)張溥論正　清同治十三年(1874)江西書局刻本　十四册

440000－2543－0003882　O/924.03/477－2(2)
宋史紀事本末一百九卷　(明)馮琦編　(明)陳邦瞻增訂　(明)張溥論正　清同治十三年(1874)江西書局刻本　二十册

440000－2543－0003883　O/924.03/477－2(3)
宋史紀事本末一百九卷　(明)馮琦編　(明)陳邦瞻增訂　(明)張溥論正　清同治十三年(1874)江西書局刻本　二十册

440000－2543－0003884　O/924.03/477－3
宋史紀事本末一百九卷　(明)馮琦編　(明)陳邦瞻增訂　(明)張溥論正　清光緒十四年(1888)上海書業公所鉛印本　八册

440000－2543－0003885　O/924.03/477－3(2)
宋史紀事本末一百九卷　(明)馮琦編　(明)陳邦瞻增訂　(明)張溥論正　清光緒十四年(1888)上海書業公所鉛印本　八册

440000－2543－0003886　O/924.053/65
涑水記聞十六卷　(宋)司馬光撰　清刻武英殿聚珍版書本　四册

440000－2543－0003887　O/924.053/65(2)
涑水記聞十六卷　(宋)司馬光撰　清光緒二十五年(1899)廣雅書局刻武英殿聚珍版書本　四册

440000－2543－0003888　O/924.053/65－2
涑水記聞十六卷補遺一卷　(宋)司馬光撰　清光緒三年(1877)湖北崇文書局刻本　四册

440000－2543－0003889　O/924.06/622－2
宋稗類鈔八卷　(清)潘永因編　清刻本　十六册

440000－2543－0003890　O/924.07/22－2
宋論十五卷　(清)王夫之撰　清順德龍氏刻本　五册

440000－2543－0003891　O/924.07/722
澗泉日記三卷　(宋)韓淲撰　清江西書局刻武英殿聚珍版書本　一册

440000－2543－0003892　O/924.07/722(2)
澗泉日記三卷　(宋)韓淲撰　清光緒二十五年(1899)廣雅書局刻武英殿聚珍版書本　一册

440000－2543－0003893　O/924.1/24
東都事略一百三十卷　(宋)王偁撰　清寶華堂刻本　八册

440000－2543－0003894　O/924.1/24－2(2)
東都事畧一百三十卷　(宋)王偁撰　清嘉慶三年(1798)掃葉山房刻本　十册

440000－2543－0003895　O/924.2/393
三朝北盟會編二百五十卷校勘記二卷補遺一卷　(宋)徐夢莘編　清光緒四年(1878)粵東鉛印本　三十二册

440000－2543－0003896　O/924.2/393－2
三朝北盟會編二百五十卷　(宋)徐夢莘編　清光緒四年(1878)鉛印本　四十册

440000－2543－0003897　O/924.2/705
南宋書六十八卷　(明)錢士升撰　清嘉慶二年(1797)上海精一閣書局刻本　四册

440000－2543－0003898　O/924.205/151
建炎以來朝野雜記甲集二十卷乙集二十卷首一卷　(宋)李心傳撰　**校勘記五卷**　(清)孫星華撰　清光緒二十五年(1899)廣雅書局刻武英殿聚珍版書本　十一册

440000－2543－0003899　O/924.4/465－2
遼史一百十六卷　(元)脱脱等撰　清同治十二年(1873)江蘇書局刻本　十二册

440000－2543－0003900　O/924.4/465－2(2)
遼史一百十六卷　(元)脱脱等撰　清同治十二年(1873)江蘇書局刻本　十二册

440000－2543－0003901　O/924.4/556
遼史拾遺補五卷　(清)楊復吉輯　清光緒三年(1877)江蘇書局刻本　二册

440000－2543－0003902　O/924.4/644
遼史拾遺二十四卷　(清)厲鶚撰　清道光元年(1821)錢塘汪氏刻本　六册

440000－2543－0003903　O/924.4/644－2
遼史拾遺二十四卷　(清)厲鶚撰　**遼史拾遺補五卷**　(清)楊復吉輯　清光緒元年至三年(1875－1877)江蘇書局刻本　十一册

440000－2543－0003904　O/924.4/971
欽定遼史語解十卷　清光緒四年(1878)江蘇書局刻本　一册

440000－2543－0003905　O/924.403/152
遼史紀事本末四十卷　(清)李有棠撰　清光緒二十六年(1900)廣雅書局刻本　四册

440000－2543－0003906　O/924.403/152(2)
遼史紀事本末四十卷　(清)李有棠撰　清光緒二十六年(1900)廣雅書局刻本　四册

440000－2543－0003907　O/924.403/152(3)
遼史紀事本末四十卷　(清)李有棠撰　清光緒二十六年(1900)廣雅書局刻本　四册

440000－2543－0003908　O/924.403/152－2
遼史紀事本末四十卷　(清)李有棠撰　清光緒十九年(1893)同文書局石印本　四册

440000－2543－0003909　O/924.5/86
大金國志四十卷　(宋)宇文懋昭撰　清掃葉山房刻本　六册

440000－2543－0003910　O/924.5/465－2
金史一百三十五卷　(元)脱脱等撰　清同治十三年(1874)江蘇書局刻本　二十册

440000－2543－0003911　O/924.5/465－2(2)
金史一百三十五卷　(元)脱脱等撰　清同治十三年(1874)江蘇書局刻本　二十四册

440000－2543－0003912　O/924.5/971
欽定金史語解十二卷　清光緒四年(1878)江蘇書局刻本　一册

440000－2543－0003913　O/924.503/152
金史紀事本末五十二卷首一卷　(清)李有棠編　清光緒二十七年(1901)廣雅書局刻本　六册

440000－2543－0003914　O/924.503/152(2)
金史紀事本末五十二卷首一卷　(清)李有棠編　清光緒二十七年(1901)廣雅書局刻本　六册

440000－2543－0003915　O/924.503/152(3)
金史紀事本末五十二卷首一卷　(清)李有棠

編　清光緒二十七年(1901)廣雅書局刻本　六冊

440000－2543－0003916　O/924.503/152－2
金史紀事本末五十二卷首一卷　(清)李有棠編　清末石印本　六冊

440000－2543－0003917　O/924.6/431
西夏紀事本末三十六卷首二卷　(清)張鑑撰　清光緒十一年(1885)金陵刻本　二冊

440000－2543－0003918　O/924.603/431－2
西夏紀事本末三十六卷　(清)張鑑撰　清光緒十年(1884)江蘇書局刻本　四冊

440000－2543－0003919　O/925/122－2
元史二百十卷　(明)宋濂等撰　清同治十三年(1874)江蘇書局刻本　四十冊

440000－2543－0003920　O/925/122－2(2)
元史二百十卷　(明)宋濂等撰　清同治十三年(1874)江蘇書局刻本　四十八冊

440000－2543－0003921　O/925/151
元朝秘史十五卷　(清)李文田注　清光緒二十九年(1903)上海文瑞樓石印本　四冊

440000－2543－0003922　O/925/151(2)
元朝秘史十五卷　(清)李文田注　清光緒二十九年(1903)上海文瑞樓石印本　四冊

440000－2543－0003923　VO/925/225
元史類編四十二卷　(清)邵遠平學　清乾隆六十年(1795)掃葉山房刻本　十五冊

440000－2543－0003924　O/925/225－2
續弘簡錄元史類編四十二卷　(清)邵遠平撰　清康熙四十五年(1706)繼善堂刻本　十二冊

440000－2543－0003925　O/925/260
元史譯文證補三十卷　(清)洪鈞撰　清光緒二十三年(1897)刻本　四冊

440000－2543－0003926　O/925/260(2)
元史譯文證補三十卷　(清)洪鈞撰　清光緒二十三年(1897)刻本　四冊

440000－2543－0003927　O/925/260－2
元史譯文證補三十卷　(清)洪鈞撰　清光緒二十六年(1900)廣雅書局刻本　四冊

440000－2543－0003928　O/925/705
元史氏族表三卷　(清)錢大昕撰　清嘉慶十一年(1806)嘉定錢氏刻本　二冊

440000－2543－0003929　O/925/705(2)
元史氏族表三卷　(清)錢大昕撰　清嘉慶十一年(1806)嘉定錢氏刻本　三冊

440000－2543－0003930　O/925/761
元史新編九十五卷　(清)魏源撰　清光緒三十一年(1905)邵陽魏慎微堂刻本　三十二冊

440000－2543－0003931　O/925/964
元朝秘史十卷　(元)□□撰　清光緒三十四年(1908)葉氏觀古堂刻本　五冊

440000－2543－0003932　O/925/964－2
元朝秘史續集二卷　(元)□□撰　清刻本　一冊

440000－2543－0003933　O/925/964－4
元秘史李注補正十五卷　(清)高寶銓撰　清光緒二十八年(1902)刻本　二冊

440000－2543－0003934　O/925/971
欽定元史語解二十四卷　清光緒四年(1878)江蘇書局刻本　三冊

440000－2543－0003935　O/925.03/444
元史紀事本末二十七卷　(明)陳邦瞻編　清光緒十三年(1887)廣雅書局刻本　三冊

440000－2543－0003936　O/925.03/444(2)
元史紀事本末二十七卷　(明)陳邦瞻編　清光緒十三年(1887)廣雅書局刻本　四冊

440000－2543－0003937　O/925.03/444－2
元史紀事本末二十七卷　(明)陳邦瞻編　(明)張溥論正　清同治十三年(1874)江西書局刻本　四冊

440000－2543－0003938　O/925.03/444－2(2)
元史紀事本末二十七卷　(明)陳邦瞻編　(明)張溥論正　清同治十三年(1874)江西書

局刻本　二册

440000－2543－0003939　O/925.03/444－2(3)
元史紀事本末二十七卷　(明)陳邦瞻編　(明)張溥論正　清同治十三年(1874)江西書局刻本　四册

440000－2543－0003940　O/925.03/444－3
元史紀事本末二十七卷　(明)陳邦瞻編　(明)張溥論正　清光緒十四年(1888)上海書業公所崇德堂鉛印本　二册

440000－2543－0003941　O/925.9/181
校正元親征錄一卷　(清)何秋濤校　清道光二十九年(1849)刻本　一册

440000－2543－0003942　O/925.9/248
元寇紀略二卷　(日本)大橋順撰　**黑韃事略一卷**　(宋)彭大雅撰　清光緒二十九年(1903)江蘇通州翰墨林編譯局鉛印本　一册

440000－2543－0003943　O/925.9/375
元朝典故編年考十卷　(清)孫承澤撰　清光緒順德龍氏刻螺樹山房叢書本　四册

440000－2543－0003944　O/926/35－2
明史竊一百五卷　(明)尹守衡撰　清光緒十二年(1886)刻本　十八册

440000－2543－0003945　O/926/98
重鎸朱青巖先生擬編明紀輯畧十六卷　(清)朱璘撰　清康熙三十五年(1696)二酉堂刻本　十六册

440000－2543－0003946　O/926/431－2
明史三百三十二卷　(清)張廷玉等撰　清光緒三年(1877)湖北崇文書局刻本　八十册

440000－2543－0003947　O/926/431－2(2)
明史三百三十二卷　(清)張廷玉等撰　清光緒三年(1877)湖北崇文書局刻本　八十册

440000－2543－0003948　O/926.02/98
明鑑會纂十五卷　(清)朱國標續編　清刻本　四册

440000－2543－0003949　O/926.02/271
欽定明鑑二十四卷　(清)胡敬等纂　清嘉慶二十三年(1818)刻本　六册

440000－2543－0003950　O/926.02/271(2)
欽定明鑑二十四卷　(清)胡敬等纂　清嘉慶二十三年(1818)刻本　八册

440000－2543－0003951　O/926.02/370
明通鑑九十卷附六卷　(清)夏燮撰　清刻本　三十册

440000－2543－0003952　O/926.02/431
古香齋新刻袖珍資治通鑑綱目三編二十卷　(清)張廷玉等編　清刻本　四册

440000－2543－0003953　O/926.02/441
明紀六十卷　(清)陳鶴撰　清同治十年(1871)江蘇書局刻本　二十册

440000－2543－0003954　O/926.02/441(3)
明紀六十卷　(清)陳鶴撰　清同治十年(1871)江蘇書局刻本　二十册

440000－2543－0003955　O/926.02/441(4)
明紀六十卷　(清)陳鶴撰　清同治十年(1871)江蘇書局刻本　二十册

440000－2543－0003956　O/926.03/177
明史紀事本末八十卷　(清)谷應泰撰　清同治十三年(1874)江西書局刻本　二十册

440000－2543－0003957　O/926.03/177(2)
明史紀事本末八十卷　(清)谷應泰撰　清同治十三年(1874)江西書局刻本　十六册

440000－2543－0003958　O/926.03/177(3)
明史紀事本末八十卷　(清)谷應泰撰　清同治十三年(1874)江西書局刻本　十九册　存七十五卷(一至七十五)

440000－2543－0003959　O/926.03/177－2
明史紀事本末八十卷　(清)谷應泰撰　清光緒十三年(1887)廣雅書局刻本　十六册

440000－2543－0003960　O/926.03/177－2(2)
明史紀事本末八十卷　(清)谷應泰撰　清光緒十三年(1887)廣雅書局刻本　十六册

440000－2543－0003961　O/926.04/683

明會要八十卷　(清)龍文彬纂　清光緒廣雅書局刻本　二十册

440000－2543－0003962　O/926.04/683(2)
明會要八十卷　(清)龍文彬纂　清光緒廣雅書局刻本　二十册

440000－2543－0003963　O/926.04/683－2
明會要八十卷　(清)龍文彬纂　清刻本　二十册

440000－2543－0003964　O/926.05/194
典故紀聞十八卷　(明)余繼登撰　清光緒十三年(1887)刻本　六册

440000－2543－0003965　O/926.05/346
野記四卷　(明)祝允明撰　清同治十三年(1874)刻本　二册

440000－2543－0003966　O/926.053/765
明大政纂要六十三卷　(明)譚希思撰　清光緒二十一年(1895)湖南思賢書局刻本　二十八册

440000－2543－0003967　VO/926.06/21
明史稿三百十卷　(清)王鴻緒等撰　清雍正元年(1723)敬慎堂刻本　六十册

440000－2543－0003968　VO/926.06/21(2)
明史稿三百十卷　(清)王鴻緒等撰　清雍正元年(1723)敬慎堂刻本　四十册

440000－2543－0003969　O/926.06/471
潛菴先生擬明史稿二十卷　(清)湯斌撰　(清)田蘭芳評　清康熙二十七年(1688)刻本　八册

440000－2543－0003970　VO/926.09/22
弇州史料前集三十卷後集七十卷　(明)王世貞撰　(明)董復表彙次　明萬曆四十二年(1614)刻本　二十四册

440000－2543－0003971　VO/926.09/22(2)
弇州史料前集三十卷後集七十卷　(明)王世貞撰　(明)董復表彙次　明萬曆四十二年(1614)刻本　六十册

440000－2543－0003972　VO/926.09/22(3)
弇州史料前集三十卷後集七十卷　(明)王世貞撰　(明)董復表彙次　明萬曆四十二年(1614)刻本　二十三册

440000－2543－0003973　O/926.09/375
二申野錄八卷　(清)孫之騄輯　清刻本　四册

440000－2543－0003974　O/926.2/494
革除遺事節本六卷　(明)黄佐撰　清道光十一年(1831)南海伍氏粤雅堂文字歡娛室刻嶺南遺書本　一册

440000－2543－0003975　O/926.7/266
明季北略二十四卷　(清)計六奇編　清都城琉璃廠半松居士刻本　八册

440000－2543－0003976　O/926.9/21(2)
明季稗史彙編二十七卷　(清)留雲居士編　清光緒二十二年(1896)上海圖書集成印書局鉛印本　十册

440000－2543－0003977　O/926.9/21(3)
明季稗史彙編二十七卷　(清)留雲居士編　清光緒二十二年(1896)上海圖書集成印書局鉛印本　六册

440000－2543－0003978　O/926.9/21(4)
明季稗史彙編二十七卷　(清)留雲居士編　清光緒二十二年(1896)上海圖書集成印書局鉛印本　六册

440000－2543－0003979　O/926.9/21(5)
明季稗史彙編二十七卷　(清)留雲居士輯　清光緒二十二年(1896)上海圖書集成印書局鉛印本　六册

440000－2543－0003980　O/926.9/21(6)
明季稗史彙編二十七卷　(清)留雲居士編　清光緒二十二年(1896)上海圖書集成印書局鉛印本　六册

440000－2543－0003981　O/926.9/21－2
明季稗史彙編二十七卷　(清)留雲居士輯　清都城琉璃廠刻本　八册

440000－2543－0003982　O/926.9/21－2(3)

明季稗史彙編二十七卷 （清）留雲居士輯 清都城琉璃廠刻本 十八册

440000－2543－0003983 O/926.9/21－2(4)
明季稗史彙編二十七卷 （清）留雲居士輯 清都城琉璃廠刻本 十六册

440000－2543－0003984 O/926.9/21－2(5)
明季稗史彙編二十七卷 （清）留雲居士輯 清都城琉璃廠刻本 十六册

440000－2543－0003985 O/926.9/167
綏寇紀略十二卷補遺三卷 （清）吳偉業撰 清嘉慶九年(1804)照曠閣刻本 六册

440000－2543－0003986 O/926.9/167(3)
綏寇紀略十二卷補遺三卷 （清）吳偉業撰 清嘉慶九年(1804)照曠閣刻本 八册

440000－2543－0003987 O/926.9/167(4)
綏寇紀略十二卷補遺三卷 （清）吳偉業撰 清嘉慶九年(1804)照曠閣刻本 八册

440000－2543－0003988 O/926.9/346
九朝野記四卷 （明）祝允明撰 清宣統三年(1911)時中書局鉛印本 二册

440000－2543－0003989 O/926.9/441
荆駝逸史五十五種八十三卷 （清）陳湖逸士纂 清刻本 十八册

440000－2543－0003990 O/926.91/486.1
蜀碧四卷 （清）彭遵泗撰 清刻本 一册

440000－2543－0003991 O/926.94/609
三湘從事錄一卷 （明）蒙正發著 （清）金永森輯註 清光緒三十三年(1907)鄂垣刻本 一册

440000－2543－0003992 O/926.95/266
明季南略十八卷 （清）計六奇編 清末刻本 八册

440000－2543－0003993 O/926.95/540
南疆繹史勘本三十卷首二卷 （清）溫睿臨原本 （清）李瑤勘定 **繹史摭遺十八卷繹史卹謚攷八卷** （清）李瑤撰 清都城琉璃廠半松居士刻本 八册

440000－2543－0003994 O/926.95/540(2)
南疆繹史勘本三十卷首二卷 （清）溫睿臨原本 （清）李瑤勘定 **繹史摭遺十八卷繹史卹謚攷八卷** （清）李瑤撰 清都城琉璃廠半松居士刻本 十二册

440000－2543－0003995 O/927/971
國朝事略五卷 （清）江楚編譯官書局編 清光緒三十三年(1907)廣東學務公所鉛印本 一册

440000－2543－0003996 O/927/971－2
國朝事略八卷 （清）江楚編譯官書局編 清光緒三十二年(1906)金陵石印本 四册

440000－2543－0003997 O/927.02/393
小腆紀年附考二十卷 （清）徐鼒撰 清咸豐十一年(1861)刻本 八册

440000－2543－0003998 O/927.02/393－2
小腆紀年附考二十卷 （清）徐鼒撰 清光緒四年(1878)刻本 二十册

440000－2543－0003999 O/927.03/24
十朝東華錄五百二十四卷(天命至咸豐)東華續錄一百卷(同治朝) 王先謙編 清光緒二十五年至二十七年(1899－1901)煥文書局石印本 八十八册

440000－2543－0004000 O/927.03/24(2)
十朝東華錄五百二十四卷(天命至咸豐)東華續錄一百卷(同治朝) 王先謙編 清光緒二十五年至二十七年(1899－1901)煥文書局石印本 八十八册

440000－2543－0004001 O/927.03/24－2
東華錄天命四卷天聰十卷崇德八卷順治三十六卷康熙一百十卷雍正二十六卷乾隆一百二十卷嘉慶五十卷道光六十卷 王先謙編 清光緒刻本 一百六十册

440000－2543－0004002 O/927.03/24－3
九朝東華錄一百二十卷 王先謙編 清光緒石印本 十一册 存二十二卷(順治朝七、康熙朝一至二十一)

440000－2543－0004003　O/927.03/556
三藩紀事本末二十二卷　（清）楊陸榮編　清光緒二十八年（1902）上海捷記書局石印本　一冊

440000－2543－0004004　O/927.042/01
皇朝通典一百卷　（清）曹仁虎等纂　清光緒元年（1875）學海堂刻本　三十二冊

440000－2543－0004005　O/927.042/01（2）
皇朝通典一百卷　（清）曹仁虎等纂　清光緒元年（1875）學海堂刻本　三十二冊

440000－2543－0004006　O/927.042/01－2
皇朝通典一百卷　（清）曹仁虎等纂　清光緒八年（1882）浙江書局刻本　二十冊

440000－2543－0004007　O/927.042/02
皇朝通志一百二十六卷　（清）曹仁虎等纂　清光緒八年（1882）浙江書局刻本　二十冊

440000－2543－0004008　O/927.042/03
皇朝文獻通考三百卷　（清）曹仁虎等纂　清光緒八年（1882）浙江書局刻本　八十冊

440000－2543－0004009　O/927.05/471
國朝遺事紀聞一卷　（清）湯殿三撰　清宣統二年（1910）鉛印本　一冊

440000－2543－0004010　O/927.054/761
聖武記十四卷　（清）魏源撰　清道光二十六年（1846）刻本　十冊

440000－2543－0004011　O/927.054/761（2）
聖武記十四卷　（清）魏源撰　清道光二十六年（1846）刻本　六冊

440000－2543－0004012　O/927.09/812
掌故叢編七種　掃葉山房編　清光緒二十七年（1901）掃葉山房石印本　十四冊

440000－2543－0004013　O/927.1/231
皇朝開國方略三十二卷　（清）阿桂等編　清刻本　十六冊

440000－2543－0004014　O/927.2/24
東華錄一百十卷（康熙朝）　王先謙編　清光緒七年（1881）刻本　十七冊

440000－2543－0004015　O/927.2/265
靖海記二卷　（清）施琅撰　清嘉慶二年（1797）衣德堂刻本　二冊

440000－2543－0004016　O/927.2/406
康熙政要二十四卷　章梫纂　清宣統二年（1910）鉛印本　十二冊

440000－2543－0004017　O/927.2/556
平閩記十三卷首一卷末一卷　（清）楊捷撰　清康熙二十三年（1684）刻本　七冊　缺二卷（十一至十二）

440000－2543－0004018　VO/927.2/780
親征平定朔漠方略四十八卷　（清）溫達等撰　清康熙四十七年（1708）刻本　二十冊

440000－2543－0004019　O/927.27/962
大義覺迷錄四卷　（清）世宗胤禛撰　清刻本　四冊

440000－2543－0004020　O/927.27/962（2）
大義覺迷錄四卷　（清）世宗胤禛撰　清刻本　八冊

440000－2543－0004021　O/927.28/24
東華錄二十六卷（雍正朝）　王先謙編　清光緒七年（1881）刻本　十冊　缺一卷（二十六）

440000－2543－0004022　O/927.3/24
東華續錄一百二十卷（乾隆朝）　王先謙撰　清光緒五年（1879）刻本　二十四冊

440000－2543－0004023　O/927.3/332
南巡盛典一百二十卷　（清）高晉等纂　清光緒八年（1882）上海點石齋石印本　八冊

440000－2543－0004024　O/927.3/332（2）
南巡盛典一百二十卷　（清）高晉等纂　清光緒八年（1882）上海點石齋石印本　八冊

440000－2543－0004025　O/927.3/444
欽定平定貴州苗匪紀略四十卷　（清）陳邦瑞等撰　清光緒二十二年（1896）鉛印本　十冊

440000－2543－0004026　O/927.3/522
欽定剿捕臨清逆匪紀略十六卷　（清）舒赫德等編　清刻本　八冊

440000－2543－0004027　O/927.31/444
欽定平定雲南回匪方略五十卷　（清）陳邦瑞等撰　清光緒二十二年（1896）鉛印本　十二冊

440000－2543－0004028　O/927.31/444－2
欽定平定回匪方略三百二十七卷　（清）陳邦瑞等纂　清光緒二十二年（1896）鉛印本　八十冊

440000－2543－0004029　O/927.33/971
臺灣紀略六十五卷首一卷　清刻本　十六冊

440000－2543－0004030　O/927.4/629
剿平三省邪匪方略正編三百五十二卷附編十二卷　（清）慶桂等編　清刻本　一百六十冊

440000－2543－0004031　O/927.51/24
東華續錄六十卷（道光朝）　王先謙編　清光緒十六年（1890）刻本　十冊

440000－2543－0004032　O/927.55/966
夷氛聞記五卷　（清）梁廷枏撰　清刻本　二冊

440000－2543－0004033　O/927.6/24
東華續錄一百卷（咸豐朝）　王先謙編　清光緒十六年（1890）三益齋刻本　三十冊

440000－2543－0004034　O/927.61/967
粵匪始末紀略二卷　題（清）杏花樵子編　題（清）踏歌道人參訂　清抄本　二冊

440000－2543－0004035　O/927.61/973
綉像剿逆圖考　（□）□□撰　清光緒十八年（1892）上海書局石印本　二冊

440000－2543－0004036　O/927.62/21－2
湘軍記二十卷　（清）王定安撰　清光緒十五年（1889）江南書局刻本　十二冊

440000－2543－0004037　O/927.62/21－2(2)
湘軍記二十卷　（清）王定安撰　清光緒十五年（1889）江南書局刻本　六冊

440000－2543－0004038　O/927.62/21－3
湘軍記二十卷　（清）王定安撰　清末上海書局石印本　四冊

440000－2543－0004039　O/927.62/35
豫軍紀略十二卷　（清）尹耕雲等輯　清同治十一年（1872）刻本　六冊

440000－2543－0004040　O/927.62/98
欽定剿平粵匪方略四百二十卷首一卷　（清）朱學勤等纂　清同治十一年（1872）鉛印本　一百四十冊

440000－2543－0004041　O/927.62/148
平定粵匪紀略十八卷附記四卷　（清）杜文瀾撰　清同治九年（1870）刻本　十冊

440000－2543－0004042　O/927.62/148－2
蕩平髮逆圖記二十二卷圖一卷　（清）古瀛夢花洲主人編　清光緒十四年（1888）上海漱六山莊石印本　四冊

440000－2543－0004043　O/927.62/347
平浙紀略十六卷　（清）秦湘業　（清）陳鍾英纂　清同治十二年（1873）浙江書局刻本　三冊

440000－2543－0004044　O/927.62/972
湘軍志十六卷　王闓運撰　清刻本　四冊

440000－2543－0004045　O/927.62/972－2
湘軍志十六卷　王闓運撰　清光緒二十八年（1902）湖南書局刻本　四冊

440000－2543－0004046　O/927.63/98
欽定剿平捻匪方略三百二十卷　（清）朱學勤等纂　清同治十一年（1872）鉛印本　一百冊

440000－2543－0004047　O/927.7/237
平定關隴紀略十三卷　（清）易孔昭等纂輯　清光緒元年（1875）刻本　六冊

440000－2543－0004048　O/927.8/98(2)
東華續錄二百二十卷（光緒朝）　朱壽朋編　清宣統元年（1909）上海集成圖書公司鉛印本　三十冊　存十八卷（一至十八）

440000－2543－0004049　O/927.82/337
請纓日記十卷（清光緒八年七月初九日至十二年九月二十二日）　（清）唐景崧撰　清光緒十九年（1893）臺灣布政使署刻本　五冊

440000－2543－0004050　O/927.82/337(2)
請纓日記十卷(清光緒八年七月初九日至十二年九月二十二日)　(清)唐景崧撰　清光緒十九年(1893)臺灣布政使署刻本　四册

440000－2543－0004051　O/927.84/938(2)
中東戰紀本末八卷　(美國)林樂和撰譯　清光緒二十二年(1896)上海廣學會鉛印本　十二册

440000－2543－0004052　O/927.84/938(3)
中東戰紀本末八卷　(美國)林樂和撰譯　清光緒二十二年(1896)上海廣學會鉛印本　十六册

440000－2543－0004053　O/927.86/305
庚子天津一月記一卷　茅少笙撰　清末至民國抄本　一册

440000－2543－0004054　O/927.92/402
戊戌政變記九卷　梁啟超撰　清光緒二十四年(1898)鉛印本　三册

440000－2543－0004055　O/965.3/428
普法戰紀十四卷　(清)王韜輯撰　(清)張宗良口譯　清同治十二年(1873)中華印務總局鉛印本　八册

440000－2543－0004056　O/965.3/428(2)
普法戰紀十四卷　(清)王韜輯撰　(清)張宗良口譯　清同治十二年(1873)中華印務總局鉛印本　八册

440000－2543－0004057　O/908－/24
小方壺齋輿地叢鈔十二帙六十四卷　(清)王錫祺輯　清光緒十七年(1891)上海著易堂鉛印本　六十册

440000－2543－0004058　O/908－/492
得一齋雜著四種　(清)黃楙材撰　清光緒十二年(1886)夢花軒刻本　二册

440000－2543－0004059　O/910－/335
五洲列國志彙　(清)麗澤學會輯　清光緒二十八年(1902)雲間麗澤學會石印本　三十二册

440000－2543－0004060　O/910－/761
海國圖志一百卷　(清)魏源撰　**海國圖志續集二十五卷首一卷**　(英國)麥高爾撰　(美國)林樂知　(清)瞿昂來譯　清光緒二十一年(1895)上海書局石印本　十六册

440000－2543－0004061　O/910－/761－2
海國圖志一百卷　(清)魏源撰　清咸豐二年(1852)古微堂刻本　十七册　缺二十六卷(二十至四十五)

440000－2543－0004062　O/910－/761－3
增廣海國圖志一百卷續集二十五卷　(清)魏源撰　清光緒二十一年(1895)上海書局石印本　十六册

440000－2543－0004063　O/910－/795
五洲圖考不分卷　(清)龔柴撰　清光緒二十四年(1898)上海徐家匯印書館鉛印本　四册

440000－2543－0004064　O/910－/966
中外地輿圖說集成一百三十卷　(清)同康廬主人編輯　清光緒二十六年(1900)上海順成書局石印本　二十四册

440000－2543－0004065　O/910－8/434
譯史紀餘四卷　(清)陸次雲撰　清刻本　二册

440000－2543－0004066　VO/920－1/167
地圖綜要三卷　(明)吳學儼等編　(明)李茹春鑒定　清順治二年(1645)朗潤堂刻本　二册

440000－2543－0004067　O/920－1.4/636
輿地廣記三十八卷校勘記二卷　(宋)歐陽忞著　清光緒二十一年(1895)刻本　七册

440000－2543－0004068　O/920－1.4/636(2)
輿地廣記三十八卷校勘記二卷　(宋)歐陽忞著　清光緒二十一年(1895)刻本　六册

440000－2543－0004069　O/920－1.4/636－2
輿地廣記三十八卷校勘札記二卷　(宋)歐陽忞撰　清光緒六年(1880)金陵書局刻本　四册

440000－2543－0004070　VO/920－1.6/775
廣輿圖二卷　(元)朱思本撰　(明)羅洪先　(明)胡松增補　明萬曆七年(1579)錢岱刻本　四册

440000－2543－0004071　O/920－1.7/16
皇朝輿地畧一卷　(清)六承如撰　(清)馮焌光增補　清光緒五年(1879)聽春雨樓刻本　二册

440000－2543－0004072　O/920－1.7/16－2
皇朝輿地畧一卷　(清)六承如撰　清咸豐十年(1860)長沙刻本　一册

440000－2543－0004073　O/920－1.7/271
大清一統輿圖　(清)胡林翼繪　(清)嚴樹森增修　清同治二年(1863)湖北撫署景桓樓刻本　三十二册

440000－2543－0004074　VO/920－1.7/654
廣輿記二十四卷　(明)陸應陽輯　(清)蔡方炳增輯　清康熙二十五年(1686)刻本　六册

440000－2543－0004075　O/920－1.7/775
中國近世輿地圖說二十三卷　(清)羅汝楠編纂　清宣統元年(1909)廣東教忠學堂石印本　八册

440000－2543－0004076　O/920－1.7/775(2)
中國近世輿地圖說二十三卷　(清)羅汝楠編纂　清宣統元年(1909)廣東教忠學堂石印本　八册

440000－2543－0004077　O/920－1.7/775(3)
中國近世輿地圖說二十三卷　(清)羅汝楠編纂　清宣統元年(1909)廣東教忠學堂石印本　五册　存十六卷(一至十三、十八至二十)

440000－2543－0004078　O/920－1.7/775(4)
中國近世輿地圖說二十三卷　(清)羅汝楠編纂　清宣統元年(1909)廣東教忠學堂石印本　三册　存九卷(一至六、十八至二十)

440000－2543－0004079　O/920－1.7/775(5)
中國近世輿地圖說二十三卷　(清)羅汝楠編纂　清宣統元年(1909)廣東教忠學堂石印本　三册　存八卷(一、三至六、十八至二十)

440000－2543－0004080　O/920－1.7/775(6)
中國近世輿地圖說二十三卷　(清)羅汝楠編纂　清宣統元年(1909)廣東教忠學堂石印本　一册　存四卷(三至六)

440000－2543－0004081　O/920－1.7/775(7)
中國近世輿地圖說二十三卷　(清)羅汝楠編纂　清宣統元年(1909)廣東教忠學堂石印本　一册　存四卷(三至六)

440000－2543－0004082　O/920－1.9/19－01
江蘇全省輿圖不分卷　(清)諸可寶編　清光緒二十一年(1895)刻本　三册

440000－2543－0004083　O/920－1.9/19－01(2)
江蘇全省輿圖不分卷　(清)諸可寶編　清光緒二十一年(1895)刻本　三册

440000－2543－0004084　O/920－1.9/22－01
福建全省地輿圖說不分卷　(清)傅以禮纂輯　(清)李藻测繪　清末石印本　二册

440000－2543－0004085　O/920－1.9/24－01
湖北輿地記二十四卷　(清)湖北輿圖局纂　清光緒二十年(1894)湖北輿圖局刻本　八册

440000－2543－0004086　O/920－1.9/24－01(2)
湖北輿地記二十四卷　(清)湖北輿圖局纂　清光緒二十年(1894)湖北輿圖局刻本　十二册

440000－2543－0004087　O/920－1.9/25－1
[光緒]湘陰縣圖志三十四卷首一卷末一卷　(清)郭嵩燾纂修　清光緒六年(1880)刻本　十四册

440000－2543－0004088　O/920－1.9/25－1(2)
[光緒]湘陰縣圖志三十四卷首一卷末一卷　(清)郭嵩燾纂修　清光緒六年(1880)刻本　六册

440000－2543－0004089　O/920－1.9/28－01
[宣統]新疆圖志一百十六卷首一卷　袁大化修　王樹枏等纂　清宣統三年(1911)刻本　四十四册

440000－2543－0004090　VO/920－1.9/28－04
[乾隆]欽定皇輿西域圖志四十八卷首四卷（清）傅恆等纂修　清光緒鉛印本　二十四册

440000－2543－0004091　O/920－1.9/28－05
[乾隆]欽定皇輿西域圖志四十八卷首四卷（清）傅恆等纂修　清光緒十九年（1893）杭州便益書局石印本　十二册

440000－2543－0004092　O/920－1.9/30－01
廣東輿地圖不分卷　（清）廣東參謀處測繪製圖股編　清宣統元年（1909）廣東參謀處測繪製圖股石印本　四册

440000－2543－0004093　O/920－1.9/30－02(2)
廣東輿地全圖不分卷　（清）張人駿編　清光緒二十三年（1897）廣州石經堂石印本　二册

440000－2543－0004094　O/920－1.9/30－02(4)
廣東輿地全圖不分卷　（清）張人駿編　清光緒二十三年（1897）廣州石經堂石印本　二册

440000－2543－0004095　O/920－1.9/31－03
廣西輿地全圖不分卷　（清）□□繪　清光緒二十四年（1898）香山黄氏刻本　四册

440000－2543－0004096　O/920－1.9/40－01
西藏圖考八卷首一卷　（清）黄沛翹撰　清光緒十二年（1886）刻本　四册

440000－2543－0004097　O/920－1.9/40－2
西藏圖考八卷首一卷　（清）黄沛翹撰　清光緒二十三年（1897）蒲圻但氏刻本　四册

440000－2543－0004098　O/920－2.2/975
畿輔全圖十卷　（清）□□繪　清刻本　十二册

440000－2543－0004099　O/920－2.3/28
新疆國界圖志八卷　王樹枏撰　清宣統元年（1909）刻本　四册

440000－2543－0004100　O/920－2.3/51
中俄交界圖説二編　（清）鄒代鈞撰　（清）曾寅補圖　清宣統三年（1911）湖北亞新學社鉛印本　一册　存一編（上）

440000－2543－0004101　O/920－2.3/51(2)
中俄交界圖説二編　（清）鄒代鈞撰　（清）曾寅補圖　清宣統三年（1911）湖北亞新學社鉛印本　一册　存一編（上）

440000－2543－0004102　O/920－2.5/316
長江礮臺芻議不分卷　姚錫光撰　清光緒三十三年（1907）北洋陸軍編譯局石印本　一册

440000－2543－0004103　O/920－2.5/791
讀史方輿紀要一百三十卷附輿圖要覽四卷（清）顧祖禹撰　清光緒二十六年（1900）廣雅書局刻本　四十五册　缺九卷（四十六至四十七、五十一至五十二、一百十四至一百十八）

440000－2543－0004104　O/920－2.5/791－2
讀史方輿紀要一百三十卷附輿圖要覽四卷（清）顧祖禹撰　清光緒二十五年（1899）新化三味書室刻本　三十册

440000－2543－0004105　O/920－2.5/791－3
讀史方輿紀要一百三十卷附輿圖要覽四卷（清）顧祖禹撰　清光緒五年（1879）敷文閣刻本　四十八册

440000－2543－0004106　O/920－2.5/791－4
讀史方輿紀要十卷　（清）顧祖禹輯　清光緒二十八年（1902）湖南書局刻本　五册

440000－2543－0004107　O/920－2.6/181
朔方備乘六十八卷首十二卷　（清）何秋濤纂　清光緒七年（1881）刻本　十六册

440000－2543－0004108　O/920－2.6/206
皇朝藩部要略十八卷附表四卷　（清）祁韻士纂　清光緒十年（1884）浙江書局刻本　八册

440000－2543－0004109　O/920－2.6/206(2)
皇朝藩部要略十八卷附表四卷　（清）祁韻士纂　清光緒十年（1884）浙江書局刻本　六册

440000－2543－0004110　O/920－2.7/312
防海輯要十八卷　（清）俞昌會撰　清道光二十二年（1842）百甓山房刻本　十六册

440000－2543－0004111　O/920－2.7/428
廣東海圖説不分卷　（清）張之洞撰　清光緒

十五年(1889)廣雅書局刻本　一冊

440000－2543－0004112　O/920－2.7/441
廣東海防匯覽四十二卷　(清)陳鴻墀纂　清刻本　二十冊

440000－2543－0004113　O/920－2.7/442
中國江海險要圖志二十二卷補編五卷　陳壽彭譯　清光緒二十六年(1900)廣雅書局石印本　八冊

440000－2543－0004114　O/920－3/791
天下郡國利病書一百二十卷　(清)顧炎武撰　清道光十年(1830)敷文閣刻本　五十二冊

440000－2543－0004115　O/920－3/791－2
天下郡國利病書一百二十卷　(清)顧炎武撰　清光緒二十六年(1900)廣雅書局刻本　三十七冊

440000－2543－0004116　O/920－3/791－3
天下郡國利病書一百二十卷　(清)顧炎武撰　清光緒慎記書莊石印本　二冊　存十六卷(一百五至一百二十)

440000－2543－0004117　VO/920－5.1/393
天下山河兩戒考十四卷　(清)徐文靖註　清雍正二年(1724)刻本　四冊

440000－2543－0004118　VO/920－5.1/393(2)
天下山河兩戒考十四卷　(清)徐文靖註　清雍正二年(1724)刻本　三冊

440000－2543－0004119　O/920－5.2/151
萬山綱目二十一卷　(清)李誠纂　清光緒二十六年(1900)長沙刻本　八冊

440000－2543－0004120　O/920－5.2/151(2)
萬山綱目二十一卷　(清)李誠纂　清光緒二十六年(1900)長沙刻本　五冊

440000－2543－0004121　O/920－5.2/151(3)
萬山綱目二十一卷　(清)李誠纂　清光緒二十六年(1900)長沙刻本　五冊

440000－2543－0004122　O/920－5.2/151(4)
萬山綱目二十一卷　(清)李誠纂　清光緒二十六年(1900)長沙刻本　五冊

440000－2543－0004123　O/920－5.2/443
五嶽遊草不分卷　(清)陳體元著　清道光十年(1830)刻本　一冊

440000－2543－0004124　O/920－5.2/969
天下三大龍圖說不分卷　(清)馬貞榆撰　清光緒二十四年(1898)馬氏家塾刻本　一冊

440000－2543－0004125　VO/920－5.9/12－1
盤山志十卷首一卷補遺四卷　(清)釋智樸纂輯　(清)王士禛　(清)朱彝尊較訂　清康熙三十五年(1696)刻本　四冊

440000－2543－0004126　VO/920－5.9/16－1
岱覽三十二卷目錄一卷首編七卷附錄一卷　(清)唐仲冕輯　清乾隆五十八年(1793)刻本　十六冊

440000－2543－0004127　O/920－5.9/16－2
泰山道里記不分卷　(清)聶劍光著　清光緒四年(1878)雨山堂刻本　四冊

440000－2543－0004128　VO/920－5.9/17－1
說嵩三十二卷　(清)景日昣撰　清康熙五十八年(1719)刻本　十冊

440000－2543－0004129　VO/920－5.9/17－6
臥龍崗志二卷　(清)羅景輯　清康熙五十一年(1712)刻本　四冊

440000－2543－0004130　O/920－5.9/18－7
清涼山志十卷　(明)釋鎮澄撰　(清)喇嘛阿王老藏補　清乾隆二十年(1755)刻同治九年(1870)印本　四冊

440000－2543－0004131　O/920－5.9/18－8
恆山續志不分卷　(清)賀澍恩輯　清刻本　一冊

440000－2543－0004132　VO/920－5.9/19－1
金山志十卷　(清)盧見曾纂修　清乾隆二十七年(1762)雅雨堂刻本　四冊

440000－2543－0004133　O/920－5.9/19－2
續金山志二卷　(清)釋秋崖纂修　清光緒二十六年(1900)刻本　二冊

440000－2543－0004134　O/920－5.9/19－6

焦山志二十六卷首一卷末一卷　(清)吴雲輯　清同治四年(1865)刻本　八册

440000－2543－0004135　O/920－5.9/19－6(2)
焦山志二十六卷首一卷末一卷　(清)吴雲輯　清同治四年(1865)刻本　五册

440000－2543－0004136　O/920－5.9/19－6(3)
焦山志二十六卷首一卷末一卷　(清)吴雲輯　清同治四年(1865)刻本　五册

440000－2543－0004137　O/920－5.9/19－11
京口山水志十八卷首一卷末一卷　(清)楊棨撰　清道光二十四年(1844)刻本　四册

440000－2543－0004138　O/920－5.9/19－16
寶華山志十五卷首一卷　(清)劉名芳纂修　清刻本　四册

440000－2543－0004139　O/920－5.9/19－26
雲臺新志十八卷首一卷末一卷　(清)謝元淮修　(清)許喬林纂　清道光十六年(1836)刻本　六册

440000－2543－0004140　VO/920－5.9/20－1
黄山志定本七卷首一卷　(清)閔麟嗣纂　清康熙二十五年(1686)刻本　七册

440000－2543－0004141　O/920－5.9/20－2
黄山志定本七卷首一卷　(清)閔麟嗣纂　清康熙二十五年(1686)刻本　十八册

440000－2543－0004142　O/920－5.9/21－1
廬山志十五卷　(清)毛德琦纂修　清宣統二年(1910)刻本　八册

440000－2543－0004143　O/920－5.9/21－1(2)
廬山志十五卷　(清)毛德琦纂修　清宣統二年(1910)刻本　十六册

440000－2543－0004144　O/920－5.9/21－1(3)
廬山志十五卷　(清)毛德琦纂修　清宣統二年(1910)刻本　十六册

440000－2543－0004145　O/920－5.9/21－6
石鐘山志十六卷首一卷　(清)李誠謀等輯　清光緒九年(1883)聽濤眺雨軒刻本　八册

440000－2543－0004146　O/920－5.9/21－6(2)
石鐘山志十六卷首一卷　(清)李誠謀等輯　清光緒九年(1883)聽濤眺雨軒刻本　四册

440000－2543－0004147　O/920－5.9/21－11
踈山志畧十一卷首一卷　(清)吴奎纂　清同治十年(1871)木活字印本　二册

440000－2543－0004148　O/920－5.9/21－16
重刊麻姑山志十二卷首一卷　(清)黄家駒編　清同治五年(1866)刻本　三册

440000－2543－0004149　O/920－5.9/21－21
青原志略十三卷首一卷　(清)釋大然編　(清)施閏章補輯　清康熙八年(1669)刻本　二册

440000－2543－0004150　O/920－5.9/22－1
武夷山志二十四卷首一卷　(清)董天工撰　清道光二十六年(1846)刻本　八册

440000－2543－0004151　O/920－5.9/23－1
補陁洛迦山傳一卷　(元)盛熙明撰　清光緒十年(1884)吴縣蔣氏雙唐碑館刻本　一册

440000－2543－0004152　O/920－5.9/23－6
孤嶼志八卷首一卷　(清)陳舜咨撰　清嘉慶十四年(1809)刻本　五册

440000－2543－0004153　O/920－5.9/23－11
金蓋山志四卷首一卷　(清)李宗蓮編　清光緒二十二年(1896)古書隱樓刻本　二册

440000－2543－0004154　VO/920－5.9/23－16
重修南海普陀山志二十卷首一卷　(清)許琰編輯　清乾隆五年(1740)刻本　四册

440000－2543－0004155　O/920－5.9/23－17
重修南海普陀山志二十卷首一卷　(清)秦耀曾編　清道光十二年(1832)刻本　四册

440000－2543－0004156　O/920－5.9/24－1
大别山志十卷首一卷　(清)胡鳳丹纂　清同治十三年(1874)刻本　四册

440000－2543－0004157　O/920－5.9/24－6
黄鵠山志十二卷首一卷　(清)胡鳳丹纂　清同治十三年(1874)刻本　六册

440000－2543－0004158　O/920－5.9/25－1
南嶽總勝集三卷　(宋)陳田夫撰　清光緒三十二年(1906)刻本　三冊

440000－2543－0004159　O/920－5.9/25－2
南嶽志八卷　(清)高自位編　(清)曠敏本輯　清乾隆十八年(1753)刻本　六冊

440000－2543－0004160　O/920－5.9/25－2(2)
南嶽志八卷　(清)高自位編　(清)曠敏本輯　清乾隆十八年(1753)刻本　四冊

440000－2543－0004161　O/920－5.9/25－6
九疑山志四卷　(清)吳繩祖纂修　清嘉慶元年(1796)刻本　二冊

440000－2543－0004162　O/920－5.9/25－11
龍潭山志七卷首一卷末一卷　(清)康阜纂修　清光緒五年(1879)刻本　八冊

440000－2543－0004163　O/920－5.9/25－16
祠山志十卷首一卷附一卷　(宋)周秉秀編　(清)周憲敬重編　清光緒十二年(1886)刻本　二冊

440000－2543－0004164　O/920－5.9/26－1
華嶽志八卷首一卷　(清)李榕修　清道光十一年(1831)清白別墅刻本　四冊

440000－2543－0004165　O/920－5.9/28－1
新疆山脈圖志六卷　王樹枏撰　清宣統元年(1909)陶廬刻本　六冊

440000－2543－0004166　O/920－5.9/29－3
峨山圖志二卷　(清)黃綬芙　(清)譚鍾岳著　清光緒十五年(1889)刻本　二冊

440000－2543－0004167　O/920－5.9/30－1
鼎湖山志八卷首一卷　(清)丁易修　(清)釋成鷲纂　清康熙五十六年(1717)刻本　四冊

440000－2543－0004168　O/920－5.9/30－1(2)
鼎湖山志八卷首一卷　(清)丁易修　(清)釋成鷲纂　清康熙五十六年(1717)刻本　四冊

440000－2543－0004169　O/920－5.9/30－1(3)
鼎湖山志八卷首一卷　(清)丁易修　(清)釋成鷲纂　清康熙五十六年(1717)刻本　四冊

440000－2543－0004170　VO/920－5.9/30－6
羅浮山志會編二十二卷首一卷　(清)宋廣業纂輯　清康熙五十六年(1717)廣州海幢寺刻本　十冊

440000－2543－0004171　VO/920－5.9/30－6(2)
羅浮山志會編二十二卷首一卷　(清)宋廣業纂輯　清康熙五十六年(1717)廣州海幢寺刻本　十冊

440000－2543－0004172　O/920－5.9/30－8
浮山志五卷　(清)陳銘珪撰　清光緒七年(1881)刻本　五冊

440000－2543－0004173　O/920－5.9/30－11
華峰山志五卷　(清)釋鑑傳著　清光緒二十六年(1900)粵東增城海門禪院刻本　二冊

440000－2543－0004174　O/920－5.9/30－11(2)
華峰山志五卷　(清)釋鑑傳著　清光緒二十六年(1900)粵東增城海門禪院刻本　二冊

440000－2543－0004175　O/920－5.9/30－21
禺峽山志四卷　(清)孫繩祖等纂修　清康熙五十九年(1720)刻本　三冊

440000－2543－0004176　O/920－5.9/30－22
禺峽山志四卷　(清)孫繩祖等纂修　清光緒十年(1884)刻本　四冊

440000－2543－0004177　O/920－5.9/30－26－2
白雲洞志五卷　(清)黃亨纂輯　清道光十八年(1838)刻光緒十三年(1887)刻本　一冊

440000－2543－0004178　VO/920－5.9/30－27
西樵遊覽記十四卷　(清)劉子秀撰　清乾隆五十一年(1786)南畬草堂刻本　四冊

440000－2543－0004179　VO/920－5.9/32－1
雞足山志十卷首一卷　(清)范承勳纂修　清康熙三十一年(1692)刻本　七冊

440000－2543－0004180　O/920－6.1/02
水經注四十卷　(北魏)酈道元撰　清光緒二十五年(1899)廣雅書局刻武英殿聚珍版書本　十二冊

440000－2543－0004181　O/920－6.1/02－2

水經注四十卷首一卷　(北魏)酈道元撰　清刻本　十六册

440000－2543－0004182　O/920－6.1/02－5
水經四十卷　(漢)桑欽撰　(北魏)酈道元注　(明)朱謀㙔箋　清乾隆黄晟槐蔭草堂刻同治二年(1863)長沙余氏明辨𪸩補修印本　十册

440000－2543－0004183　O/920－6.1/02－6
水經注四十卷補遺一卷附録二卷正誤一卷　(北魏)酈道元注　(清)全祖望校　清光緒十四年(1888)無錫薛氏刻本　十二册

440000－2543－0004184　O/920－6.1/02－10
水經注匯校四十卷趙一清水經注釋附録二卷　(北魏)酈道元撰　(清)楊希閔校　清光緒七年(1881)刻本　十二册

440000－2543－0004185　O/920－6.1/135
水經注圖一卷附録一卷　(清)汪士鐸撰　清同治元年(1862)刻本　一册

440000－2543－0004186　O/920－6.1/441
水經注西南諸水考三卷弧三角平視法一卷摹印述一卷　(清)陳澧撰　清光緒廣雅書局刻東塾遺書本　一册

440000－2543－0004187　VO/920－6.1/598
水經注釋四十卷首一卷附録二卷注箋刊誤十二卷　(清)趙一清録　清乾隆五十一年(1786)趙氏小山堂刻本　二十册

440000－2543－0004188　O/920－6.1/598－2
水經注釋四十卷附録二卷刊誤十二卷　(清)趙一清注　清光緒六年(1880)蛟川張壽榮花雨樓刻本　二十册

440000－2543－0004189　O/920－6.1/598－2(2)
水經注釋四十卷附録二卷刊誤十二卷　(清)趙一清注　清光緒六年(1880)蛟川張壽榮花雨樓刻本　二十四册

440000－2543－0004190　O/920－6.1/598－3
水經注釋四十卷首一卷附録二卷水經箋刊誤十二卷　(清)趙一清注釋　**水經釋地八卷**　(清)孔繼涵輯　**水經注圖説殘稿四卷**　(清)董祐誠撰　**今水經一卷**　(清)黄宗羲學　清光緒六年(1880)會稽章氏刻本　十六册

440000－2543－0004191　O/920－6.2/271
水道源流五卷　(清)胡宣慶撰　清光緒十七年(1891)長沙胡氏刻本　一册

440000－2543－0004192　O/920－6.2/364
禹貢川澤考二卷　(清)桂文燦撰　清光緒十二年(1886)廣州石印本　一册

440000－2543－0004193　VO/920－6.2/523
行水金鑑一百七十五卷首一卷　(清)傅澤洪纂　清雍正三年(1725)刻本　二十八册

440000－2543－0004194　VO/920－6.2/588
水道提綱二十八卷　(清)齊召南編録　清乾隆四十一年(1776)傳經書屋刻本　五册

440000－2543－0004195　VO/920－6.2/588(2)
水道提綱二十八卷　(清)齊召南編録　清乾隆四十一年(1776)傳經書屋刻本　六册

440000－2543－0004196　O/920－6.2/588－2
水道提綱二十八卷　(清)齊召南編　清光緒四年(1878)刻本　五册

440000－2543－0004197　O/920－6.2/671
續行水金鑑一百五十六卷首一卷　(清)黎世序等編　清道光十二年(1832)刻本　四十册

440000－2543－0004198　O/920－6.4/393
迴瀾紀要二卷　(清)徐端撰　清光緒十四年(1888)刻本　二册

440000－2543－0004199　VO/920－6.4/412
介石堂水鑑六卷　(清)郭起元著　(清)蔡寅斗評　清乾隆十八年(1753)刻本　六册

440000－2543－0004200　VO/920－6.4/412(2)
介石堂水鑑六卷　(清)郭起元著　(清)蔡寅斗評　清乾隆十八年(1753)刻本　一册

440000－2543－0004201　O/920－6.4/431
河防志十二卷　(清)張希良撰　清雍正三年(1725)刻本　八册

440000－2543－0004202　O/920－6.4/992
三省黄河全圖不分卷　（清）倪文蔚等修　（清）顧潮等測繪　清末石印本　五册

440000－2543－0004203　O/920－6.5/12
畿輔安瀾志五十六卷　（清）王履泰纂　清光緒二十五年（1899）廣雅書局刻武英殿聚珍版書本　二十六册

440000－2543－0004204　O/920－6.5/12－2
畿輔安瀾志五十六卷　（清）王履泰纂　清刻本　三十六册

440000－2543－0004205　O/920－6.5/19
續纂江蘇水利全案正編四十卷續編十二卷　（清）李慶雲纂　清光緒十五年（1889）水利工程局排印本　二十二册

440000－2543－0004206　O/920－6.5/23
浙西水利備考不分卷　（清）王鳳生編　清道光四年（1824）刻本　二册

440000－2543－0004207　O/920－6.5/23－2
浙西水利備考不分卷　（清）王鳳生編　清光緒四年（1878）浙江書局刻本　四册

440000－2543－0004208　O/920－6.5/28
西域水道記五卷附新疆賦一卷漢書西域傳補注二卷　（清）徐松撰　清道光三年（1823）刻本　二册

440000－2543－0004209　O/920－6.5/28（2）
西域水道記五卷附新疆賦一卷漢書西域傳補注二卷　（清）徐松撰　清道光三年（1823）刻本　五册

440000－2543－0004210　O/920－6.6/19
江蘇海塘新志八卷首一卷　（清）李慶雲纂　清光緒十六年（1890）刻本　四册

440000－2543－0004211　VO/920－6.6/23
海塘新志六卷　（清）方觀承等纂修　清乾隆刻本　四册

440000－2543－0004212　O/920－6.6/23－2
續海塘新志四卷　（清）□□撰　清道光刻本　四册

440000－2543－0004213　VO/920－6.7/23－1
西湖志四十八卷　（清）李衛修　（清）傅王露纂　清雍正十三年（1735）刻本　二十册

440000－2543－0004214　O/920－6.7/23－2
西湖志四十八卷　（清）李衛修　（清）傅王露纂　清光緒四年（1878）浙江書局刻本　十册

440000－2543－0004215　O/920－6.7/23－3
西湖佳話古今遺蹟十六卷　題（清）古吳墨浪子輯　清乾隆五十一年（1786）刻本　六册

440000－2543－0004216　O/920－6.7/23－4
西湖遊覽志二十四卷志餘二十六卷　（明）田汝成撰　清光緒二十二年（1896）錢塘丁氏嘉惠堂刻本　十册

440000－2543－0004217　VO/920－6.7/23－5
西湖志纂十五卷首一卷　（清）沈德潛等纂　清乾隆二十七年（1762）刻本　六册

440000－2543－0004218　O/920－6.9/24
荆州萬城隄志十卷首一卷末一卷　（清）倪文蔚纂修　清光緒二年（1876）刻本　六册

440000－2543－0004219　O/920－6.9/24－2
荆州萬城隄志十卷首一卷末一卷　（清）倪文蔚纂修　清光緒二年（1876）刻二十一年（1895）舒惠補刻本　六册

440000－2543－0004220　O/920－6.9/24－3
荆州萬城隄續志十卷首一卷末一卷　（清）舒惠纂修　清光緒二十年（1894）刻本　二册

440000－2543－0004221　O/920－6.9/24－3（2）
荆州萬城隄續志十卷首一卷末一卷　（清）舒惠纂修　清光緒二十年（1894）刻本　二册

440000－2543－0004222　O/920－7.1/17－1
洛陽伽藍記五卷集證一卷　（北魏）楊衒之撰　清光緒二十九年（1903）說劍齋刻本　一册

440000－2543－0004223　O/920－7.1/17－1（2）
洛陽伽藍記五卷集證一卷　（北魏）楊衒之撰　清光緒二十九年（1903）說劍齋刻本　一册

440000－2543－0004224　O/920－7.1/17－1（3）
洛陽伽藍記五卷集證一卷　（北魏）楊衒之撰

清光緒二十九年(1903)說劍齋刻本　一冊

440000－2543－0004225　O/920－7.1/17－1(4)
洛陽伽藍記五卷集證一卷　(北魏)楊衒之撰　清光緒二十九年(1903)說劍齋刻本　一冊

440000－2543－0004226　O/920－7.1/17－1(5)
洛陽伽藍記五卷集證一卷　(北魏)楊衒之撰　清光緒二十九年(1903)說劍齋刻本　一冊

440000－2543－0004227　O/920－7.1/17－1(6)
洛陽伽藍記五卷集證一卷　(北魏)楊衒之撰　清光緒二十九年(1903)說劍齋刻本　一冊

440000－2543－0004228　O/920－7.1/17－1(7)
洛陽伽藍記五卷集證一卷　(北魏)楊衒之撰　清光緒二十九年(1903)說劍齋刻本　一冊

440000－2543－0004229　O/920－7.2/30－1
鼎湖山慶雲寺外集五卷　(清)釋開潙編　清至民國間刻本　一冊

440000－2543－0004230　O/920－7.2/30－6
曹谿通志八卷　(清)馬元　(清)釋真樸修　清道光十六年(1836)懷善堂刻本　八冊

440000－2543－0004231　O/920－7.2/30－16
波羅外紀八卷　(清)崔弼輯　清光緒八年(1882)博陵崔氏刻本　二冊

440000－2543－0004232　O/920－7.4/19－1
揚州畫舫錄十八卷　(清)李斗撰　清同治十一年(1872)刻本　六冊

440000－2543－0004233　O/920－7.4/19－6
五畝園小志一卷題詠一卷　(清)謝家福輯　**五畝園志餘一卷**　(清)淩泗輯　**桃隖百詠一卷**　(清)淩泗撰　(清)謝家福注　**五畝園懷古一卷**　(清)□□輯　清光緒十六年(1890)吴縣謝氏刻本　一冊

440000－2543－0004234　O/920－7.4/19－6(2)
五畝園小志一卷題詠一卷　(清)謝家福輯　**五畝園志餘一卷**　(清)淩泗輯　**桃隖百詠一卷**　(清)淩泗撰　(清)謝家福注　**五畝園懷古一卷**　(清)□□輯　清光緒十六年(1890)吴縣謝氏刻本　四冊

440000－2543－0004235　VO/920－7.5/19－1
平山堂小志十二卷　(清)程夢星編　清乾隆十六年(1751)刻本　三冊

440000－2543－0004236　O/920－7.5/19－11
滄浪小志二卷　(清)宋犖編　清光緒十年(1884)江蘇書局刻本　一冊

440000－2543－0004237　O/920－7.5/19－12
滄浪亭志六卷首一卷　(清)梁章鉅撰　清道光七年(1827)刻本　一冊

440000－2543－0004238　O/920－7.5/24－1
問津院志六卷首一卷末一卷　(清)王會釐纂修　清光緒三十一年(1905)刻本　三冊

440000－2543－0004239　O/920－7.5/25－1
定王臺志二卷　(清)夏獻雲編　清光緒七年(1881)長沙刻本　一冊

440000－2543－0004240　O/920－7.6/19－1
莫愁湖志六卷首一卷　(清)馬志圖撰　清光緒八年(1882)刻本　一冊

440000－2543－0004241　O/920－7.6/24
鸚鵡洲小志四卷首一卷　(清)胡鳳丹纂　清同治十三年(1874)刻本　二冊

440000－2543－0004242　O/920－7.6/26－1
重修輞川志六卷　(清)胡元煐編　清道光十七年(1837)刻本　一冊

440000－2543－0004243　O/920－7.7/98
歷代陵寢備考五十卷歷代宗廟附考八卷　(清)朱孔陽輯　清光緒上海申報館鉛印本　十四冊

440000－2543－0004244　O/920－7.7/162
兩浙防護陵寢祠墓錄不分卷　(清)阮元輯　清會稽董氏取斯家塾刻本　四冊

440000－2543－0004245　O/920－7.7/162－2
兩浙防護陵寢祠墓錄不分卷　(清)阮元輯　清光緒十五年(1889)浙江書局刻本　二冊

440000－2543－0004246　O/920－8/37
鴻爪前遊日記六卷(同治九年至十年)　(清)孔廣陶撰　清光緒十八年(1892)三十有三萬

卷堂刻本　四冊

440000－2543－0004247　O/920－8/37(2)
鴻爪前遊日記六卷(同治九年至十年)　(清)孔廣陶撰　清光緒十八年(1892)三十有三萬卷堂刻本　六冊

440000－2543－0004248　O/920－8.1/973
鴻雪因緣圖記三集不分卷　(清)麟慶撰　清光緒十年(1884)上海點石齋石印本　六冊

440000－2543－0004249　O/920－8.2/615
河海崑崙錄四卷　裴景福撰　清宣統元年(1909)上海文明書局鉛印本　四冊

440000－2543－0004250　O/920－8.9/16
小滄浪筆談四卷　(清)阮元撰　清嘉慶七年(1802)浙江節院刻本　二冊

440000－2543－0004251　O/920－8.9/18
三晉見聞錄　(清)齊翀撰　清光緒六年(1880)天空海濶之居刻本　一冊

440000－2543－0004252　O/920－8.9/18(2)
三晉見聞錄　(清)齊翀撰　清光緒六年(1880)天空海濶之居刻本　一冊

440000－2543－0004253　O/920－8.9/32
蠻書十卷　(唐)樊綽撰　清光緒二十年(1894)刻本　一冊

440000－2543－0004254　O/920－9/151－2
歷代地理志韻編今釋二十卷　(清)李兆洛輯　清同治十年(1871)刻本　七冊

440000－2543－0004255　O/920－9/151－3
歷代地理志韻編今釋二十卷　(清)李兆洛輯　清光緒元年(1875)羊城馬氏刻本　十二冊

440000－2543－0004256　O/920－9/151－3(2)
歷代地理志韻編今釋二十卷　(清)李兆洛輯　清光緒元年(1875)羊城馬氏刻本　十二冊

440000－2543－0004257　O/920－9/151－3(3)
歷代地理志韻編今釋二十卷　(清)李兆洛輯　清光緒元年(1875)羊城馬氏刻本　八冊

440000－2543－0004258　O/920－9/165
資治通鑑地理今釋十六卷　(清)吳熙載撰　清光緒八年(1882)江蘇書局刻本　二冊

440000－2543－0004259　O/920－9/165(2)
資治通鑑地理今釋十六卷　(清)吳熙載撰　清光緒八年(1882)江蘇書局刻本　三冊

440000－2543－0004260　O/920－9/165－2
資治通鑑地理今釋十六卷　(清)吳熙載撰　清光緒二十三年(1897)廣東經史閣刻本　四冊

440000－2543－0004261　O/920－9/165－3
資治通鑑地理今釋十六卷　(清)吳熙載撰　清末石印本　三冊

440000－2543－0004262　O/920－9/352
歷代地理沿革圖一卷　(清)馬徵麟撰　清同治十年(1871)金陵刻本　一冊

440000－2543－0004263　O/920－9/443
歷代地理沿革表四十七卷　(清)陳芳績撰　清光緒二十一年(1895)廣雅書局刻本　十五冊

440000－2543－0004264　O/920－9/794
歷代輿地沿革險要圖說一卷　楊守敬　饒敦秩撰　清光緒三十年(1904)石印本　一冊

440000－2543－0004265　O/920－9/838
歷代地理志二卷　(清)兩益齋編　清光緒二十六年(1900)兩益齋鉛印本　二冊

440000－2543－0004266　O/920－9/939
支那疆域沿革略說一卷　(日本)重野安繹　(日本)河田羆撰　清光緒輿地學會刻本　一冊

440000－2543－0004267　VO/920－9.1/412
山海經十八卷　(晉)郭璞傳　清乾隆刻本　四冊

440000－2543－0004268　VO/920－9.1/412－5
山海經釋義十八卷　(晉)郭璞著傳　(明)王崇慶釋義　(明)董漢儒校訂　明萬曆四十七年(1619)大業堂刻本　二冊

440000－2543－0004269　O/920－9.1/412－6

山海經十八卷 (晉)郭璞注 (清)畢沅校正 清光緒三年(1877)浙江書局刻本 三冊

440000－2543－0004270 O/920－9.1/412－7
山海經十八卷拾遺記十卷 (晉)郭璞撰 (明)吳中珩校正 清刻本 一冊 存十卷(山海經一至三、拾遺記四至十)

440000－2543－0004271 O/920－9.2/117(2)
漢書地理志稽疑六卷 (清)全祖望撰 清嘉慶九年(1804)朱文翰得諼草堂刻本 二冊

440000－2543－0004272 O/920－9.2/135
漢書地理志校本二卷 (清)汪遠孫撰 清道光二十八年(1848)振綺堂刻本 一冊

440000－2543－0004273 O/920－9.2/153－2
漢西域圖考七卷首一卷 (清)李光廷撰 清同治九年(1870)刻民國二十三年(1934)李天馬增刻本 四冊

440000－2543－0004274 O/920－9.2/674
楚漢諸侯疆域志三卷 (清)劉文淇撰 清光緒二年(1876)刻本 一冊

440000－2543－0004275 O/920－9.2/674(2)
楚漢諸侯疆域志三卷 (清)劉文淇撰 清光緒十五年(1889)廣雅書局刻本 一冊

440000－2543－0004276 O/920－9.2/705
新斠注地理志十六卷 (清)錢坫著 (清)徐松集釋 清會稽章氏刻本 五冊

440000－2543－0004277 O/920－9.23/165
三國郡縣表八卷 (清)吳增僅撰 清光緒二十二年(1896)刻本 四冊

440000－2543－0004278 O/920－9.24/260
東晉疆域志四卷 (清)洪亮吉撰 清光緒十七年(1891)廣雅書局刻本 二冊

440000－2543－0004279 O/920－9.24/393
東晉南北朝輿地表十卷州郡表四卷郡縣沿革表十二卷首一卷末一卷 (清)徐文范撰 清光緒二十四年(1898)廣雅書局刻本 十冊

440000－2543－0004280 O/920－9.24/393(2)
東晉南北朝輿地表十卷州郡表四卷郡縣沿革表十二卷首一卷末一卷 (清)徐文范撰 清光緒二十四年(1898)廣雅書局刻本 十冊

440000－2543－0004281 VO/920－9.24/460
晉書地理志新補正五卷 (清)畢沅撰 清乾隆四十八年(1783)經訓堂刻本 一冊

440000－2543－0004282 O/920－9.25/428(2)
六朝事迹編類十四卷 (宋)張敦頤撰 清光緒十三年(1887)寶章閣刻本 二冊

440000－2543－0004283 O/920－9.25/428(3)
六朝事迹編類十四卷 (宋)張敦頤撰 清光緒十三年(1887)寶章閣刻本 二冊

440000－2543－0004284 O/920－9.25/428(4)
六朝事迹編類十四卷 (宋)張敦頤撰 清光緒十三年(1887)寶章閣刻本 一冊

440000－2543－0004285 O/920－9.26/260
補梁疆域志四卷 (清)洪齮孫撰 清光緒十七年(1891)廣雅書局刻本 二冊

440000－2543－0004286 O/920－9.26/260(2)
補梁疆域志四卷 (清)洪齮孫撰 清光緒十七年(1891)廣雅書局刻本 二冊

440000－2543－0004287 O/920－9.3/152
元和郡縣圖志闕卷逸文三卷 繆荃孫輯 清光緒七年(1881)雲自在堪刻朱印本 一冊

440000－2543－0004288 O/920－9.3/152－2
元和郡縣圖志四十卷闕卷逸文一卷補志九卷 (唐)李吉甫撰 (清)孫星衍輯 (清)嚴觀補 清光緒六年至八年(1880－1882)金陵書局刻本 六冊 缺六卷(十九至二十、二十三至二十四、三十五至三十六)

440000－2543－0004289 O/920－9.3/152－2(2)
元和郡縣圖志四十卷闕卷逸文一卷補志九卷 (唐)李吉甫撰 (清)孫星衍輯 (清)嚴觀補 清光緒六年至八年(1880－1882)金陵書局刻本 八冊 缺六卷(十九至二十、二十三至二十四、三十五至三十六)

440000－2543－0004290 O/920－9.4/22
元豐九域志十卷 (宋)王存等撰 清光緒九

年(1883)金陵書局刻本　二冊

440000－2543－0004291　O/920－9.4/22－2
元豐九域志十卷　(宋)王存等撰　清光緒二十五年(1899)廣雅書局刻武英殿聚珍版書本　六冊

440000－2543－0004292　O/920－9.4/22－2(2)
元豐九域志十卷　(宋)王存等撰　清光緒二十五年(1899)廣雅書局刻武英殿聚珍版書本　八冊

440000－2543－0004293　O/920－9.4/24
輿地紀勝二百卷　(宋)王象之撰　清道光二十九年(1849)懼盈齋刻本　四十冊　缺三十二卷(十三至十六、五十至五十四、一百三十六至一百四十四、一百六十八至一百七十三、一百九十三至二百)

440000－2543－0004294　O/920－9.4/688
太平寰宇記二百卷目錄二卷　(宋)樂史撰　清光緒八年(1882)金陵書局刻本(原缺四、一百十三至一百十九)　三十六冊

440000－2543－0004295　O/920－9.4/688(2)
太平寰宇記二百卷目錄二卷　(宋)樂史撰　清光緒八年(1882)金陵書局刻本(原缺四、一百十三至一百十九)　十八冊

440000－2543－0004296　O/920－9.4/688(3)
太平寰宇記二百卷目錄二卷　(宋)樂史撰　清光緒八年(1882)金陵書局刻本　二十五冊　缺十五卷(四、一百十三至一百十九、一百九十四至二百)

440000－2543－0004297　VO/920－9.6/152
天下一統志九十卷　(明)李賢　(明)萬安纂修　明萬曆萬壽堂刻清印本　二十八冊

440000－2543－0004298　VO/920－9.6/420
大明一統名勝志二百八卷　(明)曹學佺撰　明崇禎三年(1630)刻本　二十四冊

440000－2543－0004299　O/920－9.7/151－2
皇朝輿地韻編二卷　(清)李兆洛輯　清同治十年(1871)刻本　一冊

440000－2543－0004300　O/920－9.7/253
大清一統志五百卷　(清)和珅等纂修　清光緒二十八年(1902)上海寶善齋石印本　四十八冊

440000－2543－0004301　O/920－9.7/260
乾隆府廳州縣圖志五十卷　(清)洪亮吉撰　清光緒二十三年(1897)新化三味書室刻本　十二冊

440000－2543－0004302　VO/920－9.7/565
大清一統志表　(清)萬廷蘭編　清乾隆五十八年(1793)刻本　八冊

440000－2543－0004303　VO/920－9.7/650
大清一統志三百五十六卷　(清)王安國　(清)梁詩正等纂修　清道光二十九年(1849)薛子瑜木活字印本　一百二十冊

440000－2543－0004304　O/920－9.7/650.1
皇朝直省府廳州縣歌括一卷　(清)蔣升編　清光緒二十三年(1897)江楚書局刻本　一冊

440000－2543－0004305　O/920－9.7/787
皇朝中外一統輿圖二十六卷首一卷　(清)嚴樹森輯　清同治二年(1863)刻本　六冊

440000－2543－0004306　VO/920－12/01
[康熙]畿輔通志四十六卷　(清)于成龍修　(清)郭棻纂　(清)馬兆辰校補　清康熙二十二年(1683)刻六十一年(1722)修補印本　二十四冊

440000－2543－0004307　O/920－12/01－2
[光緒]順天府志一百三十卷附錄一卷　(清)萬青黎　(清)周家楣修　(清)張之洞　繆荃孫纂　清光緒十二年(1886)刻本　六十四冊

440000－2543－0004308　VO/920－12/01－3
欽定日下舊聞考一百六十卷譯語總目一卷　(清)朱彝尊原輯　(清)于敏中等修　(清)竇光鼐等纂　清乾隆刻本　四十八冊

440000－2543－0004309　VO/920－12/01－3(2)
欽定日下舊聞考一百六十卷譯語總目一卷　(清)朱彝尊原輯　(清)于敏中等修　(清)

竇光鼐等纂　清乾隆刻本　四十八册

440000－2543－0004310　O/920－12/01－4
古香齋鑒賞袖珍春明夢餘録七十卷　（清）孫承澤著　清光緒九年（1883）廣州惜分陰館刻本　十八册

440000－2543－0004311　O/920－12/01－5
古香齋鑒賞袖珍春明夢餘録七十卷　（清）孫承澤著　清光緒七年至八年（1881－1882）孔氏三十有三萬卷堂刻本　二十四册

440000－2543－0004312　O/920－12/01－6
日下尊聞録五卷　（清）□□編　清光緒十七年（1891）石印本　二册

440000－2543－0004313　VO/920－12/101
［乾隆］天津府志四十卷　（清）李梅賓（清）程鳳文修　（清）吴廷華　（清）汪沆纂　清乾隆四年（1739）刻本　十六册

440000－2543－0004314　VO/920－12/101－2
［乾隆］天津縣志二十四卷　（清）朱奎揚等修（清）吴廷華等纂　清乾隆四年（1739）刻本　八册

440000－2543－0004315　O/920－12/101－3
［同治］續天津縣志二十卷首一卷　（清）吴惠元修　（清）蔣玉虹　（清）俞樾纂　清同治九年（1870）刻本　八册

440000－2543－0004316　VO/920－12/105
［乾隆］滄州志十六卷　（清）徐時作等修（清）胡淦等纂　清乾隆八年（1743）刻本　八册

440000－2543－0004317　O/920－12/111
［光緒］南皮縣志十五卷首一卷末一卷　（清）殷樹森修　（清）汪寶樹　（清）傅金鑅纂　清光緒十四年（1888）刻本　八册

440000－2543－0004318　O/920－12/113
［同治］静海縣志八卷　（清）鄭士蕙纂修　清同治十二年（1873）刻本　四册

440000－2543－0004319　VO/920－12/116
［乾隆］三河縣志十六卷首一卷　（清）陳泉修（清）王大信等纂　清乾隆二十五年（1760）刻本　四册

440000－2543－0004320　VO/920－12/117
［乾隆］獻縣志二十卷圖一卷表一卷　（清）萬廷蘭修　（清）戈濤纂　清乾隆二十六年（1761）刻本　六册

440000－2543－0004321　O/920－12/121
［光緒］通州志十卷首一卷末一卷　（清）高建勳等修　（清）王維珍等纂　清光緒五年（1879）刻本　十二册

440000－2543－0004322　O/920－12/126
［光緒］昌平外志六卷補一卷　（清）麻兆慶攷　清光緒十八年（1892）刻本　四册

440000－2543－0004323　O/920－12/127
［光緒］寧津縣志十二卷首一卷　（清）祝嘉庸修　（清）吴潯源纂　清光緒二十六年（1900）刻本　六册

440000－2543－0004324　O/920－12/131
［光緒］吴橋縣志十二卷　（清）倪昌燮修（清）馮慶楊纂　清光緒元年（1875）刻本　八册

440000－2543－0004325　O/920－12/135
［光緒］東光縣志十二卷首一卷末一卷　（清）周植瀛修　（清）吴潯源纂　清光緒十四年（1888）刻本　十册

440000－2543－0004326　VO/920－12/136
［康熙］懷柔縣新志八卷　（清）吴景果譔　清康熙六十年（1721）刻本　四册

440000－2543－0004327　O/920－12/141
［光緒］撫寧縣志十六卷首一卷　（清）張上龢修　（清）史夢蘭纂　清光緒三年（1877）刻本　六册

440000－2543－0004328　O/920－12/145
［嘉慶］灤州志八卷首一卷末一卷　（清）吴士鴻修　（清）孫學恆纂　清嘉慶十五年（1810）刻本　八册

440000－2543－0004329　O/920－12/147

[光緒]欒亭縣志十五卷首一卷末一卷 (清)蔡志修等修 (清)史夢蘭纂 清光緒三年(1877)刻本 六冊

440000-2543-0004330 O/920-12/149
[光緒]臨榆縣志二十四卷首一卷 (清)趙允祜等修 (清)高錫疇纂 清光緒四年(1878)刻本 十冊

440000-2543-0004331 VO/920-12/151
[乾隆]直隸遵化州志二十卷 (清)劉靖纂修 (清)傅修續纂修 清乾隆五十九年(1794)刻本 四冊

440000-2543-0004332 O/920-12/155
[光緒]玉田縣志三十卷首一卷 (清)夏子鎏修 (清)李昌時纂 (清)丁維續纂 清光緒十年(1884)刻本 六冊

440000-2543-0004333 VO/920-12/157
[康熙]文安縣志八卷 (清)楊朝麟修 (清)胡淓纂 清康熙四十二年(1703)刻本 八冊

440000-2543-0004334 O/920-12/201
[光緒]保定府志七十九卷首一卷 (清)李培祜修 (清)張豫塏纂 清光緒十二年(1886)刻本 三十二冊

440000-2543-0004335 O/920-12/201(2)
[光緒]保定府志七十九卷首一卷 (清)李培祜修 (清)張豫塏纂 清光緒十二年(1886)刻本 三十二冊

440000-2543-0004336 VO/920-12/201-2
[康熙]清苑縣志十二卷首一卷 (清)時來敏修 (清)郭棻纂 清康熙十六年(1677)刻本 四冊

440000-2543-0004337 O/920-12/205
[乾隆]安肅縣志十六卷 (清)張鈍修 (清)史元善等纂 清乾隆四十三年(1778)刻嘉慶十三年(1808)石梁補刻本 十冊

440000-2543-0004338 O/920-12/221
[光緒]蠡縣志十卷 (清)韓志超 (清)何雲誥修 (清)張瑜等纂 清光緒二年(1876)刻本 五冊

440000-2543-0004339 VO/920-12/225
[乾隆]祁州志八卷 (清)羅以桂等修 (清)刁錦等纂 清乾隆二十一年(1756)刻本 四冊

440000-2543-0004340 O/920-12/225-2
[光緒]祁州續志四卷 (清)趙秉恆等修 (清)劉學海等纂 清光緒八年(1882)刻本 二冊

440000-2543-0004341 O/920-12/233
[光緒]正定縣志四十六卷首一卷末一卷 (清)賈孝彰等修 (清)趙文濂等纂 清光緒元年(1875)刻本 十四冊

440000-2543-0004342 O/920-12/235
[光緒]獲鹿縣志十四卷首一卷末一卷 (清)俞錫綱等修 (清)曹鑅纂 清光緒七年(1881)刻本 十冊

440000-2543-0004343 VO/920-12/237
[雍正]井陘縣志八卷 (清)鍾文英等纂修 清雍正八年(1730)刻本 六冊

440000-2543-0004344 O/920-12/241
[同治]欒城縣志十四卷首一卷末一卷 (清)陳詠修 (清)張惇德纂 清同治十二年(1873)刻本 六冊

440000-2543-0004345 O/920-12/245
[同治]靈壽縣志十卷末一卷 (清)劉賡年等纂修 清同治十二年(1873)刻本 六冊

440000-2543-0004346 VO/920-12/257
[康熙]藁城縣志十二卷 (清)賴于宣纂修 清康熙三十七年(1698)刻五十九年(1720)閻堯熙增刻本 四冊

440000-2543-0004347 O/920-12/257-2
[光緒]藁城縣志續補十一卷 (清)汪度 (清)朱紹穀修 (清)張毓溫纂 清光緒七年(1881)刻本 一冊

440000-2543-0004348 VO/920-12/261

[乾隆]直隸易州志十八卷首一卷 (清)楊芊纂修 (清)張登高續纂修 清乾隆十二年(1747)刻本 十册

440000－2543－0004349 O/920－12/267
[道光]直隸定州志二十二卷首一卷 (清)寶琳修 (清)勞沅恩纂 清道光三十年(1850)刻本 十二册

440000－2543－0004350 VO/920－12/271
[雍正]深澤縣志十二卷首一卷 (清)趙憲修 (清)王植纂 清雍正十三年(1735)刻乾隆二十七年(1762)增刻本 四册

440000－2543－0004351 O/920－12/273
[同治]深州風土記二十二卷附表五卷 (清)吳汝綸纂 清光緒二十六年(1900)文瑞書院刻本 八册

440000－2543－0004352 O/920－12/301
[咸豐]大名府志二十二卷首一卷續志六卷末一卷 (清)朱煐等纂修 (清)武蔚文續修 (清)郭程先續纂 (清)高繼珩增補 清咸豐三年至四年(1853－1854)刻本 二十一册

440000－2543－0004353 VO/920－12/301－2
[乾隆]大名縣志四十卷首一卷 (清)張維祺修 (清)李棠纂 清乾隆五十五年(1790)刻本 十二册

440000－2543－0004354 VO/920－12/315
[乾隆]沙河縣志十卷首一卷末一卷 (清)杜灝纂修 清乾隆二十二年至二十四年(1757－1759)刻本 四册

440000－2543－0004355 O/920－12/315－2
[道光]續增沙河縣志二卷 (清)魯傑纂修 清道光二十五年(1845)刻本 二册

440000－2543－0004356 O/920－12/325
[光緒]唐山縣志十二卷首一卷末一卷 (清)蘇玉修 (清)杜靄 (清)李飛鳴纂 清光緒七年(1881)刻本 八册

440000－2543－0004357 O/920－12/331
[光緒]重修廣平府志六十三卷首一卷 (清)吳中彥修 (清)胡景桂纂 清光緒二十年(1894)刻本 二十四册

440000－2543－0004358 O/920－12/331－2
[光緒]永年縣志四十卷首一卷 (清)夏詒鈺纂修 清光緒三年(1877)刻本 八册

440000－2543－0004359 VO/920－12/341
[乾隆]邯鄲縣志十二卷首一卷 (清)王烱纂修 清乾隆二十一年(1756)刻本 六册

440000－2543－0004360 VO/920－12/341(2)
[乾隆]邯鄲縣志十二卷首一卷 (清)王烱纂修 清乾隆二十一年(1756)刻本 十册 缺一卷(首一卷)

440000－2543－0004361 O/920－12/344
[光緒]臨漳縣志十八卷首一卷 (清)周秉彝修 (清)周壽梓等纂 清光緒三十年(1904)刻本 十四册

440000－2543－0004362 O/920－12/349
[康熙]磁州志十八卷 (清)蔣擢修 (清)樂玉聲等纂 清康熙四十二年(1703)刻本 四册

440000－2543－0004363 O/920－12/349－2
[同治]磁州續志六卷首一卷 (清)程光滢纂修 清同治十三年(1874)刻本 二册

440000－2543－0004364 VO/920－12/354
[乾隆]武安縣志二十卷圖一卷 (清)蔣光祖修 (清)夏兆豐纂 清乾隆四年(1739)刻本 八册

440000－2543－0004365 O/920－12/355
[光緒]南宮縣志十八卷 (清)戴世文修 (清)喬國楨等纂 清光緒三十年(1904)刻本 八册

440000－2543－0004366 O/920－12/359
[嘉慶]棗強縣志二十卷 (清)任銜蕙修 (清)楊元錫纂 清嘉慶九年(1804)刻本 六册

440000－2543－0004367 O/920－12/359－2
[同治]棗強縣志補正二卷 (清)方宗誠纂

清光緒二年(1876)刻本　一冊

440000－2543－0004368　O/920－12/359－2(2)
[同治]棗強縣志補正二卷　(清)方宗誠纂　清光緒二年(1876)刻本　一冊

440000－2543－0004369　VO/920－12/401
[康熙]宣化縣志三十卷　(清)陳坦修　清康熙五十年(1711)刻乾隆二年(1737)增刻本　六冊

440000－2543－0004370　VO/920－12/401－2
[乾隆]宣化府志四十二卷首一卷　(清)王者輔等修　(清)吳廷華纂　(清)張志奇續修　(清)黄可潤續纂　清乾隆九年(1744)刻二十二年(1757)增刻本　十六冊

440000－2543－0004371　O/920－12/405
[道光]萬全縣志十卷首一卷　(清)左承業原本　(清)施彦士續纂修　清道光十四年(1834)刻本　六冊

440000－2543－0004372　O/920－12/415
[光緒]蔚州志二十卷首一卷　(清)慶之金修　(清)楊篤纂　清光緒三年(1877)刻本　八冊

440000－2543－0004373　O/920－12/419
[道光]保安州志八卷首一卷　(清)楊桂森纂修　清道光十五年(1835)刻光緒三年(1877)印本　五冊

440000－2543－0004374　O/920－12/419－2
[光緒]保安州續志四卷　(清)尋鑾晉修　(清)張毓生纂　清光緒三年(1877)刻本　一冊

440000－2543－0004375　VO/920－12/420
[乾隆]欽定熱河志一百二十卷　(清)和珅　(清)梁國治等編輯　清乾隆四十六年(1781)刻本　四十三冊　缺十卷(二十三至三十二)

440000－2543－0004376　O/920－12/421
[道光]承德府志六十卷首二十六卷　(清)海忠纂修　清道光十一年(1831)刻光緒十三年(1887)重訂本　二十四冊

440000－2543－0004377　O/920－13/01
[乾隆]盛京通志四十八卷首一卷　(清)呂耀曾等修　(清)魏樞等纂　(清)雷以誠續纂修　清乾隆元年(1736)刻咸豐二年(1852)雷以誠重修本　二十冊

440000－2543－0004378　O/920－13/01(2)
[乾隆]盛京通志四十八卷首一卷　(清)呂耀曾等修　(清)魏樞等纂　(清)雷以誠續纂修　清乾隆元年(1736)刻咸豐二年(1852)雷以誠重修本　二十冊

440000－2543－0004379　O/920－14/01
[光緒]吉林通志一百二十二卷圖一卷　(清)長順　(清)訥欽修　(清)李桂林　(清)顧雲纂　清光緒刻本　三十三冊

440000－2543－0004380　O/920－14/01(2)
[光緒]吉林通志一百二十二卷圖一卷　(清)長順　(清)訥欽修　(清)李桂林　(清)顧雲纂　清光緒刻本　四十八冊　缺一卷(圖一卷)

440000－2543－0004381　O/920－14/01－2
[道光]吉林外記十卷　(清)薩英額纂　**甯古塔記略不分卷**　(清)吳桭臣著　清光緒二十一年(1895)漸西村舍刻本　二冊

440000－2543－0004382　O/920－14/303
甯古塔記略不分卷　(清)吳桭臣著　清光緒二十一年(1895)漸西村舍刻本　一冊

440000－2543－0004383　O/920－15/01
[嘉慶]黑龍江外記八卷　(清)西清撰　清光緒漸西村舍刻本　一冊

440000－2543－0004384　O/920－16/01
[雍正]山東通志三十六卷首一卷　(清)岳濬　(清)法敏修　(清)杜詔等纂　清乾隆元年(1736)刻道光十七年(1837)補刻本　四十二冊

440000－2543－0004385　O/920－16/01－2
山東考古錄不分卷　(清)顧炎武撰　清光緒八年(1882)山東書局刻本　一冊

440000－2543－0004386　O/920－16/01－3
續山東考古錄三十二卷首一卷　(清)葉圭綬撰　清光緒八年(1882)山東書局刻本　六冊

440000－2543－0004387　O/920－16/101
[乾隆]歷城縣志五十卷首一卷　(清)胡德琳修　(清)李文藻等纂　清乾隆三十八年(1773)刻本　十六冊

440000－2543－0004388　O/920－16/102
[道光]濟南府志七十二卷首一卷　(清)王贈芳　(清)王鎮修　(清)成瓘　(清)冷烜纂　清道光二十年(1840)刻本　四十冊

440000－2543－0004389　O/920－16/103
[道光]章邱縣志十六卷首一卷末一卷　(清)吳璋修　(清)曹楙堅纂　清道光十三年(1833)刻本　八冊

440000－2543－0004390　O/920－16/105
[道光]鄒平縣志十八卷　(清)羅宗瀛修　(清)成瓘纂　清道光十六年(1836)刻本　八冊

440000－2543－0004391　O/920－16/109
[嘉慶]長山縣志十六卷首一卷　(清)倪企望修　(清)鍾廷瑛　(清)徐果行纂　清嘉慶六年(1801)刻本　五冊

440000－2543－0004392　O/920－16/111－3
[康熙]新城縣志十四卷首一卷　(清)崔懋修　(清)嚴濂曾纂　**[康熙]新城縣續志二卷**　(清)孫元衡纂　清康熙三十二年(1693)刻本　六冊

440000－2543－0004393　O/920－16/113
[雍正]齊河縣志十卷首一卷　(清)上官有儀修　(清)許琰纂　清乾隆二年(1737)刻本　四冊

440000－2543－0004394　O/920－16/115
[康熙]新修齊東縣志八卷　(清)余爲霖修　(清)郭國琦纂　**[嘉慶]齊東縣志續一卷**　(清)周以勳撰　清康熙二十四年(1685)刻光緒六年(1880)增刻本　六冊

440000－2543－0004395　O/920－16/117
[乾隆]濟陽縣志十四卷首一卷　(清)胡德琳修　(清)何明禮　(清)章承茂纂　清乾隆三十年(1765)刻本　八冊

440000－2543－0004396　O/920－16/119
[道光]長清縣志十六卷首四卷末二卷　(清)舒化民等修　(清)徐德城等纂　清道光十五年(1835)刻本　六冊

440000－2543－0004397　VO/920－16/121
[乾隆]泰安府志三十卷前一卷首二卷　(清)顏希深等修　(清)成城纂　清乾隆二十五年(1760)刻本　二十冊

440000－2543－0004398　VO/920－16/121(2)
[乾隆]泰安府志三十卷前一卷首二卷　(清)顏希深等修　(清)成城纂　清乾隆二十五年(1760)刻本　十冊

440000－2543－0004399　O/920－16/121－2
[道光]泰安縣志十二卷首一卷末一卷　(清)徐宗幹修　(清)蔣大慶纂　清道光八年(1828)刻本　七冊

440000－2543－0004400　O/920－16/123
[乾隆]新泰縣志二十卷首一卷　(清)江乾達修　(清)牛士瞻等纂　清乾隆四十九年(1784)刻光緒十七年(1891)增刻本　六冊

440000－2543－0004401　O/920－16/125
[康熙]新修萊蕪縣志十卷　(清)鍾國義纂修　清康熙十二年(1673)刻本　四冊

440000－2543－0004402　O/920－16/127
[光緒]肥城縣志十卷首一卷　(清)淩紱曾修　(清)邵承照纂　清光緒十七年(1891)刻本　六冊

440000－2543－0004403　O/920－16/133－2
[康熙]海豐縣誌十二卷首一卷　(清)胡公著等修　(清)張克家等纂　清康熙九年(1670)刻本　四冊

440000－2543－0004404　O/920－16/135
[咸豐]濱州志十二卷首一卷　(清)李熙齡等

纂修　清咸豐十年(1860)刻本　四册

440000－2543－0004405　O/920－16/137
[光緒]利津縣志十卷　(清)盛贊熙修　(清)余朝棻纂　清光緒九年(1883)刻本　四册

440000－2543－0004406　VO/920－16/139
[乾隆]樂陵縣志八卷首一卷末一卷　(清)王謙益修　(清)莊肇奎等纂　清乾隆二十七年(1762)刻本　五册

440000－2543－0004407　O/920－16/141
[光緒]霑化縣志十六卷首一卷　(清)聯印修　(清)張會一等纂　清光緒十七年(1891)刻本　四册

440000－2543－0004408　VO/920－16/143
[乾隆]蒲臺縣志四卷首一卷　(清)嚴文典　(清)任相纂修　清乾隆二十八年至二十九年(1763－1764)刻光緒七年(1881)增補本　四册

440000－2543－0004409　O/920－16/145
[道光]商河縣志八卷首一卷　(清)龔廷煌纂修　清道光十六年(1836)刻本　八册

440000－2543－0004410　O/920－16/147
[乾隆]青城縣志十二卷　(清)方鳳修　(清)戴文熾　(清)周瑊纂　清乾隆二十四年(1759)刻道光二十六年(1846)增刻本　四册

440000－2543－0004411　O/920－16/149
[道光]重修博興縣志十三卷　(清)周壬福修　(清)李同纂　清道光二十年(1840)刻本　四册

440000－2543－0004412　O/920－16/151
[乾隆]高苑縣誌十卷　(清)張耀璧纂修　清乾隆二十三年(1758)刻本　四册

440000－2543－0004413　O/920－16/159
[光緒]惠民縣志三十卷首一卷末一卷　(清)沈世銓修　(清)李勗纂　清光緒二十五年(1899)柳堂校補刻本　六册

440000－2543－0004414　VO/920－16/159－2
[乾隆]武定府志三十八卷首一卷　(清)赫達色修　(清)莊肇奎　(清)沈中行纂　清乾隆二十四年(1759)刻本　二十册

440000－2543－0004415　O/920－16/201
[道光]濟寧直隸州志十卷首一卷末一卷　(清)徐宗幹等纂修　(清)盧朝安等續纂修　清咸豐九年(1859)盧朝安濟寧州署刻本　十八册

440000－2543－0004416　O/920－16/201－2
[咸豐]濟寧直隸州續志四卷　(清)盧朝安纂修　清咸豐九年(1859)刻本　二册

440000－2543－0004417　O/920－16/203
[乾隆]兗州府志三十二卷首二卷圖考一卷　(清)覺羅普爾泰修　(清)陳顧㶇纂　清乾隆三十五年(1770)刻本　十四册

440000－2543－0004418　O/920－16/203－2
[康熙]滋陽縣志四卷　(清)李濚修　(清)仲弘道等纂　清康熙十一年(1672)刻本　一册

440000－2543－0004419　VO/920－16/205
[乾隆]曲阜縣志一百卷　(清)潘相纂修　清乾隆三十九年(1774)刻本　十二册

440000－2543－0004420　O/920－16/207
[光緒]寧陽縣志二十四卷　(清)高陞榮修　(清)黄恩彤纂　清光緒五年(1879)刻本　十二册

440000－2543－0004421　VO/920－16/209
[康熙]鄒縣志三卷　(清)婁一均修　(清)周翼纂　清康熙五十五年(1716)刻本　四册

440000－2543－0004422　O/920－16/211
[道光]滕縣志十四卷首一卷　(清)王政修　(清)王庸立　(清)黄來麟纂　清道光二十六年(1846)刻本　八册

440000－2543－0004423　O/920－16/213
[順治]泗水縣志十二卷　(清)劉桓修　(清)杜燦然纂　清康熙元年(1662)刻三十八年(1699)增刻本　四册

440000－2543－0004424　O/920－16/215

[萬曆]汶上縣志八卷　(明)栗可仕修　(明)王命新纂　明萬曆三十六年(1608)刻清康熙五十六年(1717)補刻本　三冊

440000－2543－0004425　O/920－16/215－2
[康熙]續修汶上縣志六卷　(清)聞元炅纂修　清康熙五十六年(1717)刻本　三冊

440000－2543－0004426　VO/920－16/217
[乾隆]嶧縣志十卷　(清)忠璉纂修　清乾隆二十六年(1761)刻本　八冊

440000－2543－0004427　O/920－16/219
[咸豐]金鄉縣志略十二卷首一卷　(清)李壘纂修　清同治元年(1862)刻本　四冊

440000－2543－0004428　O/920－16/223
[光緒]魚臺縣志四卷首一卷末一卷　(清)趙英祚纂修　清光緒十五年(1889)刻本　四冊

440000－2543－0004429　O/920－16/225
[康熙]沂州志八卷　(清)邵士修　(清)王壎　(清)尚天成纂　清康熙十三年(1674)刻本　八冊

440000－2543－0004430　O/920－16/225(2)
[康熙]沂州志八卷　(清)邵士修　(清)王壎　(清)尚天成纂　清康熙十三年(1674)刻本　四冊

440000－2543－0004431　VO/920－16/225－2
[乾隆]沂州府志三十六卷首一卷　(清)李希賢等修　(清)潘遇莘等纂　清乾隆二十五年(1760)刻本　十二冊

440000－2543－0004432　O/920－16/227
[嘉慶]續修郯城縣志十卷　(清)吳堦修　(清)陸繼輅纂　清嘉慶十五年(1810)刻本　四冊

440000－2543－0004433　VO/920－16/229
[康熙]費縣志十卷首一卷　(清)黃學懃纂修　清康熙二十八年(1689)刻乾隆增刻本　二冊

440000－2543－0004434　O/920－16/233
[嘉慶]莒州志十六卷首一卷　(清)許紹錦纂修　清嘉慶元年(1796)刻本　六冊

440000－2543－0004435　O/920－16/235
[道光]沂水縣志十卷　(清)張燮修　(清)劉承謙等纂　清道光七年(1827)刻本　二冊

440000－2543－0004436　O/920－16/237
[光緒]菏澤縣志十八卷首一卷　(清)淩壽柏修　(清)葉道源纂　清光緒十年(1884)刻本　六冊

440000－2543－0004437　VO/920－16/237－2
[乾隆]曹州府志二十二卷　(清)周尚質等修　(清)李登明等纂　清乾隆二十一年(1756)刻本　十二冊

440000－2543－0004438　O/920－16/239
[光緒]曹州府曹縣志十八卷首一卷　(清)陳嗣良修　(清)孟廣來　(清)賈迺延纂　清光緒十年(1884)刻本　十二冊

440000－2543－0004439　O/920－16/241
[乾隆]單縣志十三卷　(清)覺羅普爾泰修　(清)傅爾德纂　清乾隆二十四年(1759)刻本　十二冊

440000－2543－0004440　O/920－16/243
[道光]城武縣志十四卷首一卷　(清)袁章華修　(清)劉士瀛纂　清道光十年(1830)刻本　八冊

440000－2543－0004441　O/920－16/245
[乾隆]定陶縣志十卷首一卷　(清)雷宏宇等修　(清)劉珠等纂　清乾隆十八年(1753)刻光緒二年(1876)補刻本　四冊

440000－2543－0004442　O/920－16/249
[光緒]鄆城縣志十六卷首一卷　(清)畢炳炎　(清)胡建樞修　(清)趙翰鑾　(清)李承光纂　清光緒十九年(1893)刻本　八冊

440000－2543－0004443　O/920－16/301
[嘉慶]東昌府志五十卷首三卷　(清)嵩山修　(清)謝香開　(清)張熙先纂　清嘉慶十三年(1808)刻本　三十二冊

440000－2543－0004444　O/920－16/301－2

[康熙]聊城縣志四卷　(清)何一傑纂修　清康熙二年(1663)刻本　二冊

440000－2543－0004445　O/920－16/303
[康熙]堂邑縣志二十卷　(清)盧承琰修　(清)劉淇纂　清光緒十八年(1892)刻本　三冊

440000－2543－0004446　O/920－16/305
[道光]博平縣志六卷　(清)楊祖憲修　(清)烏竹芳纂　清道光十一年(1831)刻本　六冊

440000－2543－0004447　VO/920－16/307
[康熙]茌平縣志五卷　(清)王世臣修　(清)孫克緒纂　清康熙四十九年(1710)刻乾隆印本　四冊

440000－2543－0004448　O/920－16/309
[嘉慶]清平縣志十七篇　(清)萬承紹修　(清)周以勳纂　清嘉慶三年(1798)刻本　六冊

440000－2543－0004449　O/920－16/311
莘縣鄉土志不分卷　孔廣文纂修　清宣統元年(1909)石印本　一冊

440000－2543－0004450　O/920－16/315
[雍正]館陶縣志十二卷附一卷　(清)趙知希纂修　(清)張興宗增修　清光緒十九年(1893)刻本　三冊

440000－2543－0004451　O/920－16/321
[乾隆]臨清直隸州志十一卷首一卷　(清)張度　(清)鄧希曾修　(清)朱鍾纂　清乾隆五十年(1785)刻本　十一冊

440000－2543－0004452　O/920－16/321(2)
[乾隆]臨清直隸州志十一卷首一卷　(清)張度　(清)鄧希曾修　(清)朱鍾纂　清乾隆五十年(1785)刻本　十一冊

440000－2543－0004453　VO/920－16/325
[乾隆]夏津縣志十卷首一卷　(清)方學成修　(清)梁大鯤纂　清乾隆六年(1741)刻七年(1742)增刻本　六冊

440000－2543－0004454　VO/920－16/329
[乾隆]德州志十二卷首一卷　(清)王道亨修　(清)張慶源纂　清乾隆五十三年(1788)刻本　八冊

440000－2543－0004455　O/920－16/331
[嘉慶]德平縣志十卷首一卷　(清)鍾大受纂修　清嘉慶元年(1796)刻本　四冊

440000－2543－0004456　O/920－16/333
[乾隆]平原縣志十卷首一卷　(清)黄懷祖修　(清)黄兆熊纂　清乾隆十四年(1749)刻本　五冊

440000－2543－0004457　O/920－16/335
[道光]陵縣志二十二卷首一卷　(清)沈淮修　(清)李圖纂　(清)戴杰續纂　清道光二十六年(1846)刻光緒元年(1875)增刻本　八冊

440000－2543－0004458　O/920－16/337
[道光]臨邑縣志十六卷首一卷末一卷　(清)沈淮纂修　清道光十七年(1837)刻本　八冊

440000－2543－0004459　O/920－16/339
[嘉慶]禹城縣志十二卷　(清)董鵬翱修　(清)牟應震纂　清嘉慶十三年(1808)刻本　四冊

440000－2543－0004460　O/920－16/341
[光緒]東平州志二十七卷圖一卷首編四卷　(清)左宜似等修　(清)盧崟等纂　清光緒七年(1881)刻本　二十冊

440000－2543－0004461　O/920－16/343
[道光]東阿縣志二十四卷首一卷　(清)李賢書修　(清)吳怡等纂　清道光九年(1829)刻本　十一冊

440000－2543－0004462　O/920－16/349
[光緒]壽張縣志十卷首一卷　(清)劉文煃修　(清)王守謙纂　清光緒二十六年(1900)刻本　六冊

440000－2543－0004463　O/920－16/351
[宣統]濮州志八卷　高士英修　榮相鼎纂　清宣統元年(1909)刻本　八冊

440000－2543－0004464　O/920－16/367
[光緒]范縣志續編不分卷　(清)楊沂修　(清)杜均平纂　清光緒三十四年(1908)石印本　一册

440000－2543－0004465　O/920－16/403
[道光]重修蓬萊縣志十四卷　(清)王文燾修　(清)張本　(清)葛元昶纂　清道光十九年(1839)刻本　八册

440000－2543－0004466　O/920－16/403－2
[光緒]蓬萊縣續志十四卷　(清)鄭錫鴻　(清)江瑞采修　(清)王爾植等纂　清光緒八年(1882)刻本　四册

440000－2543－0004467　O/920－16/405
[同治]黄縣志十四卷首一卷　(清)尹繼美纂修　清同治十年(1871)刻本　四册

440000－2543－0004468　O/920－16/407
[光緒]棲霞縣續志十卷首一卷　(清)黄麗中修　(清)于如川纂　清光緒五年(1879)刻本　八册

440000－2543－0004469　O/920－16/409
[順治]招遠縣志十二卷　(清)張作礪修　(清)張鳳羽纂　清道光二十六年(1846)刻本　四册

440000－2543－0004470　O/920－16/409－2
[道光]招遠縣續志四卷　(清)陳國器　(清)邊象曾修　(清)李蔭　(清)路藻纂　清道光二十六年(1846)刻本　四册

440000－2543－0004471　O/920－16/411
[康熙]萊陽縣志十卷　(清)萬邦維修　(清)衛元爵　(清)張重潤纂　清康熙十七年(1678)刻本　四册

440000－2543－0004472　O/920－16/413－2
[同治]重修寧海州志二十六卷　(清)舒孔安修　(清)王厚階纂　清同治三年(1864)刻本　六册

440000－2543－0004473　O/920－16/417
[道光]榮成縣志十卷　(清)李天騭修　(清)岳賡廷纂　清道光二十年(1840)刻本　四册

440000－2543－0004474　VO/920－16/419
[乾隆]海陽縣誌八卷　(清)包桂纂修　清乾隆七年(1742)刻本　四册

440000－2543－0004475　VO/920－16/421
[乾隆]萊州府志十六卷首一卷　(清)嚴有禧纂修　(清)張桐續纂修　清乾隆五年(1740)刻本　八册

440000－2543－0004476　VO/920－16/421－2
[乾隆]掖縣志八卷首一卷　(清)張思勉修　(清)于始瞻纂　清乾隆二十三年(1758)刻二十六年(1761)鄭璽增刻本　八册

440000－2543－0004477　O/920－16/423
[道光]重修平度州志二十七卷　(清)保忠　(清)吳慈修　(清)李圖　(清)王大鑰纂　清道光二十九年(1849)刻本　八册

440000－2543－0004478　VO/920－16/425
[乾隆]濰縣志六卷首一卷末一卷　(清)張耀璧修　(清)王誦芬纂　清乾隆二十五年(1760)刻本　六册

440000－2543－0004479　O/920－16/427
[乾隆]昌邑縣志八卷　(清)周來邰纂修　清乾隆七年(1742)刻本　四册

440000－2543－0004480　O/920－16/429
[道光]重修膠州志四十卷　(清)張同聲修　(清)李圖等纂　清道光二十五年(1845)刻本　八册

440000－2543－0004481　O/920－16/431
[光緒]高密縣志十卷首一卷末一卷　(清)羅邦彥　(清)傅賫予修　(清)李勷運纂　清光緒二十二年(1896)刻本　八册

440000－2543－0004482　O/920－16/433
[同治]即墨縣志十二卷首一卷　(清)林溥修　(清)周翕鐄纂　清同治十二年(1873)刻本　八册

440000－2543－0004483　O/920－16/435
[康熙]益都縣志十四卷首一卷　(清)陳食花

修 (清)鍾諤等纂 清康熙十一年(1672)刻本 六册

440000－2543－0004484 O/920－16/435－2
[咸豐]青州府志六十四卷 (清)毛永柏修 (清)李圖 (清)劉耀椿纂 清咸豐九年(1859)刻本 十六册

440000－2543－0004485 O/920－16/435－3
[光緒]益都縣圖志五十四卷首一卷 (清)張承燮修 (清)法偉堂等纂 清光緒三十三年(1907)刻本 十六册

440000－2543－0004486 O/920－16/439
[雍正]樂安縣志二十卷 (清)李方膺纂修 清雍正十一年(1733)刻本 四册

440000－2543－0004487 O/920－16/439(2)
[雍正]樂安縣志二十卷 (清)李方膺纂修 清雍正十一年(1733)刻本 四册

440000－2543－0004488 O/920－16/441
[嘉慶]壽光縣志二十卷 (清)劉翰周纂修 清嘉慶五年(1800)刻本 七册 存三卷(一至三)

440000－2543－0004489 O/920－16/443
[嘉慶]昌樂縣志三十二卷首一卷 (清)魏禮焯 (清)時銘修 (清)閻學夏 (清)黄方遠纂 清嘉慶十四年(1809)刻本 八册

440000－2543－0004490 O/920－16/445
光緒臨朐縣志十六卷首一卷 (清)姚延福修 (清)鄧嘉緝 (清)蔣師轍纂 清光緒十年(1884)刻本 六册

440000－2543－0004491 O/920－16/449
[道光]諸城縣續志二十三卷 (清)劉光斗修 (清)朱學海纂 清道光十四年(1834)刻本 四册

440000－2543－0004492 O/920－16/451
[光緒]日照縣志十二卷首一卷 (清)陳懋修 (清)張庭詩 (清)李埴纂 清光緒十二年(1886)刻本 四册

440000－2543－0004493 O/920－17/01
[雍正]河南通志八十卷 (清)田文鏡等修 (清)孫灝等纂 清雍正十三年(1735)刻道光六年(1826)補刻本 四十册

440000－2543－0004494 VO/920－17/01－2
[乾隆]續河南通志八十卷首四卷 (清)阿思哈等纂修 清乾隆三十二年(1767)刻本 三十二册

440000－2543－0004495 O/920－17/101
[乾隆]祥符縣志二十二卷 (清)張淑載修 (清)魯曾煜纂 清乾隆四年(1739)刻本 十二册

440000－2543－0004496 O/920－17/101－2
[康熙]開封府志四十卷 (清)管竭忠修 (清)張沐纂 清康熙三十四年(1695)刻同治二年(1863)補刻本 十二册

440000－2543－0004497 O/920－17/101－3
[嘉靖]汴京遺跡志二十四卷 (明)李濂纂 清抄本 八册

440000－2543－0004498 VO/920－17/105
[乾隆]杞縣志二十四卷 (清)周璣修 (清)朱璿纂 清乾隆五十三年(1788)刻本 十二册

440000－2543－0004499 VO/920－17/107
[乾隆]通許縣志十卷 (清)阮龍光修 (清)邵自祐纂 清乾隆三十六年(1771)刻本 六册

440000－2543－0004500 O/920－17/109
[道光]尉氏縣志二十卷首一卷 (清)劉厚滋 (清)沈溎修 (清)王觀潮纂 清道光十一年(1831)刻本 八册

440000－2543－0004501 O/920－17/111
[嘉慶]洧川縣志八卷首一卷 (清)何文明修 (清)李紳纂 清嘉慶二十三年(1818)刻本 四册

440000－2543－0004502 O/920－17/113
道光鄢陵縣志十八卷 (清)何鄂聯纂修 (清)洪符孫編輯 清道光十三年(1833)刻本

八冊

440000－2543－0004503　O/920－17/113(2)
道光鄢陵縣志十八卷　(清)何鄂聯纂修　(清)洪符孫編輯　清道光十三年(1833)刻本　六冊

440000－2543－0004504　O/920－17/115
[同治]中牟縣志十二卷首一卷末一卷　(清)吳若烺修　(清)焦子蕃纂　清同治九年(1870)刻本　六冊

440000－2543－0004505　O/920－17/119
[同治]禹州志二十六卷續志二卷　(清)朱煒修　(清)姚椿等纂　(清)宮國勳增修　(清)楊景純　(清)趙甲祥增纂　清道光十五年(1835)刻同治九年(1870)增刻本　十三冊

440000－2543－0004506　VO/920－17/121
[康熙]密縣志五卷　(清)袁良怡修　(清)李士瑠纂　清康熙三十四年(1695)刻本　四冊

440000－2543－0004507　O/920－17/125
[乾隆]歸德府志三十六卷首一卷　(清)陳錫輅　(清)永泰修　(清)查岐昌纂　清光緒十九年(1893)刻本　十冊

440000－2543－0004508　O/920－17/125－2
[康熙]商丘縣志二十卷首一卷　(清)劉德昌修　(清)葉澐纂　清光緒十一年(1885)刻本　六冊

440000－2543－0004509　O/920－17/129
[光緒]鹿邑縣志十六卷首一卷　(清)于滄瀾　(清)馬家彥修　(清)蔣師轍纂　清光緒二十二年(1896)刻本　六冊

440000－2543－0004510　O/920－17/133
光緒永城縣志三十八卷首一卷　(清)岳廷楷修　(清)胡贊采　(清)呂永輝纂　清光緒二十九年(1903)刻本　八冊

440000－2543－0004511　O/920－17/137
[光緒]續修睢州志十二卷首一卷　(清)王枚修　(清)徐紹康纂　清光緒十八年(1892)刻本　八冊

440000－2543－0004512　VO/920－17/139
[康熙]考城縣志四卷　(清)陳德敏修　(清)王貫三纂　清康熙三十七年(1698)刻本　四冊

440000－2543－0004513　O/920－17/141
[光緒]柘城縣志十卷首一卷　(清)元淮等纂修　清光緒二十二年(1896)刻本　二十冊

440000－2543－0004514　O/920－17/143
[道光]淮寧縣志二十七卷　(清)永銘修　(清)趙任之　(清)吳純夫纂　清道光六年(1826)刻本　十二冊

440000－2543－0004515　VO/920－17/143－2
[乾隆]陳州府志三十卷首一卷　(清)崔應階修　(清)姚之琅纂　清乾隆十二年(1747)刻本　二十冊

440000－2543－0004516　VO/920－17/147
[乾隆]西華縣志十四卷首一卷　(清)宋恂修　(清)于大猷纂　清乾隆十九年(1754)刻本　八冊

440000－2543－0004517　VO/920－17/149
[乾隆]項城縣志十卷首一卷　(清)韓儀修　(清)張延福續修　清乾隆十一年(1746)刻本　六冊

440000－2543－0004518　O/920－17/151
[乾隆]沈邱縣志十二卷　(清)何源洙修　(清)魯之璠纂　清乾隆十一年(1746)刻同治十年(1871)增刻本　四冊

440000－2543－0004519　O/920－17/153
[道光]太康縣志八卷　(清)戴鳳翔修　(清)高崧　(清)江練纂　清道光八年(1828)刻本　八冊

440000－2543－0004520　O/920－17/157
[道光]許州志十六卷首一卷　(清)蕭元吉修　(清)李堯觀等纂　清道光十八年(1838)刻本　十冊

440000－2543－0004521　O/920－17/159

[順治]臨潁縣志八卷 (清)李馥先修 (清)吳中奇纂 清順治十七年(1660)刻乾隆五十三年(1788)補刻本 四冊

440000－2543－0004522 VO/920－17/159－2
[乾隆]臨潁縣續志八卷 (清)沈青崖修 (清)劉沅纂 清乾隆十三年(1748)刻本 二冊

440000－2543－0004523 O/920－17/161
[乾隆]襄城縣志十四卷首一卷 (清)汪運正纂修 清乾隆十一年(1746)刻本 十冊

440000－2543－0004524 VO/920－17/163
[乾隆]郾城縣志十八卷 (清)傅豫纂修 清乾隆十九年(1754)刻本 六冊

440000－2543－0004525 VO/920－17/165
[乾隆]長葛縣志十卷 (清)阮景咸纂修 清乾隆十二年(1747)刻本 四冊

440000－2543－0004526 O/920－17/167
[乾隆]鄭州志十二卷首一卷 (清)張鉞修 (清)毛如詵纂 清乾隆十三年(1748)刻本 六冊

440000－2543－0004527 O/920－17/169
[乾隆]滎陽縣志十二卷 (清)李煦修 (清)李清纂 清乾隆十二年(1747)刻本 四冊

440000－2543－0004528 O/920－17/171
[康熙]河陰縣志四卷 (清)申奇彩修 (清)毛泰徵纂 清康熙三十年(1691)刻本 二冊

440000－2543－0004529 VO/920－17/173
[乾隆]滎澤縣志十四卷 (清)崔淇修 (清)王博 (清)李維墧纂 清乾隆十三年(1748)刻本 八冊

440000－2543－0004530 VO/920－17/201
[乾隆]汲縣志十四卷首一卷末一卷 (清)徐汝瓚修 (清)杜崐纂 清乾隆二十年(1755)刻本 六冊

440000－2543－0004531 VO/920－17/203
[乾隆]新鄉縣志三十四卷首一卷 (清)趙開元修 (清)暢俊纂 清乾隆十二年(1747)刻本 六冊

440000－2543－0004532 O/920－17/205
[乾隆]獲嘉縣志十六卷首一卷 (清)吳喬齡修 (清)李棟纂 清乾隆二十一年(1756)刻道光二十五年(1845)增刻本 六冊

440000－2543－0004533 O/920－17/207
[順治]淇縣志十卷圖考一卷 (清)王謙吉 (清)王南國修 (清)白龍躍 (清)葛漢忠纂 清順治十七年(1660)刻本 二冊

440000－2543－0004534 O/920－17/209
[道光]輝縣志二十卷首一卷末一卷 (清)周際華修 (清)戴銘纂 清道光十五年(1835)刻光緒十四年(1888)郭藻、光緒二十一年(1895)易釗兩次補刻本 八冊

440000－2543－0004535 VO/920－17/211
[康熙]延津縣志十卷 (清)余心孺纂修 清康熙四十一年(1702)刻本 四冊

440000－2543－0004536 O/920－17/213
[光緒]續濬縣志八卷 (清)黄璟修 (清)李作霖 (清)喬景濂纂 清光緒十三年(1887)刻本 二冊

440000－2543－0004537 O/920－17/215
[同治]滑縣志十二卷 (清)姚鋸修 (清)徐光第纂 清同治六年(1867)刻本 八冊

440000－2543－0004538 VO/920－17/215－2
[順治]胙城縣志四卷 (清)劉純德修 (清)郭金鼎纂 清順治十六年(1659)刻本 二冊

440000－2543－0004539 O/920－17/217
[順治]封邱縣志九卷首一卷 (清)余縉修 (清)李嵩陽纂 清順治十六年(1659)刻本 五冊

440000－2543－0004540 VO/920－17/217－2
[康熙]封邱縣續志五卷 (清)孟鏐等修 (清)李承紱纂 清康熙三十六年(1697)刻本

二册

440000－2543－0004541　VO/920－17/219
[乾隆]彰德府志三十二卷首一卷　(清)盧崧修　(清)江大鍵纂　清乾隆五十二年(1787)刻本　二十册

440000－2543－0004542　O/920－17/219－2
[嘉慶]安陽縣志二十八卷首一卷　(清)貴泰修　(清)武穆淳纂　清嘉慶二十四年(1819)刻本　十册

440000－2543－0004543　O/920－17/220
[嘉慶]長垣縣志十六卷　(清)李于垣修　(清)楊元錫纂　清嘉慶十五年(1810)刻本　八册

440000－2543－0004544　O/920－17/220－2
[道光]續修長垣縣志二卷　(清)葛之鏞　(清)陳壽昌修　(清)蔣庸　(清)郭餘裕纂　清道光二十九年(1849)刻本　二册

440000－2543－0004545　O/920－17/220－3
[同治]增續長垣縣志二卷　(清)觀祜　(清)費瀛修　(清)齊聯芳　(清)李元鵬纂　清同治十二年(1873)刻本　二册

440000－2543－0004546　VO/920－17/221
[乾隆]湯陰縣志十卷　(清)楊世達纂修　清乾隆三年(1738)刻本　四册

440000－2543－0004547　VO/920－17/225
[乾隆]林縣志十卷首一卷末一卷　(清)楊潮觀纂修　清乾隆十七年(1752)黄華書院刻本　四册

440000－2543－0004548　O/920－17/226
[嘉慶]開州志八卷首一卷　(清)李符清修　(清)沈樂善纂　清嘉慶十一年(1806)刻本　六册

440000－2543－0004549　O/920－17/227
[光緒]内黄縣志十九卷首一卷　(清)董慶恩等修　(清)陳熙春纂　清光緒十八年(1892)刻本　六册

440000－2543－0004550　O/920－17/233
[道光]泌陽縣志十二卷首一卷　(清)倪明進修　(清)栗郢纂　清道光八年(1828)刻本　六册

440000－2543－0004551　O/920－17/233－2
[道光]河内縣志三十六卷　(清)袁通修　(清)方履籛　(清)吴育纂　清道光五年(1825)刻本　十册

440000－2543－0004552　VO/920－17/233－3
[乾隆]新修懷慶府志三十二卷首一卷圖經一卷　(清)唐侍陛修　(清)洪亮吉等纂　清乾隆五十四年(1789)刻本　十六册

440000－2543－0004553　O/920－17/235
[道光]武陟縣志三十六卷　(清)王榮陛修　(清)方履籛纂　清道光九年(1829)刻本　八册

440000－2543－0004554　VO/920－17/237
[乾隆]濟源縣志十六卷首一卷末一卷　(清)蕭應植纂修　清乾隆二十六年(1761)刻本　六册

440000－2543－0004555　VO/920－17/237(2)
[乾隆]濟源縣志十六卷首一卷末一卷　(清)蕭應植纂修　清乾隆二十六年(1761)刻本　六册

440000－2543－0004556　O/920－17/237－2
[嘉慶]續濟源縣志十二卷　(清)何荇芳修　(清)劉大觀纂　清嘉慶十八年(1813)刻本　四册

440000－2543－0004557　O/920－17/237－2(2)
[嘉慶]續濟源縣志十二卷　(清)何荇芳修　(清)劉大觀纂　清嘉慶十八年(1813)刻本　四册

440000－2543－0004558　VO/920－17/239
[乾隆]原武縣志十卷　(清)吴文炘修　(清)何遠纂　清乾隆十二年(1747)刻本　五册

440000－2543－0004559　O/920－17/241
[道光]修武縣志十卷首一卷　(清)馮繼照修

（清）金皋　（清）袁俊纂　清道光二十年（1840）刻本　六册

440000－2543－0004560　VO/920－17/243
［乾隆］孟縣志十卷　（清）馮敏昌修　（清）仇汝瑚纂　清乾隆五十五年（1790）刻本　十册

440000－2543－0004561　VO/920－17/245
［乾隆］溫縣志十二卷首一卷　（清）王其華修　（清）苗于京纂　清乾隆二十四年（1759）刻本　四册

440000－2543－0004562　VO/920－17/301
［乾隆］河南府志一百十六卷首四卷　（清）施誠等纂修　清乾隆四十四年（1779）刻本　三十二册

440000－2543－0004563　O/920－17/301－2
［嘉慶］洛陽縣志六十卷　（清）魏襄修　（清）陸繼輅纂　清嘉慶十八年（1813）刻本　四十八册

440000－2543－0004564　VO/920－17/307
［順治］孟津縣志四卷　（清）孟常裕纂修　（清）徐元燦增訂　清順治十六年（1659）刻康熙四十八年（1709）增刻本　四册

440000－2543－0004565　VO/920－17/311
［乾隆］登封縣志三十二卷　（清）陸繼萼修　（清）洪亮吉纂　清乾隆五十二年（1787）刻本　八册

440000－2543－0004566　O/920－17/317
［嘉慶］澠池縣志十六卷　（清）甘揚聲修　（清）劉文運纂　清嘉慶十五年（1810）刻本　八册

440000－2543－0004567　O/920－17/319
［乾隆］嵩縣志三十卷首一卷　（清）康基淵纂修　清乾隆三十二年（1767）刻本　四册

440000－2543－0004568　O/920－17/321
［光緒］陝州直隸州志十五卷首一卷　（清）趙希曾等纂修　清光緒十七年（1891）刻本　十二册

440000－2543－0004569　O/920－17/323
［光緒］靈寶縣志八卷　（清）周淦　（清）方胙勳修　（清）高錦榮　（清）李鏡江纂　清光緒二年（1876）刻本　八册

440000－2543－0004570　O/920－17/325
［光緒］閿鄉縣志十二卷首一卷　（清）劉思恕　（清）汪鼎臣修　（清）王維國　（清）王守恭纂　清光緒二十年（1894）刻本　八册

440000－2543－0004571　O/920－17/329
［道光］汝州全志十卷首一卷　（清）白明義修　（清）趙林成纂　清道光二十年（1840）刻本　十册

440000－2543－0004572　O/920－17/333
［咸豐］郟縣志十二卷　（清）姜篪修　（清）郭景泰纂　清咸豐九年（1859）刻本　六册

440000－2543－0004573　O/920－17/337
［道光］重修伊陽縣志六卷首一卷末一卷　（清）張道超修　（清）馬九功纂　清道光十八年（1838）刻本　六册

440000－2543－0004574　O/920－17/401
［乾隆］信陽州志十二卷首一卷　（清）張鉞修　（清）萬侯纂　清乾隆十四年（1749）刻本　八册

440000－2543－0004575　O/920－17/403
［康熙］南陽縣志六卷　（清）張光祖修　（清）徐永蕙等纂　清康熙三十二年（1693）刻本　六册

440000－2543－0004576　VO/920－17/409
［乾隆］唐縣志十卷　（清）黄文蓮修　（清）吳泰來纂　清乾隆五十二年（1787）刻本　四册

440000－2543－0004577　VO/920－17/409（2）
［乾隆］唐縣志十卷　（清）黄文蓮修　（清）吳泰來纂　清乾隆五十二年（1787）刻本　四册

440000－2543－0004578　VO/920－17/413
［乾隆］桐柏縣志八卷首一卷　（清）鞏敬緒修

（清）李南暉纂　清乾隆十九年（1754）刻本　四冊

440000－2543－0004579　VO/920－17/415
［乾隆］鄧州志二十四卷首一卷末一卷　（清）蔣光祖修　（清）姚之琅纂　清乾隆二十年（1755）刻本　八冊

440000－2543－0004580　VO/920－17/417
［康熙］內鄉縣志十二卷　（清）寶鼎望修　（清）高佑釲纂　（清）張福永增修　清康熙三十二年（1693）刻本　八冊

440000－2543－0004581　VO/920－17/421
［康熙］裕州志六卷　（清）董學禮纂修　（清）宋名立增修　清康熙五十五年（1716）刻乾隆五年（1740）增刻本　四冊

440000－2543－0004582　O/920－17/423
［道光］舞陽縣志十二卷　（清）王德瑛纂修　清道光十五年（1835）刻本　四冊

440000－2543－0004583　O/920－17/425
［同治］葉縣志十卷首一卷　（清）歐陽霖　（清）杜鶴慈修　（清）倉景恬　（清）胡廷楨纂　清同治十一年（1872）刻本　八冊

440000－2543－0004584　O/920－17/427
［嘉慶］汝寧府志三十卷首一卷　（清）德昌修　（清）王增纂　清嘉慶元年（1796）刻本　十二冊

440000－2543－0004585　VO/920－17/427－2
［康熙］汝陽縣志十卷　（清）邱天英修　（清）李根茂纂　清康熙二十九年（1690）刻本　八冊

440000－2543－0004586　O/920－17/429
［嘉慶］正陽縣志十卷　（清）彭良弼修　（清）呂元灝等纂　（清）楊德容補修　（清）賀祥補纂　清嘉慶元年（1796）刻本　四冊

440000－2543－0004587　VO/920－17/431
［康熙］上蔡縣志十五卷　（清）楊廷望修　（清）張沐纂　清康熙二十九年（1690）刻本　八冊

440000－2543－0004588　VO/920－17/433
［乾隆］新蔡縣志十卷　（清）莫璽章修　（清）王增纂　清乾隆六十年（1795）刻本　四冊

440000－2543－0004589　VO/920－17/435
［康熙］西平縣志十卷　（清）沈棻纂修　（清）李弘植增修　清康熙九年（1670）刻三十一年（1692）增刻乾隆印本　四冊

440000－2543－0004590　VO/920－17/437
［乾隆］遂平縣志十六卷首一卷　（清）金忠濟修　（清）祝暘等纂　清乾隆二十四年（1759）刻本　四冊

440000－2543－0004591　VO/920－17/439
［乾隆］確山縣志四卷　（清）周之瑚修　（清）嚴克嶟纂　清乾隆十一年（1746）刻本　四冊

440000－2543－0004592　VO/920－17/441
［乾隆］羅山縣志八卷　（清）葛荃修　（清）李之杜纂　清乾隆十一年（1746）刻本　六冊

440000－2543－0004593　VO/920－17/441（2）
［乾隆］羅山縣志八卷　（清）葛荃修　（清）李之杜纂　清乾隆十一年（1746）刻本　十冊

440000－2543－0004594　O/920－17/443
［光緒］光州志十二卷首一卷附光州忠節志四卷節孝志二卷　（清）楊修田修　（清）馬佩玖纂　清光緒十二年（1886）刻本　十六冊

440000－2543－0004595　O/920－17/445
［乾隆］光山縣志三十二卷首一卷　（清）楊殿梓修　（清）錢時雍纂　清乾隆五十一年（1786）刻光緒十五年（1889）補刻本　十二冊

440000－2543－0004596　VO/920－17/447
［乾隆］固始縣志二十六卷首一卷　（清）謝聘修　（清）洪亮吉纂　清乾隆五十一年（1786）刻本　十五冊

440000－2543－0004597　O/920－17/449
［嘉慶］息縣志八卷首一卷　（清）劉光輝修　（清）任鎮及纂　清嘉慶四年（1799）刻本　八

册

440000 - 2543 - 0004598　O/920 - 17/451
[嘉慶]商城縣志十四卷首一卷末一卷　(清)武開吉修　(清)周之騄纂　清嘉慶八年(1803)刻本　十册

440000 - 2543 - 0004599　O/920 - 17/453
[咸豐]淅川廳志四卷　(清)徐光第纂修　清咸豐十一年(1861)刻本　四册

440000 - 2543 - 0004600　O/920 - 18/01
[雍正]山西通志二百三十卷　(清)覺羅石麟修　(清)儲大文纂　清嘉慶十六年(1811)衡齡刻本　一百册

440000 - 2543 - 0004601　O/920 - 18/01 - 2
[光緒]山西通志一百八十四卷首一卷　(清)曾國荃　(清)張煦等修　(清)王軒　(清)楊篤等纂　清光緒十八年(1892)刻本　九十六册

440000 - 2543 - 0004602　O/920 - 18/103
[道光]太原縣志十八卷圖一卷　(清)員佩蘭修　(清)楊國泰纂　清道光六年(1826)刻本　六册

440000 - 2543 - 0004603　O/920 - 18/103 - 2
[光緒]續太原縣志二卷　(清)薛元釗修　(清)王效尊纂　清光緒八年(1882)刻本　二册

440000 - 2543 - 0004604　O/920 - 18/105
[同治]榆次縣志十六卷首一卷末一卷　(清)俞世銓　(清)陶良駿修　(清)王平格　(清)王序賓纂　清同治二年(1863)鳳鳴書院刻本　八册

440000 - 2543 - 0004605　VO/920 - 18/107
[乾隆]太谷縣志八卷　(清)郭晉修　(清)管粤秀纂　清乾隆六十年(1795)刻本　八册

440000 - 2543 - 0004606　O/920 - 18/109
[光緒]祁縣志十六卷　(清)劉發岏修　(清)李芬纂　清光緒八年(1882)刻本　十册

440000 - 2543 - 0004607　VO/920 - 18/123
[乾隆]汾州府志三十四卷首一卷　(清)孫和相修　(清)戴震纂　清乾隆三十六年(1771)刻本　十六册

440000 - 2543 - 0004608　VO/920 - 18/123(2)
[乾隆]汾州府志三十四卷首一卷　(清)孫和相修　(清)戴震纂　清乾隆三十六年(1771)刻本　十六册

440000 - 2543 - 0004609　VO/920 - 18/123 - 2
[乾隆]汾陽縣志十四卷首一卷　(清)李文起修　(清)戴震纂　清乾隆三十七年(1772)刻本　八册

440000 - 2543 - 0004610　O/920 - 18/125
[乾隆]孝義縣志二十卷　(清)鄧必安修　(清)鄧常纂　清乾隆三十五年(1770)刻本　四册

440000 - 2543 - 0004611　O/920 - 18/125 - 2
[光緒]孝義縣續志二卷首一卷末一卷　(清)孔廣熙修　(清)何之煌纂　清光緒六年(1880)刻本　二册

440000 - 2543 - 0004612　O/920 - 18/127
[光緒]平遙縣志十二卷　(清)恩端修　(清)武達材　(清)王舒萼纂　清光緒九年(1883)刻本　八册

440000 - 2543 - 0004613　O/920 - 18/129
[嘉慶]介休縣志十四卷　(清)徐品山　(清)陸元鏸修　(清)熊兆占等纂　清嘉慶二十四年(1819)刻本　八册

440000 - 2543 - 0004614　O/920 - 18/139
[光緒]長治縣志八卷首一卷學制考一卷　(清)李楨　(清)馬鑑修　(清)楊篤纂　清光緒二十年(1894)刻本　十册

440000 - 2543 - 0004615　O/920 - 18/141
[光緒]長子縣志十二卷首一卷　(清)豫謙修　(清)楊篤纂　清光緒八年(1882)刻本　十册

440000 - 2543 - 0004616　VO/920 - 18/145
[乾隆]重修襄垣縣志八卷　(清)李廷芳總修

（清）徐珏 （清）陳于廷纂修 清乾隆四十七年(1782)刻本 八冊

440000－2543－0004617 O/920－18/147
[光緒]潞城縣志四卷首一卷 （清）崔曉然 （清）曾雲章修 （清）楊篤纂 清光緒十年(1884)刻本 八冊

440000－2543－0004618 VO/920－18/153
[雍正]澤州府志五十二卷 （清）朱樟修 （清）田嘉穀纂 清雍正十三年(1735)刻本 十六冊

440000－2543－0004619 VO/920－18/153(2)
[雍正]澤州府志五十二卷 （清）朱樟修 （清）田嘉穀纂 清雍正十三年(1735)刻本 十六冊

440000－2543－0004620 VO/920－18/155
[乾隆]高平縣志二十二卷末一卷 （清）傅德宜修 （清）戴純纂 清乾隆三十九年(1774)刻本 八冊

440000－2543－0004621 VO/920－18/165
[乾隆]重修和順縣志八卷 （清）黄玉衡修 （清）賈訒纂 清乾隆三十三年(1768)刻本 四冊

440000－2543－0004622 VO/920－18/175
[乾隆]平定州志十卷圖一卷 （清）金明源纂修 清乾隆五十五年(1790)刻本 十冊

440000－2543－0004623 O/920－18/177
[光緒]盂縣志二十二卷首一卷末一卷 （清）張嵐奇 （清）劉鴻逵等修 （清）武纘緒 （清）劉懋功等纂 清光緒七年(1881)刻本 十一冊

440000－2543－0004624 O/920－18/179
[光緒]壽陽縣志十三卷首一卷 （清）馬家鼎 （清）白昶修 （清）張嘉言 （清）祁世長纂 清光緒八年(1882)刻本 六冊

440000－2543－0004625 O/920－18/201
[光緒]代州志十二卷首一卷 （清）俞廉三修 （清）楊篤纂 清光緒八年(1882)刻本 六冊

440000－2543－0004626 O/920－18/203
[道光]大同縣志二十卷首一卷末一卷 （清）黎中輔纂修 清道光十年(1830)刻本 八冊

440000－2543－0004627 O/920－18/217
[乾隆]渾源州志十卷附一卷 （清）桂敬順纂修 清乾隆二十八年(1763)刻同治九年(1870)孔廣培增刻本 五冊

440000－2543－0004628 VO/920－18/221
[雍正]朔平府志十二卷 （清）劉士銘修 （清）王霷纂 清雍正十一年(1733)刻本 十冊

440000－2543－0004629 O/920－18/301
[光緒]安邑縣續志六卷首一卷 （清）趙輔堂修 （清）張承熊纂 清光緒六年(1880)刻本 二冊

440000－2543－0004630 VO/920－18/301－2
[乾隆]解州安邑縣運城志十六卷首一卷 （清）言如泗修 （清）熊名相 （清）吕瀶等纂 清乾隆二十九年(1764)刻解州全志本 四冊

440000－2543－0004631 VO/920－18/301－3
[乾隆]解州安邑縣志十六卷首一卷 （清）言如泗修 （清）熊名相 （清）吕瀶等纂 清乾隆二十九年(1764)刻解州全志本 四冊

440000－2543－0004632 O/920－18/301－4
[乾隆]解州全志本州十八卷首一卷 （清）言如泗纂修 清乾隆二十九年(1764)刻嘉慶七年(1802)增刻本 四冊

440000－2543－0004633 O/920－18/307
[同治]浮山縣志三十七卷 （清）慶鍾纂修 清同治十三年(1874)刻本 八冊

440000－2543－0004634 O/920－18/317
[嘉慶]靈石縣志十二卷 （清）王志瀜修 （清）黄憲臣纂 清嘉慶二十二年(1817)刻本 六冊

440000－2543－0004635 O/920－18/319

[道光]趙城縣志三十七卷首一卷　(清)楊延亮纂修　清道光七年(1827)刻本　四册

440000－2543－0004636　VO/920－18/329
[乾隆]新修曲沃縣志三十九卷　(清)張坊修　(清)胡元琢　(清)徐儲纂　清乾隆二十七年(1762)刻本　八册

440000－2543－0004637　VO/920－18/331
[乾隆]翼城縣志二十八卷　(清)許崇楷纂修　清乾隆三十六年(1771)刻本　十二册

440000－2543－0004638　O/920－18/333
[道光]太平縣志十六卷首一卷　(清)李炳彦修　(清)梁棲鸞纂　清道光五年(1825)刻本　八册

440000－2543－0004639　O/920－18/339
[乾隆]蒲州府志二十四卷圖一卷　(清)周景柱等纂修　清乾隆二十年(1755)刻本　十册

440000－2543－0004640　O/920－18/341
[光緒]榮河縣志十四卷首一卷　(清)馬鑑　(清)王希濂修　(清)尋鑾煒纂　清光緒七年(1881)刻本　六册

440000－2543－0004641　VO/920－18/343
[雍正]猗氏縣志八卷　(清)潘鉞修　(清)吴啟元　(清)高紹烈纂　(清)宋之樹續修　(清)何世勳等續纂　清雍正七年(1729)刻後印本　四册

440000－2543－0004642　O/920－18/343－2
[同治]續猗氏縣志四卷　(清)周之楨修　(清)崔曾頤纂　清同治六年(1867)刻本　二册

440000－2543－0004643　O/920－18/343－3
[光緒]續猗氏縣志二卷　(清)徐浩修　(清)潘夢龍纂　清光緒六年(1880)刻本　二册

440000－2543－0004644　O/920－18/345
[光緒]夏縣志十卷首一卷　(清)黄縉榮等修　(清)張承熊纂　清光緒六年(1880)刻本　四册

440000－2543－0004645　VO/920－18/347
[乾隆]直隸絳州志二十卷圖考一卷　(清)張成德修　(清)李友洙纂　清乾隆三十年(1765)刻本　八册

440000－2543－0004646　O/920－18/347－2
[光緒]絳縣志二十一卷　(清)胡延纂修　清光緒二十五年(1899)刻本　四册

440000－2543－0004647　VO/920－19/01
[乾隆]江南通志二百卷首四卷序目一卷　(清)尹繼善等修　(清)黄之雋等纂　清乾隆二年(1737)刻本　八十册

440000－2543－0004648　O/920－19/101
[嘉慶]重刊江寧府志五十六卷附校勘記　(清)呂燕昭修　(清)姚鼐纂　清光緒六年(1880)刻本　十二册

440000－2543－0004649　O/920－19/101－2
[同治]續纂江寧府志十五卷首一卷　(清)蔣啟勛　(清)趙佑宸修　(清)汪士鐸等纂　清光緒七年(1881)刻本　十二册

440000－2543－0004650　O/920－19/101－2(2)
[同治]續纂江寧府志十五卷首一卷　(清)蔣啟勛　(清)趙佑宸修　(清)汪士鐸等纂　清光緒七年(1881)刻本　十二册

440000－2543－0004651　O/920－19/101－3
江寧府七縣地形考略不分卷附圖　(清)□□纂　(清)黄起鳳等校　清江楚書局刻本　一册

440000－2543－0004652　O/920－19/101－4
[同治]上江兩縣志二十九卷首一卷　(清)莫祥芝　(清)甘紹盤修　(清)汪士鐸等纂　清同治十三年(1874)刻本　十二册

440000－2543－0004653　O/920－19/101－4(2)
[同治]上江兩縣志二十九卷首一卷　(清)莫祥芝　(清)甘紹盤修　(清)汪士鐸等纂　清同治十三年(1874)刻本　十二册

440000－2543－0004654　O/920－19/101－5
白下瑣言十卷　(清)甘熙撰　清光緒十六年

(1890)刻民國十五年(1926)江寧甘氏補刻本　四冊

440000－2543－0004655　O/920－19/101－5(2)
白下瑣言十卷　(清)甘熙撰　清光緒十六年(1890)刻民國十五年(1926)江寧甘氏補刻本　四冊

440000－2543－0004656　O/920－19/103
[乾隆]句容縣志十卷首一卷末一卷　(清)曹襲先纂修　**乾隆句容縣志斠勘記略一卷**　(清)楊世沅撰　清光緒二十六年至二十七年(1900－1901)楊世沅刻本　八冊

440000－2543－0004657　O/920－19/105
[光緒]溧水縣志二十二卷首一卷　(清)傅觀光等修　(清)丁維誠纂　清光緒九年(1883)刻十五年(1889)印本　十二冊

440000－2543－0004658　O/920－19/111
[光緒]六合縣志八卷圖説一卷附録一卷　(清)謝延庚　(清)呂憲秋修　(清)賀延壽　(清)唐毓和纂　清光緒十年(1884)刻本　十冊

440000－2543－0004659　O/920－19/113
嘉定鎮江志二十二卷首一卷附録一卷　(宋)盧憲纂　**嘉定鎮江志校勘記二卷**　(清)劉文淇　(清)劉毓崧撰　清道光二十二年(1842)丹徒包氏刻本　十四冊

440000－2543－0004660　O/920－19/113－2
至順鎮江志二十一卷首一卷　(元)脱因修　(元)俞希魯纂　**至順鎮江志校勘記二卷**　(清)劉文淇　(清)劉毓崧撰　**輿地紀勝鎮江府一卷**　(宋)王象之編　清道光二十二年(1842)丹徒包氏刻本　十八冊

440000－2543－0004661　O/920－19/113－3
[光緒]丹徒縣志六十卷首四卷　(清)何紹章　(清)馮壽鏡修　(清)吕耀斗等纂　清光緒五年(1879)刻本　二十六冊

440000－2543－0004662　O/920－19/115
[光緒]丹陽縣志三十六卷首一卷　(清)淩焯　(清)劉誥等修　(清)徐錫麟等纂　清光緒十一年(1885)鳴鳳書院刻本　十六冊

440000－2543－0004663　O/920－19/119
[嘉慶]溧陽縣志十六卷　(清)李景嶧　(清)陳鴻壽修　(清)史炳　(清)史津等纂　清光緒二十二年(1896)刻本　十冊

440000－2543－0004664　O/920－19/119－2
[光緒]溧陽縣續志十六卷末一卷　(清)朱畯等修　馮煦等纂　清光緒二十五年(1899)木活字印本　八冊

440000－2543－0004665　O/920－19/201－2
同治上海縣志三十二卷圖説一卷敘録一卷附補遺　(清)應寶時等修　(清)俞樾　(清)方宗誠纂　清同治十一年(1872)上海文廟南園志局刻本　十六冊

440000－2543－0004666　O/920－19/201－2(2)
同治上海縣志三十二卷圖説一卷敘録一卷附補遺　(清)應寶時等修　(清)俞樾　(清)方宗誠纂　清同治十一年(1872)上海文廟南園志局刻本　十六冊

440000－2543－0004667　O/920－19/203
[嘉慶]松江府志八十四卷首二卷　(清)宋如林修　(清)孫星衍　(清)莫晉纂　清嘉慶二十四年(1819)松江府學明倫堂刻本　四十冊

440000－2543－0004668　O/920－19/203(2)
[嘉慶]松江府志八十四卷首二卷　(清)宋如林修　(清)孫星衍　(清)莫晉纂　清嘉慶二十四年(1819)松江府學明倫堂刻本　四十冊

440000－2543－0004669　O/920－19/203－2
[光緒]松江府續志四十卷首一卷　(清)博潤纂修　(清)姚光發等纂　清光緒十年(1884)刻本　二十四冊

440000－2543－0004670　O/920－19/203－2(2)
[光緒]松江府續志四十卷首一卷　(清)博潤纂修　(清)姚光發等纂　清光緒十年(1884)刻本　二十四冊

440000－2543－0004671　VO/920－19/203－3
[乾隆]婁縣志三十卷首二卷　(清)謝庭薰修

（清）陸錫熊纂　清乾隆五十三年（1788）刻本　六册

440000－2543－0004672　O/920－19/203－4
［光緒］重修華亭縣志二十四卷首一卷末一卷　（清）楊開第修　（清）姚光發等纂　清光緒五年（1879）刻本　十册

440000－2543－0004673　O/920－19/203－5
重輯楓涇小志十卷首一卷　（清）曹相駿纂　（清）許光墉等修輯　**楓溪竹枝詞一卷**　（清）沈蓉城著　（清）沈杞編錄　清光緒十七年（1891）鉛印本　四册

440000－2543－0004674　O/920－19/205
光緒南匯縣志二十二卷首一卷末一卷　（清）金福曾　（清）顧思賢修　（清）張文虎等纂　清光緒五年（1879）刻三十一年（1905）印本　十一册

440000－2543－0004675　O/920－19/207
［光緒］青浦縣志三十卷首二卷末一卷　（清）汪祖綬等修　（清）熊其英　（清）邱式金纂　清光緒五年（1879）尊經閣刻本　十二册

440000－2543－0004676　O/920－19/209
［光緒］重修奉賢縣志二十卷首一卷末一卷　（清）韓佩金修　（清）張文虎等纂　清光緒四年（1878）刻本　六册

440000－2543－0004677　O/920－19/211
［光緒］金山縣志三十卷首一卷　（清）龔寶琦　（清）崔廷鏞修　（清）黄厚本等纂　清光緒四年（1878）刻本　五册

440000－2543－0004678　O/920－19/213
［光緒］川沙廳志十四卷首一卷末一卷　（清）陳方瀛修　（清）俞樾等纂　清光緒五年（1879）刻本　六册

440000－2543－0004679　O/920－19/215
彙刻太倉舊志五種二十六卷　繆朝荃等輯　清宣統元年（1909）刻朱印本　四册

440000－2543－0004680　O/920－19/215－4
［咸豐］壬癸志稿二十八卷　（清）錢寶琛輯　清光緒六年（1880）刻本　四册

440000－2543－0004681　O/920－19/217
［光緒］嘉定縣志三十二卷首一卷　（清）程其玨修　（清）楊震福等纂　清光緒八年（1882）刻本　十六册

440000－2543－0004682　O/920－19/217（2）
［光緒］嘉定縣志三十二卷首一卷刊誤一卷補遺一卷　（清）程其玨修　（清）楊震福等纂　清光緒十一年（1885）刻本　八册

440000－2543－0004683　O/920－19/217（3）
［光緒］嘉定縣志三十二卷首一卷補遺一卷刊誤一卷　（清）程其玨修　（清）楊震福等纂　清光緒十一年（1885）刻本　八册

440000－2543－0004684　O/920－19/219
［光緒］寶山縣志十四卷首一卷　（清）梁蒲貴　（清）吴康壽修　（清）朱延射　（清）潘履祥纂　清光緒八年（1882）學海書院刻本　八册

440000－2543－0004685　O/920－19/221
［光緒］崇明縣志十八卷　（清）林達泉　（清）譚泰來修　（清）李聯琇　（清）黄清憲等纂　清光緒七年（1881）刻本　十二册

440000－2543－0004686　O/920－19/223
［光緒］海門廳圖志二十卷首一卷　（清）劉文徹等修　（清）周家祿等纂　清光緒二十六年（1900）刻本　四册

440000－2543－0004687　O/920－19/301
［同治］蘇州府志一百五十卷首三卷　（清）李銘皖　（清）譚鈞培修　（清）馮桂芬纂　清光緒八年（1882）江蘇書局刻本　八十册

440000－2543－0004688　O/920－19/301－2
［紹定］吴郡志五十卷　（宋）范成大纂　（宋）汪泰亨等增訂　清道光二十四年（1844）刻守山閣叢書本　六册

440000－2543－0004689　O/920－19/301－3
吴地記一卷　（唐）陸廣微撰　**吴地記後集一卷**　（宋）□□輯　清同治十二年（1873）江蘇

書局刻本　一冊

440000－2543－0004690　O/920－19/301－4
中吳紀聞六卷　(宋)龔明之撰　清光緒十五年(1889)行素堂刻本　二冊

440000－2543－0004691　O/920－19/303
[光緒]常昭合志稿四十八卷首一卷末一卷　(清)鄭鍾祥　(清)張瀛修　(清)龐鴻文等纂　清光緒三十年(1904)木活字印本　十六冊

440000－2543－0004692　O/920－19/305
[光緒]崑新兩縣續修合志五十二卷首一卷末一卷　(清)金吳瀾　(清)李福沂修　(清)汪堃　(清)朱成熙纂　清光緒六年(1880)刻二十三年(1897)印本　二十四冊

440000－2543－0004693　O/920－19/307
[乾隆]震澤縣志三十八卷首一卷　(清)陳和志修　(清)倪師孟　(清)沈彤纂　清光緒十九年(1893)吳仁傑刻本　八冊

440000－2543－0004694　O/920－19/309
[道光]武進陽湖縣合志三十六卷首一卷　(清)孫琬　(清)王德茂修　(清)李兆洛　(清)周儀暐纂　清光緒十二年(1886)木活字印本　三十冊

440000－2543－0004695　O/920－19/311
[光緒]無錫金匱縣志四十卷首一卷殉難紳民表二卷列女姓氏錄四卷　(清)裴大中　(清)倪咸生修　(清)秦緗業等纂　清光緒七年(1881)刻本　二十冊

440000－2543－0004696　O/920－19/311－2
錫山景物略十卷　(明)王永積輯　清光緒二十四年(1898)刻本　五冊

440000－2543－0004697　O/920－19/313
[嘉慶]新修宜興縣志四卷首一卷　(清)阮升基修　(清)甯楷纂　清嘉慶二年(1797)刻本　四冊

440000－2543－0004698　O/920－19/313－2
[嘉慶]重刊宜興縣舊志十卷首一卷末一卷　(清)李先榮纂　(清)阮升基增修　(清)甯楷等增纂　清嘉慶二年(1797)刻本　二十冊

440000－2543－0004699　O/920－19/313－3
[光緒]宜興荆谿縣新志十卷首一卷末一卷　(清)施惠　(清)錢志澄修　(清)吳景牆等纂　清光緒八年(1882)刻宜興荆谿舊志五種本　八冊

440000－2543－0004700　O/920－19/313－4
[嘉慶]重刊荆溪縣志四卷首一卷　(清)唐仲冕修　(清)甯楷纂　清嘉慶二年(1797)刻本　二冊

440000－2543－0004701　O/920－19/315
[光緒]江陰縣志三十卷首一卷　(清)盧思誠　(清)馮壽鏡修　(清)季念詒　(清)夏煒如纂　清光緒四年(1878)刻本　十六冊

440000－2543－0004702　O/920－19/317
[光緒]靖江縣志十六卷首一卷　(清)葉滋森修　(清)褚翔等纂　清光緒五年(1879)刻本　八冊

440000－2543－0004703　O/920－19/319
[光緒]通州直隸州志十六卷首一卷末一卷　(清)梁悦馨　(清)莫祥芝修　(清)季念詒　(清)沈鍠纂　清光緒二年(1876)刻本　十六冊

440000－2543－0004704　O/920－19/321
[嘉慶]如皋縣志二十四卷　(清)楊受廷　(清)左元鎮修　(清)馬汝舟　(清)江大鍵纂　清嘉慶十三年(1808)刻本　十冊

440000－2543－0004705　O/920－19/321－2
[道光]如皋縣續志十二卷　(清)范仕義修　(清)吳鎧纂　清道光十七年(1837)刻本　二冊

440000－2543－0004706　O/920－19/323
[光緒]泰興縣志二十六卷首一卷末一卷　(清)楊激雲修　(清)顧曾烜纂　清光緒十二年(1886)刻本　十冊

440000－2543－0004707　O/920－19/401－2

光緒丙子清河縣志二十六卷 (清)胡裕燕修 (清)吳昆田 (清)魯蕡纂 清光緒五年(1879)刻本 六冊

440000-2543-0004708 O/920-19/403
[光緒]淮安府志四十卷首一卷 (清)孫雲錦修 (清)吳昆田 (清)高延第纂 清光緒十年(1884)刻本 十六冊

440000-2543-0004709 O/920-19/403-2
[同治]山陽縣志二十一卷圖一卷 (清)張兆棟 (清)孫雲修 (清)何紹基 (清)丁晏等纂 清同治十二年(1873)刻本 八冊

440000-2543-0004710 O/920-19/407
[光緒]安東縣志十五卷首一卷 (清)金元烺修 (清)吳昆田 (清)魯蕡纂 清光緒元年(1875)刻本 四冊

440000-2543-0004711 O/920-19/407(2)
[光緒]安東縣志十五卷首一卷 (清)金元烺修 (清)吳昆田 (清)魯蕡纂 清光緒元年(1875)刻本 三冊 缺四卷(十二至十五)

440000-2543-0004712 O/920-19/409
[光緒]阜寧縣志二十四卷首一卷 (清)阮本焱等修 (清)陳肇礽 (清)殷自芳纂 清光緒十二年(1886)刻本 十冊

440000-2543-0004713 O/920-19/410
[光緒]盱眙縣志稿十七卷首一卷 (清)王錫元修 (清)高延第等纂 清光緒十七年(1891)刻本 四冊

440000-2543-0004714 O/920-19/410(2)
[光緒]盱眙縣志稿十七卷首一卷 (清)王錫元修 (清)高延第等纂 清光緒十七年(1891)刻本 八冊

440000-2543-0004715 O/920-19/411
[光緒]鹽城縣志十七卷首一卷 (清)劉崇照修 (清)陳玉樹 (清)龍繼棟纂 清光緒二十一年(1895)刻本 八冊

440000-2543-0004716 O/920-19/413
[嘉慶]重修揚州府志七十二卷首一卷 (清)阿克當阿修 (清)姚文田 (清)江藩等纂 清嘉慶十五年(1810)刻本 四十七冊

440000-2543-0004717 O/920-19/413-2
[同治]續纂揚州府志二十四卷 (清)英傑 (清)方濬頤修 (清)晏端書等纂 清同治十三年(1874)刻本 七冊

440000-2543-0004718 VO/920-19/413-3
[乾隆]江都縣志三十二卷 (清)五格 (清)黄湘修 (清)程夢星纂 清光緒七年(1881)劉汝賢刻本 十冊

440000-2543-0004719 O/920-19/413-4
[光緒]江都縣續志三十卷首一卷 (清)謝延庚修 (清)劉壽曾纂 清光緒十年(1884)刻本 八冊

440000-2543-0004720 O/920-19/413-5
[嘉慶]江都縣續志十二卷首一卷 (清)王逢源修 (清)李保泰纂 清光緒十年(1884)刻本 四冊

440000-2543-0004721 O/920-19/413-6
廣陵通典十卷 (清)汪中撰 清同治八年(1869)揚州書局刻本 二冊

440000-2543-0004722 O/920-19/413-6(2)
廣陵通典十卷 (清)汪中撰 清同治八年(1869)揚州書局刻本 二冊

440000-2543-0004723 O/920-19/413-7
北湖小志六卷首一卷 (清)焦循纂 清嘉慶十三年(1808)揚州阮氏刻本 一冊

440000-2543-0004724 O/920-19/413-8
甘棠小志四卷首一卷末一卷 (清)董醇纂 清咸豐五年(1855)甘棠董氏刻本 四冊

440000-2543-0004725 O/920-19/413-12
[光緒]增修甘泉縣志二十四卷首一卷圖一卷 (清)徐成敟等修 (清)陳浩恩等纂 清光緒十一年(1885)刻三十三年(1907)陳元鑄補刻本 二十冊

440000-2543-0004726 O/920-19/415
[道光]重修儀徵縣志五十卷首一卷 (清)王

檢心修　(清)劉文淇　(清)張安保纂　清光緒十六年(1890)刻本　二十四册

440000-2543-0004727　O/920-19/417
[嘉慶]東臺縣志四十卷　(清)周右修　(清)蔡復午等纂　清嘉慶二十二年(1817)刻道光十年(1830)增刻本　十册

440000-2543-0004728　O/920-19/419
[咸豐]重修興化縣志十卷　(清)梁園棣修　(清)鄭之僑　(清)趙彥俞纂　清咸豐二年(1852)刻本　六册

440000-2543-0004729　O/920-19/421
[道光]泰州志三十六卷首一卷　(清)王有慶修　(清)陳世鎔纂　清道光七年(1827)刻本　十册

440000-2543-0004730　O/920-19/421-2
泰州新志刊謬二卷首一卷　(清)任鈺　(清)宮錫祚纂輯　清道光十年(1830)刻本　二册

440000-2543-0004731　O/920-19/423
[嘉慶]高郵州志十二卷首一卷　(清)楊宜崙修　(清)夏之蓉　(清)沈之本纂　(清)馮馨增修　清道光二十五年(1845)刻本　十八册

440000-2543-0004732　O/920-19/423-2
[道光]續增高郵州志不分卷　(清)左輝春等纂修　清道光二十三年(1843)刻本　六册

440000-2543-0004733　O/920-19/423-3
[光緒]再續高郵州志八卷首一卷　(清)金元烺　(清)龔定瀛修　(清)夏子鐊纂　清光緒九年(1883)刻本　八册

440000-2543-0004734　O/920-19/425
[道光]重修寶應縣志二十八卷首一卷　(清)孟毓蘭修　(清)喬載繇等纂　清道光二十一年(1841)刻本　十册

440000-2543-0004735　O/920-19/425-2
[道光]寶應圖經六卷首二卷　(清)劉寶楠纂　清光緒九年(1883)淮南書局刻本　三册

440000-2543-0004736　VO/920-19/501
[乾隆]徐州府志三十卷首一卷　(清)王峻　(清)石杰纂修　清乾隆七年(1742)刻本　十二册

440000-2543-0004737　O/920-19/503
[光緒]豐縣志十六卷首一卷　(清)姚鴻杰纂　清光緒二十年(1894)刻本　八册

440000-2543-0004738　O/920-19/511
[咸豐]邳州志二十卷首一卷　(清)董用威　(清)馬軼羣修　(清)魯一同纂　清咸豐元年(1851)刻光緒十八年(1892)善化楊激雲印本　四册

440000-2543-0004739　O/920-19/511(2)
[咸豐]邳州志二十卷首一卷　(清)董用威　(清)馬軼羣修　(清)魯一同纂　清咸豐元年(1851)刻光緒二十一年(1895)印本　二册

440000-2543-0004740　O/920-19/513
同治宿遷縣志十九卷　(清)李德溥修　(清)方駿謨纂　清同治十三年(1874)刻本　六册

440000-2543-0004741　O/920-19/515
[光緒]睢寧縣志稿十八卷　(清)侯紹瀛修　(清)丁顯纂　清光緒十三年(1887)刻本　六册

440000-2543-0004742　O/920-19/517
[嘉慶]海州直隸州志三十二卷首一卷　(清)唐仲冕修　(清)汪梅鼎等纂　清嘉慶十六年(1811)刻本　十册

440000-2543-0004743　O/920-19/523
[光緒]贛榆縣志十八卷　(清)王豫熙修　張謇纂　清光緒十四年(1888)刻本　四册

440000-2543-0004744　O/920-20/01
[道光]安徽通志二百六十卷首六卷　(清)陶澍　(清)鄧廷楨修　(清)李振庸　(清)韓玖纂　清道光十年(1830)刻本　一百册

440000-2543-0004745　O/920-20/101
[道光]懷寧縣志二十八卷首一卷末一卷　(清)王毓芳　(清)趙梅修　(清)江爾維等纂　清道光五年(1825)刻本　十册

440000－2543－0004746　O/920－20/113
［光緒］續修廬州府志一百卷首一卷末一卷　(清)黄雲修　(清)林之望等纂　清光緒十一年(1885)刻本　四十八册

440000－2543－0004747　O/920－20/115
［光緒］廬江縣志十六卷首一卷　(清)錢鑅修　(清)盧鈺　(清)俞燮奎纂　清光緒十一年(1885)木活字印本　十五册　缺一卷(十三)

440000－2543－0004748　O/920－20/123
［同治］歷陽典錄三十四卷附補錄六卷　(清)陳廷桂纂　清同治六年(1867)刻本　十二册

440000－2543－0004749　O/920－20/123(2)
［同治］歷陽典錄三十四卷附補錄六卷　(清)陳廷桂纂　清同治六年(1867)刻本　十二册

440000－2543－0004750　VO/920－20/205
［乾隆］當塗縣志三十三卷　(清)張海修　(清)萬櫄纂　清抄本　二册

440000－2543－0004751　VO/920－20/211
［康熙］徽州府志十八卷圖一卷　(清)丁廷楗等修　(清)趙吉士等纂　清康熙三十八年(1699)刻本　十八册

440000－2543－0004752　O/920－20/211－2
［淳熙］新安志十卷　(宋)羅願纂　清光緒十四年(1888)刻本　四册

440000－2543－0004753　O/920－20/213
［嘉慶］黟縣志十六卷首一卷　(清)吴甸華修　(清)程汝翼　(清)俞正燮纂　清嘉慶十七年(1812)刻本　十二册

440000－2543－0004754　VO/920－20/215
［康熙］休寧縣志八卷　(清)廖騰煃修　(清)汪晉徵纂　清康熙三十二年(1693)刻本　十六册

440000－2543－0004755　O/920－20/219
［同治］祁門縣志三十六卷首一卷　(清)周溶修　(清)汪韻珊纂　清同治十二年(1873)刻本　六册

440000－2543－0004756　O/920－20/235
［光緒］貴池縣志四十四卷首一卷　(清)陸延齡修　(清)桂迓衡等纂　清光緒九年(1883)木活字印本　十三册

440000－2543－0004757　O/920－20/235(2)
［光緒］貴池縣志四十四卷首一卷　(清)陸延齡修　(清)桂迓衡等纂　清光緒九年(1883)木活字印本　二十册

440000－2543－0004758　O/920－20/241
［嘉慶］東流縣志三十卷　(清)吴篪修　(清)李兆洛纂　清嘉慶二十三年(1818)刻本　八册

440000－2543－0004759　O/920－20/301
［乾隆］鳳陽縣志十六卷首一卷　(清)于萬培纂修　清光緒二年(1876)刻本　九册

440000－2543－0004760　O/920－20/301
［光緒］鳳陽縣續志十六卷首一卷　(清)謝永泰修　(清)王汝琛纂　清光緒十三年(1887)刻本　二册　缺一卷(一)

440000－2543－0004761　O/920－20/301－2
［光緒］鳳陽府志二十一卷　馮煦修　魏家驊等纂　(清)張德霈續纂　清光緒三十四年(1908)木活字印本　二十四册

440000－2543－0004762　VO/920－20/309
［乾隆］靈璧縣志略四卷首一卷　(清)貢震纂修　清乾隆二十五年(1760)刻本　四册

440000－2543－0004763　O/920－20/311
［光緒］壽州志三十六卷首一卷末一卷　(清)曾道唯等修　(清)葛蔭南等纂　清光緒十五年(1889)木活字印本　十六册

440000－2543－0004764　O/920－20/314
［嘉慶］蕭縣志十八卷首一卷　(清)潘鎔修　(清)沈學淵　(清)顧翰纂　清嘉慶二十年(1815)刻本　五册

440000－2543－0004765　O/920－20/315
［道光］阜陽縣志二十四卷首一卷　(清)劉虎文　(清)周天爵修　(清)李復慶等纂　清道光九年(1829)刻本　十二册

440000－2543－0004766　O/920－20/317
［同治］潁上縣志十二卷首一卷　（清）都寵錫等修　（清）李道章　（清）鄭以莊纂　清同治九年（1870）刻光緒四年（1878）補刻本　八册

440000－2543－0004767　O/920－20/327
［光緒］亳州志二十卷首一卷　（清）鍾泰　（清）宗能徵纂修　清光緒二十年（1894）木活字印本　十四册

440000－2543－0004768　VO/920－20/336
［乾隆］碭山縣志十四卷　（清）劉王瑗纂修　清乾隆三十二年（1767）刻本　六册

440000－2543－0004769　O/920－20/408
［光緒］泗虹合志十九卷　（清）方瑞蘭修　（清）江殿颺　（清）許湘甲纂　清光緒十四年（1888）刻本　六册

440000－2543－0004770　VO/920－21/01
［雍正］江西通志一百六十二卷首三卷　（清）謝旻等修　（清）陶成等纂　清雍正十年（1732）刻本　六十册

440000－2543－0004771　VO/920－21/01（2）
［雍正］江西通志一百六十二卷首三卷　（清）謝旻等修　（清）陶成等纂　清雍正十年（1732）刻本（部分内容爲抄録）　八十册

440000－2543－0004772　O/920－21/101
［道光］南昌縣志四十卷首一卷末一卷　（清）慶雲　（清）張賦林修　（清）吳啟楠　（清）姜曾纂　清道光二十九年（1849）刻本　三十二册

440000－2543－0004773　O/920－21/101－2
［同治］南昌府志六十六卷首一卷末一卷　（清）許應鑅　（清）王之藩修　（清）曾作舟　（清）杜防纂　清同治十二年（1873）刻本　四十册

440000－2543－0004774　O/920－21/105
［同治］豐城縣志二十八卷首一卷　（清）王家傑修　（清）周文鳳　（清）李庚纂　清同治十二年（1873）刻本　十四册

440000－2543－0004775　O/920－21/107
［同治］進賢縣志二十五卷首一卷　（清）江璧等修　（清）胡景辰等纂　清同治十年（1871）刻本　八册

440000－2543－0004776　O/920－21/109
［同治］建昌府志十卷首一卷　（清）邵子彝修　（清）魯琪光纂　清同治十一年（1872）刻本　二十八册

440000－2543－0004777　O/920－21/111
［同治］江西新城縣志十二卷首一卷末一卷　（清）劉昌嶽修　（清）鄧家祺纂　清同治十年（1871）刻本　十六册

440000－2543－0004778　O/920－21/113
［同治］南豐縣志四十六卷首一卷末一卷　（清）柏春修　（清）魯琪光纂　清同治十年（1871）刻本　二十八册

440000－2543－0004779　O/920－21/115
［同治］廣昌縣志九卷首一卷末一卷　（清）曾毓璋纂修　清同治六年（1867）刻本　八册

440000－2543－0004780　O/920－21/119
［同治］臨川縣志五十四卷首一卷末一卷　（清）童範儼修　（清）陳慶齡等纂　清同治九年（1870）刻本　十二册

440000－2543－0004781　O/920－21/119－2
［光緒］撫州府志七十九卷首一卷　（清）許應鑅　（清）朱澄瀾修　（清）謝煌等纂　清光緒二年（1876）刻本　四十册

440000－2543－0004782　O/920－21/121
［道光］金谿縣志二十六卷首一卷　（清）松安等纂修　清道光六年（1826）刻本　十册

440000－2543－0004783　O/920－21/121－2
［同治］金谿縣志三十六卷首一卷末一卷　（清）程芳修　（清）鄭浴修等纂　清同治九年（1870）刻本　八册

440000－2543－0004784　O/920－21/125
［道光］宜黃縣志三十二卷　（清）札隆阿等修　（清）程卓樑等纂　清道光五年（1825）刻本

八册

440000－2543－0004785　VO/920－21/133
[乾隆]廣信府志二十六卷首一卷　(清)連柱纂修　清乾隆四十八年(1783)刻本　三十四册

440000－2543－0004786　O/920－21/133－2
[同治]上饒縣志二十六卷首一卷　(清)王恩溥　(清)邢德裕修　(清)李樹藩等纂　清同治十一年(1872)刻本　十一册

440000－2543－0004787　O/920－21/135
[同治]玉山縣志十卷首一卷附補遺一卷　(清)黄壽祺修　(清)吴華辰　(清)任廷槐纂　清同治十二年(1873)刻本　十册

440000－2543－0004788　O/920－21/139
[道光]貴溪縣志三十二卷首一卷　(清)胡宗簡修　(清)張金鎔等纂　清道光四年(1824)刻本　十二册

440000－2543－0004789　VO/920－21/141
[乾隆]鉛山縣志十三卷首一卷　(清)連柱　(清)陽浩然等纂修　清乾隆四十九年(1784)刻本　六册

440000－2543－0004790　O/920－21/201
[同治]袁州府志十卷首一卷　(清)駱敏修　(清)黄恩浩修　(清)蕭玉銓等纂　清同治十三年(1874)刻本　二十册

440000－2543－0004791　O/920－21/201－2
[同治]宜春縣志十卷首一卷　(清)路青雲修　(清)李佩琳　(清)陳瑜纂　清同治十年(1871)刻本　十二册

440000－2543－0004792　O/920－21/203
[光緒]吉安府志五十三卷首一卷　(清)定祥　(清)特克紳布修　(清)劉繹　(清)周立瀛纂　清光緒二年(1876)刻本　二十二册

440000－2543－0004793　O/920－21/203－2
[同治]廬陵縣志五十六卷首一卷附補編一卷　(清)陳汝楨等修　(清)匡汝諧等纂　清同治十二年(1873)刻本　十六册

440000－2543－0004794　O/920－21/203－2(2)
[同治]廬陵縣志五十六卷首一卷附補編一卷　(清)陳汝楨等修　(清)匡汝諧等纂　清同治十二年(1873)刻本　十八册

440000－2543－0004795　O/920－21/205
[同治]泰和縣志三十卷首一卷　(清)宋瑛等修　(清)彭啟瑞等纂　清光緒五年(1879)周之鏞泰和縣署刻本　十六册

440000－2543－0004796　O/920－21/207
[光緒]吉水縣志六十六卷首一卷　(清)彭際盛等修　(清)胡宗元等纂　清光緒元年(1875)刻本　二十册

440000－2543－0004797　O/920－21/211
[同治]安福縣志十八卷首一卷末一卷　(清)姚濬昌修　(清)周立瀛等纂　清同治十一年(1872)刻本　八册

440000－2543－0004798　O/920－21/215
[同治]萬安縣志二十卷首一卷末一卷　(清)歐陽駿修　(清)周之鏞纂　清同治十二年(1873)刻本　八册

440000－2543－0004799　O/920－21/223
[同治]清江縣志十卷首一卷　(清)潘懿　(清)胡湛修　(清)朱孫詒纂　清同治九年(1870)刻本　十册

440000－2543－0004800　O/920－21/227
[同治]新喻縣志十六卷首一卷　(清)文聚奎　(清)祥安修　(清)吴增逵纂　清同治十二年(1873)刻本　十二册

440000－2543－0004801　O/920－21/229
[同治]峡江縣志十卷首一卷　(清)暴大儒修　(清)廖其觀纂　清同治十年(1871)刻本　八册

440000－2543－0004802　O/920－21/231
[同治]分宜縣志十卷首一卷　(清)李寅清　(清)夏琮鼎修　(清)嚴升偉等纂　清同治十年(1871)刻本　十四册

440000－2543－0004803　O/920－21/233

[同治]萍鄉縣志十卷首一卷　(清)錫榮(清)王明璠纂修　清同治十一年(1872)刻本　八冊

440000－2543－0004804　O/920－21/301
[同治]贛州府志七十八卷首一卷　(清)魏瀛修　(清)魯琪光　(清)鍾音鴻纂　清同治十二年(1873)刻本　三十六冊

440000－2543－0004805　O/920－21/313
[光緒]長寧縣志十六卷首一卷　(清)金福保　(清)梅奇萼修　(清)鍾材權等纂　清光緒二十五年(1899)刻本　八冊

440000－2543－0004806　O/920－21/315
[道光]龍南縣志八卷首一卷　(清)王所舉(清)石家紹修　(清)徐思諫等纂　清道光六年(1826)刻本　六冊

440000－2543－0004807　O/920－21/321
[同治]大庾縣志二十六卷首一卷　(清)陳蔭昌修　(清)石景芬纂　清同治十三年(1874)刻本　十二冊

440000－2543－0004808　O/920－21/401
[同治]九江府志五十四卷首一卷末一卷(清)達春布修　(清)黄鳳樓　(清)歐陽燾纂　清同治十三年(1874)刻本　二十四冊

440000－2543－0004809　O/920－21/401－2
[同治]德化縣志五十四卷首一卷　(清)陳鼒修　(清)吳彬等纂　清同治十一年(1872)刻本　八冊

440000－2543－0004810　O/920－21/415
[同治]建昌縣志十二卷首一卷　(清)陳惟清修　(清)閔芳言　(清)王士彬纂　清同治十年(1871)刻本　七冊

440000－2543－0004811　O/920－21/417
[同治]安義縣志十六卷首一卷末一卷　(清)杜林修　(清)彭斗山　(清)熊寶善纂　清同治十年(1871)木活字印本　八冊

440000－2543－0004812　O/920－21/419
[同治]鄱陽縣志二十四卷首二卷末一卷(清)陳志培修　(清)王廷鑑等纂　清同治十年(1871)刻本　五冊

440000－2543－0004813　O/920－21/419－2
[同治]饒州府志三十二卷首一卷　(清)錫德修　(清)石景芬等纂　清同治十一年(1872)刻本　十六冊

440000－2543－0004814　O/920－21/423
[同治]樂平縣志十卷首一卷　(清)董萼榮(清)梅毓翰修　(清)汪元祥　(清)陳謨纂　清同治九年(1870)刻本　十二冊

440000－2543－0004815　VO/920－22/01
[乾隆]福建通志七十八卷首五卷　(清)郝玉麟修　(清)謝道承纂　清乾隆二年(1737)刻本　六十冊

440000－2543－0004816　VO/920－22/01－2
[乾隆]福建續志九十二卷首一卷　(清)楊廷璋修　(清)沈廷芳纂　清乾隆三十四年(1769)刻本　四十冊

440000－2543－0004817　O/920－22/101
[萬曆]閩都記三十三卷　(明)王應山纂　清道光十一年(1831)求放心齋刻本　六冊

440000－2543－0004818　VO/920－22/102
[乾隆]福州府志七十六卷首一卷　(清)徐景熹總裁　(清)魯曾煜等修纂　清乾隆十九年(1754)刻二十一年(1756)補刻本　四十冊

440000－2543－0004819　O/920－22/109
[同治]長樂縣志二十卷首一卷　(清)彭光藻(清)王家駒修　(清)楊希閔　(清)黄見三等纂　清同治八年(1869)刻本　十冊

440000－2543－0004820　O/920－22/117
[乾隆]福清縣志二十卷圖一卷　(清)饒安鼎修　(清)林昂　(清)李修卿纂　清乾隆十二年(1747)刻同治六年(1867)潘文鳳補版印本　六冊

440000－2543－0004821　O/920－22/201
[道光]廈門志十六卷　(清)周凱等纂修　清道光十九年(1839)玉屏書院刻本　八冊

440000－2543－0004822　O/920－22/203
[乾隆]興化府莆田縣志三十六卷首一卷　(清)汪大經　(清)王恆修　(清)廖必琦　(清)林黌纂　清乾隆二十三年(1758)刻本　二十册

440000－2543－0004823　O/920－22/209
[乾隆]泉州府志七十六卷首一卷　(清)懷蔭布修　(清)黄任　(清)郭賡武纂　清同治九年(1870)章倬標刻本　四十八册

440000－2543－0004824　VO/920－22/219
[乾隆]永春州志十六卷首一卷　(清)鄭一崧修　(清)顏璹等纂　清乾隆五十二年(1787)刻本　十册

440000－2543－0004825　O/920－22/303
[乾隆]汀州府志四十五卷首一卷　(清)曾曰瑛等修　(清)李紱等纂　清同治六年(1867)延楷刻本　二十册

440000－2543－0004826　O/920－22/305
[康熙]寧化縣志七卷　(清)祝文郁修　(清)李世熊纂　清同治八年(1869)蔣澤沅刻本　八册

440000－2543－0004827　O/920－22/305(2)
[康熙]寧化縣志七卷　(清)祝文郁修　(清)李世熊纂　清同治八年(1869)蔣澤沅刻本　八册

440000－2543－0004828　O/920－22/321
[乾隆]漳州府志四十六卷首一卷　(清)李維鈺修　(清)官獻瑤纂　清乾隆四十一年(1776)刻嘉慶十一年(1806)敖漢特通阿增修本　四十册

440000－2543－0004829　VO/920－22/333
[乾隆]海澄縣志二十四卷首一卷　(清)陳鍈等修　(清)葉廷推等纂　清乾隆二十七年(1762)刻本　十册

440000－2543－0004830　O/920－22/419
[光緒]續修浦城縣志四十二卷首一卷　(清)翁天祜　(清)吕渭英修　(清)翁昭泰纂　清光緒二十六年(1900)南浦書院刻本　二十册

440000－2543－0004831　VO/920－23/01
[雍正]敕修浙江通志二百八十卷首三卷　(清)嵇曾筠　(清)李衛等修　(清)沈翼機　(清)傅王露等纂　清乾隆元年(1736)刻本　一百二十册

440000－2543－0004832　O/920－23/01－2
[雍正]浙江通志二百八十卷首三卷　(清)李衛　(清)嵇曾筠等修　(清)沈翼機　(清)傅王露等纂　清光緒二十五年(1899)浙江書局刻本　一百二十册

440000－2543－0004833　O/920－23/101－2
[嘉靖]仁和縣志十四卷　(明)沈朝宣纂修　清光緒十九年(1893)刻武林掌故叢編本　六册

440000－2543－0004834　O/920－23/101－3
[萬曆]錢塘縣志十紀　(明)聶心湯纂修　清光緒刻武林掌故叢編本　八册

440000－2543－0004835　O/920－23/101－4
[光緒]唐棲志二十卷　(清)王同纂　清光緒十六年(1890)刻本　八册

440000－2543－0004836　O/920－23/103
[順治]海寧縣志略不分卷　(清)秦嘉系修　(清)范驤纂　清光緒八年(1882)清風室刻本　一册

440000－2543－0004837　O/920－23/103－3
[嘉靖]海寧縣志九卷圖一卷　(明)蔡完修　(明)董穀纂　清光緒二十四年(1898)許仁沐刻本　二册

440000－2543－0004838　O/920－23/105
[光緒]富陽縣志二十四卷首一卷　(清)汪文炳修　(清)蔣敬時　(清)何鎔纂　清光緒三十二年(1906)刻本　十六册

440000－2543－0004839　O/920－23/107
[嘉慶]餘杭縣志四十卷　(清)張吉安修　(清)朱文藻纂　(清)崔應榴　(清)董作棟續纂　清光緒六年(1880)王崧辰木活字印本　十二册

440000－2543－0004840　O/920－23/109
咸淳臨安志一百卷　(宋)潛說友纂修　**校栞咸淳臨安志札記三卷**　(清)黄士珣撰　清道光十年(1830)錢塘汪氏振綺堂刻本　二十四冊　缺四卷(九十、九十八至一百)

440000－2543－0004841　O/920－23/117
[嘉慶]嘉興府志八十卷首三卷　(清)伊湯安修　(清)馮應榴　(清)沈啟震纂　清嘉慶六年(1801)刻本　二十四冊

440000－2543－0004842　O/920－23/117－2
[光緒]嘉興府志八十八卷首二卷　(清)許瑤光修　(清)吳仰賢等纂　清光緒三年至四年(1877－1878)嘉興鴛湖書院刻五年(1879)印本　四十八冊

440000－2543－0004843　O/920－23/117－3
[光緒]嘉興縣志三十七卷首二卷末一卷　(清)趙惟崳修　(清)石中玉　(清)吳受福纂　清光緒三十四年(1908)刻本　二十四冊

440000－2543－0004844　O/920－23/119
[光緒]重修嘉善縣志三十六卷首一卷　(清)江峰青修　(清)顧福仁等纂　清光緒二十年(1894)刻本　十六冊

440000－2543－0004845　O/920－23/121
[光緒]海鹽縣志二十二卷首一卷末一卷　(清)王彬修　(清)徐用儀纂　清光緒三年(1877)蔚文書院刻本　十六冊

440000－2543－0004846　O/920－23/123
[光緒]石門縣志十一卷首一卷　(清)余麗元等纂修　清光緒五年(1879)刻本　十二冊

440000－2543－0004847　O/920－23/125
[光緒]平湖縣志二十五卷首一卷末一卷平湖殉難錄一卷　(清)彭潤章等修　(清)葉廉鍔等纂　清光緒十二年(1886)刻本　十三冊

440000－2543－0004848　O/920－23/125(2)
[光緒]平湖縣志二十五卷首一卷末一卷平湖殉難錄一卷　(清)彭潤章等修　(清)葉廉鍔等纂　清光緒十二年(1886)刻本　十三冊

440000－2543－0004849　O/920－23/127
[光緒]桐鄉縣志二十四卷首四卷　(清)嚴辰纂　**楊園淵源錄四卷**　(清)沈曰富著　清光緒十三年(1887)刻本　二十四冊

440000－2543－0004850　O/920－23/129
[同治]湖州府志九十六卷首一卷　(清)宗源瀚等修　(清)周學濬等纂　清同治十三年(1874)愛山書院刻本　四十冊

440000－2543－0004851　O/920－23/129－2
[光緒]歸安縣志五十二卷首一卷　(清)李昱修　(清)陸心源纂　清光緒八年(1882)刻本　十六冊

440000－2543－0004852　O/920－23/129－3
[光緒]烏程縣志三十六卷　(清)潘玉璿　(清)馮健修　(清)周學濬　(清)汪曰楨纂　清光緒七年(1881)刻本　十六冊

440000－2543－0004853　O/920－23/129－7
[咸豐]南潯鎮志四十卷首一卷　(清)汪曰楨撰　清同治二年(1863)刻本　十冊

440000－2543－0004854　O/920－23/131
[同治]長興縣志三十二卷　(清)趙定邦修　(清)周學濬　(清)丁寶書纂　清光緒元年(1875)刻十八年(1892)增刻本　十五冊

440000－2543－0004855　O/920－23/131
長興志拾遺二卷首一卷　(清)朱鎮纂　清光緒二十三年(1897)刻本　一冊

440000－2543－0004856　O/920－23/137
[同治]安吉縣志十八卷首一卷　(清)汪榮　(清)劉蘭敏修　(清)張行孚　(清)丁寶書纂　清同治十三年(1874)刻本　八冊

440000－2543－0004857　O/920－23/139
[同治]孝豐縣志十卷首一卷　(清)劉濬修　(清)潘宅仁等纂　清光緒五年(1879)刻本　十冊

440000－2543－0004858　VO/920－23/201
[乾隆]鄞縣志三十卷首一卷　(清)錢維喬修　(清)錢大昕纂　清乾隆五十三年(1788)刻

本　十六册

440000－2543－0004859　VO/920－23/201(2)
[乾隆]鄞縣志三十卷首一卷　(清)錢維喬修　(清)錢大昕纂　清乾隆五十三年(1788)刻本　八册

440000－2543－0004860　O/920－23/201－2
[雍正]寧波府志三十六卷首一卷　(清)曹秉仁等修　(清)萬經等纂　清刻本　十六册

440000－2543－0004861　O/920－23/201－3
[同治]鄞縣志七十五卷　(清)戴枚修　(清)張恕等纂　清光緒三年(1877)刻本　三十四册

440000－2543－0004862　O/920－23/203
[光緒]慈谿縣志五十六卷附編一卷　(清)楊泰亨　(清)馮可鏞纂修　清光緒二十五年(1899)德潤書院刻本　二十四册

440000－2543－0004863　O/920－23/207
[光緒]鎮海縣志四十卷　(清)于萬川修　(清)俞樾等纂　清光緒五年(1879)鯤池書院刻本　十六册

440000－2543－0004864　O/920－23/213－2
[光緒]定海廳志三十卷首一卷　(清)史致馴修　(清)陳重威　(清)黄以周纂　清光緒十一年(1885)黄樹藩刻本　十册

440000－2543－0004865　VO/920－23/215
[康熙]紹興府志六十卷　(清)俞卿修　(清)周徐彩纂　清康熙五十八年(1719)刻本　二十二册

440000－2543－0004866　VO/920－23/217
[乾隆]蕭山縣志四十卷　(清)黄鈺纂修　清乾隆十六年(1751)刻本　二十四册

440000－2543－0004867　O/920－23/219
[光緒]諸暨縣志六十卷首一卷　(清)陳遹聲修　(清)蔣鴻藻纂　清宣統二年(1910)刻本　二十四册

440000－2543－0004868　O/920－23/221
[光緒]餘姚縣志二十七卷首一卷末一卷　(清)周炳麟修　(清)邵友濂　(清)孫德祖纂　清光緒二十五年(1899)刻本　十六册

440000－2543－0004869　O/920－23/223
[光緒]上虞縣志四十八卷首一卷末一卷　(清)唐煦春修　(清)朱士黻纂　清光緒十七年(1891)刻本　二十册

440000－2543－0004870　O/920－23/223－2
[光緒]上虞縣志校續五十卷首一卷末一卷　(清)儲家藻修　(清)徐致靖纂　清光緒二十五年(1899)刻本　二十册

440000－2543－0004871　O/920－23/225
[同治]嵊縣志二十六卷首一卷末一卷　(清)嚴思忠　(清)陳仲麟修　(清)蔡以瑺等纂　清同治九年(1870)刻本　十二册

440000－2543－0004872　O/920－23/229－2
[康熙]臨海縣志十五卷首一卷　(清)洪若皋編輯　清康熙二十二年(1683)刻同治印本　八册

440000－2543－0004873　O/920－23/229－5
[嘉定]赤城志四十卷　(宋)黄㽦　(宋)齊碩修　(宋)陳耆卿纂　**赤城集十八卷**　(宋)林表民輯　清嘉慶二十三年(1818)刻台州叢書乙集本　八册

440000－2543－0004874　O/920－23/231
[光緒]黄巖縣志四十卷首一卷　(清)陳寶善　(清)孫憙修　(清)王棻纂　(清)陳鍾英　(清)鄭錫滜續修　(清)王詠霓續纂　**黄巖志校議二卷**　(清)王棻纂　清光緒六年(1880)校補刻本　二十册

440000－2543－0004875　O/920－23/239
[光緒]太平續志十八卷首一卷　(清)陳汝霖修　(清)王棻纂　清光緒二十二年(1896)刻本　十八册

440000－2543－0004876　O/920－23/239－2
[嘉慶]太平縣志十八卷　(清)慶霖修　(清)戚學標等纂　清光緒二十二年(1896)刻本　十册

440000－2543－0004877　O/920－23/301
[光緒]蘭谿縣志八卷首一卷　(清)秦簧　(清)邵秉經修　(清)唐壬森纂　清光緒十五年(1889)刻本　十冊

440000－2543－0004878　O/920－23/303－2
[康熙]金華府志三十卷　(清)張藎修　(清)沈麟趾等纂　清宣統元年(1909)嵩連石印本　十二冊

440000－2543－0004879　O/920－23/308
[光緒]永康縣志十六卷首一卷　(清)李汝為　(清)郭文翹修　(清)潘樹棠等纂　清光緒十八年(1892)刻本　十二冊

440000－2543－0004880　O/920－23/311
[嘉慶]武義縣志十二卷首一卷　(清)張營堠修　(清)周家駒等纂　清宣統二年(1910)石印本　六冊

440000－2543－0004881　O/920－23/317
[嘉慶]西安縣志四十八卷首一卷　(清)姚寶煃修　(清)范崇楷等纂　清嘉慶十六年(1811)刻本　十冊

440000－2543－0004882　O/920－23/317－2
[康熙]衢州府志四十卷首一卷　(清)楊廷望纂修　清光緒八年(1882)劉國光刻本　十二冊

440000－2543－0004883　O/920－23/319
[康熙]龍游縣誌十二卷首一卷　(清)盧燦修　(清)余恂等纂　清光緒八年(1882)刻本　六冊

440000－2543－0004884　O/920－23/321
[同治]江山縣志十二卷首一卷末一卷　(清)王彬　(清)孫晉梓修　(清)朱寶慈纂　清同治十二年(1873)文溪書院刻本　八冊

440000－2543－0004885　O/920－23/323
[光緒]常山縣志六十八卷首一卷末一卷　(清)李瑞鍾修　(清)朱昌泰等纂　清光緒十二年(1886)刻本　十二冊

440000－2543－0004886　O/920－23/327
景定嚴州續志十卷　(宋)錢可則修　(宋)鄭瑤　(宋)方仁榮纂　清光緒二十二年(1896)桐廬袁氏刻漸西村舍彙刻本　二冊

440000－2543－0004887　O/920－23/329
[光緒]淳安縣志十六卷首一卷　(清)劉世甯原本　(清)李詩續修　(清)陳中元　(清)竺士彥續撰　清光緒十年(1884)刻本　八冊

440000－2543－0004888　O/920－23/329(2)
[光緒]淳安縣志十六卷首一卷　(清)劉世甯原本　(清)李詩續修　(清)陳中元　(清)竺士彥續撰　清光緒十年(1884)刻本　八冊

440000－2543－0004889　O/920－23/333
[乾隆]遂安縣志十卷首一卷　(清)鄒錫疇修　(清)方引彥等纂　清光緒十六年(1890)唐濟木活字印本　八冊

440000－2543－0004890　O/920－23/337
[光緒]分水縣志十卷首一卷末一卷　(清)陳常鏵　(清)馮圻修　(清)臧承宣等纂　清光緒三十二年(1906)刻本　六冊

440000－2543－0004891　O/920－23/401
[乾隆]溫州府志三十卷首一卷　(清)李琬修　(清)齊召南　(清)汪沆纂　清乾隆二十七年(1762)刻同治四年(1865)周開錫、陳思燏增刻本　十八冊

440000－2543－0004892　O/920－23/401－2
[光緒]永嘉縣志三十八卷首一卷　(清)張寶琳修　(清)王棻　(清)孫詒讓纂　清光緒八年(1882)溫州維新書局刻本　十六冊

440000－2543－0004893　O/920－23/403
[同治]麗水縣志十五卷　(清)彭潤章等纂修　清同治十三年(1874)刻本　八冊

440000－2543－0004894　O/920－23/403－2
[光緒]處州府志三十卷首一卷末一卷　(清)潘紹詒修　(清)周榮椿等纂　清光緒三年(1877)刻本　十八冊

440000－2543－0004895　O/920－23/405
[光緒]青田縣志十八卷首一卷　(清)雷銑修

（清）王棻纂　清光緒二年（1876）刻本　十四冊

440000－2543－0004896　O/920－23/407
［光緒］縉雲縣志十六卷首一卷末一卷　（清）何乃容　（清）葛華修　（清）潘樹棠纂　清光緒七年（1881）刻本　十冊

440000－2543－0004897　O/920－23/409
［光緒］松陽縣志十二卷首一卷　（清）支恆椿修　（清）丁鳳章纂　清光緒元年（1875）刻本　六冊

440000－2543－0004898　O/920－23/411
［光緒］遂昌縣志十二卷首一卷外編四卷　（清）胡壽海　（清）史恩緯修　（清）褚成允纂　清光緒二十二年（1896）尊經閣刻本　十四冊

440000－2543－0004899　O/920－23/413
［光緒］龍泉縣志十二卷首一卷　（清）顧國詔修　（清）張世堉纂　清光緒四年（1878）刻本　六冊

440000－2543－0004900　O/920－23/415
［道光］慶元縣志十二卷首一卷　（清）吳綸彰修　（清）周大成纂　清道光十二年（1832）刻本　六冊

440000－2543－0004901　O/920－23/419
［光緒］宣平縣志二十卷首一卷　（清）皮樹棠纂修　清光緒四年（1878）刻本　八冊

440000－2543－0004902　O/920－23/421
［同治］景寧縣志十四卷首一卷末一卷　（清）周杰修　（清）嚴用光　（清）葉篤貞纂　清同治十二年（1873）刻本　八冊

440000－2543－0004903　O/920－23/423
［嘉慶］瑞安縣志十卷首一卷　（清）張德標修　（清）王殿金　（清）黃徵乂纂　清嘉慶十三年（1808）刻本　八冊

440000－2543－0004904　VO/920－23/429
［雍正］泰順縣志十卷　（清）朱國源修　（清）朱廷琦纂　清雍正七年（1729）刻本　八冊

440000－2543－0004905　O/920－23/431
［光緒］玉環廳志十六卷首一卷　（清）杜冠英　（清）胥壽榮修　（清）呂鴻燾纂　清光緒六年（1880）刻十四年（1888）胡鍾駿增刻本　九冊

440000－2543－0004906　O/920－24/01－2
［嘉慶］湖北通志一百卷首五卷　（清）吳熊光　（清）吳烜修　（清）陳詩　（清）張承寵纂　清嘉慶九年（1804）刻本　六十四冊

440000－2543－0004907　O/920－24/101
［光緒］武昌縣志二十六卷首一卷末一卷　（清）鍾桐山修　（清）柯逢時纂　清光緒十一年（1885）刻本　十冊

440000－2543－0004908　O/920－24/101－2
［同治］江夏縣志八卷文徵二卷　（清）王庭楨修　（清）彭崧毓纂　清同治八年（1869）刻本　十冊

440000－2543－0004909　O/920－24/105
［同治］重修嘉魚縣志十二卷　（清）鍾傳益修　（清）俞焜纂　清同治五年（1866）刻本　十二冊

440000－2543－0004910　O/920－24/107
［同治］蒲圻縣志八卷　（清）顧際熙等修　（清）文元音　（清）張承齡纂　清同治五年（1866）刻本　八冊

440000－2543－0004911　O/920－24/107（2）
［同治］蒲圻縣志八卷　（清）顧際熙等修　（清）文元音　（清）張承齡纂　清同治五年（1866）刻本　七冊　存七卷（二至八）

440000－2543－0004912　O/920－24/109
［光緒］續輯咸寧縣志八卷首一卷　（清）陳樹楠　（清）諸可權修　（清）錢光奎　（清）余益杞纂　清光緒八年（1882）刻本　七冊

440000－2543－0004913　O/920－24/111
［同治］崇陽縣志十二卷首一卷　（清）高佐廷修　（清）傅燮鼎纂　清同治五年（1866）木活

字印本　十册

440000－2543－0004914　O/920－24/113
[同治]通山縣志八卷首一卷　(清)羅登瀛　(清)胡昌銘修　(清)朱美燮　(清)樂純青纂　清同治七年(1868)木活字印本　八册

440000－2543－0004915　O/920－24/117
[同治]大冶縣志十八卷首一卷　(清)胡復初修　(清)黄昺杰纂　清同治六年(1867)刻本　八册

440000－2543－0004916　O/920－24/117－2
[光緒]大冶縣志續編七卷首一卷末一卷　(清)林佐修　(清)陳鼇纂　清光緒十年(1884)刻本　二册　缺一卷(七)

440000－2543－0004917　O/920－24/119
[光緒]興國州志三十六卷首一卷　(清)吴大訓等修　(清)陳光亨纂　(清)劉鳳綸　(清)王鳳池續纂修　清光緒十五年(1889)刻本　十六册

440000－2543－0004918　O/920－24/119(2)
[光緒]興國州志三十六卷首一卷　(清)吴大訓等修　(清)陳光亨纂　(清)劉鳳綸　(清)王鳳池續纂修　清光緒十五年(1889)刻本　九册

440000－2543－0004919　O/920－24/119(3)
[光緒]興國州志三十六卷首一卷　(清)吴大訓等修　(清)陳光亨纂　(清)劉鳳綸　(清)王鳳池續纂修　清光緒十五年(1889)刻本　九册

440000－2543－0004920　O/920－24/119－2
[光緒]興國州志補編三卷首一卷　(清)賀祖蔚修　(清)劉鳳綸纂　清光緒三十年(1904)刻本　四册

440000－2543－0004921　O/920－24/119－2(2)
[光緒]興國州志補編三卷首一卷　(清)賀祖蔚修　(清)劉鳳綸纂　清光緒三十年(1904)刻本　二册

440000－2543－0004922　O/920－24/119－2(3)
[光緒]興國州志補編三卷首一卷　(清)賀祖蔚修　(清)劉鳳綸纂　清光緒三十年(1904)刻本　二册

440000－2543－0004923　VO/920－24/121
[乾隆]漢陽府志五十卷首一卷　(清)陶士偰修　(清)劉湘煃纂　清乾隆十二年(1747)刻本　十四册

440000－2543－0004924　O/920－24/121－2
[同治]續輯漢陽縣志二十八卷　(清)黄式度修　(清)王柏心纂　清同治七年(1868)刻本　二十册

440000－2543－0004925　O/920－24/121－3
[光緒]漢陽縣識十卷首一卷附同治漢陽縣志校　(清)濮文昶修　(清)張行簡纂　清光緒景賢書塾刻本　三册　缺六卷(四至七、九至十)

440000－2543－0004926　O/920－24/125
[同治]漢川縣志二十二卷首一卷　(清)德廉　(清)袁鳴珂修　(清)林祥瑗纂　清同治十二年(1873)刻本　十二册

440000－2543－0004927　O/920－24/125(2)
[同治]漢川縣志二十二卷首一卷　(清)德廉　(清)袁鳴珂修　(清)林祥瑗纂　清同治十二年(1873)刻本　九册

440000－2543－0004928　O/920－24/127
[同治]黄陂縣志十六卷　(清)劉昌緒修　(清)徐瀛纂　清同治十年(1871)刻本　十二册

440000－2543－0004929　O/920－24/127(2)
[同治]黄陂縣志十六卷　(清)劉昌緒修　(清)徐瀛纂　清同治十年(1871)刻本　十册

440000－2543－0004930　O/920－24/129
[光緒]孝感縣志二十四卷續補志一卷　(清)朱希白修　(清)沈用增纂　清光緒九年(1883)刻本　十二册

440000－2543－0004931　O/920－24/129(2)
[光緒]孝感縣志二十四卷續補志一卷　(清)

朱希白修　（清）沈用增纂　清光緒九年(1883)刻本　十二册

440000－2543－0004932　O/920－24/131
［光緒］沔陽州志十二卷首一卷　（清）葛振元修　（清）楊鉅纂　清光緒二十年(1894)刻本　十六册

440000－2543－0004933　O/920－24/133
［光緒］黄州府志四十卷首一卷　（清）英啓修　（清）鄧琛纂　清光緒十年(1884)刻本　二十四册

440000－2543－0004934　O/920－24/133(2)
［光緒］黄州府志四十卷首一卷　（清）英啓修　（清）鄧琛纂　清光緒十年(1884)刻本　五十六册

440000－2543－0004935　O/920－24/133－2
［光緒］黄岡縣志二十四卷首一卷　（清）戴昌言修　（清）劉恭冕纂　清光緒八年(1882)刻本　二十册

440000－2543－0004936　O/920－24/133－2(2)
［光緒］黄岡縣志二十四卷首一卷　（清）戴昌言修　（清）劉恭冕纂　清光緒八年(1882)刻本　二十四册

440000－2543－0004937　O/920－24/135
［同治］黄安縣志十卷首一卷　（清）朱錫綬　（清）胡承組修　（清）張家俊　（清）吳端委纂　清同治八年(1869)刻本　十八册

440000－2543－0004938　O/920－24/135－2
［光緒］黄安縣志十卷首一卷　（清）陳瑞瀾　（清）陶大夏修　（清）吳言昌　（清）王儀吉纂　清光緒八年(1882)刻本　十六册

440000－2543－0004939　O/920－24/137
［光緒］黄梅縣志四十卷首一卷附録一卷　（清）覃瀚元　（清）袁瓚修　（清）宛名昌　（清）余邦士纂　清光緒二年(1876)刻本　十二册

440000－2543－0004940　O/920－24/137(2)
［光緒］黄梅縣志四十卷首一卷附録一卷　（清）覃瀚元　（清）袁瓚修　（清）宛名昌　（清）余邦士纂　清光緒二年(1876)刻本　六册

440000－2543－0004941　O/920－24/139
［光緒］蘄州志三十卷　（清）封蔚礽修　（清）陳廷揚纂　清光緒八年(1882)刻十年(1884)重校本　十八册

440000－2543－0004942　O/920－24/139－2
［光緒］蘄州志三十卷　（清）封蔚礽修　（清）陳廷揚纂　清光緒八年(1882)刻十年(1884)重校本　十八册

440000－2543－0004943　O/920－24/141
［光緒］蘄水縣志二十二卷首一卷末一卷　（清）多祺纂修　清光緒六年(1880)刻本　十八册

440000－2543－0004944　O/920－24/143
［光緒］麻城縣志四十卷首一卷末一卷補五卷　（清）朱榮椿　（清）陸祐勤修　（清）余士珩纂　清光緒八年(1882)刻本　十八册

440000－2543－0004945　O/920－24/143(2)
［光緒］麻城縣志四十卷首一卷末一卷附書院田畝册一卷　（清）朱榮椿　（清）陸祐勤修　（清）余士珩纂　清光緒八年(1882)刻本　十四册

440000－2543－0004946　O/920－24/145
［光緒］羅田縣志八卷首一卷　（清）管貽葵修　（清）陳錦纂　清光緒二年(1876)刻本　七册

440000－2543－0004947　O/920－24/145(2)
［光緒］羅田縣志八卷首一卷　（清）管貽葵修　（清）陳錦纂　清光緒二年(1876)刻本　十六册

440000－2543－0004948　O/920－24/149
［光緒］德安府志二十卷首一卷末一卷　（清）賡音布修　（清）劉國光　（清）李春澤纂　清光緒十五年(1889)刻本　二十册

440000－2543－0004949　O/920－24/149(2)

[光緒]德安府志二十卷首一卷末一卷 （清）賡音布修 （清）劉國光 （清）李春澤纂 清光緒十五年(1889)刻本 二十册

440000－2543－0004950 O/920－24/151
[同治]隨州志三十二卷首一卷 （清）文齡 （清）孫文俊修 （清）史策先纂 清同治八年(1869)刻本 十二册

440000－2543－0004951 O/920－24/153
[道光]雲夢縣志畧十二卷首一卷末一卷附錄一卷 （清）呂錫麟修 （清）程懷璟纂 清道光二十年(1840)刻本 六册

440000－2543－0004952 O/920－24/153－2
[光緒]續雲夢縣志略十卷首一卷末一卷 （清）吳念椿修 （清）程壽昌 （清）曾廣濬纂 清光緒九年(1883)刻本 二册

440000－2543－0004953 O/920－24/155
[同治]應山縣志三十六卷首一卷末一卷 （清）劉宗元修 （清）吳天錫纂 清同治十年(1871)刻本 十六册

440000－2543－0004954 O/920－24/155(2)
[同治]應山縣志三十六卷首一卷末一卷 （清）劉宗元修 （清）吳天錫纂 清同治十年(1871)刻本 十册

440000－2543－0004955 O/920－24/157
光緒應城志十四卷首一卷 （清）羅緗 （清）陳豪修 （清）王承禧纂 清光緒八年(1882)蒲陽書院刻本 八册

440000－2543－0004956 O/920－24/157(2)
光緒應城志十四卷首一卷 （清）羅緗 （清）陳豪修 （清）王承禧纂 清光緒八年(1882)蒲陽書院刻本 八册

440000－2543－0004957 VO/920－24/201
[乾隆]襄陽府志四十卷首一卷 （清）陳鍔纂修 清乾隆二十五年(1760)刻本 十六册

440000－2543－0004958 O/920－24/201－2
[同治]襄陽縣志七卷首一卷 （清）楊宗時修 （清）崔淦纂 （清）吳耀斗續修 （清）李士彬續纂 清同治十三年(1874)刻本 八册

440000－2543－0004959 O/920－24/201－2(2)
[同治]襄陽縣志七卷首一卷 （清）楊宗時修 （清）崔淦纂 （清）吳耀斗續修 （清）李士彬續纂 清同治十三年(1874)刻本 五册

440000－2543－0004960 O/920－24/203
[同治]鍾祥縣志二十卷補編二卷 （清）孫福海等纂修 清同治六年(1867)刻本 七册

440000－2543－0004961 O/920－24/203(2)
[同治]鍾祥縣志二十卷補編二卷 （清）孫福海等纂修 清同治六年(1867)刻本 八册

440000－2543－0004962 O/920－24/205
[光緒]京山縣志二十三卷首一卷 （清）沈星標修 （清）曾憲德 （清）秦有鍠纂 **易領四卷** （明）郝敬撰 清光緒八年(1882)刻本 十六册

440000－2543－0004963 O/920－24/205(2)
[光緒]京山縣志二十三卷首一卷 （清）沈星標修 （清）曾憲德 （清）秦有鍠纂 **易領四卷** （明）郝敬撰 清光緒八年(1882)刻本 十册

440000－2543－0004964 O/920－24/205(3)
[光緒]京山縣志二十三卷首一卷 （清）沈星標修 （清）曾憲德 （清）秦有鍠纂 **易領四卷** （明）郝敬撰 清光緒八年(1882)刻本 十二册

440000－2543－0004965 O/920－24/205(4)
[光緒]京山縣志二十三卷首一卷 （清）沈星標修 （清）曾憲德 （清）秦有鍠纂 **易領四卷** （明）郝敬撰 清光緒八年(1882)刻本 十二册

440000－2543－0004966 O/920－24/207
[康熙]潛江縣志二十卷首一卷 （清）劉煥修 （清）朱載震纂 清光緒五年(1879)刻本 六册

440000－2543－0004967 O/920－24/207(2)
[康熙]潛江縣志二十卷首一卷 （清）劉煥修

（清）朱載震纂　清光緒五年（1879）刻本　十六册

440000－2543－0004968　O/920－24/207（3）
［康熙］潛江縣志二十卷首一卷　（清）劉煥修　（清）朱載震纂　清光緒五年（1879）刻本　八册

440000－2543－0004969　O/920－24/207－2
［光緒］潛江縣志續二十卷首一卷　（清）史致謨修　（清）劉恭冕　（清）郭士元纂　清光緒五年（1879）刻本　四册

440000－2543－0004970　O/920－24/211
［乾隆］荆門州志三十六卷　（清）舒成龍修　（清）李法孟　（清）陳榮杰纂　清乾隆十九年（1754）刻本　八册

440000－2543－0004971　O/920－24/211－2
［同治］荆門直隸州志十二卷首一卷　（清）恩榮修　（清）張圻纂　清同治七年（1868）刻本　十六册

440000－2543－0004972　O/920－24/213
［同治］當陽縣志十八卷首一卷末一卷　（清）阮恩光修　（清）王柏心等纂　清同治五年（1866）刻本　五册

440000－2543－0004973　O/920－24/213（2）
［同治］當陽縣志十八卷首一卷末一卷　（清）阮恩光修　（清）王柏心等纂　清同治五年（1866）刻本　十册

440000－2543－0004974　O/920－24/213－2
［光緒］當陽縣補續志四卷首一卷　（清）李元才修　（清）李葆貞纂　清光緒十五年（1889）刻本　二册

440000－2543－0004975　O/920－24/215
［同治］遠安縣志八卷首一卷　（清）鄭燡林修　（清）周葆恩纂　清同治五年（1866）刻本　八册

440000－2543－0004976　O/920－24/215（2）
［同治］遠安縣志八卷首一卷　（清）鄭燡林修　（清）周葆恩纂　清同治五年（1866）刻本　六册

440000－2543－0004977　O/920－24/215（3）
［同治］遠安縣志八卷首一卷　（清）鄭燡林修　（清）周葆恩纂　清同治五年（1866）刻本　四册

440000－2543－0004978　O/920－24/217
［同治］宜城縣志十卷　（清）程啟安修　（清）張炳鐘等纂　清同治五年（1866）刻本　五册

440000－2543－0004979　O/920－24/217－2
［光緒］宜城縣續志二卷　（清）李連騎修　（清）姚德華纂　清光緒九年（1883）刻本　一册

440000－2543－0004980　O/920－24/219
［同治］南漳縣志集鈔二十六卷首一卷　（清）胡正楷原本　（清）沈兆元增修　（清）胡心悦增纂　清嘉慶二十年（1815）刻同治四年（1865）東鶴山堂增刻本　八册

440000－2543－0004981　O/920－24/223
［同治］穀城縣志八卷　（清）承印修　（清）蔣海澄　（清）黄定鏞纂　清同治六年（1867）刻本　二册

440000－2543－0004982　O/920－24/223（2）
［同治］穀城縣志八卷　（清）承印修　（清）蔣海澄　（清）黄定鏞纂　清同治六年（1867）刻本　八册

440000－2543－0004983　O/920－24/225
［光緒］光化縣志八卷首一卷　（清）鍾桐山修　（清）段映斗纂　清光緒十年（1884）刻本　八册

440000－2543－0004984　O/920－24/225（2）
［光緒］光化縣志八卷首一卷　（清）鍾桐山修　（清）段映斗纂　清光緒十年（1884）刻本　四册

440000－2543－0004985　O/920－24/227
［光緒］續輯均州志十六卷首一卷　（清）馬雲龍修　（清）賈洪詔纂　清光緒十年（1884）均

州志局刻本　八冊

440000－2543－0004986　O/920－24/227(2)
[光緒]續輯均州志十六卷首一卷　(清)馬雲龍修　(清)賈洪詔纂　清光緒十年(1884)均州志局刻本　四冊

440000－2543－0004987　O/920－24/229
[同治]鄖縣志十卷首一卷　(清)周瑞　(清)定熙修　(清)余瀊廷　(清)崔誥纂　清同治五年(1866)刻本　八冊

440000－2543－0004988　O/920－24/229(2)
[同治]鄖縣志十卷首一卷　(清)周瑞　(清)定熙修　(清)余瀊廷　(清)崔誥纂　清同治五年(1866)刻本　八冊

440000－2543－0004989　O/920－24/229－2
[同治]鄖陽志八卷首一卷　(清)吳葆儀修　(清)王嚴恭纂　清同治九年(1870)鄖山書院刻本　十二冊

440000－2543－0004990　O/920－24/231
[同治]房縣志十二卷首一卷祀典志一卷　(清)楊延烈修　(清)郁方董　(清)劉元棟纂　清同治五年(1866)刻本　六冊

440000－2543－0004991　O/920－24/231(2)
[同治]房縣志十二卷首一卷　(清)楊延烈修　(清)郁方董　(清)劉元棟纂　清同治五年(1866)刻本　六冊

440000－2543－0004992　O/920－24/233
[同治]竹谿縣志十六卷首一卷　(清)陶壽嵩修　(清)楊兆熊纂　清同治六年(1867)刻本　四冊

440000－2543－0004993　O/920－24/235
[同治]竹山縣志二十九卷　(清)周士楨修　(清)黄子遂纂　清同治四年(1865)刻本　三冊

440000－2543－0004994　O/920－24/235(2)
[同治]竹山縣志二十九卷　(清)周士楨修　(清)黄子遂纂　清同治四年(1865)刻本　十冊

440000－2543－0004995　VO/920－24/300
[乾隆]湖北下荆南道志二十八卷　(清)魯之裕修　(清)靖道謨纂　清乾隆五年(1740)刻本　十六冊

440000－2543－0004996　VO/920－24/300(2)
[乾隆]湖北下荆南道志二十八卷　(清)魯之裕修　(清)靖道謨纂　清乾隆五年(1740)刻本　十六冊

440000－2543－0004997　O/920－24/301
[同治]宜昌府志十六卷首一卷　(清)聶光鑾修　(清)王柏心　(清)雷春沼纂　清同治五年(1866)刻本　二十冊

440000－2543－0004998　O/920－24/301(2)
[同治]宜昌府志十六卷首一卷　(清)聶光鑾修　(清)王柏心　(清)雷春沼纂　清同治五年(1866)刻本　十四冊

440000－2543－0004999　O/920－24/301(3)
[同治]宜昌府志十六卷首一卷　(清)聶光鑾修　(清)王柏心　(清)雷春沼纂　清同治五年(1866)刻本　十八冊

440000－2543－0005000　O/920－24/301－2
[同治]東湖縣志三十卷首一卷續補藝文一卷　(清)金大鏞修　(清)王柏心纂　清同治三年(1864)刻本　六冊

440000－2543－0005001　O/920－24/301－2(2)
[同治]東湖縣志三十卷首一卷續補藝文一卷　(清)金大鏞修　(清)王柏心纂　清同治三年(1864)刻本　五冊

440000－2543－0005002　O/920－24/301－2(3)
[同治]東湖縣志三十卷首一卷續補藝文一卷　(清)金大鏞修　(清)王柏心纂　清同治三年(1864)刻本　十一冊

440000－2543－0005003　VO/920－24/303
[乾隆]江陵縣志五十八卷首一卷　(清)崔龍見等修　(清)黄義尊纂　清乾隆五十九年(1794)刻本　二十冊

440000－2543－0005004　O/920－24/303－2

[光緒]江陵縣志六十五卷首一卷　(清)蒯正昌　(清)吴耀斗修　(清)胡九皋　(清)劉長謙纂　清光緒三年(1877)賓興館刻本　十冊

440000－2543－0005005　O/920－24/303－3
[光緒]荆州府志八十卷首一卷　(清)倪文蔚　(清)蔣銘勳修　(清)顧嘉蘅　(清)李廷鈺纂　清光緒六年(1880)刻本　三十二冊

440000－2543－0005006　O/920－24/303－3(2)
[光緒]荆州府志八十卷首一卷　(清)倪文蔚　(清)蔣銘勳修　(清)顧嘉蘅　(清)李廷鈺纂　清光緒六年(1880)刻本　十六冊

440000－2543－0005007　O/920－24/303－4
荆州記三卷　(南朝宋)盛宏之撰　曹元忠輯　清光緒二十七年(1901)刻本　一冊

440000－2543－0005008　O/920－24/303－4(2)
荆州記三卷　(南朝宋)盛宏之撰　曹元忠輯　清光緒二十七年(1901)刻本　一冊

440000－2543－0005009　O/920－24/303－4(3)
荆州記三卷　(南朝宋)盛宏之撰　曹元忠輯　清光緒二十七年(1901)刻本　一冊

440000－2543－0005010　O/920－24/303－5
荆州記三卷　(南朝宋)盛宏之撰　曹元忠輯　清光緒十九年(1893)刻本　一冊

440000－2543－0005011　O/920－24/304
[同治]公安縣志八卷首一卷　(清)周承弼修　(清)王慰纂　清同治十三年(1874)刻本　十冊

440000－2543－0005012　O/920－24/304(2)
[同治]公安縣志八卷首一卷　(清)周承弼修　(清)王慰纂　清同治十三年(1874)刻本　七冊

440000－2543－0005013　O/920－24/307
[同治]石首縣志八卷　(清)朱榮實修　(清)傅如筠纂　清同治五年(1866)刻本　八冊

440000－2543－0005014　O/920－24/307(2)
[同治]石首縣志八卷　(清)朱榮實修　(清)傅如筠纂　清同治五年(1866)刻本　十二冊

440000－2543－0005015　O/920－24/309
[同治]監利縣志十二卷首一卷　(清)徐兆英　(清)林瑞枝修　(清)王柏心纂　清同治十一年(1872)刻本　十冊

440000－2543－0005016　O/920－24/311
[同治]松滋縣志十二卷首一卷附一卷　(清)呂縉雲　(清)李勗修　(清)羅有文　(清)朱美燮纂　清同治八年(1869)刻本　六冊

440000－2543－0005017　O/920－24/313
[同治]枝江縣志二十卷首一卷　(清)查子庚修　(清)熊文瀾等纂　清同治五年(1866)刻本　八冊

440000－2543－0005018　O/920－24/313(2)
[同治]枝江縣志二十卷首一卷　(清)查子庚修　(清)熊文瀾等纂　清同治五年(1866)刻本　八冊

440000－2543－0005019　O/920－24/315
[同治]宜都縣志四卷首一卷末一卷　(清)崔培元　(清)朱甘霖修　(清)龔紹仁纂　清同治五年(1866)刻本　四冊

440000－2543－0005020　O/920－24/315(2)
[同治]宜都縣志四卷首一卷末一卷　(清)崔培元　(清)朱甘霖修　(清)龔紹仁纂　清同治五年(1866)刻本　二冊

440000－2543－0005021　O/920－24/317
[同治]長陽縣志七卷首一卷　(清)陳惟模修　(清)譚大勳纂　清同治五年(1866)刻本　四冊

440000－2543－0005022　O/920－24/317(2)
[同治]長陽縣志七卷首一卷　(清)陳惟模修　(清)譚大勳纂　清同治五年(1866)刻本　三冊

440000－2543－0005023　O/920－24/319
[光緒]興山縣志二十二卷　(清)黃世崇纂修

清光緒十一年(1885)經心書院刻本　二冊

440000－2543－0005024　O/920－24/319(2)
[光緒]興山縣志二十二卷　(清)黄世崇纂修　清光緒十一年(1885)經心書院刻本　四冊

440000－2543－0005025　O/920－24/321
[同治]巴東縣志十六卷首一卷　(清)廖恩樹修　(清)蕭佩聲纂　清光緒六年(1880)刻本　四冊

440000－2543－0005026　O/920－24/323
[光緒]長樂縣志十六卷首一卷末一卷　(清)李焕春原本　(清)龍兆霖續修　(清)鄭敦祜再續修　清咸豐二年(1852)刻同治至光緒增刻本　八冊

440000－2543－0005027　O/920－24/325
[光緒]歸州志十卷首一卷　(清)沈雲駿修　(清)劉玉森纂　清光緒八年(1882)刻本　六冊

440000－2543－0005028　O/920－24/325－2
[光緒]歸州志十七卷　(清)黄世崇纂修　清光緒二十七年(1901)刻本　二冊

440000－2543－0005029　O/920－24/325－2(2)
[光緒]歸州志十七卷　(清)黄世崇纂修　清光緒二十七年(1901)刻本　二冊

440000－2543－0005030　O/920－24/327
[光緒]施南府志續編十卷　(清)王庭楨　(清)李謙修　(清)雷春沼　(清)尹壽衡纂　清光緒十一年(1885)刻本　四冊

440000－2543－0005031　O/920－24/327－2
[同治]恩施縣志十二卷首一卷　(清)多壽修　(清)羅凌漢纂　清同治七年(1868)刻本　三冊

440000－2543－0005032　O/920－24/327－2(2)
[同治]恩施縣志十二卷首一卷　(清)多壽修　(清)羅凌漢纂　清同治七年(1868)刻本　六冊

440000－2543－0005033　O/920－24/329
[同治]宣恩縣志二十卷首一卷　(清)張金瀾修　(清)蔡景星　(清)張金圻纂　清同治二年(1863)刻本　三冊

440000－2543－0005034　O/920－24/329(2)
[同治]宣恩縣志二十卷首一卷　(清)張金瀾修　(清)蔡景星　(清)張金圻纂　清同治二年(1863)刻本　二冊

440000－2543－0005035　O/920－24/331
[同治]建始縣志八卷首一卷　(清)熊啟詠纂修　清同治五年(1866)刻本　三冊

440000－2543－0005036　O/920－24/331(2)
[同治]建始縣志八卷首一卷　(清)熊啟詠纂修　清同治五年(1866)刻本　二冊

440000－2543－0005037　O/920－24/333
[光緒]利川縣志十四卷首一卷　(清)黄世崇纂修　清光緒二十年(1894)鍾靈書院刻本　四冊

440000－2543－0005038　O/920－24/333(2)
[光緒]利川縣志十四卷首一卷　(清)黄世崇纂修　清光緒二十年(1894)鍾靈書院刻本　二冊

440000－2543－0005039　O/920－24/333(3)
[光緒]利川縣志十四卷首一卷　(清)黄世崇纂修　清光緒二十年(1894)鍾靈書院刻本　二冊

440000－2543－0005040　O/920－24/335
[同治]來鳳縣志三十二卷首一卷末一卷　(清)李勗修　(清)何遠鑒　(清)張鈞纂　清同治五年(1866)刻本　四冊

440000－2543－0005041　O/920－24/335(2)
[同治]來鳳縣志三十二卷首一卷末一卷　(清)李勗修　(清)何遠鑒　(清)張鈞纂　清同治五年(1866)刻本　四冊

440000－2543－0005042　O/920－24/337
[同治]咸豐縣志二十卷首一卷附圖一卷　(清)張梓修　(清)張光杰纂　清同治四年(1865)刻本　二冊

440000－2543－0005043　O/920－24/337(2)

[同治]咸豐縣志二十卷首一卷附圖一卷 (清)張梓修 (清)張光杰纂 清同治四年(1865)刻本 二册

440000－2543－0005044 O/920－24/339
[道光]鶴峯州志十四卷首一卷 (清)吉鍾穎修 (清)洪先燾纂 清道光二年(1822)刻本 二册

440000－2543－0005045 O/920－24/339(2)
[道光]鶴峯州志十四卷首一卷 (清)吉鍾穎修 (清)洪先燾纂 清道光二年(1822)刻本 五册

440000－2543－0005046 O/920－24/339－2
[同治]鶴峯州志續修十四卷首一卷 (清)徐澍楷修 (清)雷春沼纂 清同治六年(1867)刻本 一册

440000－2543－0005047 O/920－24/339－3
[光緒]鶴峯州志續修十四卷首一卷 (清)長庚 (清)厲祥官修 (清)陳鴻漸纂 清光緒十一年(1885)刻二十五年(1899)謝紹佐增刻本 一册

440000－2543－0005048 O/920－25/01
[光緒]湖南通志二百八十八卷首八卷末十九卷 (清)卞寶第 (清)李瀚章修 (清)曾國荃 (清)郭嵩燾纂 清光緒十一年(1885)刻本 八十四册

440000－2543－0005049 O/920－25/01－2
[嘉慶]湖南通志二百十九卷首三卷末六卷 (清)巴哈布 (清)翁元圻等修 (清)王煦 (清)黄本驥纂 清嘉慶二十五年(1820)刻本 一百册

440000－2543－0005050 O/920－25/101
[同治]長沙縣志三十六卷首一卷 (清)劉采邦修 (清)張延珂 (清)袁繼翰纂 清同治十年(1871)刻本 十六册

440000－2543－0005051 O/920－25/101(2)
[同治]長沙縣志三十六卷首一卷 (清)劉采邦修 (清)張延珂 (清)袁繼翰纂 清同治十年(1871)刻本 二十册

440000－2543－0005052 O/920－25/105
[同治]瀏陽縣志二十四卷 (清)王汝惺修 (清)鄒焌杰纂 清同治十二年(1873)刻本 十册

440000－2543－0005053 O/920－25/109
[嘉慶]湘潭縣志四十卷 (清)張雲璈等修 (清)周系英纂 清嘉慶二十三年(1818)刻本 十二册

440000－2543－0005054 O/920－25/109－2
[光緒]湘潭縣志十二卷 (清)陳嘉榆修 王闓運纂 清光緒十五年(1889)刻本 十册

440000－2543－0005055 O/920－25/115
[同治]湘鄉縣志二十三卷首一卷末一卷 (清)齊德五 (清)王述恩修 (清)黄楷盛纂 清同治十三年(1874)刻本 十二册

440000－2543－0005056 O/920－25/117
[同治]攸縣志五十五卷首一卷 (清)趙勷 (清)萬在衡修 (清)陳之驥纂 (清)王元凱續修 (清)嚴鳴琦續纂 清同治十年(1871)刻光緒十八年(1892)印本 二十册

440000－2543－0005057 O/920－25/121
[同治]茶陵州志二十四卷 (清)福昌修 (清)譚鍾麟纂 清同治十年(1871)刻本 八册

440000－2543－0005058 O/920－25/123－2
[光緒]邵陽縣志十卷 (清)諸垣修 (清)黄文琛纂 清光緒二年至三年(1876－1877)刻本 六册

440000－2543－0005059 O/920－25/123－3
[光緒]邵陽縣鄉土志四卷首一卷 (清)陳吳萃 (清)上官廉修 (清)姚炳奎纂 清光緒三十三年(1907)刻本 二册

440000－2543－0005060 O/920－25/201
[同治]清泉縣志十卷首一卷末一卷 (清)王開運修 (清)張修府纂 清同治八年(1869)刻本 二册

440000－2543－0005061 O/920－25/201－2

[同治]衡陽縣志十二卷 (清)羅慶薌修 (清)彭玉麟纂 清同治十三年(1874)刻本 七冊

440000-2543-0005062 O/920-25/201-2(2)
[同治]衡陽縣志十二卷 (清)羅慶薌修 (清)彭玉麟纂 清同治十三年(1874)刻本 七冊

440000-2543-0005063 O/920-25/201-3
[乾隆]衡州府志三十三卷首一卷 (清)饒佺修 (清)曠敏本纂 清乾隆二十八年(1763)刻光緒元年(1875)補刻本 十八冊

440000-2543-0005064 O/920-25/207
[道光]耒陽縣志二十二卷首一卷 (清)常慶 (清)陳翰修 (清)鄭優 (清)伍聲偁纂 清道光六年(1826)刻本 八冊

440000-2543-0005065 O/920-25/207-2
[光緒]耒陽縣志八卷首一卷 (清)李師濂 (清)於學琴修 (清)宋世煦纂 清光緒十一年(1885)刻本 四冊

440000-2543-0005066 O/920-25/207-3
耒陽鄉土志二卷 (清)劉奎編 清光緒三十二年(1906)木活字印本 二冊

440000-2543-0005067 O/920-25/213
[道光]永州府志十八卷首一卷 (清)吕恩湛修 (清)宗績辰纂 清同治六年(1867)刻本 三十冊

440000-2543-0005068 O/920-25/213-2
[光緒]零陵縣志十五卷補遺一卷 (清)嵇有慶 (清)徐保齡修 (清)劉沛纂 清光緒二年(1876)刻本 八冊

440000-2543-0005069 O/920-25/215
[同治]祁陽縣志二十四卷首一卷 (清)陳玉祥修 (清)劉希關纂 清同治九年(1870)刻本 十六冊

440000-2543-0005070 O/920-25/215(2)
[同治]祁陽縣志二十四卷首一卷 (清)陳玉祥修 (清)劉希關纂 清同治九年(1870)刻本 十二冊

440000-2543-0005071 O/920-25/219
[嘉慶]道州志十二卷 (清)張元惠修 (清)黃如穀纂 清嘉慶二十五年(1820)刻本 四冊

440000-2543-0005072 O/920-25/221
[光緒]寧遠縣志八卷 (清)張大煦修 (清)歐陽澤闓纂 清光緒二年(1876)崇正書院刻本 八冊

440000-2543-0005073 O/920-25/239
[同治]桂東縣志二十卷首一卷 (清)劉華邦修 (清)郭岐勳纂 清同治五年(1866)刻本 八冊

440000-2543-0005074 O/920-25/241
[同治]桂陽縣志二十二卷首一卷 (清)錢紹文 (清)孫光燮修 (清)朱炳元 (清)何俊纂 清同治六年(1867)刻本 十二冊

440000-2543-0005075 O/920-25/241-2
[同治]桂陽直隸州志二十七卷首一卷 (清)汪敩灝修 王闓運纂 清同治七年(1868)刻本 八冊

440000-2543-0005076 O/920-25/241-2(2)
[同治]桂陽直隸州志二十七卷首一卷 (清)汪敩灝修 王闓運纂 清同治七年(1868)刻本 十三冊

440000-2543-0005077 VO/920-25/245
[嘉慶]藍山縣志十六卷末一卷 (清)譚震修 (清)王國琳纂 清嘉慶十六年(1811)刻本 七冊

440000-2543-0005078 O/920-25/245-2
[同治]藍山縣志十六卷末一卷 (清)胡鶚薦 (清)洪錫綬修 (清)鍾範纂 清同治六年(1867)刻本 五冊

440000-2543-0005079 O/920-25/301
[嘉慶]常德府志四十八卷首一卷附文徵九卷叢談三卷 (清)應先烈修 (清)陳楷禮纂 清嘉慶十八年(1813)刻本 二十二冊

440000－2543－0005080　VO/920－25/303
[乾隆]岳州府志三十卷首一卷　（清）黄凝道　（清）謝仲坃纂修　清乾隆十一年（1746）刻本　十册

440000－2543－0005081　O/920－25/303－2
[同治]巴陵縣志三十卷首一卷　（清）嚴鳴琦　（清）潘兆奎修　（清）吳敏樹　（清）方功渤纂　清同治十一年（1872）刻本　二十册

440000－2543－0005082　O/920－25/303－3
[光緒]巴陵縣志六十三卷首一卷附洞庭君山岳陽樓詩文集十八卷　（清）姚詩德　（清）鄭桂星修　（清）杜貴墀等纂　清光緒二十六年（1900）刻本　十六册

440000－2543－0005083　O/920－25/305
[同治]平江縣志五十五卷首二卷末一卷　（清）張培仁　（清）麻維緒修　（清）李元度等纂　清同治十三年（1874）刻本　十六册

440000－2543－0005084　O/920－25/305（2）
[同治]平江縣志五十五卷首二卷末一卷　（清）張培仁　（清）麻維緒修　（清）李元度等纂　清同治十三年（1874）刻本　十六册

440000－2543－0005085　O/920－25/307
[同治]臨湘縣志十三卷末一卷　（清）盛慶紱　（清）恩榮修　（清）熊興傑　（清）歐陽恩霖纂　清同治十一年（1872）刻本　六册

440000－2543－0005086　O/920－25/317
[乾隆]澧志舉要三卷　（清）潘相纂　（清）潘承煒續纂　清嘉慶二年（1797）經腴堂刻本　一册

440000－2543－0005087　O/920－25/321
[同治]續修慈利縣志十四卷首一卷　（清）嵇有慶　（清）蔣恩澍修　（清）魏湘纂　清同治八年（1869）刻本　十四册

440000－2543－0005088　VO/920－25/403
[乾隆]辰州府志五十卷首一卷　（清）席紹葆等修　（清）謝鳴謙等纂　清乾隆三十年（1765）刻本　三十二册

440000－2543－0005089　O/920－25/411
[同治]沅州府志四十卷首一卷　（清）張官五等纂修　（清）吳嗣仲續修　清乾隆五十五年（1790）刻同治十二年（1873）增刻本　十三册

440000－2543－0005090　O/920－25/413
[同治]黔陽縣志六十卷首一卷　（清）陳鴻作等修　（清）楊大誦　（清）易燮堯纂　清同治十三年（1874）刻本　十二册

440000－2543－0005091　O/920－25/415
[同治]新修麻陽縣志十四卷首一卷　（清）姜鍾琇等修　（清）劉士先　（清）王振玉纂　清同治十三年（1874）刻本　十册

440000－2543－0005092　O/920－25/417
[同治]永順府志十二卷首一卷　（清）張天如原本　（清）魏式曾增修　（清）郭鑑襄增纂　清乾隆二十八年（1763）刻同治十二年（1873）增刻本　十二册

440000－2543－0005093　O/920－25/423
[同治]桑植縣志八卷首一卷　（清）周來賀修　（清）盧元勳纂　清同治十一年（1872）刻本　四册

440000－2543－0005094　O/920－25/423（2）
[同治]桑植縣志八卷首一卷　（清）周來賀修　（清）盧元勳纂　清同治十一年（1872）刻本　二册

440000－2543－0005095　O/920－25/427
[光緒]靖州鄉土志四卷　金蓉鏡編　清光緒三十四年（1908）刻本　二册

440000－2543－0005096　O/920－26/01
[雍正]陝西通志一百卷首一卷　（清）劉於義修　（清）沈青崖纂　清雍正十三年（1735）刻本　五十四册

440000－2543－0005097　O/920－26/01－2
[道光]陝西志輯要六卷首一卷　（清）王志沂纂　清道光七年（1827）朝坂謝氏賜書堂刻本　三册

440000－2543－0005098　O/920－26/01－4

秦疆治略不分卷 (清)盧坤撰 清刻本 一冊

440000－2543－0005099 O/920－26/101
[嘉慶]長安縣志三十六卷 (清)張聰賢修 (清)董曾臣纂 清嘉慶二十年(1815)刻同治十一年(1872)補刻本 六冊

440000－2543－0005100 O/920－26/101－2
[嘉慶]咸寧縣志二十六卷首一卷 (清)高廷法 (清)沈琮修 (清)陸耀遹 (清)董祐誠纂 清嘉慶二十四年(1819)刻本 八冊

440000－2543－0005101 O/920－26/101－7
[嘉慶]長安縣志三十六卷 (清)張聰賢修 (清)董曾臣纂 清嘉慶二十年(1815)刻本 六冊

440000－2543－0005102 O/920－26/103
[乾隆]咸陽縣志二十二卷首一卷末一卷 (清)臧應桐纂修 **[道光]續修咸陽縣志一卷** (清)陳堯書纂修 清乾隆十六年(1751)刻道光十六年(1836)增修本 四冊

440000－2543－0005103 VO/920－26/105
[乾隆]興平縣志二十五卷 (清)顧聲雷修 (清)張塤纂 清乾隆四十四年(1779)刻本 六冊

440000－2543－0005104 VO/920－26/107
[乾隆]臨潼縣志九卷 (清)史傳遠纂修 清乾隆四十一年(1776)刻本 六冊

440000－2543－0005105 O/920－26/109
[嘉靖]高陵縣志七卷 (明)呂柟纂修 **呂涇野先生續傳一卷** (明)楊九式撰 清光緒十年(1884)刻本 四冊

440000－2543－0005106 VO/920－26/111
[乾隆]鄠縣新志六卷 (清)汪以誠修 (清)孫景烈纂 清乾隆四十二年(1777)刻本 四冊

440000－2543－0005107 O/920－26/113
[道光]藍田縣志十六卷 (清)胡元煐修 (清)蔣湘南纂 清道光二十二年(1842)刻本 四冊

440000－2543－0005108 O/920－26/117
[光緒]三原縣新志八卷 (清)焦雲龍修 (清)賀瑞麟纂 清光緒六年(1880)刻本 四冊

440000－2543－0005109 O/920－26/121
[道光]重輯渭南縣志十八卷 (清)何耿繩修 (清)姚景衡纂 清道光九年(1829)刻本 六冊

440000－2543－0005110 VO/920－26/123
[乾隆]富平縣志八卷 (清)吳六鰲修 (清)胡文銓纂 清乾隆四十三年(1778)刻本 六冊

440000－2543－0005111 VO/920－26/129
[嘉靖]喬三石耀州志十一卷五臺山志一卷 (明)李廷寶修 (明)喬世寧纂 清乾隆二十七年(1762)汪灝刻本 二冊

440000－2543－0005112 O/920－26/131
[道光]大荔縣志十六卷首一卷足徵錄四卷 (清)熊兆麟纂修 清道光三十年(1850)刻本 六冊

440000－2543－0005113 O/920－26/131－2
[咸豐]同州府志三十四卷首二卷文徵錄三卷 (清)李恩繼 (清)文廉修 (清)蔣湘南纂 清咸豐二年(1852)刻本 二十四冊

440000－2543－0005114 O/920－26/133
[正德]朝邑縣志七篇 (明)王道修 (明)韓邦靖纂 清道光四年(1824)南海葉夢龍喜聞過齋刻本 一冊

440000－2543－0005115 VO/920－26/135
[乾隆]郃陽縣全志四卷 (清)席奉乾修 (清)孫景烈纂 清乾隆三十四年(1769)刻本 四冊

440000－2543－0005116 VO/920－26/137
[乾隆]澄城縣志二十卷 (清)戴治修 (清)洪亮吉 (清)孫星衍纂 清乾隆四十九年(1784)刻本 四冊

440000－2543－0005117　O/920－26/139
[乾隆]白水縣志四卷首一卷　(清)梁善長纂修　清乾隆十九年(1754)刻本　四冊

440000－2543－0005118　VO/920－26/141
[乾隆]韓城縣志十六卷首一卷　(清)傅應奎修　(清)錢坫纂　**[嘉慶]韓城縣續志五卷**　(清)冀蘭泰修　(清)陸耀遹纂　清乾隆四十九年至五十二年(1784－1787)刻嘉慶二十三年(1818)續修本　六冊

440000－2543－0005119　O/920－26/147
[乾隆]再續華州志十二卷　(清)汪以誠修　(清)史蓴纂　清乾隆五十四年(1789)刻本　四冊

440000－2543－0005120　VO/920－26/149
[乾隆]續商州志十卷　(清)羅文思纂修　清乾隆二十三年(1758)刻本　二冊

440000－2543－0005121　O/920－26/151
[光緒]蒲城縣新志十三卷首一卷　(清)李體仁修　(清)王學禮纂　清光緒三十一年(1905)刻本　四冊

440000－2543－0005122　VO/920－26/151－2
[乾隆]蒲城縣志十五卷　(清)張心鏡修　(清)吳泰來纂　清乾隆四十七年(1782)刻本　六冊

440000－2543－0005123　VO/920－26/157
[乾隆]鳳翔縣志八卷首一卷　(清)羅鰲修　(清)周方炯纂　清乾隆三十二年(1767)刻本　六冊

440000－2543－0005124　VO/920－26/159
[乾隆]岐山縣志八卷　(清)平世增　(清)郭履恆修　(清)蔣兆甲纂　清乾隆四十四年至四十五年(1779－1780)刻本　四冊

440000－2543－0005125　O/920－26/161
[乾隆]寶雞縣志十六卷　(清)鄧夢琴纂修　清乾隆五十年(1785)刻道光增刻本　四冊

440000－2543－0005126　O/920－26/163
[嘉慶]扶風縣志十八卷首一卷　(清)宋世犖修　(清)吳鵬翱　(清)王樹棠纂　清嘉慶二十四年(1819)刻本　四冊

440000－2543－0005127　VO/920－26/165
[乾隆]郿縣志十八卷首一卷　(清)李帶雙修　(清)張若纂　清乾隆四十三年至四十四年(1778－1779)刻本　四冊

440000－2543－0005128　O/920－26/167
[光緒]麟遊縣新志草十卷首一卷　(清)彭洵纂修　清光緒九年(1883)刻本　四冊

440000－2543－0005129　O/920－26/169
[道光]重修汧陽縣志十二卷首一卷　(清)羅曰璧纂修　清道光二十一年(1841)刻本　四冊

440000－2543－0005130　VO/920－26/171
[康熙]隴州志八卷首一卷　(清)羅彰彝纂修　清康熙五十二年(1713)刻本　四冊

440000－2543－0005131　VO/920－26/173
[乾隆]直隸邠州志二十五卷　(清)王朝爵　(清)王灼修　(清)孫星衍纂　清乾隆四十九年(1784)刻本　四冊

440000－2543－0005132　O/920－26/179
[宣統]長武縣志十二卷　沈錫榮修　王錫璋　魚獻珍纂　清宣統二年(1910)鉛印本　二冊

440000－2543－0005133　O/920－26/181
[光緒]乾州志稿十四卷首一卷別錄四卷補正不分卷乾陽殉難士女錄一卷　(清)周銘旂纂　清光緒十年至十七年(1884－1891)乾陽書院刻本　七冊

440000－2543－0005134　O/920－26/183
[正德]武功縣志三卷首一卷　(明)康海纂　(清)孫景烈評注　清同治十二年(1873)湖北崇文書局刻本　一冊

440000－2543－0005135　O/920－26/183(2)
[正德]武功縣志三卷首一卷　(明)康海撰　(清)孫景烈評註　清同治十二年(1873)湖北崇文書局刻本　一冊

440000－2543－0005136　O/920－26/183－2
[正德]武功縣志三卷　(明)康海纂　[正德]朝邑縣志二卷　(明)王道修　(明)韓邦靖纂　清同治十三年(1874)彭城刻本　一冊

440000－2543－0005137　O/920－26/183－3
[嘉慶]續武功縣志五卷　(清)張樹勳修　(清)王森文纂　清嘉慶二十一年(1816)綠野書院刻本　二冊

440000－2543－0005138　O/920－26/185
[光緒]永壽縣重修新志十卷首一卷　(清)鄭德樞修　(清)趙奇齡纂　清光緒十四年(1888)刻本　六冊

440000－2543－0005139　O/920－26/205
[康熙]城固縣志十卷　(清)王穆纂修　清光緒四年(1878)徐德懷刻本　四冊

440000－2543－0005140　O/920－26/211
[光緒]寧羌州志五卷　(清)馬毓華修　(清)鄭書香　(清)曹良模纂　清光緒十四年(1888)刻本　五冊

440000－2543－0005141　O/920－26/213
[光緒]沔縣志四卷　(清)孫銘鍾　(清)羅桂銘修　(清)彭齡纂　清光緒九年(1883)刻本　四冊

440000－2543－0005142　O/920－26/215
[道光]重修畧陽縣志四卷　(清)譚瑀修　(清)黎成德等纂　清光緒三十年(1904)刻本　四冊

440000－2543－0005143　O/920－26/215－2
[光緒]新續略陽縣志一卷　(清)桂超修　(清)侯龍光纂　清光緒三十年(1904)刻本　一冊

440000－2543－0005144　O/920－26/217
[光緒]佛坪廳志二卷首一卷　(清)劉燦纂修　清光緒九年(1883)刻本　一冊

440000－2543－0005145　O/920－26/219
[光緒]定遠廳志二十六卷首一卷末一卷　(清)余修鳳纂修　清光緒五年(1879)刻本　六冊

440000－2543－0005146　O/920－26/221
[道光]留壩廳志十卷足徵錄四卷　(清)賀仲瑊修　(清)蔣湘南纂　清道光二十二年(1842)漢中友義齋刻本　四冊

440000－2543－0005147　O/920－26/223
[嘉慶]漢陰廳志十卷首一卷　(清)錢鶴年修　(清)董詔纂　清嘉慶二十三年(1818)刻本　六冊

440000－2543－0005148　O/920－26/227
[嘉慶]續興安府志八卷　(清)葉世倬纂修　清嘉慶十七年(1812)刻本　二冊

440000－2543－0005149　O/920－26/227－2
[嘉慶]安康縣志二十卷　(清)鄭謙修　(清)王森文纂　清嘉慶二十年(1815)刻本　四冊

440000－2543－0005150　O/920－26/229
[光緒]續修平利縣志十卷　(清)楊孝寬修　(清)李聯芳等纂　清光緒二十三年(1897)刻本　四冊

440000－2543－0005151　VO/920－26/231
[乾隆]洵陽縣志十四卷　(清)鄧夢琴纂修　清乾隆四十九年(1784)刻本　六冊

440000－2543－0005152　O/920－26/233
[光緒]白河縣志十四卷　(清)顧騄修　(清)王賢輔　(清)李宗麟纂　清光緒十九年(1893)刻本　四冊

440000－2543－0005153　O/920－26/235
[道光]紫陽縣志八卷首一卷　(清)陳僅　(清)吳純修　(清)楊家坤　(清)曹學易纂　清道光二十三年(1843)刻光緒八年(1882)吳世澤補刻本　四冊

440000－2543－0005154　O/920－26/237
[道光]石泉縣志四卷　(清)舒鈞纂修　清道光二十九年(1849)刻本　二冊

440000－2543－0005155　O/920－26/243
[光緒]鎮安縣鄉土志二卷　(清)李麟圖編

清抄本　一册

440000－2543－0005156　O/920－26/247
[光緒]鳳縣志十卷首一卷　(清)朱子春修　(清)段澍霖纂　清光緒十八年(1892)刻本　四册

440000－2543－0005157　O/920－26/301
[道光]榆林府志五十卷首一卷　(清)李熙齡纂修　清道光二十一年(1841)刻本　十二册

440000－2543－0005158　O/920－26/311
[嘉慶]延安府志八十卷　(清)洪蕙纂修　清嘉慶七年(1802)刻本　十六册

440000－2543－0005159　O/920－26/327
[光緒]靖邊志稿四卷　(清)丁錫奎修　(清)白翰章　(清)辛居乾纂　清光緒二十五年(1899)刻本　二册

440000－2543－0005160　O/920－26/329
[光緒]綏德直隸州志八卷首一卷　(清)孔繁樸修　(清)高維嶽纂　清光緒三十一年(1905)刻朱印本　六册

440000－2543－0005161　O/920－26/331
[光緒]米脂縣志十二卷　(清)潘松修　(清)高照煦編纂　清光緒三十三年(1907)鉛印本　四册

440000－2543－0005162　O/920－26/337
[道光]鄜州志六卷首一卷　(清)吴鳴捷修　(清)譚瑀等纂　清道光十三年(1833)刻本　六册

440000－2543－0005163　VO/920－27/01
[乾隆]甘肅通志五十卷首一卷　(清)許容修　(清)李迪等纂　清乾隆元年(1736)刻本　三十六册

440000－2543－0005164　O/920－27/101
[道光]蘭州府志十二卷首一卷　(清)陳士楨修　(清)涂鴻儀纂　清道光十三年(1833)刻本　八册

440000－2543－0005165　VO/920－27/101－2
[乾隆]皋蘭縣志二十卷　(清)吴鼎新修　(清)黄建中纂　清乾隆四十三年(1778)刻本　四册

440000－2543－0005166　VO/920－27/103
[乾隆]狄道州志十六卷　(清)呼延華國編輯　(清)吴鎮校訂　清乾隆二十八年(1763)刻本　八册

440000－2543－0005167　O/920－27/201
[光緒]重纂秦州直隸州新志二十四卷首一卷　(清)余澤春修　(清)王權　(清)任其昌纂　清光緒十五年(1889)隴南書院刻本　二十册

440000－2543－0005168　O/920－27/317
[乾隆]合水縣志二卷　(清)陶奕曾纂修　清乾隆二十六年(1761)刻道光二十二年(1842)增刻本　四册

440000－2543－0005169　O/920－28/01－2
[道光]欽定新疆識略十二卷首一卷　(清)徐松撰　(清)松筠修　清道光元年(1821)武英殿修書處刻本　八册

440000－2543－0005170　VO/920－28/01－3
[乾隆]新疆外藩紀略二卷　(清)七十一著　清刻本　二册

440000－2543－0005171　VO/920－28/01－3(2)
[乾隆]新疆外藩紀略二卷　(清)七十一著　清刻本　二册

440000－2543－0005172　VO/920－29/01
[雍正]四川通志四十七卷首一卷　(清)黄廷桂等修　(清)張晉生等纂　清雍正十一年至乾隆元年(1733－1736)刻本　四十九册

440000－2543－0005173　O/920－29/01－2
[嘉慶]四川通志二百四卷首二十二卷　(清)常明等修　(清)楊芳燦　(清)譚光祜等纂　清嘉慶二十一年(1816)刻本　一百六十册

440000－2543－0005174　O/920－29/01－3
蜀典十二卷　(清)張澍纂　清光緒二年(1876)刻本　四册

440000－2543－0005175　O/920－29/01－3(2)

蜀典十二卷　(清)張澍纂　清光緒二年(1876)刻本　二冊

440000－2543－0005176　O/920－29/01－5
蜀故二十七卷　(清)彭遵泗纂　清光緒二年(1876)讀書堂刻本　六冊

440000－2543－0005177　O/920－29/101
[同治]重修成都縣志十六卷首一卷　(清)李玉宣修　(清)衷興鑑等纂　清同治十二年(1873)刻本　十六冊

440000－2543－0005178　O/920－29/103
[嘉慶]華陽縣志四十四卷首一卷　(清)吳鞏　(清)董淳修　(清)潘時彤等纂　清嘉慶二十一年(1816)刻光緒十八年(1892)補刻本　十六冊

440000－2543－0005179　O/920－29/107
[嘉慶]漢州志四十卷首一卷末一卷　(清)劉長庚修　(清)侯肇元　(清)張懷泗纂　清嘉慶二十二年(1817)刻本　十冊

440000－2543－0005180　O/920－29/107－2
[同治]續漢州志二十四卷首一卷補志一卷　(清)張超等修　(清)曾履中　(清)張敏行纂　清同治八年(1869)刻本　八冊

440000－2543－0005181　O/920－29/115
[道光]新都縣志十八卷首一卷　(清)張奉書等修　(清)張懷洵等纂　清道光二十四年(1844)刻本　十冊

440000－2543－0005182　O/920－29/117－2
[光緒]溫江縣鄉土志十二卷　曾學傳纂　清宣統元年(1909)刻本　三冊

440000－2543－0005183　O/920－29/119
[同治]新繁縣志十六卷首一卷　(清)張文珍　(清)李應觀修　(清)楊益豫等纂　清同治十二年(1873)刻本　九冊

440000－2543－0005184　O/920－29/119－2
[光緒]新繁縣鄉土志十卷　(清)余慎　(清)陳彥升編　清光緒三十三年(1907)鉛印本　二冊　存五卷(一至五)

440000－2543－0005185　O/920－29/123
[嘉慶]郫縣志四十四卷首一卷　(清)朱鼎臣等修　(清)盛大器等纂　清嘉慶十八年(1813)刻本　十六冊

440000－2543－0005186　O/920－29/125
[光緒]增修灌縣志十四卷首一卷　(清)莊思恆修　(清)鄭珶山纂　清光緒十二年(1886)刻本　十冊

440000－2543－0005187　O/920－29/125－2
[光緒]灌縣鄉土志二卷　(清)鍾文虎修　(清)徐昱等纂　清光緒三十三年(1907)刻本　二冊

440000－2543－0005188　O/920－29/127
[光緒]重修彭縣志十三卷首一卷末一卷補遺一卷　(清)張龍甲修　(清)呂調陽纂　清光緒六年(1880)刻本　十冊

440000－2543－0005189　O/920－29/129
[嘉慶]崇寧縣志四卷　(清)劉壇等纂修　清嘉慶二十一年(1816)刻本　四冊

440000－2543－0005190　O/920－29/147
[道光]德陽縣新志十二卷首一卷末一卷　(清)裴顯忠修　(清)劉碩輔纂　清道光十七年(1837)刻本　六冊

440000－2543－0005191　O/920－29/155
[嘉慶]羅江縣志三十六卷　(清)李桂林等纂修　清嘉慶二十年(1815)刻本　二冊

440000－2543－0005192　O/920－29/155－2
[同治]續修羅江縣志二十四卷　(清)馬傳業修　(清)劉正慧等纂　清同治四年(1865)刻本　二冊

440000－2543－0005193　O/920－29/155－2(2)
[同治]續修羅江縣志二十四卷　(清)馬傳業修　(清)劉正慧等纂　清同治四年(1865)刻本　一冊

440000－2543－0005194　O/920－29/155－3
[同治]續修羅江縣志三十六卷　(清)馬傳業修　(清)劉正慧等纂　清同治四年(1865)刻

本　四冊

440000－2543－0005195　O/920－29/201
[道光]重慶府志九卷　(清)王夢庚修　(清)寇宗纂　清道光二十三年(1843)刻本　十六冊

440000－2543－0005196　O/920－29/209
[同治]榮昌縣志二十二卷　(清)文康修　(清)廖朝翼纂　清同治五年(1866)刻本　十二冊

440000－2543－0005197　O/920－29/215
[光緒]銅梁縣志十六卷首一卷　(清)韓清桂等修　(清)陳昌等纂　清光緒元年(1875)刻本　八冊

440000－2543－0005198　O/920－29/219
[同治]璧山縣志十卷首一卷末一卷　(清)寇用平修　(清)陳錦堂　(清)盧有徽纂　清同治四年(1865)刻本　六冊

440000－2543－0005199　O/920－29/229
[道光]夔州府志三十六卷首一卷　(清)恩成修　(清)劉德銓纂　清道光七年(1827)刻本　二十四冊

440000－2543－0005200　O/920－29/237
[咸豐]開縣志二十七卷首一卷　(清)李肇奎等修　(清)陳崑等纂　清咸豐三年(1853)刻本　六冊

440000－2543－0005201　O/920－29/257
[光緒]酆都縣志四卷首一卷附典禮備考八卷　(清)田秀栗　(清)徐濬鏞修　(清)徐昌緒纂　(清)蔣履泰增纂　清光緒二十年(1894)刻本　八冊

440000－2543－0005202　O/920－29/261
[嘉慶]梁山縣志十八卷首一卷　(清)符永培纂修　清同治六年(1867)艾鉽增刻本　十二冊

440000－2543－0005203　O/920－29/265
[道光]補輯石砫廳新志十二卷附石砫廳志輿圖　(清)王槐齡纂修　清道光二十三年(1843)刻光緒十九年(1893)增刻本　四冊

440000－2543－0005204　O/920－29/267
[光緒]秀山縣志十四卷首一卷　(清)王壽松修　(清)李稽勳等纂　清光緒十八年(1892)刻本　四冊

440000－2543－0005205　O/920－29/325
[光緒]越巂廳全志十二卷　(清)馬忠良修　(清)馬湘等纂　(清)孫鏘等續修　清光緒三十二年(1906)鉛印本　六冊

440000－2543－0005206　O/920－29/331
[嘉慶]洪雅縣志二十五卷首一卷　(清)王好音修　(清)張柱等纂　清嘉慶十八年(1813)刻本　四冊

440000－2543－0005207　O/920－29/331－2
[光緒]洪雅縣志十二卷首一卷　(清)郭世棻修　(清)鄧敏修等纂　清光緒十年(1884)刻本　三冊

440000－2543－0005208　O/920－29/335
[嘉慶]夾江縣志十二卷首一卷　(清)王佐纂修　(清)涂崧編輯　清嘉慶十八年(1813)刻光緒十四年(1888)補版重印本　二冊

440000－2543－0005209　O/920－29/353
[同治]大邑縣志二十卷　(清)趙霦等纂修　清同治六年(1867)刻本　八冊

440000－2543－0005210　O/920－29/401
[光緒]直隸瀘州志十二卷　(清)田秀栗等修　(清)華國清　(清)施澤久纂　清光緒八年(1882)刻本　十二冊

440000－2543－0005211　O/920－29/407
[乾隆]富順縣志五卷首一卷　(清)段玉裁　(清)李芝纂修　清光緒八年(1882)刻本　五冊

440000－2543－0005212　O/920－29/435
[光緒]補纂仁壽縣原志六卷末一卷　(清)翁植等修　(清)陳韶湘纂　清光緒七年(1881)刻本　七冊

440000－2543－0005213　O/920－29/439

光緒井研志四十二卷首一卷 （清）葉桂年等修 （清）吳嘉謨 （清）龔煦春纂 清光緒二十六年(1900)刻本 十二冊

440000－2543－0005214 O/920－29/505
[光緒]西充縣志十四卷圖一卷 （清）高培穀修 （清）劉藻纂 清光緒二年(1876)刻本 八冊

440000－2543－0005215 O/920－29/513
[光緒]岳池縣志二十卷首一卷 （清）何其泰等修 （清）吳新德纂 清光緒元年(1875)刻本 十冊

440000－2543－0005216 O/920－29/541
[道光]中江縣新志八卷首一卷 （清）楊霈修 （清）李福源 （清）范泰衡纂 清道光十九年(1839)刻本 七冊

440000－2543－0005217 O/920－29/541－2
[同治]中江縣新志補遺一卷續編一卷 （清）李星根纂 清同治五年(1866)刻本 一冊

440000－2543－0005218 O/920－29/549
[道光]樂至縣志十六卷首一卷 （清）裴顯忠修 （清）劉碩輔纂 清道光二十年(1840)刻本 三冊

440000－2543－0005219 O/920－29/551
[道光]安岳縣志十六卷首一卷 （清）濮瑗修 （清）周國頤纂 清道光十六年(1836)刻本 十二冊

440000－2543－0005220 O/920－30/01
[道光]廣東通志三百三十四卷首一卷 （清）阮元修 （清）陳昌齊等纂 清同治三年(1864)刻本 一百二十冊

440000－2543－0005221 O/920－30/01(2)
[道光]廣東通志三百三十四卷首一卷 （清）阮元修 （清）陳昌齊等纂 清道光二年(1822)刻本 一百十八冊 缺四卷(六十八至六十九、八十三至八十四)

440000－2543－0005222 O/920－30/01(3)
[道光]廣東通志三百三十四卷首一卷 （清）阮元修 （清）陳昌齊等纂 清同治三年(1864)刻本 一百二十冊

440000－2543－0005223 O/920－30/01(4)
[道光]廣東通志三百三十四卷首一卷 （清）阮元修 （清）陳昌齊等纂 清同治三年(1864)刻本 一百二十冊

440000－2543－0005224 VO/920－30/01－3
廣東新語二十八卷 （清）屈大均撰 清康熙三十九年(1700)刻本 十二冊

440000－2543－0005225 O/920－30/01－4
嶺南叢述六十卷 （清）鄧淳撰 清道光十年(1830)養拙山房刻本 十八冊

440000－2543－0005226 O/920－30/01－5
嶺表錄異三卷 （唐）劉恂撰 清江西書局刻武英殿聚珍版書本 一冊

440000－2543－0005227 O/920－30/01－6
[光緒]廣東考古輯要四十六卷 （清）周廣等輯 清光緒十九年(1893)還讀書屋刻本 十冊

440000－2543－0005228 O/920－30/101
[同治]番禺縣志五十四卷首一卷附錄一卷 （清）李福泰修 （清）史澄 （清）何若瑤纂 清同治十年(1871)刻本 十六冊

440000－2543－0005229 O/920－30/101(2)
[同治]番禺縣志五十四卷首一卷附錄一卷 （清）李福泰修 （清）史澄 （清）何若瑤纂 清同治十年(1871)刻本 十六冊

440000－2543－0005230 O/920－30/101(3)
[同治]番禺縣志五十四卷首一卷附錄一卷 （清）李福泰修 （清）史澄 （清）何若瑤纂 清同治十年(1871)刻本 十六冊

440000－2543－0005231 O/920－30/101(4)
[同治]番禺縣志五十四卷首一卷附錄一卷 （清）李福泰修 （清）史澄 （清）何若瑤纂 清同治十年(1871)刻本 十六冊

440000－2543－0005232 O/920－30/101－2
[宣統]番禺縣續志四十四卷首一卷 梁鼎芬

修　丁仁長　吴道鎔纂　清宣統三年(1911)刻本　十六册

440000－2543－0005233　O/920－30/102
［光緒］廣州府志一百六十三卷　(清)戴肇辰　(清)蘇佩訓修　(清)史澄　(清)李光廷纂　清光緒五年(1879)刻本　六十册

440000－2543－0005234　O/920－30/102(2)
［光緒］廣州府志一百六十三卷　(清)戴肇辰　(清)蘇佩訓修　(清)史澄　(清)李光廷纂　清光緒五年(1879)刻本　六十册

440000－2543－0005235　O/920－30/102－2
羊城古鈔八卷首一卷　(清)仇池石輯　清嘉慶十一年(1806)刻本　五册

440000－2543－0005236　O/920－30/102－2(2)
羊城古鈔八卷首一卷　(清)仇池石輯　清嘉慶十一年(1806)刻本　五册

440000－2543－0005237　O/920－30/102－2(3)
羊城古鈔八卷首一卷　(清)仇池石輯　清嘉慶十一年(1806)刻本　五册

440000－2543－0005238　O/920－30/102－2(4)
羊城古鈔八卷首一卷　(清)仇池石輯　清嘉慶十一年(1806)刻本　五册

440000－2543－0005239　O/920－30/103
［道光］南海縣志四十四卷首一卷末一卷　(清)潘尚楫修　(清)鄧士憲等纂　清同治八年(1869)刻本　二十一册　缺一卷(末一卷)

440000－2543－0005240　O/920－30/103(2)
［道光］南海縣志四十四卷首一卷末一卷　(清)潘尚楫修　(清)鄧士憲等纂　清同治八年(1869)刻本　十九册

440000－2543－0005241　O/920－30/103－2
［同治］南海縣志二十六卷首一卷　(清)鄭夢玉修　(清)梁紹獻等纂　清同治十一年(1872)刻本　十二册

440000－2543－0005242　O/920－30/103－2(2)
［同治］南海縣志二十六卷首一卷　(清)鄭夢玉修　(清)梁紹獻等纂　清同治十一年(1872)刻本　十二册

440000－2543－0005243　O/920－30/103－2(3)
［同治］南海縣志二十六卷首一卷　(清)鄭夢玉修　(清)梁紹獻等纂　清同治十一年(1872)刻本　十二册

440000－2543－0005244　O/920－30/103－2(4)
［同治］南海縣志二十六卷首一卷　(清)鄭夢玉修　(清)梁紹獻等纂　清同治十一年(1872)刻本　九册

440000－2543－0005245　O/920－30/103－3
［宣統］南海縣志二十六卷末一卷　張鳳喈等修　桂坫等纂　清宣統二年(1910)刻本　十一册　缺六卷(十至十五)

440000－2543－0005246　VO/920－30/103－4
［乾隆］佛山忠義鄉志十一卷首一卷　(清)毛維錡等修　(清)陳炎宗等纂　清乾隆十九年(1754)刻本　四册

440000－2543－0005247　O/920－30/103－7
［道光］佛山忠義鄉志十四卷　(清)吴榮光纂修　清道光十一年(1831)刻本　七册

440000－2543－0005248　O/920－30/105
［咸豐］順德縣志三十二卷　(清)郭汝誠修　(清)馮奉初纂　清咸豐三年(1853)刻本　十六册

440000－2543－0005249　O/920－30/105(2)
［咸豐］順德縣志三十二卷　(清)郭汝誠修　(清)馮奉初纂　清咸豐六年(1856)刻本　十六册

440000－2543－0005250　O/920－30/107
［嘉慶］東莞縣志四十六卷　(清)彭人傑等修　(清)黄時沛等纂　清嘉慶三年(1798)刻本　四册　存二十二卷(一至十四、十六至十九、三十三至三十六)

440000－2543－0005251　O/920－30/111－2
［道光］龍門縣志十六卷　(清)毓雯　(清)張經贊修　(清)張維屏等纂　清咸豐元年(1851)刻六年(1856)補刻本　四册

440000－2543－0005252　O/920－30/113
[道光]新寧縣志十卷　(清)張深修　(清)曾釗　(清)溫訓纂　清道光十九年(1839)刻本　四册

440000－2543－0005253　O/920－30/113－2
[光緒]新寧縣志二十六卷首一卷　(清)何福海　(清)鄭守昌修　(清)林國賡　(清)黄榮熙纂　清光緒十九年(1893)刻本　八册

440000－2543－0005254　O/920－30/115
[嘉慶]增城縣志二十卷首一卷末一卷　(清)趙俊修　(清)李寶中　(清)黄應桂纂修　清嘉慶二十五年(1820)刻同治十一年(1872)增刻本　十册

440000－2543－0005255　O/920－30/115(2)
[嘉慶]增城縣志二十卷首一卷末一卷　(清)趙俊修　(清)李寶中　(清)黄應桂纂修　清嘉慶二十五年(1820)刻同治十一年(1872)增刻本　十册

440000－2543－0005256　O/920－30/117
[光緒]香山縣志二十二卷　(清)田明曜等修　(清)陳澧纂　清光緒五年(1879)刻本　八册

440000－2543－0005257　O/920－30/117－2
[道光]香山縣志八卷首一卷附錄一卷　(清)祝淮修　(清)黄培芳纂　清道光八年(1828)刻本　八册

440000－2543－0005258　O/920－30/117－2(2)
[道光]香山縣志八卷首一卷　(清)祝淮修　(清)黄培芳纂　清道光八年(1828)刻本　八册

440000－2543－0005259　VO/920－30/117－3
[乾隆]澳門記略二卷首一卷　(清)印光任　(清)張汝霖纂　清刻本　二册

440000－2543－0005260　O/920－30/119
[道光]新會縣志十四卷首一卷　(清)林星章修　(清)黄培芳　(清)曾釗纂　清道光二十一年(1841)刻本　十四册

440000－2543－0005261　O/920－30/119(2)
[道光]新會縣志十四卷首一卷　(清)林星章修　(清)黄培芳　(清)曾釗纂　清道光二十一年(1841)刻本　八册

440000－2543－0005262　O/920－30/119－2
新會鄉土志輯稿不分卷　(清)蔡垚爔修　(清)譚鑣纂　清光緒三十四年(1908)粵東編譯公司鉛印本　一册

440000－2543－0005263　O/920－30/121
[嘉慶]三水縣志十六卷首一卷　(清)李友榕等修　(清)鄧雲龍等纂　清嘉慶二十四年(1819)心簡齋刻本　八册

440000－2543－0005264　O/920－30/123
[光緒]清遠縣志十六卷首一卷　(清)李文烜　(清)羅煒修　(清)朱潤芳　(清)麥瑞芳纂　清光緒六年(1880)翰元樓刻本　八册

440000－2543－0005265　O/920－30/123(2)
[光緒]清遠縣志十六卷首一卷　(清)李文烜　(清)羅煒修　(清)朱潤芳　(清)麥瑞芳纂　清光緒六年(1880)翰元樓刻本　四册

440000－2543－0005266　O/920－30/127
[康熙]花縣志四卷　(清)王永名修　(清)黄士龍等纂　清光緒十六年(1890)刻本　二册

440000－2543－0005267　O/920－30/129
[道光]佛岡直隸軍民廳志四卷　(清)龔耿光纂修　清咸豐元年(1851)刻本　二册

440000－2543－0005268　O/920－30/133
[道光]高要縣志二十二卷首一卷　(清)韓際飛修　(清)何元等纂　清道光六年(1826)刻同治二年(1863)補刻本　八册

440000－2543－0005269　O/920－30/133－2
[道光]肇慶府志二十二卷首一卷　(清)屠英等修　(清)胡森等纂　清光緒二年(1876)刻本　二十册　缺二卷(二至三)

440000－2543－0005270　O/920－30/133－2(2)
[道光]肇慶府志二十二卷首一卷　(清)屠英

等修　(清)胡森等纂　清光緒二年(1876)刻本　二十二册

440000－2543－0005271　O/920－30/133－2(3)
[道光]肇慶府志二十二卷首一卷　(清)屠英等修　(清)胡森等纂　清光緒二年(1876)刻本　十七册

440000－2543－0005272　O/920－30/135
[光緒]四會縣志十編首一編末一編　(清)陳志喆等修　(清)吳大猷纂　清光緒二十二年(1896)刻本　十二册

440000－2543－0005273　O/920－30/141
[道光]廣寧縣志十七卷　(清)黄思藻等纂修　清道光四年(1824)刻本　五册

440000－2543－0005274　O/920－30/145
[道光]鶴山縣志十二卷末一卷　(清)徐香祖修　(清)吳應逵纂　清道光六年(1826)刻本　三册　缺四卷(一至二、十二,末一卷)

440000－2543－0005275　O/920－30/147
[光緒]德慶州志十五卷首一卷末一卷　(清)楊文駿修　(清)朱一新　(清)黎佩蘭纂　清光緒二十五年(1899)刻本　九册　缺二卷(一、首一卷)

440000－2543－0005276　O/920－30/151
[道光]開建縣志五卷首一卷末一卷　(清)余瀚修　(清)余楷纂　清抄本　五册

440000－2543－0005277　O/920－30/153
[道光]恩平縣志十八卷首一卷末一卷　(清)石臺等修　(清)馮師元等纂　清道光五年(1825)富文齋刻本　四册

440000－2543－0005278　O/920－30/153(2)
[道光]恩平縣志十八卷首一卷末一卷　(清)石臺等修　(清)馮師元等纂　清道光五年(1825)富文齋刻本　四册

440000－2543－0005279　O/920－30/201
[光緒]曲江縣志十六卷　(清)張希京修　(清)歐樾華　(清)馮翼之纂　清光緒元年(1875)刻本　八册

440000－2543－0005280　O/920－30/201(2)
[光緒]曲江縣志十六卷　(清)張希京修　(清)歐樾華　(清)馮翼之纂　清光緒元年(1875)刻本　八册

440000－2543－0005281　O/920－30/201(3)
[光緒]曲江縣志十六卷　(清)張希京修　(清)歐樾華　(清)馮翼之纂　清光緒元年(1875)刻本　四册

440000－2543－0005282　O/920－30/202
[同治]韶州府志四十卷　(清)額哲克等修　(清)單興詩等纂　清光緒二年(1876)刻本　十二册

440000－2543－0005283　O/920－30/202(2)
[同治]韶州府志四十卷　(清)額哲克等修　(清)單興詩等纂　清光緒二年(1876)刻本　二十册

440000－2543－0005284　O/920－30/202(3)
[同治]韶州府志四十卷　(清)額哲克等修　(清)單興詩等纂　清光緒二年(1876)刻本　二十册

440000－2543－0005285　O/920－30/202(5)
[同治]韶州府志四十卷　(清)額哲克等修　(清)單興詩等纂　清光緒二年(1876)刻本　二十册

440000－2543－0005286　VO/920－30/203
[乾隆]南雄府志十九卷　(清)梁弘勳等修　(清)胡定纂　清乾隆十八年至二十二年(1753－1757)刻本　五册

440000－2543－0005287　O/920－30/203－2
[道光]直隸南雄州志三十四卷首一卷　(清)余保純等修　(清)黄其勤纂　(清)戴錫綸續纂修　清道光四年(1824)心簡齋刻本　十四册

440000－2543－0005288　O/920－30/203－2(2)
[道光]直隸南雄州志三十四卷首一卷　(清)余保純等修　(清)黄其勤纂　(清)戴錫綸續纂修　清道光四年(1824)心簡齋刻本　十二册

440000－2543－0005289　VO/920－30/207
[康熙]樂昌縣志十卷　(清)程𪱨修　(清)張日星纂　(清)任衡續修　清康熙二十六年(1687)刻五十八年(1719)增刻本　二册

440000－2543－0005290　O/920－30/207－2
[同治]樂昌縣志十二卷首一卷　(清)徐寶符等修　(清)李禨等纂　清同治十年(1871)刻本　六册

440000－2543－0005291　O/920－30/209
[同治]仁化縣志八卷首一卷　(清)陳鴻修　(清)劉鳳輝纂　清光緒九年(1883)刻本　四册

440000－2543－0005292　O/920－30/217
[同治]連州志十二卷　(清)袁泳錫等修　(清)單興詩纂　清同治十年(1871)刻本　六册

440000－2543－0005293　O/920－30/217(2)
[同治]連州志十二卷　(清)袁泳錫等修　(清)單興詩纂　清同治十年(1871)刻本　八册

440000－2543－0005294　O/920－30/221
[道光]連山綏猺廳志不分卷　(清)姚柬之纂　清光緒三年(1877)刻本　一册

440000－2543－0005295　O/920－30/301
[嘉慶]澄海縣志二十六卷首一卷　(清)李書吉等纂修　清嘉慶二十年(1815)刻本　八册

440000－2543－0005296　O/920－30/302
[乾隆]潮州府志四十二卷首一卷抄存舊志不分卷　(清)周碩勳纂修　清光緒十九年(1893)珠蘭書屋刻本　十三册

440000－2543－0005297　O/920－30/302(2)
[乾隆]潮州府志四十二卷首一卷抄存舊志不分卷　(清)周碩勳纂修　清光緒十九年(1893)珠蘭書屋刻本　十八册

440000－2543－0005298　O/920－30/302(3)
[乾隆]潮州府志四十二卷首一卷抄存舊志不分卷　(清)周碩勳纂修　清光緒十九年(1893)珠蘭書屋刻本　十三册　存十五卷(二十八至四十二)

440000－2543－0005299　O/920－30/302(4)
[乾隆]潮州府志四十二卷首一卷抄存舊志不分卷　(清)周碩勳纂修　清光緒十九年(1893)珠蘭書屋刻本　二十五册

440000－2543－0005300　O/920－30/303
[乾隆]歸善縣志十八卷首一卷　(清)章壽彭修　(清)陸飛纂　清乾隆四十八年(1783)刻光緒十三年(1887)星沙鄭敦善補刻本　八册

440000－2543－0005301　O/920－30/303(2)
[乾隆]歸善縣志十八卷首一卷　(清)章壽彭修　(清)陸飛纂　清乾隆四十八年(1783)刻光緒十三年(1887)星沙鄭敦善補刻本　八册

440000－2543－0005302　VO/920－30/304
[康熙]惠州府志二十卷首一卷　(清)吕應奎等修　(清)黄挺華等纂　清康熙二十七年(1688)刻乾隆印本　八册

440000－2543－0005303　O/920－30/304－2
[光緒]惠州府志四十五卷首一卷　(清)劉溎年等修　(清)鄧掄斌等纂　清光緒七年(1881)刻民國六年(1917)補版重印本　二十册

440000－2543－0005304　O/920－30/307
[道光]長寧縣志十卷　(清)高炳文修　(清)馮蘭纂　清道光十九年(1839)刻本　四册

440000－2543－0005305　O/920－30/309
[道光]永安縣三志五卷首一卷末一卷　(清)宋如楠續纂　(清)葉廷芳增修　清道光二年(1822)惠州同和堂刻本　二册

440000－2543－0005306　O/920－30/309(2)
[道光]永安縣三志五卷首一卷末一卷　(清)宋如楠續纂　(清)葉廷芳增修　清道光二年(1822)惠州同和堂刻本　四册

440000－2543－0005307　VO/920－30/311
[乾隆]海豐縣志十卷　(清)于卜熊修

(清)史本纂　清乾隆十五年(1750)刻補版後印本　四册

440000－2543－0005308　O/920－30/311(2)
[乾隆]海豐縣志十卷　(清)于卜熊修　(清)史本纂　**[同治]海豐縣志續編二卷**　(清)蔡逢恩續修　(清)林光斐續纂　清乾隆十五年(1750)刻同治十二年(1873)續刻光緒三年(1877)增刻本　四册

440000－2543－0005309　O/920－30/311－3
[同治]海豐縣志續編二卷　(清)蔡逢恩修　(清)林光斐纂　清同治十二年(1873)刻本　二册

440000－2543－0005310　VO/920－30/313
[乾隆]陸豐縣志十二卷　(清)王之正等修　(清)沈展才等纂　清乾隆十年(1745)刻本　四册

440000－2543－0005311　O/920－30/315
[嘉慶]龍川縣志四十卷　(清)胡瑃修　(清)勒殷山纂　清嘉慶二十三年(1818)刻本　六册

440000－2543－0005312　O/920－30/317
[同治]河源縣志十五卷　(清)彭君穀修　(清)賴以平等纂　清同治十三年(1874)刻本　九册

440000－2543－0005313　O/920－30/323
[雍正]海陽縣志十二卷　(清)張士璉纂修　清雍正八年(1730)刻乾隆至嘉慶印本　十册

440000－2543－0005314　O/920－30/323－2
[光緒]海陽縣志四十六卷首一卷　(清)盧蔚猷修　吴道鎔纂　清光緒二十六年(1900)刻本　八册

440000－2543－0005315　O/920－30/327
[嘉慶]潮陽縣志二十卷首一卷　(清)唐文藻纂修　清嘉慶二十四年(1819)刻本　二十册

440000－2543－0005316　O/920－30/327－2
[光緒]潮陽縣志二十二卷首一卷　(清)周恆重修　(清)張其翻纂　清光緒十年(1884)刻本　十册

440000－2543－0005317　VO/920－30/329
[乾隆]揭陽縣志八卷首一卷　(清)劉業勤　(清)淩魚纂修　清乾隆四十四年(1779)刻本　八册

440000－2543－0005318　O/920－30/329－2
[光緒]揭陽縣續志四卷首一卷　(清)王崧修　(清)李星煇纂　清光緒十六年(1890)刻本　三册

440000－2543－0005319　O/920－30/331
[康熙]饒平縣志二十四卷　(清)劉抃纂修　清康熙二十七年(1688)刻乾隆至嘉慶印本　六册

440000－2543－0005320　O/920－30/331－2
[光緒]饒平縣志二十四卷圖一卷　(清)劉抃原本　(清)惠登甲增修　(清)黄德容　(清)翁荃增纂　清康熙二十六年(1687)刻光緒九年(1883)增刻本　十二册

440000－2543－0005321　O/920－30/335
[同治]大埔縣志十八卷首一卷　(清)張鴻恩纂修　清同治十二年(1873)修光緒二年(1876)刻本　七册

440000－2543－0005322　O/920－30/337
[乾隆]普寧縣志十卷首一卷　(清)蕭麟趾修　(清)梅奕紹纂　清乾隆十年(1745)刻本　六册

440000－2543－0005323　VO/920－30/339
[乾隆]南澳志十二卷　(清)齊翀編　清乾隆四十八年(1783)刻本　二册

440000－2543－0005324　O/920－30/339(2)
[乾隆]南澳志十二卷　(清)齊翀編　清乾隆四十八年(1783)刻光緒十七年(1891)增刻本　三册

440000－2543－0005325　O/920－30/339(3)
[乾隆]南澳志十二卷　(清)齊翀編　清乾隆四十八年(1783)刻光緒十七年(1891)增刻本　三册

440000－2543－0005326　O/920－30/341
光緒嘉應州志三十二卷首一卷　（清）吳宗焯　（清）李慶榮修　（清）溫仲和纂　清光緒二十七年（1901）刻本　十四册

440000－2543－0005327　O/920－30/345
［咸豐］興寧縣志十二卷首一卷　（清）仲振履原本　（清）張鶴齡增修　（清）曾士梅增纂　清咸豐六年（1856）刻本　八册

440000－2543－0005328　O/920－30/345（2）
［咸豐］興寧縣志十二卷首一卷　（清）仲振履原本　（清）張鶴齡增修　（清）曾士梅增纂　清咸豐六年（1856）刻本　五册

440000－2543－0005329　O/920－30/345－3
［光緒］興寧圖志考一卷　（清）胡曦撰　清光緒八年（1882）廣州刻本　一册

440000－2543－0005330　O/920－30/401
［嘉慶］茂名縣志二十一卷首一卷　（清）王勳臣　（清）秦沅修　（清）吳徽敘纂　清嘉慶二十四年（1819）刻本　六册

440000－2543－0005331　O/920－30/401－2
［道光］高州府志十六卷　（清）黄安濤　（清）海壽修　（清）潘眉纂　清道光七年（1827）刻本　十六册

440000－2543－0005332　O/920－30/401－2（2）
［道光］高州府志十六卷　（清）黄安濤　（清）海壽修　（清）潘眉纂　清道光七年（1827）刻本　十二册

440000－2543－0005333　O/920－30/401－3
［光緒］高州府志五十四卷首一卷末一卷　（清）楊霽修　（清）陳蘭彬等纂　清光緒十六年（1890）刻本　二十四册

440000－2543－0005334　O/920－30/401－3（2）
［光緒］高州府志五十四卷首一卷末一卷　（清）楊霽修　（清）陳蘭彬等纂　清光緒十六年（1890）刻本　二十四册

440000－2543－0005335　O/920－30/401－4
［光緒］茂名縣志八卷首一卷補遺訂訛一卷　（清）鄭業崇修　（清）楊頤纂　清光緒十四年（1888）刻本　七册

440000－2543－0005336　O/920－30/403
［光緒］重修電白縣志三十卷首一卷　（清）孫鑄修　（清）邵祥齡纂　清光緒十八年（1892）刻本　八册

440000－2543－0005337　O/920－30/403（2）
［光緒］重修電白縣志三十卷首一卷　（清）孫鑄修　（清）邵祥齡纂　清光緒十八年（1892）刻本　八册

440000－2543－0005338　O/920－30/405
［光緒］信宜縣志八卷拾餘一卷　（清）敖式槱修　（清）梁安甸纂　**信宜縣志摘繆不分卷**　（清）小瀛洲散人輯　清光緒十七年（1891）高州三德堂刻本　八册　缺二卷（八、拾餘一卷）

440000－2543－0005339　O/920－30/405（2）
［光緒］信宜縣志八卷拾餘一卷　（清）敖式槱修　（清）梁安甸纂　清光緒十七年（1891）高州三德堂刻本　六册

440000－2543－0005340　O/920－30/409
［光緒］吳川縣志十卷首一卷　（清）毛昌善修　（清）陳蘭彬纂　清光緒十八年（1892）刻本　十册

440000－2543－0005341　O/920－30/411
［嘉慶］石城縣志六卷首一卷　（清）張大凱纂修　清嘉慶二十五年（1820）刻本　五册

440000－2543－0005342　O/920－30/411－2
［光緒］石城縣志九卷首一卷末一卷　（清）蔣廷桂修　（清）陳蘭彬纂　清光緒十八年（1892）刻本　六册

440000－2543－0005343　O/920－30/413
［嘉慶］海康縣志八卷　（清）劉邦柄修　（清）陳昌齊纂　清嘉慶十七年（1812）刻本　五册

440000－2543－0005344　O/920－30/415
［道光］遂溪縣志十二卷　（清）喻炳榮修

（清）朱德華　（清）楊翊纂　清道光二十九年（1849）刻光緒二十一年（1895）補刻本　六册

440000－2543－0005345　O/920－30/419
[道光]陽江縣志八卷　（清）李澐等修　（清）區啟科等纂　（清）李應均續修　（清）胡瑃續纂　清嘉慶二十三年（1818）刻道光二年（1822）增刻本　五册

440000－2543－0005346　O/920－30/421
[道光]陽春縣志十四卷首一卷　（清）陸向榮等修　（清）劉彬華纂　清道光元年（1821）刻本　二册

440000－2543－0005347　O/920－30/501
[道光]瓊州府志四十四卷首一卷　（清）明誼修　（清）張岳崧纂　清道光二十一年（1841）刻本　二十四册

440000－2543－0005348　O/920－30/501（2）
[道光]瓊州府志四十四卷首一卷　（清）明誼修　（清）張岳崧纂　清道光二十一年（1841）刻本　二十二册

440000－2543－0005349　O/920－30/503
[光緒]澄邁縣志十二卷首一卷　（清）龍朝翊修　（清）陳所能纂　清光緒三十四年（1908）刻本　六册

440000－2543－0005350　O/920－30/505
[光緒]定安縣志十卷首一卷　（清）吳應廉修　（清）王映斗纂　清光緒四年（1878）刻本　十册

440000－2543－0005351　O/920－30/507
[咸豐]文昌縣志十六卷首一卷　（清）張霈　（清）陳起禮修　（清）林燕典纂　清咸豐八年（1858）刻本　八册

440000－2543－0005352　O/920－30/509
[嘉慶]會同縣志十卷　（清）陳述芹纂修　清嘉慶二十五年（1820）刻光緒二十七年（1901）補刻本　三册

440000－2543－0005353　O/920－30/513
[光緒]臨高縣志二十四卷　（清）聶緝慶　（清）張延修　（清）桂文熾　（清）汪瑔纂　清光緒十八年（1892）刻本　八册

440000－2543－0005354　O/920－30/513（2）
[光緒]臨高縣志二十四卷　（清）聶緝慶　（清）張延修　（清）桂文熾　（清）汪瑔纂　清光緒十八年（1892）刻本　八册

440000－2543－0005355　O/920－30/519
[道光]萬州志十卷　（清）胡端書修　（清）楊士錦　（清）吳鳴清纂　清道光八年（1828）刻本　三册

440000－2543－0005356　O/920－31/01
[嘉慶]廣西通志二百七十九卷首一卷　（清）謝啟昆修　（清）胡虔纂　清嘉慶六年（1801）刻本　八十册

440000－2543－0005357　O/920－31/01－2
桂海虞衡志一卷　（宋）范成大撰　清刻本　二册

440000－2543－0005358　VO/920－31/202
[乾隆]梧州府志二十四卷首一卷　（清）吳九齡修　（清）史鳴皋等纂　清乾隆三十五年（1770）刻本　十六册

440000－2543－0005359　O/920－31/202（2）
[乾隆]梧州府志二十四卷首一卷　（清）吳九齡修　（清）史鳴皋等纂　清同治十二年（1873）刻本　六册　缺五卷（二十至二十四）

440000－2543－0005360　VO/920－31/213
[乾隆]潯州府志五十卷　（清）胡南藩修　（清）歐陽達纂　清乾隆二十一年（1756）刻本　十六册

440000－2543－0005361　O/920－31/301
[光緒]臨桂縣志三十二卷首一卷　（清）吳徵鼇修　（清）黄泌　（清）曹馴纂　清光緒三十一年（1905）刻本　十六册

440000－2543－0005362　O/920－31/303
[道光]興安縣志十八卷首一卷　（清）張運昭修　（清）蔣方正纂　清道光十四年（1834）刻本　四册

440000－2543－0005363　O/920－31/303(2)
[道光]**興安縣志十八卷首一卷**　(清)張運昭修　(清)蔣方正纂　清道光十四年(1834)刻本　十二册

440000－2543－0005364　O/920－31/321
[光緒]**平樂縣志十卷**　(清)全文炳修　(清)伍嘉猷　(清)羅正宗纂　清光緒十年(1884)刻本　六册

440000－2543－0005365　O/920－31/501
[光緒]**百色廳志八卷首一卷**　(清)陳如金修　(清)華本松纂　清光緒八年(1882)刻十七年(1891)增刻本　六册

440000－2543－0005366　O/920－31/601
[道光]**欽州志十二卷首一卷**　(清)朱椿年修　(清)杜以寬　(清)葉輪纂　清道光十四年(1834)刻本　三册　存十一卷(二至十二)

440000－2543－0005367　O/920－31/605
[道光]**廉州府志二十六卷首一卷**　(清)張堉春修　(清)陳治昌纂　清道光十三年(1833)刻本　二十册

440000－2543－0005368　O/920－31/605(2)
[道光]**廉州府志二十六卷首一卷**　(清)張堉春修　(清)陳治昌纂　清道光十三年(1833)刻本　十二册

440000－2543－0005369　O/920－31/700
赤雅三卷　(明)鄺露撰　清道光五年(1825)刻本　一册

440000－2543－0005370　O/920－32/01
[道光]**雲南通志稿二百十六卷首三卷**　(清)阮元　(清)伊里布修　(清)王崧　(清)李誠纂　清道光十五年(1835)刻本　七十二册

440000－2543－0005371　O/920－32/01－2
[嘉慶]**滇繫四十卷**　(清)師範纂　清光緒十三年(1887)雲南通志局刻本　三十四册　缺二卷(二十一至二十二)

440000－2543－0005372　O/920－32/01－4
[光緒]**全滇紀要不分卷**　(清)雲南課吏館纂修　清光緒三十二年(1906)鉛印本　十册

440000－2543－0005373　O/920－32/101
[道光]**昆明縣志十卷**　(清)戴絅孫纂修　清光緒二十七年(1901)刻本　六册

440000－2543－0005374　VO/920－33/01
[乾隆]**貴州通志四十六卷首一卷**　(清)鄂爾泰修　(清)靖道謨纂　清乾隆六年(1741)刻本　十七册

440000－2543－0005375　VO/920－33/01－2
[康熙]**黔書二卷**　(清)田雯撰　清康熙刻本　二册

440000－2543－0005376　O/920－33/131
[道光]**遵義府志四十八卷首一卷**　(清)平翰等修　(清)鄭珍　(清)莫友芝纂　清道光二十一年(1841)刻本　二十册

440000－2543－0005377　O/920－33/131(2)
[道光]**遵義府志四十八卷首一卷**　(清)平翰等修　(清)鄭珍　(清)莫友芝纂　清道光二十一年(1841)刻本　十二册

440000－2543－0005378　O/920－38/01
蒙古遊牧記十六卷　(清)張穆撰　清同治六年(1867)刻本　八册

440000－2543－0005379　O/920－38/01(2)
蒙古遊牧記十六卷　(清)張穆撰　清同治六年(1867)刻本　四册

440000－2543－0005380　O/920－38/01－2
蒙古源流八卷　(清)小徹辰薩囊台吉纂　清刻本　四册

440000－2543－0005381　O/920－40/01
[嘉慶]**衛藏通志十六卷首一卷**　(清)和琳纂　清光緒二十二年(1896)刻本　四册

440000－2543－0005382　O/920－40/01(2)
[嘉慶]**衛藏通志十六卷首一卷**　(清)和琳纂　清光緒二十二年(1896)刻本　四册

440000－2543－0005383　O/920－40/01－2
[嘉慶]**衛藏通志十六卷首一卷**　(清)和琳纂　清光緒二十二年(1896)刻本　八册

440000－2543－0005384　VO/920－41/01
[乾隆]續修臺灣府志二十六卷首一卷　(清)覺羅四明　(清)余文儀修　(清)黄佾纂　清乾隆三十九年(1774)刻本　十四册

440000－2543－0005385　O/940－9/945
大英國志八卷　(英國)慕維廉譯　清光緒七年(1881)上海益智書會刻本　二册

440000－2543－0005386　O/970－/434
東游紀略不分卷　陸敬科撰　清光緒三十三年(1907)鉛印本　一册

440000－2543－0005387　O/970－/491－2
日本國志四十卷首一卷　(清)黄遵憲編　清光緒二十七年(1901)上海書局石印本　十册

440000－2543－0005388　O/970－/491－3
日本國志四十卷首一卷　(清)黄遵憲編　清光緒二十四年(1898)匯文書局刻本　十四册

440000－2543－0005389　O/970－8/166
丙午扶桑遊記三卷　吳蔭培撰　清光緒三十二年(1906)刻本　一册

440000－2543－0005390　O/994－8/963
海外紀事六卷　(清)釋大汕撰　清刻本(卷四至六抄補)　六册

440000－2543－0005391　VO/994－945
安南志略十九卷　(越南)黎崱編　清抄本　四册

440000－2543－0005392　O/995－8/152
使琉球記六卷　(清)李鼎元撰　清師竹齋刻本　二册

440000－2543－0005393　O/995－9/248
琉球國志略十六卷附二卷　(清)周煌輯　清乾隆二十二年(1757)刻本　四册

書名筆畫字頭索引

一畫

二畫

三畫

四畫

五畫

六畫

七畫

八畫

九畫

十畫

十一畫

十二畫

十三畫

十四畫

十五畫

十六畫

十七畫

十八畫

十九畫

二十畫

二十一畫

二十二畫

二十三畫

二十四畫

二十五畫

二十六畫

二十八畫

二十九畫

書名筆畫索引

一畫

二畫

三畫

四畫

五畫

六畫

七畫

八畫

九畫

十畫

十一畫

十二畫

十三畫

十四畫

十五畫

十六畫

十七畫

十八畫

十九畫

二十畫

二十一畫

二十二畫

二十三畫

二十四畫

二十五畫

二十六畫

二十八畫

二十九畫